公司诉讼

风险点解读与实务指导

-修订第二版-

李连生　田新文　贾丽娟　等◎著

人民法院出版社

图书在版编目（C I P）数据

公司诉讼风险点解读与实务指导 / 李连生等著 . 2 版 . -- 北京 : 人民法院出版社 , 2025. 1. -- ISBN 978-7-5109-4272-3

Ⅰ. D925.104

中国国家版本馆 CIP 数据核字第 2024M4X677 号

公司诉讼风险点解读与实务指导（修订第二版）

李连生　田新文　贾丽娟　等著

责任编辑：丁丽娜
出版发行：人民法院出版社
地　　址：北京市东城区东交民巷 27 号（100745）
电　　话：（010）67550608（责任编辑）　67550558（发行部查询）
　　　　　65223677（读者服务部）
客服 QQ：2092078039
网　　址：http://www.courtbook.com.cn
E-mail：courtpress@sohu.com
印　　刷：天津嘉恒有限责任公司
经　　销：新华书店

开　　本：787 毫米 ×1092 毫米　1/16
字　　数：489 千字
印　　张：29
版　　次：2025 年 1 月第 2 版　2025 年 1 月第 1 次印刷
书　　号：ISBN 978-7-5109-4272-3
定　　价：108.00 元

再版说明

这本《公司诉讼风险点解读与实务指导》(以下简称本书)，历经团队的共同努力，于 2022 年 8 月由人民法院出版社正式出版发行了。由于这本书涵盖了公司从设立到终结全过程可能出现的纠纷，为司法实务工作者、公司法务以及律师提供全面、系统的指导，具有系统性、针对性、实用性，第一版一经面世很快就售罄，同行们也希望我们能尽快再版。鉴于当时我国公司法的修订已经在紧锣密鼓地进行中，于是我们期待着公司法修订通过后，再对本书进行全面修改再版。

2023 年 12 月 29 日，公司法经第十四届全国人民代表大会常务委员会第七次会议修订通过，自 2024 年 7 月 1 日起施行。这样，我们便开始了对本书的修改，以尽快满足读者的需求。

关于本书的修改再版主要有以下说明。

第一，关于公司法条文的引用。由于 2023 年修订的公司法(以下简称新公司法)对原公司法法条进行了比较多的修订，而本书中“典型案例”适用的法律法规均为裁判当时有效的法律法规，包括在“风险解读”“风险防范”“相关规定”中，引用公司法条文的，均是引用当时有效的公司法规定。我们在本次修改中，对书中“典型案例”涉及的公司法等法律、司法解释在脚注中注明对应的现行有效法律、司法解释的条文，这样更有利于读者对照了解新旧法律的主要变化。在其他栏目中引用公司法，如无特别说明，则均为新公司法的相应条文。

第二，今年最高人民法院面向社会创建了人民法院案例库，本书修改中，优先引用最高人民法院公布的案例替换原有的案例，部分诉讼风险点没有最高人民法院公布的案例的，则仍选取案件审理时间最近、审理法院级别最高的案例。

第三，这次主要是对本书所收录的诉讼风险点进行修改，以求尽快再版。对本书未收录的风险点，以及新公司法施行后出现的风险点，将陆续撰写并出版。

本书的修改工作仍由第一版作者承担，宋佳、闫世瑾负责基础的收集整理工作。在此，对人民法院出版社丁丽娜编辑对本书出版给予的支持和帮助表示感谢。

李连生

2024 年 10 月

前 言

我国公司法自1993年12月公布后，先后历经了1999年、2004年、2005年、2013年、2018年五次修改。经过修改后的公司法不仅更方便了市场投资，而且更加凸显了股东权益和债权人利益的保护。这种保护更多体现在，当公司法赋予股东及债权人等的权利受到侵害时，有了更加明确的救济渠道和更加快捷的救济方式，从而使法律中规定的权利得以落实。可以说，现行公司法对公司权益的司法保护力度大大增强了。

这些年来，随着我国社会主义市场经济的发展，公司法律制度进一步完善，在处理公司纠纷方面有了较为丰富的法律依据。但是，在公司管理与运营中，不可避免会出现各种新类型纠纷，如何解决与防范纠纷一直是公司风险控制的重点和难点。几年前，我们就萌发了一种想法，即能否系统地总结出公司诉讼风险点，并提供相应的诉讼或仲裁救济渠道和方式，以及纠纷防范措施，为法官、仲裁员、律师以及公司法务工作者提供高效便捷的帮助，使公司股东及债权人的权利得到更有效的保护。为此，经过大家的共同努力，几经修改，如今初步实现了这一愿望，本书终于呈现给大家了。

本书编写团队主要成员既有从事法院审判工作多年的资深法官，也有从事法律教学的专业院校老师，还有具备较系统法律基础知识的法律实务工作者，是一支老中青结合的研究公司法的专业团队。在本书中，编写团队结合公司诉讼实务工作经验及理论研究成果，收集整理了大量公司诉讼典型案例，探求涉公司各类纠纷的解决之道。

本书具有以下几个特点。

一是系统性。本书涉及公司设立、变更、解散、清算、公司股权确认以及管理层纠纷等，为公司管理人员、司法实务人员提供全面系统的指导。

二是针对性。本书内容涵盖公司各个方面，但每一个方面主要针对比较突出的、常见的、易发的风险和纠纷进行集中评析和讨论。

三是理论性。本书对公司各类纠纷蕴含的法理进行深入探究，为实践中处理相关纠纷提供法律依据。

四是适用性和普遍性。在内容上，本书既涉及公司的规范管理，也涉及公司法律诉讼；在对象上，本书既适合公司内部管理人员、为公司服务的法律人员，又适合法官和仲裁员阅读、参考。

本书设“风险解读”“典型案例”“风险防范”“相关规定”“诉讼指导”等栏目。各栏目的主要内容如下：

风险解读 在公司的设立、运行、清算等过程中，按照公司法及相关规定，将可能出现的纠纷风险点以及如何解决应对逐一揭示出来，方便读者尽快找到解决问题的途径。

典型案例① 收录公司诉讼典型、权威案例，帮助读者理解和识别公司诉讼风险点，以案说法。

风险防范 为防范公司纠纷提供思路，帮助广大公司诉讼工作者了解诉讼风险点，有效防范风险。

相关规定 收录公司诉讼风险点以及解决纠纷的相关规定，以方便实务中适用。

诉讼指导 为公司诉讼的诉讼主体、管辖法院、诉讼时效、举证责任等问题提供基本思路。

本书具体分工如下：

李连生：负责全书策划及公司设立纠纷章撰写；

田新文：负责公司股权确认与转让纠纷，股东权益纠纷，公司管理层权益纠纷，公司债券发行、转让纠纷，公司破产纠纷章撰写；

---

① 典型案例中适用的法律法规均为裁判当时有效的法律法规。

贾丽娟：负责公司职工权益纠纷章撰写；

凌鹏：负责公司资本纠纷章撰写；

李晓梅：负责公司变更、解散以及清算纠纷章撰写；

苏国斌：负责公司证券纠纷章撰写。

陈静娴、秦星、齐金怡负责案例收集，姚慧、石勇丽负责内容汇总整理校对。

鉴于本书编写时间跨度较长以及公司法的司法实践不断深入发展，我们的编写水平所限，问题和不尽完美之处在所难免，敬请读者批评指正。本书是我们的初步探索，随着公司法修改和司法实践的发展，我们也将不断修订改进。

李连生

2022 年 7 月

目 录

第一章

公司设立纠纷

DI YI ZHANG

GONGSI SHELI JIUFEN

公司制度作为现代市场经济的重要形式，造就了当今经济的蓬勃发展，为市场经济中企业的规模化成长提供了保障。公司设立是公司运营的必经阶段，各国对于设立中公司的定义并不一致，我们通常所称的“设立中公司”的概念源于大陆法系，英美法系国家学者们大多数则将其称为“胚胎公司”或“萌芽公司”。公司的设立是一个持续性行为，一般认为，公司的设立行为属于共同法律行为，设立中公司有相对独立的财产，经营活动中盈亏皆有可能，若设立公司出现亏损，则预示着公司成立后资本不足。公司的发起人通常会在成立后的公司任职，发起人与设立的公司具有共同的利益，但发起人的利益与公司的利益也并非完全一致，如发起人在公司设立阶段滥用自己的权利，损害了其他发起人、公司债权人等的权益，则需要对自己的行为承担法律后果。根据我国法律规定，设立公司应当向公司登记机关申请设立登记，设立条件符合法律规定的，予以登记，公司自依法登记取得营业执照后取得法人资格，具有完全的民事行为能力。公司成立前不具有法人资格，不能以公司名义独立对外签订协议，从事经营行为，其主要原因有两点：一是出于对交易安全与交易秩序的考虑，二是为了保护债权人的利益。公司的设立存在一定的风险，在现实生活中会产生大量的纠纷，是公司经营及司法裁判中面临的重要课题。本章对公司设立纠纷中几种常见类型结合相关案例进行研究和探讨。

风险点 1

公司认股人或发起人返还出资纠纷

【风险解读】

众所周知，有限责任公司和以发起设立方式设立的股份有限公司都需要经过出资程序，筹集资金用于公司成立的相关事宜。公司法第四十七条第一款规定，有限责任公司的注册资本为在公司登记机关登记的全体股东认缴的出资额。全体股东认缴的出资额由股东按照公司章程的规定自公司成立之日起五年内缴足。公司法第九十一条规定，设立股份有限公司，可以采取发起设立或者募集设立的方式。发起人应在公司成立前按照其认购的股份金额缴纳股款。如公司设立失败，发起人需要对认股人或其他发起人承担出资返还责任，并可能引发纠纷，其中主要是认股人或发起人返还出资纠纷。

【典型案例】

公司未成立，公司发起人应对认股人或其他发起人出资及相关费用承担连带清偿责任

原告：宋甲。

被告：宋乙、宋丙、宋丁。

2006 年 7 月，原、被告四人决定发起成立固始县某投资有限责任公司，从事教育、商贸、房地产业务。同年 9 月 18 日，四人签署公司章程，约定：宋乙现金出资 700 万元，其他三人各现金出资 100 万元；公司注册资本为 1000 万元。原告宋甲等人先后缴纳出资，均交由宋乙保管。其中，原告宋甲分五次缴纳出资现金 17 万元。后因贷款无果、缺乏注册资本等原因公司未能成立。宋乙仅退还原告 6 万元，尚有 11 万元未退。原告诉请法院依法处理。

原告诉称，2006 年 7 月，其与被告等发起成立公司，制定了公司章程，原告已出资 17 万元交付宋乙，后公司未能成立。宋乙仅退还 6 万元，尚欠 11 万元推诿不付。请求宋乙等清偿并支付利息。

被告宋乙辩称，原告所诉属实，但公司在成立过程中有费用未结算。同

时，其已通过存款单的形式退还宋丙、宋甲15万元，可是宋甲没得到钱，钱被宋丙拿去了。

被告宋丙未作答辩。

被告宋丁辩称，筹办公司包括办理有关手续等费用都是由其支付的，宋乙未支出任何费用。如果有费用，可以凭据结算。其出资2.8万元至今还未返还。

法院认为，当公司不能成立时，认股人享有请求返还已缴纳的股款的权利。被告宋乙作为发起人之一，占有其他认股发起人缴纳的股款，因公司未能成立，有义务返还，由此产生了债权债务关系。原告宋甲诉请被告宋乙返还尚未退还的股款，依法予以支持。至于宋乙提出通过存款单退款的辩解主张，同时其承认宋甲没有得到该退款，对退还宋甲股款的事实不具有证明力。关于宋乙抗辩在公司成立过程中有费用未结算一项，法院给予了充分的时间，其仍未提供任何费用支出依据。但是考虑到在公司成立过程中势必会有费用支出，结合出资比例等因素，本着公平、合理的原则，为平衡当事人利益，酌定原告宋甲负担1500元，其余出资款应由被告予以退还。原告要求支付利息，缺乏事实和法律依据，不予支持。

案例评析：本案为发起人对认股人或其他发起人返还出资的典型案例。在公司的发起设立阶段，并非所有的发起人都会参与到公司的设立过程并掌管认购股款，实践中的通常做法是全体发起人签订协议，按规定缴纳股款，并交由部分或某个发起人掌管，具体办理公司设立事宜。但是，因认购公司股份在认股人与发起人之间，或者在发起人与发起人之间形成了股份认购合同关系，公司设立失败后，该股份认购合同当然解除，认股人及其他发起人要求部分发起人返还出资款产生的纠纷，可以依照《最高人民法院关于适用〈中华人民共和国公司法〉若干问题的规定（三）》第四条进行处理："公司因故未成立，债权人请求全体或者部分发起人对设立公司行为所产生的费用和债务承担连带清偿责任的，人民法院应予支持。部分发起人依照前款规定承担责任后，请求其他发起人分担的，人民法院应当判令其他发起人按照约定的责任承担比例分担责任；没有约定责任承担比例的，按照约定的出资比例分担责任；没有约定出资比例的，按照均等份额分担责任。因部分发起人的过错导致公司未成立，其他发起人主张其承担设立行为所产生的费用和债务的，人民法院应当根据过错情况，确定过错一方的责任范围。”最高人民法院规定的处理原则，体现了民法的公平原则。

【风险防范】

公司在发起设立阶段并未取得独立法人的地位，不能独立对外承担责任，但是在公司的发起设立阶段也需要投入资金，用于购置或租赁厂房、购买原材料等。第一，发起人之间存在合同关系，部分发起人若未履行出资义务，则需要承担违约责任，因此在发起人协议中需要明确约定各发起人的出资时间及金额，利于事后追究违约发起人的责任。第二，即使其他发起人并未直接参与公司的设立过程，也需要对具体参与公司设立事宜的发起人加强监督管理，确定公司设立中费用支出的合理性，维护自身的合法权益。

【相关规定】

《中华人民共和国公司法》第四十七条、第九十一条、第一百零五条

《最高人民法院关于适用〈中华人民共和国公司法〉若干问题的规定（三）》第四条

风险点 2

债权人请求公司发起人承担赔偿责任纠纷

【风险解读】

债权人请求发起人承担赔偿责任纠纷是在公司设立无效之后所产生的一种纠纷形式，其与公司对发起人的损害赔偿纠纷有相似之处，但二者也有不同之处。公司对发起人的损害赔偿纠纷是由于公司发起人的过错致使公司设立失败所产生的一种纠纷形式。公司设立失败指的是发起人在筹办公司设立事务后，由于主客观各方面原因，公司最终并未成立，也从未取得独立法人

资格；公司设立无效指的是发起人经过筹办，公司已在登记机关办理设立登记手续，并且也已经领取了企业法人营业执照，具备了独立法人资格，后被认定其设立行为不符合法律规定，确认其设立行为自始无效，致使该公司失去了独立法人资格，继而前期所有以公司名义所发生的债务均由其发起人来承担。此时，便产生了债权人请求公司发起人承担赔偿责任的纠纷。

【典型案例】

公司被撤销后，原股东对外如何承担责任

原告：北京奥某模板租赁有限公司。

被告：江苏建某建工集团有限公司、刘某岭、唐某柱。

原告诉称，唐某柱自称是江苏建某建工集团有限公司北京分公司（以下简称建某北京公司）的项目部经理，与北京奥某模板租赁有限公司（以下简称奥某模板公司）于2011年10月10日签订《模板租赁合同》，工程所在地为河北香河某公寓，合同对品名、规格、单价、数量、起租期限作了约定；合同签订后，奥某模板公司按照合同约定履行了义务，发生模板租赁费及产品丢失赔偿费共计1095093.33元。但唐某柱支付25万元后，拒绝支付剩余的尾款；奥某模板公司多次催缴后，唐某柱仍拒绝付款；后经调查得知建某北京公司系非法成立并已被撤销，刘某岭为建某北京公司的设立人和负责人；唐某柱应就实际租赁模板费用承担支付责任；同时，江苏建某建工集团有限公司（以下简称江苏建某公司）作为建某北京公司的总公司，应对其分公司成立期间所发生的债务承担赔偿责任。

被告江苏建某公司辩称，江苏建某公司从未自行或授权任何人以公司名义在北京设立分公司，建某北京公司系刘某岭于2008年10月14日采用欺骗手段非法登记设立的，后经举报，工商行政管理部门于2012年4月2日作出撤销行政许可决定书，撤销了建某北京公司的公司设立登记行政许可，故建某北京公司的债权债务与江苏建某公司无关，江苏建某公司不承担任何责任；建某北京公司与奥某模板公司签订《模板租赁合同》中使用的“建某北京公司合同专用章”系刘某岭非法刻制，故该份合同应属无效合同；建某北京公司承租的模板系用于香河某公寓6#、7#工程项目，该项目与江苏建某公司无关；奥某

模板公司与建某北京公司于2011年10月10日签订的《模板租赁合同》系其审查不严所致，所产生的损失由其自行承担。

被告刘某岭和被告唐某柱经法院公告传唤，无正当理由拒不到庭参加诉讼，亦未在答辩期内向法院递交书面答辩意见。

法院经审理查明，奥某模板公司（乙方）与建某北京公司（甲方）于2011年10月10日签订《模板租赁合同》，合同约定工程项目名称为香河某公寓6#、7#楼，工程地点为河北香河；租赁物进场日期为2011年10月12日至2012年6月12日；付款方式为产品使用后九十天，付10万元，退板前付合同总额的90%，余款于退板后九十天内付清；甲方延期支付租金的，每逾期一日按照应付而未付租金的千分之三支付违约金，逾期三十日以上，乙方有权单方解除合同并追索租金及违约金；建某北京公司在合同上加盖"建某北京公司合同专用章"，唐某柱作为受托人在合同上签字。合同签订后，奥某模板公司分四期向建某北京公司提供模板，其中，2011年11月1日结算确认租赁费为474840.38元和20400元，2012年3月27日结算确认租赁费为53673.02元，2012年11月13日结算确认租赁费为261894.33元，2013年6月4日结算确认租赁费为234368.39元，2013年6月4日确认丢失赔偿费用为49917.21元，共计1095093.33元；其中，唐某柱分三次共支付租赁费25万元，尚余845093.33元未支付。

建某北京公司由刘某岭以欺骗手段于2008年10月14日取得公司设立登记行政许可；工商行政管理部门于2012年4月2日作出撤销行政许可决定书，撤销建某北京公司的公司设立登记行政许可；并于2012年4月6日在《中国工商报》公告该决定书，该决定书于2012年9月7日生效。唐某柱在代表建某北京公司与奥某模板公司签订《模板租赁合同》时，持建某北京公司出具的授权书一份、刘某岭身份证复印件一份，授权书上有建某北京公司公章及合同专用章。2011年4月，刘某岭因合同诈骗被逮捕。该情况已书面告知江苏建某公司。

法院认为，建某北京公司由刘某岭以欺骗手段于2008年10月14日取得设立登记行政许可，后被工商行政管理部门撤销，属于公司设立无效的情形。公司设立无效被撤销，并无溯及力。奥某模板公司与建某北京公司于2011年

10月10日签订的《模板租赁合同》不存在法定合同无效的情形，并已实际履行，《模板租赁合同》应为有效。因建某北京公司由刘某岭以欺骗手段取得公司设立登记行政许可，江苏建某公司对此不知情，故因《模板租赁合同》所产生的法律责任应由刘某岭及唐某柱承担。

刘某岭自2008年10月开始冒用江苏建某公司的名义注册建某北京公司，经公安机关通知，江苏建某公司于2011年4月得知被他人冒用名称的事实，但直至2012年1月才向相关工商行政管理部门进行举报。江苏建某公司作为一家大型集团公司应当承担较高的注意义务，其在得知被他人冒用名称的事实后，理应积极采取行动，以避免因被冒用而可能产生的相关损失。但在长达八个月的时间内，江苏建某公司怠于履行注意义务，未向有关部门进行举报或采取其他行动以避免后续损害的发生，而且奥某模板公司与建某北京公司签订合同时间在该期间之内。故江苏建某公司亦应就奥某模板公司基于《模板租赁合同》而产生的租赁费用及损失承担责任。

案例评析：在本案中，案涉《模板租赁合同》依据合同法规定，不存在合同无效的情形，并且该合同已实际履行，因此建某北京公司应当承担责任，但该公司是本案被告刘某岭以欺骗的手段登记成立的，后被工商行政管理机关撤销，属于公司设立无效的情形。公司设立无效后，公司解散，发起人对公司设立无效负有责任的，须对有损失的债权人承担赔偿责任。因此，应就案涉《模板租赁合同》所产生的债务承担赔偿责任。

【风险防范】

除金融等特殊领域的企业尚有最低注册资本的限制外，现行公司法已经取消了最低注册资本的规定，而且有限公司注册资本由认缴制改为五年内实缴完成制，股份公司实行实缴制，这样大大降低了注册公司的门槛，使公司的设立成本变得更低。现行公司法制度下，设立公司更加快速、便捷，因公司设立失败或公司设立无效而产生纠纷的数量亦相应减少。但是，公司的发起人在设立公司时需要严格按照设立公司的条件进行筹办，避免因公司设立无效而产生后续纠纷。与此同时，公司的债权人若发现公司存在设立无效的情形，且公司资产不足以偿还其债务之时，可起诉要求发起人承担相应的赔偿责任。

【相关规定】

《中华人民共和国市场主体登记管理条例》

风险点 3

公司对发起人的损害赔偿纠纷

【风险解读】

在公司设立过程中，如发起人的行为损害了公司利益，待公司成立后公司可以以自己的名义起诉该发起人，要求其承担相应的责任。公司对发起人的损害赔偿纠纷与公司诉董事、监事、高级管理人员侵权之诉及公司对股东补足出资纠纷相比，特殊点在于损害公司利益行为发生在公司设立阶段，且重点在于损害了成立后公司的利益。

【风险防范】

公司对发起人的损害赔偿纠纷，赋予公司追究发起人责任的权利。从主体上而言，公司一旦成立，前期设立阶段的权利义务会由成立后的公司所承继，如果此时发现发起人的行为损害了公司的利益，应该以公司的名义提起诉讼。相应地，赋予公司追究发起人责任的权利也会对发起人起到一定的警示和监督作用。从风险防范的角度考虑，公司的所有发起人在公司设立阶段也要尽可能多地参与公司的设立事宜，尽量不要将所有权利均交给部分发起人行使，而使自己丧失对公司的控制权。

【相关规定】

《最高人民法院关于适用〈中华人民共和国公司法〉若干问题的规定（三）》第六条、第七条、第十三条

风险点 4

公司设立中对外交易纠纷

【风险解读】

发起人在公司设立阶段对外签订合同的责任承担问题，对发起人、债权人以及设立后公司的利益影响较大，也会影响发起人设立公司的积极性。《最高人民法院关于适用〈中华人民共和国公司法〉若干问题的规定（三）》对设立中公司交易纠纷的处理作出了明确规定。

【典型案例】

公司设立中，发起人对外如何承担责任[①]

原告：俞某某。

被告：吴某某、郑某某、黄某某、章某、凌某某。

2014 年 12 月 3 日，吴某某、郑某某、黄某某、章某、凌某某五人经协商一致，签订《杭州某文化艺术策划有限公司合伙经营协议书》（以下简称《协议书》），约定共同经营杭州某文化艺术策划有限公司，投资地址为杭州市余杭区南苑街道东湖南路 ××× 号。期限为五年，自 2014 年 11 月 20 日起，至 2019 年 11 月 19 日止。出资比例为：吴某某出资 30 万元，享有 30% 的股份；郑某某出资 20 万元，享有 20% 的股份；黄某某出资 20 万元，享有 20% 的股份；章某出资 20 万元，享有 20% 的股份；凌某某出资 10 万元，享有 10% 的股份。各股东的出资金额应以实际投资总额为准，按比例出资，待公司开业时再进行投资总额计算。债务承担方式为：公司债务先以公司财产偿还，公司财产不足清偿时，以投资额为依据，按比例承担。公司由陈某某任法定代表人（暂定，以工商注册为准），其享有决策权。《协议书》对公司的管理、盈余分配、债务分担等事项亦作了约定。2014 年 12 月，原告俞某某经人介绍，按照陈某某的要求对南苑街道东湖南路 ××× 号房屋进行装饰装修，2015 年 1 月装修完

① 详见浙江省杭州市余杭区人民法院（2016）浙 0110 民初 01533 号民事判决书。

毕，经原告俞某某与陈某某结算，装修总价为283962元。装修期间，黄某某共向原告俞某某支付款项16万元，余款123962元经原告多次催讨未果，故原告诉至法院。

五被告签订《协议书》后，实际出资为：郑某某出资20万元、章某出资20万元、凌某某出资9.5万元。以上出资均交由陈某某管理。出资后，因发起人内部出现矛盾，杭州某文化艺术策划有限公司未能注册成立。

法院认为，根据《最高人民法院关于适用〈中华人民共和国公司法〉若干问题的规定（三）》第一条的规定，为设立公司而签署公司章程、向公司认购出资或者股份并履行公司设立职责的人，应当认定为公司的发起人，包括有限责任公司设立时的股东。第四条第一款规定：公司因故未成立，债权人请求全体或者部分发起人对设立公司行为所产生的费用和债务承担连带清偿责任的，人民法院应予支持。本案中，被告吴某某、郑某某、黄某某、章某、凌某某为设立杭州某文化艺术策划有限公司而签署《协议书》，向公司认购出资并履行公司设立职责，故被告吴某某、郑某某、黄某某、章某、凌某某为该公司发起人。陈某某作为拟成立的案涉公司法定代表人，根据《协议书》约定享有决策权。本案中，陈某某要求原告俞某某对案涉房屋进行装饰装修，装修过程中黄某某作为公司合伙人向原告俞某某支付装修款等行为，足以证明案涉房屋的装饰装修系设立杭州某文化艺术策划有限公司的行为，而该公司因故未成立，俞某某要求作为发起人的被告吴某某、郑某某、黄某某、章某、凌某某支付剩余工程款，于法有据，人民法院予以支持。

案例评析：本案是典型的在公司设立阶段为公司设立而交易产生的纠纷。陈某某作为拟成立的杭州某文化艺术策划有限公司法定代表人与原告俞某某签订装饰装修合同，但最终因公司设立失败，部分工程款未支付而引发纠纷。鉴于本案有五个发起人，无论《协议书》如何具体约定，其协议约定内容仅在发起人内部有效，不能以其内部约定对抗善意第三人。从性质上看，发起人责任属于一种对外责任，而发起人内部的责任才是合伙责任或者是协议责任，这样做的目的主要是保护债权人的合法权益。

【风险防范】

在公司设立过程中，发起人是公司设立的主导者，发起人为了促使公司顺利设立，很可能会对外签订合同以满足设立公司所需具备的条件。设立中的公司是在公司设立过程中客观存在的一个团体性组织，尚不具备独立法人资格，但其具有一定的财产与事务执行机关。实践中，债权人与公司发起人签订合同时应详细地约定权利义务，债权人可以要求设立中的公司提供担保，以担保其债权的实现。

【相关规定】

《最高人民法院关于适用〈中华人民共和国公司法〉若干问题的规定（三）》第一条、第二条、第三条、第十三条

风险点 5

公司被撤销后，对外签订合同的效力及责任承担纠纷

【风险解读】

随着我国市场经济不断发展，公司逐渐成为推动我国经济发展的主力军。然而，司法实践中，仍然充斥着大量的公司设立瑕疵现象，甚至很多公司的设立行为本身就是无效的。对于此类有“先天缺陷”的公司，能否承认其独立的法人资格，设立期间，设立中公司对内或对外实施行为的法律效力如何，法律后果又应由谁来承担，是当前处理公司诉讼的难点所在。

从效率的角度而言，公司成立并取得了营业执照的，便获得了独立的法人资格，即使设立过程中存在一定瑕疵，也应允许其继续存在，并采取相应的补救措施，不能一概否认公司之前实施的行为的效力。但是从公平的角度而言，瑕疵设立的公司本身就是一个不合格的商事主体，本不应具有独立的法人资格，其存在会在一定程度上损害债权人和不知情股东的合法权益，并且使得以该公司为中心的所有交易行为变得不确定，不利于交易秩序的维护。

【典型案例】

公司被撤销后，对外签订合同的效力如何认定

上诉人（一审被告）：仇某英（魏某良继承人）。

被上诉人（一审原告）：刘某。

2000年5月31日，魏某良与某村签订《合同书》，双方约定将该村原有废弃坑承包给魏某良建设果树温室，魏某良享有永久使用权，地上附着物及废弃坑回填土归魏某良所有。同年，刘某与魏某良开始就合伙经营果园一事进行协商，并于同年6月10日签订《合作意向》，对双方合作建设温室大棚的权利及义务进行了约定。7月25日，双方签订《合作协议》，该协议中约定温室及附属配套工程建设由刘某投资，建成后资产产权归刘某所有，不论任何原因造成的拆迁、国家征用、政府收回所赔偿的直接或间接的经济损失按施工图决算，全部由刘某接受，果树赔偿的损失由魏某良接受。

2010年11月15日，刘某以大庆市富某农业科技开发有限公司（以下简称富某公司）名义与大庆市让胡路喇某城市建设投资有限责任公司（以下简称喇某公司）签订《拆迁协议》，双方经评估确认喇某公司给付被拆迁人富某公司拆迁补偿款共计9673535元，喇某公司已向富某公司法定代表人刘某支付300万元，其余款项未支付。富某公司于2003年6月19日在大庆市工商行政管理局让胡路分局（以下简称让胡路区工商分局）登记注册，有两名自然人股东，注册资本为508万元，实收资本508万元，股东刘某以实物出资355.6万元，另一股东魏某良以实物出资152.4万元，法定代表人为刘某。2011年9月7日，魏某良以刘某注册公司其本人并不知情，且刘某提供虚假的注册材料为由向让胡路区工商分局申请撤销登记。2012年8月28日，让胡路区工商分局决定撤销富某公司于2003年6月19日设立的工商登记。

刘某向一审法院起诉请求判定案涉拆迁补偿款9673535元归其所有，诉讼费用由魏某良承担。魏某良在一审中辩称：其为涉案土地的唯一合法承包人，具有领取拆迁补偿款的资格。刘某以富某公司名义已经骗领了300万元拆迁补偿款，富某公司系刘某单方虚假注册，且已被让胡路区工商分局（2011）第5051号行政处罚决定书撤销了该公司的注册登记，故该公司主体资格已不存在，刘某无权领取300万元拆迁补偿款。

法院生效判决认为，本案争议焦点系关于工商行政管理机关作出撤销公司登记的行政处罚决定是否影响富某公司与喇某公司签订的《拆迁协议》效力的问题。富某公司由于被工商行政管理机关撤销登记，导致公司设立无效，因而不具备法人资格。但基于商事登记制度公示力、公信力，保护交易安全的要求，以及工商行政管理机关作出的撤销登记处罚决定是行政机关的行政行为，而行政处罚决定并非认定民事法律行为无效的法定理由，因此，工商行政管理机关撤销公司登记的行政行为对富某公司在撤销登记之前所实施的民事法律行为无溯及力。

案例评析：本案的焦点问题涉及股东提起公司成立无效纠纷的风险点，即富某公司被工商行政管理机关撤销登记后的法律后果与责任如何承担。工商行政管理机关作出撤销公司登记的行政处罚决定后，公司即丧失了独立的法人主体资格，那么此时其对外签订的合同效力如何认定，存在争议。本案中，法院认为，富某公司被工商行政管理机关撤销登记，导致公司设立无效，因而不具备法人资格。但基于商事登记制度公示力、公信力，保护交易安全的要求，以及工商行政管理机关作出的撤销公司登记处罚决定是行政机关的行政行为，而行政处罚决定并非认定民事法律行为无效的法定理由，认定工商行政管理机关撤销公司登记的行政行为对富某公司在撤销登记之前所实施的民事法律行为无溯及力。在本案中，审理法院更加注重效率原则。

【风险防范】

公司法人资格一旦被撤销，将会产生公司的僵局与混乱，公司的正常业务也不可能再顺利开展。因此，公司在设立之初就应满足我国法律规定的设立条件，打好公司设立的基石，保障公司后续业务的良好开展。另外，也要制定相对规范、合理的公司制度，避免公司股东之间产生纠纷，影响公司有序发展。

【相关规定】

《中华人民共和国公司法》第三条、第三十九条

《中华人民共和国市场主体登记管理条例》第三条、第二十一条、第三十一条

风险点6

以尚未成立公司名义对外签订协议纠纷

【风险解读】

公司的发展与股东利益息息相关，股东是公司利益的最终享有者，公司稳健发展、持续盈利是股东创办公司所追求的目标之一。公司未能设立时，发起人不仅对认股人、债权人承担责任，而且股东有权追究损害设立中公司权益的人的责任，这里所讲的责任人既包括公司全体发起人，也包括与预设立公司进行交易的交易主体。一般而言，公司成立后，就会以公司的名义对外开展业务，如此时有人损害公司利益，则股东可以以公司名义起诉以维护公司的合法权益，从而维护自己的合法权益。但如果公司未能有效成立，第三人损害了设立中公司的利益，此时的追责主体不能是公司而只能是发起人。

【典型案例】

债权人请求尚未成立公司的股东承担赔偿责任，股东间应如何分担[①]

原告：云南旅某股份有限公司。

被告：云南云某投资有限公司、云南旅游某联合服务有限公司。

原告与被告于2006年11月23日签订《设立有限公司出资协议书》，协

① 详见云南省昆明市盘龙区人民法院（2015）盘法民初字第1929号民事判决书。

案例中法院引用的《最高人民法院关于适用〈中华人民共和国公司法〉若干问题的规定（三）》（2014年修正）第四条现为《最高人民法院关于适用〈中华人民共和国公司法〉若干问题的规定（三）》（2020年修正）第四条，内容未作修改。

议中共同约定成立昆明某博园旅游商品开发有限公司（以下简称某博园公司），原告认缴出资100万元，占公司注册资本的10%，被告云南云某投资有限公司认缴出资510万元，占公司注册资本的51%，被告云南旅游某联合服务有限公司认缴出资390万元，占公司注册资本的39%，三方签订了《公司章程》。在某博园公司登记设立之前，原、被告便以某博园公司的名义与案外人云南某茶叶有限公司签订租赁合同。之后双方发生纠纷，经云南省昆明市盘龙区人民法院（2011）盘法民二初字第364号民事判决，本案原、被告被判决共同连带还款30万元。之后原、被告上诉，经云南省昆明市中级人民法院（2012）昆民一终字第393号生效判决驳回，维持原判。本案原告为此连带支付了执行款319190元。原告称超出了自己应承担的限额，向被告催收未果，遂于2015年8月31日诉至法院主张权利。

法院经审理认为，原告与被告于2006年11月23日签订《设立有限公司出资协议书》意思表示真实，合法有效。根据《最高人民法院关于适用〈中华人民共和国公司法〉若干问题的规定（三）》（2014年修正）第四条“公司因故未成立，债权人请求全体或者部分发起人对设立公司行为所产生的费用和债务承担连带清偿责任的，人民法院应予支持。部分发起人依照前款规定承担责任后，请求其他发起人分担的，人民法院应当判令其他发起人按照约定的责任承担比例分担责任；没有约定责任承担比例的，按照约定的出资比例分担责任；没有约定出资比例的，按照均等份额分担责任……”的规定，本案中原告与被告在设立公司过程中以未设立的公司名义对外发生业务，经另案终审法院判决由原告与本案被告承担连带责任。另案判决生效后，原告依法承担了全部319190元的债务，原告依法享有追偿权，故原告主张被告云南云某投资有限公司按出资比例51%承担还款责任即162786.9元，被告云南旅游某联合服务有限公司按出资比例39%承担还款责任即124484.1元，对此法院予以支持。

案例评析：本案中原告与被告签订《设立有限公司出资协议书》和《公司章程》，约定了各自认缴出资额及出资比例。在某博园公司尚未成立的情况下，被告云南云某投资有限公司擅自私刻了某博园公司公章，以尚未成立的某博园公司名义对外与案外人签订了租赁合同，因案外人要求退还租金、保证金及赔偿装修款等发生系列纠纷，全部诉讼案件均经法院终审判决，由设立公司的出资三方承担连带责任偿付合同债务，原告承担连带责任向债权人（执行申请人）偿付之后可向其他方进行追偿。因某博园公司未成立，部分承担责任的发起人可向其他发起人追偿，这符合最高人民法院相关司法解释的规定。

【风险防范】

发起人之间为设立公司而签订的发起人协议意义重大，其对发起人之间关系的确立以及责任的分担应有明确约定。在公司未成立的情况下，发起人之间是一种合伙关系，需对外承担连带责任。发起人已对外承担责任并超出自己应承担的比例之后，可按发起人协议追究其他发起人的责任。

【相关规定】

《最高人民法院关于适用〈中华人民共和国公司法〉若干问题的规定（三）》第四条

风险点 7

瑕疵出资股东对公司债权人的补充赔偿纠纷

【风险解读】

股东最重要的义务就是出资义务，股东是否足额履行出资义务，直接关系公司的资本是否真实与充足。公司法第四十九条和第五十条规定了有限责任公司股东违反出资义务时的责任承担内容及方式；公司法第九十八条和第九十九条规定了股份有限公司发起人违反出资义务时的责任承担内容及方式。多数学者认为，出资义务是股东对公司的基本义务，在出资法律关系中，公司是债权人，股东是债务人，如果股东在公司发起阶段未如实履行其出资义务，公司在成立后有权要求该瑕疵出资股东及时足额缴纳出资并承担相应的违约责任。

【典型案例】

公司发起人未足额履行出资义务如何承担责任[①]

上诉人（一审原告）：杭州吉某汽车有限公司（以下简称吉某公司）。

被上诉人（一审被告）：杭州长某实业有限公司（以下简称长某公司）。

浙江重某汽车装备有限公司（以下简称重某公司）于2007年2月12日经工商部门注册成立。设立时的股东为潘某、杨某喜和长某公司，各持重某公司股权比例为55%、5%和40%。重某公司注册资本为人民币7000万元，以货币方式分期出资，其中，首期出资5000万元，经验资机构审验，已由三股东按照各自持股比例出资到位。根据公司章程的规定，其余2000万元在公司成立后二年内出资到位。2007年7月8日，长某公司将其持有重某公司40%股权按原价全部转让给潘某。同年8月30日，潘某将其持有重某公司15%股权转让给潘某忠，杨某喜将其持有的重某公司5%的股权全部转让给潘某忠，潘某、杨某喜到期应缴的300万元、100万元出资义务也转由潘某忠承担。2008年8月20日，潘某忠将其持有的重某公司20%股权全部转让给李某云，包括到期应缴的400万元出资义务也转由李某云承担。以上三次股权转让，均经工商部门核准，并进行了变更登记。至此，重某公司的股东变更为潘某和李某云，股权比例分别为80%和20%。2009年2月11日，重某公司第二期出资额2000万元缴纳期限届满，股东未予缴纳。2008年3月12日，吉某公司与重某公司签订了承揽合同。后发生纠纷，吉某公司于2008年11月10日将重某公司诉至浙江省台州市中级人民法院。

台州市中级人民法院于2009年4月14日作出（2008）台民二初字第68号民事判决，判令重某公司应向吉某公司返还预付款735万元，支付违约金245万元；案件受理费80400元，保全申请费5000元，由重某公司承担。执行过程中，因重某公司停止经营，且未发现其有可供执行的财产，吉某公司遂

---

① 详见浙江省杭州市中级人民法院（2013）浙杭商终字第1376号民事判决书。

案例中二审法院引用的《最高人民法院关于适用〈中华人民共和国公司法〉若干问题的规定（三）》（法释〔2011〕3号）第十三条、第十九条现为《最高人民法院关于适用〈中华人民共和国公司法〉若干问题的规定（三）》（2020年修正）第十三条、第十九条，内容未作修改。

申请追加第三人潘某、李某云、杨某喜、潘某忠、长某公司为被执行人。台州市中级人民法院作出裁定，追加潘某、李某云为该案被执行人，驳回要求追加杨某喜、潘某忠、长某公司为该案被执行人的申请。吉某公司不服提出复议，浙江省高级人民法院作出（2012）浙执复字第2号执行裁定，追加杨某喜、长某公司为该案被执行人。长某公司不服提出申诉，浙江省高级人民法院作出（2012）浙执监字第16号执行裁定，以原裁定在执行程序中直接追加长某公司和杨某喜为被执行人不当为由，撤销原裁定。

浙江省高级人民法院执行裁定认为，本案的争议焦点在于长某公司作为重某公司的发起人股东，是否应对重某公司的债权人吉某公司承担公司法上的股东或发起人补充赔偿责任以及连带补充赔偿责任。第一，关于长某公司是否应承担补充赔偿责任。在公司无法清偿债务的情况下，股东对债权人承担补充赔偿责任的法理基础在于债权人对公司资本充实的信赖，而公司股东的出资违约行为客观上背离了此种信赖，减少了公司可供清偿债务的资产，妨害了债权的实现，破坏了交易安全。股东对债权人承担补充赔偿责任既是其侵害债权的法律后果，也是商事外观主义原则的体现。因此，股东对债权人的补充赔偿责任本质上类似于侵权责任，股东是否应当承担此种责任，应考察股东对公司担保债务清偿资产的减少是否存在过错。基于现有证据，尚无法认定长某公司系利用股权转让的形式恶意规避第二期出资义务，或者长某公司明知或者应当知道股权受让人无继续出资的能力或意愿而仍然转让股权，长某公司对于股权转让后重某公司可供清偿债务的资产减少并无过错。同时，作为商事外观主义原则在公司法领域的适用，股东是否需要对债权人承担补充赔偿责任，还需考察债权人对股东的第二期出资义务是否存在合理信赖。本案中，吉某公司对重某公司的债权形成之时，长某公司已不再是重某公司股东，重某公司的第二期出资义务人早已发生变更，此种变更也已通过工商登记备案等形式对外予以宣示，吉某公司对长某公司并无继续出资的合理信赖。吉某公司在交易时，可以查阅有关文件了解第二次出资义务人的情况，然后再自行评估交易风险，决定是否交易。吉某公司没有尽到上述合理注意义务，产生的交易风险不应由无过错的第三方承担。从本案查明的事实来看，长某公司基于公司法赋予的分期出资的权利，完全履行了自身的首期出资义务，同时，其在第二期出资缴纳期限届满前已依法将其股权对外转让，第二期出资义务已由股权受让人继受，长某公司不存在《最高人民法院关于适用〈中华人民共和国公司法〉若干问题的规定（三）》[法释〔2011〕3号，以下简称《公司法司法解释（三）》]中规定的“未履行或未全面履行出资义务”的情形。故吉某公司以《公司法司法解释（三）》第十三条第二款或第十九条第一款之规定要求长某公司在未出资本息范围内承担补充赔偿责任，没有事实和法律依据，法院不予支持。第二，关于长某公司是否应当承担发起人的连带补充赔偿责任。发起人的连带补充赔偿责任，属于资本充实责任。资本充实责任因公司设立行为而产生，其理论基础是设立公司行为的共同行为理论，其适用范围应限于股东在公司设立中的不当行为。《公司法司法解释（三）》第十三条第三款将发起人承担连带补充赔偿责任的适用前提限定为股东在“公司设立时”未履行或者未全面履行出资义务，公司设立后的出资违约行为包括第二期出资违约行为则未予涉及。同时，《公司法司法解释（三）》第十四条规定，公司设立后股东有抽逃出资这一违反出资义务行为的，只有协助抽逃出资的股东等主体才需要承担连带责任。可见，从《公司法司法解释（三）》的立法本意来看，发起人并非当然需要对股东的任何出资违约行为均承担连带责任，其适用是有条件的。因此，基于现行法律，法院无法就长某公司对其他股东在公司设立后的违反出资义务行为课以连带责任。综上所述，吉某公司的上诉请求无事实和法律依据，法院不予支持。

案例评析：本案属于发起人责任纠纷，公司股东未如实履行缴纳出资的义务，并且在未按时缴纳出资前股东已经将其股权份额进行了转让的，此时承担责任的主体为何是本案的争议焦点。本案虽然主张权利的主体是债权人，而非公司，但公司股东所应承担补足出资的责任是一样的。根据《公司法司法解释（三）》第十三条、第十九条等规定的立法本意和主旨可以看出，“未全面履行出资义务”中的出资指的是该股东在设立时所认缴的全部出资而非部分出资。本案中，长某公司已经在涉案债权债务形成之前转让了股权，债权人应当知晓涉案债权债务形成时的公司股东情况，应当向当时公司的股东追索未补足的部分出资，追究其“未全面履行出资义务”的行为，因此长某公司不应向债权人承担补充赔偿责任和连带赔偿责任。

【相关规定】

《中华人民共和国公司法》第四十九条、第五十条、第九十八条、第九十九条

《中华人民共和国证券法》第十一条

《中华人民共和国证券投资基金法》第二十三条、第九十二条

《中华人民共和国刑法》第一百五十九条

《最高人民法院关于适用〈中华人民共和国公司法〉若干问题的规定（三）》第十三条、第十四条、第十九条

风险点 8

股东抽逃出资纠纷

【风险解读】

股东抽逃出资指的是公司股东或发起人依法履行了出资义务后，在公司成立后采取违反法律规定、公司章程或财务会计准则等各种非法手段，将其所缴付的出资部分或全部抽回的违法行为。2013 年公司法修正后，规定除法律、行政法规以及国务院要求注册资本必须实缴外，公司注册资本可采用认缴制，并且也取消了对于最低注册资本的限制，简化了登记事项和登记文件，有限责任公司股东认缴出资额、公司实收资本不再作为公司登记事项，公司登记时不需要提交验资报告，只需在国家企业信用信息公示系统自行公示。上述修改降低了公司设立的门槛，减轻了企业负担，增加了市场活力。但是，实践中，部分股东忽视了自己的出资义务，认为认缴制下有关股东出资的情况工商行政管理机关不再审查，为了对外显示规模和财力，增大注册资本，通过临时出资增加账面资产，进而导致纠纷产生。因此，2023 年公司法修订将公司注册资本改为，有限责任公司全体股东认缴的出资额由股东按照公司章程的规定自公司成立之日起五年内缴足，股份有限公司成立时注册资本必须实缴。这样，不仅有效限制了天价认缴、无限认缴的出现，同时，也有必要在公司资本制度约束下，进一步明确和界定抽逃出资的责任。

【典型案例】

股东抽逃出资如何承担责任[①]

上诉人（一审原告）：江苏泰某工业皮带有限公司（以下简称泰某公司）。

被上诉人（一审被告）：窦某俊。

泰某公司法定代表人窦某存与窦某俊均是泰某公司股东。2014年4月29日，泰某公司（法定代表人窦某存）提起诉讼，以2009年2月13日泰某公司以公司名义分别向盐城佳某达建筑劳务有限公司（以下简称佳某达公司）、盐城百某贸易有限公司（以下简称百某公司）汇款2276400元、2523600元的银行汇票申请书复印件，主张窦某俊抽逃出资150万元而要求其履行出资义务。

法院查明：2009年2月12日，窦某俊以个人名义向泰某公司账户汇款150万元，汇款用途载明为窦某俊出资款。2009年2月13日，泰某公司以公司名义分别向佳某达公司、百某公司汇款2276400元、2523600元，汇款用途载明为往来款，银行汇票申请书均盖有泰某公司法定代表人窦某存印鉴章和公司财务专用章，银行记账凭证栏载明经办人为窦某成，并留有窦某成身份证号码。

法院认为，本案争议焦点系窦某俊是否履行了对泰某公司的出资义务。泰某公司是依法成立的有限责任公司，其章程由各股东共同签订，各股东均应按照章程规定向公司履行出资义务。章程明确，窦某俊应于2009年8月1日向泰某公司缴纳其认缴的出资款150万元，二审法院调取的证据及泰某公司一审提交的证据表明，窦某俊及其他股东于2009年2月12日向泰某公司缴纳的出资，从资金流向来看，最初来源于阜宁某棉花经营部，其后经过佳某达公司、盐城市某建筑劳务有限公司、徐某翔，当日完成验资，次日验资款又全部从泰某公司账户汇出给百某公司、佳某达公司。泰某公司及另一股东窦某成陈述出资款系经他人运作的借款，验资后予以归还，与二审查明的资金来源及流向相符。因此，应当认定窦某俊2009年2月12日实际并没有向泰某公司出资。

① 案例中二审法院引用的《最高人民法院关于适用〈中华人民共和国公司法〉若干问题的规定（三）》（法释〔2011〕3号）第十三条现为《最高人民法院关于适用〈中华人民共和国公司法〉若干问题的规定（三）》（2020年修正）第十三条，内容未作修改。

公司法规定，股东应当按期足额缴纳公司章程规定的各自所认缴的出资额。《最高人民法院关于适用〈中华人民共和国公司法〉若干问题的规定（三）》（法释〔2011〕3号）第十三条第一款规定，股东未履行或者未全面履行出资义务，公司或者其他股东请求其向公司依法全面履行出资义务的，人民法院应予支持。据此，泰某公司诉请要求窦某俊履行出资义务，应予支持。

案例评析：本案诉争焦点是窦某俊的行为是否构成抽逃出资，是否应该履行对泰某公司的出资义务。二审法院在调取有关证据的基础上，结合银行转账记录，查清窦某俊在验资后的第二天即将出资款转出，且这些资金并非属于业务往来。窦某俊的行为是抽逃出资的主要表现之一，因此，二审法院最终认定窦某俊的行为构成抽逃出资，其应履行补足出资的义务。

【相关规定】

《中华人民共和国公司法》第四十九条、第五十三条

《中华人民共和国证券投资基金法》第二十三条

《中华人民共和国刑法》第一百五十九条

《中华人民共和国期货交易管理条例》第五十七条

《最高人民法院关于适用〈中华人民共和国公司法〉若干问题的规定（三）》第十二条至第十四条

第二章

公司资本纠纷

DI ER ZHANG

GONGSI ZIBEN JIUFEN

公司资本是指由股东出资形成的公司财产总额。股东出资方式包括货币、实物、无形资产等。资本是公司之根基，是公司运营的物质基础，是股东行使股权的根据，是公司债务的总担保。公司资本从形态上可分为注册资本、最低资本、实收资本等。公司资本与公司资产、公司资金不同。公司资产是指公司可以支配的全部财产；公司资本仅指股东出资形成的财产，是公司资产的构成部分；公司资金是公司资产价值的货币表现形式。

公司资本制度是围绕股东的投资而形成的关于公司资本运营的一系列法律制度。公司资本制度贯穿于公司设立、运营和终止的全过程，涉及资本的形成、资本的增减、资本的转化、利润的分配、资本的退出等问题。为维护公司资本的真实稳定，维护交易安全，公司资本制度普遍遵循三项基本原则，即资本确定原则、资本维持原则和资本不变原则。

公司资本纠纷，是指因违反公司资本制度而在公司的利害关系主体之间发生的纠纷。公司资本纠纷会发生在自资本形成至资本退出的各个阶段。常见的公司资本纠纷主要有股东出资纠纷、资本变更纠纷、公司投资纠纷、公司担保纠纷等。公司资本纠纷可能涉及公司、股东、董事、监事、高级管理人员之间的内部法律关系，也可能涉及第三人与公司、股东、董事、监事、高级管理人员之间的外部法律关系。本章就公司资本纠纷中几种常见类型结合相关案例进行研究和探讨。

风险点 9

股东出资方式效力确认纠纷

【风险解读】

在股东出资制度上，我国公司法实行出资方式法定主义。股东以何种财产出资，并不取决于股东自身拥有何种财产，而由法律规定何种类型财产可以作为对公司的出资。公司法第四十八条第一款规定："股东可以用货币出资，也可以用实物、知识产权、土地使用权、股权、债权等可以用货币估价并可以依法转让的非货币财产作价出资；但是，法律、行政法规规定不得作为出资的财产除外。"国务院发布的《市场主体登记管理条例》第十三条第二款规定："出资方式应当符合法律、行政法规的规定。公司股东、非公司企业法人出资人、农民专业合作社（联合社）成员不得以劳务、信用、自然人姓名、商誉、特许经营权或者设定担保的财产等作价出资。"由此可见，公司法等法律法规通过列举、概括加排除的方法，明确了股东出资方式，可将其作为股东出资方式效力认定之标准，股东应在法律允许的范围内选择出资方式。

一是货币出资。货币出资最为普遍的出资方式。关于货币出资来源是否必须合法，公司法虽未明确规定，但是，以贩毒、走私、贪污、受贿等违法所得的货币出资将构成刑事犯罪，犯罪所得将被没收，因此，出资的货币应具有合法性。

二是实物出资。实物出资，属于非货币财产出资。非货币财产出资应当满足以下要件：第一，根据法理，非货币财产应当是公司生产经营所必需的财产；第二，非货币财产应具有价值性，必须可以用货币估价，并经过评估程序；第三，非货币财产应依法可以转让；第四，股东应对非货币财产享有所有权或处分权，设立有权利负担的财产不得作为出资；第五，法律、行政法规不禁止该实物出资。实物出资应当符合非货币财产出资的要件。

三是知识产权出资。知识产权包括专利权、商标权、著作权等。知识产权出资应符合非货币财产出资的要求。需要注意的是，知识产权具有期限，故出资应在其有效期内。

四是土地使用权出资。出资人以划拨土地使用权出资，或以设立权利负担的土地使用权出资的，出资人应办理土地使用权变更手续或者解除权利负担。

五是债权出资。债权出资，是指股东以其对第三人或目标公司的债权向公司出资。债权出资的实质是债权的转让。判断债权出资是否具有合法性，应分析其是否符合法定标准。第一，作为出资的债权应是与财产给付相关的债权，非财产性给付的债权因无法用货币估价，故不能作为出资。第二，债权应具有可转让性。依债权性质不得转让的债权、债的当事人双方约定不得转让的债权以及依照法律规定不得转让的债权都具有不可转让性，不得作为出资。第三，作为出资的债权应具有可实现性。债权是请求权，只有具有可实现性，才能保证资本的确定、充实。债权应在诉讼时效期限内，尚未到期，且不应存在抗辩权或抵销权。第四，在程序上，债权出资应经过股东会决议通过，债权人应当通知债务人，债权应当履行价格评估和验资程序，出资债权应进行公示。

六是股权出资。股权出资是股东以其对其他公司享有的股权向公司出资。股权出资的本质是股权转让。股权出资应符合下列条件：出资的股权由出资人合法持有并依法可以转让；出资的股权无权利瑕疵或权利负担；出资人已履行关于股权转让的法定手续；出资的股权已依法进行了价值评估。根据我国公司法的规定，以下股权不得出资，或者满足法定或约定的条件后才能出资。第一，特定股东持有的股份。依据公司法第一百六十条的规定，公司公开发行股份前已发行的股份，自公司股票在证券交易所上市交易之日起一年内不得转让。公司董事、监事、高级管理人员在就任时确定的任职期间每年转让的股份不得超过其所持有本公司股份总数的25%；所持本公司股份自公司股票上市交易之日起一年内不得转让。上述人员离职后半年内，不得转让其所持有的本公司股份。因此，这类股份在法定期间之内不能作为出资。第二，法律规定限制转让的股权。依据公司法第八十四条的规定，有限责任公司股东对外转让股权的，应当书面通知其他股东，其他股东在同等条件下有优先购买权。如果其他股东放弃优先购买权，则可实现股权出资。第三，公司章程规定不得转让的股权。股东以股权出资时，不得违反公司章程的规定。作为出资的股权应不存在权属争议或权利瑕疵。

【典型案例】

股东能否以对公司债权抵销出资义务

上诉人（一审被告）：马某。

被上诉人（一审原告）：北京某建材公司。

一审被告：北京某科技公司、李某某。

原告北京某建材公司诉称，北京某科技公司多次从北京某建材公司购买建材，至今尚欠货款381206.77元未清偿。马某、李某某作为北京某科技公司股东，尚未全面履行出资义务。请求判令：（1）北京某科技公司向北京某建材公司支付货款381206.77元及利息；（2）马某、李某某在未出资本息范围内对上述欠款不能清偿部分承担补充赔偿责任。

被告北京某科技公司辩称，确认尚欠北京某建材公司381206.77元货款，同意支付。

被告马某辩称，确认北京某科技公司尚欠381206.77元货款，但马某的出资义务已履行完毕。马某向北京某科技公司的转账记录明确载明系“投资款”的款项为61.75万元。此外，因北京某科技公司经营需要，马某为北京某科技公司垫付了高额资金。2018年4月26日，北京某科技公司曾召开临时股东会决议，确认将公司对马某借款中的103.25万元转为马某对公司的出资，马某的出资已全部实缴到位。现行法律未有股东之债不可抵销股东出资义务的强制性规定，而债转股却有明确规定。故马某已履行出资义务，无须承担补充赔偿责任。

被告李某某未参加庭审，亦未提交答辩意见。

北京市门头沟区人民法院经审理查明后认为，本案的争议焦点为，马某主张其对北京某科技公司的出资义务已与北京某科技公司对马某的债务抵销，该主张能否予以支持。从公司法关于资本缴付规定的立法本意看，股东认缴的出资系公司经营的基础和公司债权人利益的保障。相较于股东对公司的债权而言，股东对公司的出资义务是法定义务，二者之抵销须考量是否损害其他债权人的利益。本案中，马某提交的2018年4月26日公司临时股东会决议载明，将北京某科技公司章程中的出资信息修改为，马某认缴出资额165万元，实缴出资额165万元，出资方式为货币、债权，出资期限为2018年6月30日。但该股东会决议未在工商登记机关备案，且北京某科技公司在工商登记机关备案的 2018 年 5 月 7 日修改的公司章程中并未体现上述修改内容，仍载明马某认缴出资额 165 万元，出资方式为货币。马某确认，上述临时股东会决议作出时，已有债权人对北京某科技公司提起诉讼。该案审理法院作出的执行裁定书亦确认，北京某科技公司无财产可供执行。故在北京某建材公司已起诉请求马某承担出资瑕疵赔偿责任的情况下，即使马某对北京某科技公司享有债权，其主张以对该公司享有的债权抵销出资义务，等同于股东债权具有优先于其他债权受偿的权利，损害了北京某科技公司其他债权人的利益。故对于马某关于抵销出资义务的主张，法院不予支持。

北京市门头沟区人民法院于 2021 年 1 月 26 日作出（2020）京 0109 民初 1877 号民事判决：（1）北京某科技公司于判决生效之日起七日内向北京某建材公司支付货款 381206.77 元及相应利息；（2）马某在未出资 103.25 万元本息的范围内对上述欠款不能清偿的部分承担补充赔偿责任；（3）李某某在未出资 58 万元本息的范围内对上述欠款不能清偿的部分承担补充赔偿责任。宣判后，马某提起上诉。北京市第一中级人民法院于 2021 年 7 月 19 日作出（2021）京 01 民终 4078 号民事判决：驳回上诉，维持原判。

案例评析：公司资本是公司经营的基础和债权人利益的保障，为维护公司资本制度，保护公司债权人利益，应对股东抵销出资义务的条件进行限定。未履行或者未全面履行出资义务的股东对公司享有到期债权，主张以该债权抵销出资义务的，应当符合以下条件：第一，应通过股东会决议修改公司章程，将出资方式变更为债权出资，并确认实缴出资；第二，该股东会决议作出时，公司应具有充足清偿债务能力；第三，修改后的公司章程应经公司登记机关备案，否则，不得对抗善意相对人。

【风险防范】

公司股东的出资方式应符合法律规定。根据公司法第四十八条及《市场主体登记管理条例》第十三条关于出资方式之规定，公司股东可以用货币出资，也可以用实物、知识产权、土地使用权、股权、债权等可以用货币估价并可以依法转让的非货币财产出资。

【相关规定】

《中华人民共和国公司法》第四十八条、第四十九条、第九十八条

《中华人民共和国市场主体登记管理条例》第十三条

《最高人民法院关于适用〈中华人民共和国公司法〉若干问题的规定（三）》第七条至第十一条

风险点 10

未按约定出资的违约纠纷

【风险解读】

出资是股东最基本也是最主要的义务，该义务产生于发起人协议、公司章程及公司法规定。发起人协议是指在公司设立过程中，由发起人订立的关于公司设立事项的协议。公司章程是股东之间共同制定和认可的规定公司组织及活动基本规则的基本文件，是股东意思自治的集中体现，具有契约性质。股东如违反发起人协议、公司章程约定之出资义务，应当承担违约责任。

我国公司法关于股东承担违约责任的规定包括：（1）第四十九条规定的“股东应当按期足额缴纳公司章程中规定的各自所认缴的出资额。……股东未按期足额缴纳出资的，除应当向公司足额缴纳外，还应当对给公司造成的损失承担赔偿责任”。（2）第九十八条规定的“发起人应当在公司成立前按照其认购的股份全额缴纳股款。发起人的出资，适用本法第四十八条、第四十九条第二款关于有限责任公司股东出资的规定”。

【典型案例】

股东未按约定出资是否应承担违约责任[①]

上诉人（一审被告）：某储运公司。

被上诉人（一审原告）：某石油公司。

某石油公司诉称，2008年8月26日，某石油公司与某储运公司签订《合作协议》一份，约定双方共同出资3000万元成立某合资公司，某石油公司以现金出资1350万元，某储运公司以20000.05平方米国有土地使用权作价及现金方式共出资1650万元，并约定了出资期限和违约责任。《合作协议》签订后，某石油公司履行了出资义务，但某储运公司在出资期限届满后，未按约办理土地使用权权属变更手续。某石油公司起诉请求判令某储运公司全面履行出资义务，将20000.05平方米国有土地使用权变更至成立后的某合资公司名下，并承担逾期付款违约金。

某储运公司辩称：第一，某石油公司主体不适格。股东履行出资义务的对象系成立后的公司。第二，某储运公司无法继续履行土地使用权出资义务是由于土地使用权分割登记未得到政府许可，某储运公司出资不能，不应承担违约责任。

一审法院审理查明：某储运公司与某市国土资源局签订《国有土地使用权出让合同》及《补充协议》约定：某储运公司取得位于某经济技术开发区的土地65539.73平方米；某储运公司在2008年12月30日之前完成项目施工建设，并申请竣工验收；某储运公司同意受让宗地的投资总额不低于2650万美元，项目固定资产投资额不低于13763万元人民币，单位用地面积投资强度不低于每公顷2100万元人民币；某储运公司按照出让合同约定日期动工建设，但已开发建设面积占建设总面积比例不足三分之一或已投资额占总投资额不足25%，且未经批准中止开发建设连续满一年的，视为土地闲置，出让人有权向某储运公司收取土地闲置费。协议签订后，某储运公司依法缴纳土地出让金，取得该宗

---

① 详见江苏省高级人民法院（2013）苏商终字第0257号民事判决书。

案例中一审法院引用的《最高人民法院关于适用〈中华人民共和国公司法〉若干问题的规定（三）》（法释〔2011〕3号）第十三条第一款现为《最高人民法院关于适用〈中华人民共和国公司法〉若干问题的规定（三）》（2020年修正）第十三条第一款，内容未作修改。

土地使用权。

2008 年 8 月 26 日，某石油公司与某储运公司签订《合作协议》约定：双方共同出资成立某合资公司，总投资额为 1 亿元。某合资公司注册资本金为 3000 万元，股权比例为某石油公司占 45%、某储运公司占 55%。某石油公司以现金出资 1350 万元，某储运公司以国有土地使用权作价及现金方式共出资 1650 万元。任何一方未按约定依期如数缴纳出资额的，每逾期一日，违约方应向守约方缴付应缴出资额的万分之四作为违约金。

2010 年 4 月 14 日，某储运公司向某经济技术开发区管委会提出了案涉 20000.05 平方米国有土地使用权分割登记的申请。某市国土资源局开发区分局提出拟办意见："该项目目前不符合土地分割登记的条件。建议某储运公司先行实施项目建设后，再按有关规定办理分割转让手续。"

2011 年 4 月 13 日、5 月 6 日，某石油公司两次致函某储运公司要求其将约定的国有土地使用权变更至某合资公司名下。

一审法院认为，某石油公司与某储运公司签订《合作协议》，出资成立某合资公司，系双方当事人真实意思表示，符合法律法规的规定，应确认为合法有效。首先，关于某石油公司主体是否适格的问题。《最高人民法院关于适用〈中华人民共和国公司法〉若干问题的规定（三）》（法释〔2011〕3 号）第十三条第一款规定：股东未履行或未全面履行出资义务，公司或者其他股东请求其向公司依法全面履行出资义务的，人民法院应予支持。依照该规定，对于未履行或未全面履行出资义务的股东，公司或者其他股东均享有诉权。本案中某石油公司主体适格。其次，关于某石油公司要求某储运公司履行国有土地使用权作价出资义务是否存在障碍的问题。某储运公司以案涉 20000.05 平方米土地出资，履行出资义务不存在障碍。最后，关于某储运公司是否存在逾期缴纳出资违约情形的问题。虽然某储运公司向某经济技术开发区管委会提出土地使用权分割登记申请，但某储运公司对其受让的 65539.73 平方米国有土地使用权未能按照《国有土地使用权出让合同》的要求，达到开发建设面积占建设总面积比例三分之一以上且已投资额占总投资额不足 25%，才会导致某经济技术开发区管委会认定其提出的国有土地使用权分割登记申请不符合条件，从而造成逾期缴纳土地使用权出资，违约过错显然在于某储运公司，其应当承担逾期缴纳出资的违约责任。

一审法院作出如下判决：某储运公司将20000.05平方米国有出让土地使用权变更至某合资公司名下；某储运公司给付某石油公司逾期出资违约金。

某储运公司不服一审判决提起上诉。

二审法院认为，第一，关于某石油公司作为原告提起本案诉讼的主体资格适格。首先，某石油公司提起本案诉讼依据的是《合作协议》，其作为《合作协议》的一方当事人，依据该协议要求合同相对人某储运公司履行合同义务，承担违约责任，具有适格的原告主体资格。其次，在某储运公司未按《合作协议》、公司章程规定履行出资义务时，某石油公司作为某合资公司股东，亦有权主张某储运公司依法全面履行出资义务。第二，某储运公司未按《合作协议》约定将20000.05平方米国有土地使用权登记至某合资公司名下构成违约，该违约情形的发生，并非由于《合作协议》存在客观上不能履行的障碍。某储运公司认为其未履行出资义务存在实质性障碍，出资不能的责任不在某储运公司的上诉理由不能成立。第三，某储运公司应继续履行《合作协议》和某合资公司章程规定的出资义务。但由于国有土地使用权变更登记是国有土地管理部门的行政行为，故一审判决某储运公司将案涉土地使用权变更至某合资公司名下缺乏法律依据，法院予以纠正。

二审法院作出如下判决：撤销一审民事判决；双方继续履行案涉《合作协议》，某储运公司于本判决生效之日起十日内依照《合作协议》约定，办理完成国有出让土地使用权过户的相关手续；某储运公司给付某石油公司逾期出资违约金；驳回某石油公司的其他诉讼请求。

案例评析：本案中，某储运公司未按《合作协议》约定、公司章程规定将20000.05平方米国有土地使用权登记至某合资公司名下，已构成出资违约。某石油公司作为某合资公司股东有权要求某储运公司承担违约责任。违约责任的承担方式包括继续履行出资义务、支付违约金等。

【风险防范】

发起人或股东在签订发起人协议、公司章程之前，应慎重考虑其出资期限、出资方式的可行性。一旦签订协议及章程，则应按约缴纳出资，避免因出资违约承担责任。如果确因特殊情况无法按约出资，应及时与其他股东沟通变更出资方式，以规避风险。

【相关规定】

《中华人民共和国公司法》第四十九条、第九十八条

【诉讼指导】

关于主张股东瑕疵出资违约责任的权利主体。因发起人协议只在发起人之间具有法律约束力，故依据该协议主张瑕疵出资违约责任的主体应为发起人。而公司章程为股东之合意，根据契约相对性原则，依据公司章程主张瑕疵出资违约责任的主体应为股东。

关于股东瑕疵出资违约责任的承担方式。对此，我国公司法并未作出具体规定。民法典规定，承担违约责任的方式一般包括继续履行、采取补救措施、赔偿损失、支付违约金等。据此，瑕疵出资股东承担违约责任的方式可以包括以下几种：（1）继续履行合同，主要是补足出资差额，履行相关标的物的产权转移手续、交付标的物等；（2）采取补救措施，包括对标的物的修理、更换；（3）支付违约金，出资瑕疵股东违反约定的，应按照约定支付违约金；（4）赔偿损失，因股东出资瑕疵给其他股东造成损失的，其他股东有权就其受到的损失提出损害赔偿请求。对于上述股东出资瑕疵的责任形式，发起人或股东可以根据意思自治原则通过发起人协议或公司章程确定下来，便于后续纠纷的处理。

风险点 11

股东请求公司交付出资证明书或者股票纠纷

【风险解读】

出资证明书和股票是有限责任公司和股份有限公司向股东出具的出资证

明，其既表明股东履行了出资义务，又是股东行使股东权利的凭证。股东履行出资义务后，公司有向股东签发出资证明书或交付股票的义务。

【典型案例】

公司是否应向股东签发出资证明书

原告：刘某。

被告：龙某达公司。

原告诉称，刘某于2001年2月出资15万元成为龙某达公司股东，参与制定了公司章程，龙某达公司注册资本为1500万元。但是，龙某达公司一直未向刘某签发股东出资证明书。刘某多次向龙某达公司索取均被无理拒绝，故诉至法院，请求判令龙某达公司依法签发股东出资证明书。

被告辩称，刘某曾为该公司股东，但并未实际出资，而是该公司出于激励员工目的，由公司向其出借钱款出资。当时该公司确实没有向刘某出具出资证明，而现在刘某的股东身份存在争议，该公司已经收回了刘某的股东身份和出资借款。如刘某已经不是公司股东，公司就没有必要再向其签发出资证明书。

法院审理查明，龙某达公司章程载明："公司股东姓名、出资方式及出资额如下：……刘某，货币15万元……公司成立后，应向股东签发出资证明书。"2001年1月31日，龙某达公司与刘某签订借款协议书，约定龙某达公司董事长叶某代表董事会与龙某达公司职工刘某就借款事项达成协议，龙某达公司同意将15万元借予刘某，此款必须用于购买龙某达公司股份，在刘某工作岗位不发生变化的情况下，可以用刘某在龙某达公司的服务年限折算还款。中国农业银行北京市分行资金凭证显示，2001年2月7日，刘某入资15万元。

法院认为，依据相关法律规定及龙某达公司章程，有限责任公司成立后，应当向股东签发出资证明书，股东出资证明书应当列明股东的姓名、缴纳的出资额和出资日期等事项。刘某在2001年成为龙某达公司股东，而龙某达公司并未向其签发出资证明书，现龙某达公司应当补发出资证明书。龙某达公司所述，刘某的出资系其向公司的借款，但出资来源非本人钱款并不能否定刘某对公司出资的事实，龙某达公司该项辩称，法院不予采信；龙某达公司认为，刘某现在股东身份存在争议，如刘某已不具有股东身份，公司就没有必要再向其签发出资证明书。对此，法院认为，龙某达公司向刘某补发出资证明书系依据刘某2001年的出资行为，刘某现在是否仍为公司股东不影响其在2001年已经实施的出资行为，龙某达公司应对刘某2001年的出资行为予以确认，根据公司法的相关规定补发出资证明书。故判决如下：被告龙某达公司于本判决生效之日起十日内向原告刘某补发出资证明书。

案例评析：本案的争议焦点为被告龙某达公司是否需要向原告刘某补发出资证明书。公司法明确规定，有限责任公司成立后，应当向股东签发出资证明书。案件相关事实表明，刘某已实际出资，应成为公司股东，故龙某达公司有义务签发出资证明书。出资证明书是证明股东当时的出资，而不是为了证明股东是否长期性地在公司入股。因此，无论刘某现在是否为公司的股东，只要其当时完成了出资，龙某达公司就应为其签发出资证明书。

【风险防范】

公司在成立后应当及时向股东签发出资证明书或交付股票。出资证明书或股票应载明必要的记载事项。出资证明书应由公司盖章，股票应由法定代表人签名，公司盖章。

出资证明书、股票既是证明股东出资的凭证，也是股东行使股东权利的凭证，股东完成出资后，应及时要求公司签发出资证明书或交付股票，并妥善保管。

【相关规定】

《中华人民共和国公司法》第五十五条、第一百五十条

《最高人民法院关于适用〈中华人民共和国公司法〉若干问题的规定（三）》第二十三条

【诉讼指导】

出资证明书、股票交付请求权是股东享有的一项权利，此请求权开始于公

司登记成立后。股东应在公司登记成立后三年内行使该权利，超过此期限的，人民法院对该民事权利不予保护。

如果公司拒绝向股东签发出资证明书或交付股票，股东可以公司为被告提起给付之诉。

风险点 12

出资瑕疵的股东资格确认及股东权利行使纠纷

【风险解读】

股东对公司有出资义务。瑕疵出资股东被记载于公司章程、股东名册或者办理公司登记机关登记后，如果没有经过合法的除权程序，应当认定该瑕疵出资股东具有公司股东资格，享有股东权利。股东瑕疵出资，无论是立法上还是司法实务中，并不否定其股东资格。

但股东资格与股东权利不是完全对应的，享有股东资格并不代表其可以行使所有的股东权利。股东拥有股东资格是指股东已经具有行使股东权利的资格，但其能否真正享有全部股东权利还要考察是否满足其他条件。股东在拥有股东资格后要符合相应的法律规定、当事人约定，履行完其法定义务和约定义务才能享有完整的股东权利。若当事人没有履行出资义务，那么其股东权利的行使应当受到一定的限制。

结合实践，此类纠纷大致可分为两大类型：一是瑕疵出资股东确认股东资格纠纷；二是瑕疵出资股东因行使股东权利而产生的纠纷。

【典型案例】

瑕疵出资的股东是否具有股东资格，是否影响股东权利行使①

上诉人（一审被告）：无锡某公司。

① 案例中一审法院引用的公司法（2013 年修正）第三十三条现为公司法（2023 年修订）第五十七条。

被上诉人（一审原告）：尤某。

原告尤某诉称，其系无锡某公司股东，一直在北京工作，无锡某公司从未召开股东会议和提供财务会计报告，故其无法知悉无锡某公司的实际经营状况。其多次要求查阅公司财务账簿未果，于2016年8月16日向无锡某公司提出了要求查阅公司会计账簿的书面申请，但无锡某公司不予回复也不提供相关资料。故请求判令:（1）无锡某公司提供自公司设立之日起的公司会计账簿供尤某查阅;（2）无锡某公司提供自公司设立之日起历年财务会计报告供尤某查阅。

无锡某公司辩称，尤某至今未出资到位，不具备股东资格，且公司未收到邮寄的书面申请。请求驳回尤某诉请。

法院生效裁判认为，本案主要有两个争议焦点：一是股东出资与否对股东资格及股东知情权的行使有无影响；二是尤某起诉要求行使会计账簿查阅权前是否已履行了法定前置程序。

第一，无锡某公司以尤某未出资否定其股东资格及知情权的行使没有依据。尤某通过受让叶某某持有的股份而成为无锡某公司的股东，经过了无锡某公司股东会议确认，并有工商部门的股东变更登记在卷佐证。无锡某公司关于尤某未出资的抗辩不能否定其具有股东资格。股东知情权是基于股东身份而拥有的固有权利，非经特别约定，一般不能予以限制。无锡某公司以尤某未出资否定其股东资格和股东知情权的行使缺乏事实和法律依据。

第二，尤某诉请行使会计账簿查阅权之前已经履行了法定前置程序。公司法（2013年修正）第三十三条对查阅会计账簿设置了前置条件，即股东向公司提出书面请求而公司拒绝提供查阅。本案中，尤某为了解无锡某公司的经营状况，维护自身合法权益，于2016年8月16日通过全球邮政特快专递向无锡某公司及其法定代表人周某某同时寄送了《请求书》，说明了其请求行使股东知情权的相关事宜及查阅目的。其中，寄给周某某的邮件已于2016年8月18日妥投，而无锡某公司无正当理由拒收邮件则应视为邮件已送达。虽然两份邮件仅载明内件物品为文件，但是，一则，结合尤某举证的《请求书》底稿的落款日期和两份邮件的交邮日期判断，从证据的高度盖然性角度可以认定邮寄的文件是《请求书》；二则，寄给周某某的邮件已妥投，无锡某公司完全有能力证明其法定代表人周某某收到的文件是何内容，其不能提供反证的，则应当认定就是《请求书》。无锡某公司在收到尤某的书面请求后十五日内未回复，应视为拒绝尤某的请求。至此，尤某要求查阅会计账簿的前置程序已经完成，其可以提起诉讼以保护股东知情权的合法行使。鉴于无锡某公司无证据证明尤某查阅会计账簿有不正当目的，有损害公司合法利益的可能，故尤某的诉请应得到支持。

江苏省无锡市惠山区人民法院于2016年12月8日作出（2016）苏0206民初5393号民事判决：（1）无锡某公司于本判决生效后十日内向尤某提供自公司设立之日起的公司会计账簿供尤某查阅。（2）无锡某公司于本判决生效后十日内向尤某提供自公司设立之日起历年财务会计报告供尤某查阅。宣判后，无锡某公司提起上诉。江苏省无锡市中级人民法院于2017年5月17日作出（2017）苏02民终1593号民事判决：驳回上诉，维持原判。

案例评析：股东知情权是股东固有的法定权利，其行使的主体应具有公司股东资格。2023年修订公司法出台后，公司法的基础理论最为显著的变化即从严格的法定资本制转变为授权资本制，如果瑕疵出资并不导致公司设立无效，一般不宜轻易否定瑕疵出资者的股东资格。在一般的瑕疵出资（例如未足额出资、出资评估价值不实）情形下，如果出资者具备认定股东资格诸要素中的其他任何一个，例如，记载于股东名册或者公司章程、经公司登记，一般即认定其具有股东资格。具有股东资格即意味着股东享有包括自益权和共益权在内的各项权利。自益权指股东以自身利益为目的行使的权利，主要表现为财产权，例如，按照出资比例分取红利的权利，依照法律、公司章程转让出资的权利，优先购买其他股东转让出资的权利，优先认购公司新增资本的权利，依法分配公司解散清算后的剩余财产的权利；共益权指股东依法参加公司事务的决策和经营管理的权利，是股东基于公司利益兼为自身利益行使的权利，例如，股东会会议参加权、质询权，在股东会会议上的表决权，股东会会议召集请求权，临时股东会会议自行召集权与主持权，了解公司事务、查阅公司账簿和其他文件的知情权，公司解散请求权等权利。

关于瑕疵出资股东受到的权利限制，从我国公司法的规定来看，允许公司对瑕疵出资股东予以限制的权利仅限于利润分配请求权、新股优先认购权、剩余财产分配请求权等直接获得财产利益的权利，而对股东知情权的行使并未进行限制性规定，故股东的出资瑕疵并不必然导致股东资格的丧失，亦不影响股东知情权的行使。

【风险防范】

按照公司章程规定及法律规定进行出资是股东的法定义务，股东出资不到位并不必然导致其丧失股东资格。但是，根据《最高人民法院关于适用〈中华人民共和国公司法〉若干问题的规定（三）》第十七条的规定，股东未履行出资义务或抽逃全部出资的，在公司履行相关程序后可以解除该股东的股东资格。而且，履行出资义务是股东行使股东权利的前提，股东瑕疵出资将影响股东权利的行使。因此，股东应积极履行股东出资义务。

对瑕疵出资股东权利的限制设计为赋权性限制，并非法律强制性限制，因此，对瑕疵出资股东的股东权利是否限制以及如何限制，应通过公司章程和股东会决议确定。

【相关规定】

《最高人民法院关于适用〈中华人民共和国公司法〉若干问题的规定（三）》第十六条、第十七条

风险点 13

公司担保纠纷

【风险解读】

公司向其他企业投资或提供担保，是公司重大经营行为和民事法律行为，其实质是对公司财产的处分，决策不当将给公司、股东和债权人带来较大风险，而公司在经营中又不可避免会遇到这种情况，因此，公司担保已成为公司经营及诉讼中的重大事项。

公司法第十五条第一款、第二款规定："公司向其他企业投资或者为他人提供担保，按照公司章程的规定，由董事会或者股东会决议；公司章程对投资或者担保的总额及单项投资或者担保的数额有限额规定的，不得超过规定的限额。公司为公司股东或者实际控制人提供担保的，应当经股东会决议。"公司对外提供担保，如何在保护债权人权益、鼓励交易与保护公司股东（尤其是小股东）权益之间进行取舍平衡，是司法实践中的难题。

《最高人民法院关于适用〈中华人民共和国民法典〉有关担保制度的解释》出台后对公司为他人债务提供担保的问题处理作了进一步明晰。依据该司法解释第七条的规定，法定代表人越权担保的，如果相对人为善意，则担保合同对公司发生效力，相对人请求公司承担担保责任的，人民法院应予支持；如果相对人非善意，则担保合同对公司不发生效力，此时参照适用担保合同被认定无效的规定确定公司应承担的责任。

上市公司为他人债务提供担保与非上市公司为他人债务提供担保适用的规则不同，在相对人非善意时，担保合同对上市公司不发生效力，上市公司既不承担担保责任，亦不承担赔偿责任。上市公司不承担赔偿责任，有利于公司完善治理结构和保护中小投资者利益，此种情形下，实际上是将责任转移给了债权人。

在相对人是否善意的判断标准上，《最高人民法院关于适用〈中华人民共和国民法典〉有关担保制度的解释》明确相对人对公司决议应进行合理审查。但该解释未对合理审查的范围进行明确。参照《全国法院民商事审判工作会议纪要》（法〔2019〕254 号）第 18 条的内容，合理审查应包括审查决议本身，同意决议的人数及签字人员是否符合公司章程的规定等。如果是上市公司提供担保，债权人应当审查上市公司的重大事项公告与担保合同的内容是否能够对应。

《最高人民法院关于适用〈中华人民共和国民法典〉有关担保制度的解释》第八条规定了无须公司决议的例外情形："（一）金融机构开立保函或者担保公司提供担保；（二）公司为其全资子公司开展经营活动提供担保；（三）担保合同系由单独或者共同持有公司三分之二以上对担保事项有表决权的股东签字同意。上市公司对外提供担保，不适用前款第二项、第三项的规定。"

【典型案例】

公司对外提供担保，债权人未尽到合理审查义务，担保合同是否有效[①]

原告：某信托公司。

被告：某建筑公司、某住宅公司、辛某、吴某、某房地产公司、某实业公司、某管理公司。

原告某信托公司诉称，2019年，某信托公司与某建筑公司签订《信托贷款合同》及其补充协议。之后，某信托公司分别与某住宅公司、辛某、吴某签订《保证合同》，与某房地产公司签订《抵押合同》，与某建筑公司签订《应收账款质押合同》，与某实业公司签署《股权质押合同》，与某住宅公司、某管理公司签订《抵押合同》，为上述借款提供担保。某信托公司已依约向某建筑公司发放三期贷款。2020年12月21日，某建筑公司无法按照合同约定支付利息，并经某信托公司多次催要仍未及时履行。2021年1月22日，某信托公司向某建筑公司发送《提前还款通知书》，宣布贷款提前到期，并要求立即偿还某信托公司全部债权，但某建筑公司仍未支付任何款项，故某信托公司起诉至法院。

被告某建筑公司辩称：第一，某信托公司与某建筑公司签订的《信托贷款合同》是格式合同，其中约定的复利条款严重损害某建筑公司利益，且在签署时某信托公司未履行其应有的提示义务，因此该约定无效，某信托公司不得主张复利。对逾期归还的本金计收的罚息具有惩罚性质，对欠付的利息及罚息计收复利，则属于重复计算利息，违反公平原则。第二，《抵押合同》中列举的39套商铺的不动产抵押登记手续尚未办理，相关抵押权未设立，某信托公司对前述财产不享有优先受偿权。

某住宅公司、辛某、吴某、某房地产公司、某实业公司、某管理公司均未到庭参加诉讼，亦未提交书面答辩意见。

法院经审理查明：2019年，某信托公司与某建筑公司签订《信托贷款合同》及其补充协议，约定贷款人按本合同约定向借款人发放的贷款总金额为

---

① 案例中一审法院引用的公司法（2018年修正）第十六条现为公司法（2023年修订）第十五条。

不超过 2000 万元。根据借款凭证记载，某信托公司先后发放三笔贷款。2020 年 10 月 26 日，某信托公司与某房地产公司签订《抵押合同》，约定为主合同项下债务人的全部债务提供抵押担保，已办理抵押登记，抵押物为 160 个车位。本案审理过程中，某房地产公司签收开庭传票，但未对抵押担保效力提出异议，经询，某信托公司未能提交某房地产公司同意提供抵押担保的公司内部决议文件。某信托公司提交中国某银行支付业务回单，主张某建筑公司仅于 2020 年 9 月 17 日通过案外人向某信托公司支付第一期贷款本金和利息，自 2020 年 12 月 21 日起未再偿还第二笔、第三笔贷款利息及本金。另外，某住宅公司、辛某、吴某分别与某信托公司签订《保证合同》，某信托公司与某建筑公司签订《应收账款质押合同》，某信托公司与某住宅公司、某管理公司签署《抵押合同》，为案涉债权提供担保。

法院生效裁判认为，某房地产公司作为抵押人，与某信托公司签署《抵押合同》，以其所有的 160 个车位为案涉债权提供抵押担保并办理了抵押登记。根据公司法（2018 年修正）第十六条的规定，公司担保行为必须以公司股东（大）会或者董事会等公司机关的决议作为授权的基础和来源。本案中，某信托公司未能提交某房地产公司股东会、董事会等权力机关的决议文件，亦未能举证证明其就相关决议事项尽到了合理审查义务，且根据现有证据不足以认定本案中存在无须公司机关决议的例外情形。因此，在现有证据无法证明某信托公司构成善意的情况下，案涉《抵押合同》对某房地产公司不发生效力，该公司不承担基于有效担保产生的担保责任。需要说明的是，虽然本案中某房地产公司经法院依法传唤未到庭参加诉讼，亦未对抵押合同的效力提出异议，但《抵押合同》的效力及某信托公司是否尽到合理审查义务，为案件的基本事实，法院须主动审查查明。据此，对某信托公司要求对《抵押合同》中抵押物清单中的 160 个车位的折价或拍卖、变卖所得价款享有优先受偿权的主张，法院不予支持，并根据《最高人民法院关于适用〈中华人民共和国担保法〉若干问题的解释》第七条之规定，确定某房地产公司承担的民事责任为债务人某建筑公司不能清偿部分的二分之一。

北京市西城区人民法院于 2021 年 10 月 18 日作出（2021）京 0102 民初 7664 号民事判决：（1）某建筑公司于本判决生效之日起十日内向某信托公司

偿还借款本金1321万元，截至2021年1月27日的利息483805.56元、罚息67884.72元、复利5365元，以及自2021年1月28日起至实际清偿之日止的罚息、复利（按照《信托贷款合同》约定的标准计算，且利息、罚息、复利合计不超过年利率24%）;（2）辛某、吴某、某住宅公司、某管理公司对本判决第一项确定的某建筑公司的给付义务向某信托公司承担连带清偿责任，辛某、吴某、某住宅公司、某管理公司清偿完毕后，有权向某建筑公司追偿;（3）某房地产公司在某建筑公司就判决第一项所确定的债务不能清偿部分的二分之一范围内承担民事责任;（4）某实业公司于本判决生效后十日内配合某信托公司对某实业公司持有的某投资公司100%股权为某信托公司办理股权质押登记手续;（5）驳回某信托公司的其他诉讼请求。宣判后，当事人未提出上诉，判决已发生法律效力。

案例评析：公司对外提供担保，债权人负有对公司章程、公司权力机关作出的担保决议等与担保相关文件的合理审查义务，否则，担保合同对公司不产生效力。在担保人未对担保合同效力提出异议的场合，法院仍需要主动依职权审查债权人是否对公司对外担保尽到合理审查义务，主要理由为:（1）无论担保公司是否到庭参加诉讼，公司作为组织机构的属性并未变化，在诉讼中未提出异议，并不能当然视为公司整体及公司的所有股东在签署担保合同时同意公司对外提供担保，法院仍然需要主动审查公司组织机构的意思表示。（2）法院主动审查担保合同签订时债权人是否尽到合理审查义务系查明案件事实的需要，因为查明案件基本事实是法院的职责，即使担保人未提出抗辩，法院也需要依职权主动审查。（3）法院主动审查担保合同效力有助于保护公司和中小股东权益。担保的无偿性特点决定了担保权人在获得担保债务清偿时无须支付任何对价，而公司其他债权人在获得债务清偿时系基于对待给付义务。因此，即使担保人未对担保合同效力提出异议，人民法院也应对债权人是否尽到合理审查义务进行主动审查，以平衡保护债权人和公司、公司中小股东的利益。

关于公司对外担保合同无效后民事责任的承担，确定担保公司有无过错是关键。《最高人民法院关于适用〈中华人民共和国民法典〉有关担保制度的解释》第十七条对此作出明确规定："主合同有效而第三人提供的担保合同无效，人民法院应当区分不同情形确定担保人的赔偿责任：（一）债权人与担保人均有过错的，担保人承担的赔偿责任不应超过债务人不能清偿部分的二分之一；（二）担保人有过错而债权人无过错的，担保人对债务人不能清偿的部分承担赔偿责任；（三）债权人有过错而担保人无过错的，担保人不承担赔偿责任。主合同无效导致第三人提供的担保合同无效，担保人无过错的，不承担赔偿责任；担保人有过错的，其承担的赔偿责任不应超过债务人不能清偿部分的三分之一。"

【风险防范】

在公司经营过程中涉及对外担保时应注意以下问题。

第一，公司对外提供担保时，相对人不仅要审查公司的担保主体资格、清偿能力，还要审查公司对外担保是否符合公司法第十五条的规定，经董事会、股东会同意或公司章程授权。

第二，在公司治理层面，为了防止越权担保，应加强对公司印章及证照等的管理，包括印章的制发与作废、印章及证照的保管、印章及证照的使用和审批流程、印章及证照的日常检查及处罚规则等。

第三，应完善公司章程关于对外担保的规定，细化内部决议程序。在公司章程关于公司为他人提供担保的规定中，应明确被担保公司所必须具备的资格或资质条件、对外担保管理职能部门与审批程序以及对外担保风险管理与责任追究机制等。

【相关规定】

《中华人民共和国公司法》第十五条

《最高人民法院关于适用〈中华人民共和国民法典〉有关担保制度的解释》第七条、第八条、第九条、第十条、第十一条、第十七条

【诉讼指导】

在公司担保纠纷诉讼中，由于担保合同一般是依附于主合同的从合同，其

合同效力认定及诉讼时效的计算具有独特性。在司法实践中，要注意理解保证期间与担保诉讼时效的区别及联系。保证期间是担保人承担保证责任的期限，不存在中止、中断、延长的情形。担保诉讼时效则存在中止、中断、延长的情形。实践中应掌握以下几点：（1）保证合同对保证期间有约定的，该期间届满，则保证人不再承担保证责任；（2）保证合同对保证期间没有约定或者约定不明确的，保证期间为主债务履行期限届满之日起六个月；（3）一般保证的债权人在保证期间届满前对债务人提起诉讼或者申请仲裁的，从保证人拒绝承担保证责任的权利消灭之日起，开始计算保证债务的诉讼时效。连带责任保证的债权人在保证期间届满前请求保证人承担保证责任的，从债权人请求保证人承担保证责任之日起，开始计算保证债务的诉讼时效。

公司担保纠纷诉讼，一般以主债权人为原告、以主债务人与担保人为被告。

公司担保纠纷的诉讼管辖，依照民事诉讼法关于“合同纠纷管辖的规定，由被告住所地或合同履行地人民法院管辖”的规定处理。

公司担保纠纷的举证责任适用一般合同诉讼原、被告举证责任分配原则。

风险点 14

公司资本变更纠纷

【风险解读】

公司资本遵循资本确定、资本维持和资本不变三项基本原则。但是，公司的资本并非绝对不变，可能因市场的变化而发生公司资本的增加或者减少。公司经营过程中，公司的资本和净资产处于持续的变动状态，为了保证公司资本能够如实地反映公司的资产状况，公司的资本应进行相应的调整。公司法规定了增资和减资两种公司资本变更的形式。公司资本变更过程中，因违反法定程序侵害股东或者公司债权人的利益，可能引起股东与股东之间、股东与公司之间、股东与公司债权人之间的纠纷。

所谓增加资本，是指公司成立后，为了筹集资金、扩大经营规模，依照法定的条件和程序增加公司的注册资本数额。增资一般应由董事会制订增加注册资本的方案，提交股东会决议，并须经代表三分之二以上表决权的股东通过。增资所产生的纠纷多是内部纠纷，包括当事人未按法律法规的规定履行出资义务所引起的资金性质认定纠纷、增资协议效力纠纷、增资协议履行纠纷、增资比例纠纷、债权转股权纠纷等。

所谓减少资本，是指公司存续过程中，因资本过剩或者亏损严重而依照法定的条件和程序减少注册资本数额。公司减资产生的纠纷包括减资比例纠纷、减资无效纠纷等。

公司法第六十六条第三款规定："股东会作出修改公司章程、增加或者减少注册资本的决议，以及公司合并、分立、解散或者变更公司形式的决议，应当经代表三分之二以上表决权的股东通过。"根据公司法第一百一十六条第二款、第三款的规定，股东会作出决议，应当经出席会议的股东所持表决权过半数通过。但是，股东会作出修改公司章程、增加或者减少注册资本的决议，以及公司合并、分立、解散或者变更公司形式的决议，应当经出席会议的股东所持表决权的三分之二以上通过。

由以上规定可以看出，公司法对公司资本变更作出了严格的规定，公司在增资或减资的过程中应严格遵守法定程序，履行法定义务。

【典型案例】

增资程序不合法是否影响股东资格及股东权利行使

上诉人（一审被告）：新某公司。

被上诉人（一审原告）：黄某某。

一审被告：陈某某、陈某、张某、顾某某、王某某、江苏恩某斯公司。

原告黄某某诉称，2004年4月，宏某公司设立时其持股20%。2011年5月24日，经查询宏某公司工商登记材料，其才发现所谓的增资情况。此前，其对此事完全不知情，也未在增资的股东会决议上签字，且被告新某公司的1100万元投资在验资后即转走，宏某公司从未进行过实际增资。此外，苏州恩某斯公司在收购宏某公司股权时，受让价格亦未考虑增资部分。因此，黄某某认为宏某公司的增资行为是虚构且无效的，故诉至法院，请求确认其在2004年4月宏某公司设立时起至2009年6月股权转让期间持有宏某公司20%的股权。

被告陈某某、陈某、张某、顾某某辩称，增资是为了宏某公司从事土地开发业务，故公司才于2006年9月经股东会决议吸收新某公司作为股东进行增资，黄某某对此是知悉的。

被告新某公司辩称，其为入股宏某公司专门召开过股东会，黄某某当时作为宏某公司的股东也在相关决议上签字。为此，新某公司提供了落款日期为2006年9月26日的新某公司股东会决议，内容为新某公司全体股东同意以1100万元入股宏某公司；新某公司还提供了落款日期为2006年9月28日的宏某公司章程，内容为宏某公司全体股东同意新某公司入股。该两份文件均有黄某某签名。

被告王某某辩称，同意原告黄某某的意见。其从未知晓宏某公司增资之事，也未参加过有关增资的股东会，更未在所谓的股东会决议上签字。

被告江苏恩某斯公司辩称，其已按转让合同及股权转让确认书的要求足额支付股权转让款。

法院审理查明：2004年4月21日，原告黄某某与被告陈某某、陈某、张某、顾某某、王某某共同出资登记设立了宏某公司，注册资本为400万元，各股东的出资情况及对应的持股比例分别为：张某出资120万元，持股30%；黄某某、顾某某各出资80万元，各持股20%；陈某、陈某某、王某某各出资40万元，各持股10%。2006年10月20日，工商行政管理机关根据宏某公司的申请，将宏某公司登记的注册资本由400万元变更登记为1500万元，同时将股东及持股比例登记为：张某出资120万元，持股8%，黄某某、顾某某各出资80万元，各持股5.33%；陈某、陈某某、王某某各出资40万元，各持股2.67%；新某公司出资1100万元，持股73.33%。宏某公司申请上述变更登记的主要依据为落款日期均为2006年10月16日的宏某公司章程、宏某公司股东会决议。其中章程内容的主要变更为：宏某公司的注册资本由原来的400万元增加至1500万元；增加新某公司为股东。宏某公司股东会决议载明的主要内容为：同意修改后的公司章程；增加公司注册资本，由原来的400万元增加到1500万元，新某公司增加投资1100万元。根据公司章程的规定，宏某公司增加注册资本，应由公司股东会作出决议，并经代表三分之二以上表决权的股东通过。但上述章程和股东会决议均无黄某某本人签名。

新某公司用于增资宏某公司的1100万元，于2006年10月18日完成验资后，就以“借款”的形式归还给了新某公司。

2009年5月21日，被告陈某某作为宏某公司股东代表与苏州恩某斯公司签订股权转让合同，恩某斯公司以8248500元价格受让了宏某公司的全部股权。股权转让以后，宏某公司名称变更为江苏恩某斯公司，即本案被告之一。2009年6月24日，工商行政管理机关出具公司准予变更登记通知书，载明：江苏恩某斯公司原股东已由黄某某、陈某某、陈某、张某、顾某某、王某某、新某公司变更为苏州恩某斯公司、南通远某贸易有限公司，上述变更事项已经工商备案。

审理中，经司法鉴定，新某公司提供的有“黄某某”签名的2006年9月26日新某公司股东会决议和2006年9月28日的宏某公司章程上“黄某某”的签名并非黄某某所签。

一审法院认为，黄某某在宏某公司设立时依法持有宏某公司20%股权。在黄某某没有对其股权作出处分的前提下，除非宏某公司进行了合法的增资，否则，黄某某的持股比例不应当降低。新某公司等被告声称宏某公司曾于2006年10月20日完成增资1100万元，并为此提供了股东会决议，但在原告黄某某及被告王某某否认的情况下，新某公司等被告却没有提供足以证明上述书面材料系真实的证据材料。相反，有关“黄某某”的笔迹鉴定意见却进一步证实了黄某某并没有在相关股东会决议上签名的事实。由此认定黄某某、陈某某、陈某、张某、顾某某、王某某作为宏某公司的前股东未就宏某公司增资1100万元事宜召开过股东会，这违反了宏某公司的章程及法律的规定，是无效的行为。此外，从结果上来看，新某公司用于所谓增资的1100万元，在完成验资后，就以“借款”的形式归还给了新某公司，此种情形不能认定新某公司已经履行了出资义务。据此，一审判决：确认黄某某自2004年4月21日起至2009年6月24日止期间持有宏某公司（已更名为江苏恩某斯公司）20%的股权。

新某公司不服，提起上诉，认为黄某某对新某公司增资事宜是明知的，增资行为并未使黄某某认缴的注册资本中的出资额有所减少，且至本案一审终结前，江苏恩某斯公司的股本变更登记并未被撤销。故上诉请求二审法院撤销一审判决，改判驳回黄某某的一审诉讼请求。

二审法院认为，宏某公司系黄某某与其他股东共同出资设立，设立时黄某某依法持有宏某公司20%的股权。在黄某某没有对其股权作出处分的前提下，除非宏某公司进行了合法有效的增资，否则，其持股比例不应当被降低。宏某公司章程明确约定公司增资应由股东会作出决议。现经过笔迹鉴定，与增资事项相关的宏某公司章程和新某公司的股东会决议上均非黄某某本人签名，不能依据书面的股东会决议来认定黄某某知道增资的情况。因此，在没有证据证明黄某某明知宏某公司增资至1500万元的情况下，对于不知情的内部股东而言，该增资行为无效，对黄某某没有法律约束力，不应以工商变更登记后的1500万元注册资本金额来降低黄某某在宏某公司的持股比例，而仍应当依照黄某某持有20%的股权比例在股东内部进行股权分配。据此，二审判决：驳回上诉，维持原判。

案例评析：本案的主要争议焦点在于宏某公司是否进行了合法有效的增资及对原告黄某某持股比例的影响。本案中，因宏某公司并未通知黄某某参加有关增资事项的股东会会议，黄某某对增资事宜及股东会会议的召开并不知情，且股东会决议上的签字亦非其本人笔迹。可见，该股东会会议的召集程序、表决方式均有违法律规定。宏某公司增资行为在法律要件上存在缺失，侵害了黄某某的参与权、表决权、决策权和优先认缴权，其合法权益受到损害。该增资行为应属无效，应当恢复黄某某的原持股比例。

公司法第二百二十七条第一款规定："有限责任公司增加注册资本时，股东在同等条件下有权优先按照实缴的出资比例认缴出资。但是，全体股东约定不按照出资比例优先认缴出资的除外。"因此，有限责任公司的股东在公司新增注册资本时均享有优先认缴权。优先认缴权非经股东本人同意，不得剥夺。有限责任公司在股东不知情的情况下完成增资变相剥夺了公司原始股东的表决权与优先认缴权，稀释了其股权比例，损害了股东的合法权益。

虚假增资不因公司登记而对原股东产生法律效力。公司登记机关对于增资事项主要进行形式审查，包括是否经股东会决议通过等，而对于股东会会议召集之前是否已通知所有股东、召集程序是否合法、股东签章是否真实等事项无法逐一核实。因此，就增资事项而言，公司变更登记是公司登记机关对公司变更管理的程序性要求，其不具有创设权利的效力，尤其是涉及虚假增资时，其“违法性”不因完成登记而“合法”。于本案而言，一方面，在黄某某不知情的情况下，宏某公司完成所谓的增资后即变更了工商登记，然而登记不具有股东权利创设效力，除非宏某公司进行了合法的增资，否则，无法在实质上改变原有的股权比例；另一方面，新某公司用于所谓增资的 1100 万元在完成验资后，就以“借款”的形式归还给了新某公司，其行为足以认定为抽逃全部出资，该行为亦反映了新某公司虚假增资的恶意。因此，对于宏某公司设立时的股东而言，该增资行为无效，对黄某某不产生法律约束力，不应以工商变更登记后的 1500 万元注册资本数额来降低黄某某在宏某公司的持股比例。

【风险防范】

公司法对公司资本变更有明确规定，公司在增资或减资的过程中应严格遵守法定程序，履行法定义务。

第一，召开股东会会议应当通知全体股东参加。公司法第六十四条规定：“召开股东会会议，应当于会议召开十五日前通知全体股东；但是，公司章程另有规定或者全体股东另有约定的除外。股东会应当对所议事项的决定作成会议记录，出席会议的股东应当在会议记录上签字或者盖章。”召开股东会会议需要提前通知全体股东，是公司进行资本变更的基本程序，这既能够确保股东做好参加会议的准备，也是股东行使参与权的前提与基础。

第二，公司应充分保障股东行使表决权。表决权的行使直接关系股东是否能够有效参与公司治理与决策。公司法第四条第二款规定：“公司股东对公司依法享有资产收益、参与重大决策和选择管理者等权利。”公司不应以公司章程、股东会决议及其他方式对股东表决权予以剥夺或者进行限制。

第三，公司增资或减资的股东会决议应符合法定条件。公司法第六十六条第三款规定，股东会作出增加或者减少注册资本的决议，应当经代表三分之二以上表决权的股东通过。公司法第一百一十六条第三款规定，股东会作出增加或者减少注册资本的决议，应当经出席会议的股东所持表决权的三分之二以上通过。这是公司资本变更的核心程序。

【相关规定】

《中华人民共和国公司法》第六十六条、第一百一十六条

风险点 15

冒名出资将他人登记为股东纠纷

【风险解读】

所谓冒名股东，是指冒名登记行为人以虚拟人的名义，或盗用真实人的名义向公司出资并注册登记。客观上，冒名登记行为人实际向公司履行出资义务，并实际参与公司管理，享有权利，承担风险。被冒名登记人既无出资之意，也无经营之实，而股东名册、公司章程及公司登记等却将其列明为股东。

关于冒名出资时，冒名登记行为人与被冒名登记人应承担的责任，《最高人民法院关于适用〈中华人民共和国公司法〉若干问题的规定（三）》第二十八条规定："冒用他人名义出资并将该他人作为股东在公司登记机关登记的，冒名登记行为人应当承担相应责任；公司、其他股东或公司债权人以未履行出资义务为由，请求被冒名登记为股东的承担补足出资责任或者对公司债务不能清偿部分的赔偿责任的，人民法院不予支持。"

【典型案例】

被冒名登记为股东者是否享有股东权利[①]

上诉人（一审原告）：李某。

---

① 案例中一审法院引用的《最高人民法院关于适用〈中华人民共和国公司法〉若干问题的规定（三）》（法释〔2011〕3号）第二十三条现为《最高人民法院关于适用《中华人民共和国公司法》若干问题的规定（三）》（2020年修正）第二十二条，内容未作修改。

案例中一审法院引用的民事诉讼法（2007年修正）第一百零八条现为民事诉讼法（2023年修正）第一百二十二条。

被上诉人（一审被告）：顺某盛公司、宋某、宋某某。

李某诉称，2005年7月20日，原告李某与被告宋某出资设立顺某盛公司，并签署了顺某盛公司章程，办理了公司设立登记手续。公司注册资本为50万元，其中，原告出资2.5万元，占注册资本的5%，已依法履行了出资义务。宋某为独占公司，于2010年4月23日假冒原告名义与其弟弟宋某某签订了顺某盛公司股权转让协议，将原告所持有的顺某盛公司5%股权转让给宋某某，为此，于同日还假冒原告名义签署了顺某盛公司股东会决议，同意上述股权转让。被告顺某盛公司于同日根据上述股东会决议作出了章程修正案。三被告于2010年4月23日以上述虚假文件向工商行政管理机关办理了股东变更登记。为此，原告提起诉讼，请求法院判令：确认股权转让协议无效；确认股东会决议无效；确认被告顺某盛公司章程修正案无效，确认变更登记申请书无效；确认原告享有顺某盛公司5%的股权。

顺某盛公司辩称：第一，原告不是本案的适格主体，其起诉依法应予驳回。顺某盛公司是被告宋某的丈夫生前和宋某共同举债出资设立的，原告系被冒名登记为股东，事实上原告不是顺某盛公司的股东。第二，原告的诉讼请求没有事实和法律依据，其诉讼请求依法应予驳回。对于顺某盛公司的设立，原告没有出资，没有签署公司章程，没有履行公司设立的义务，公司设立的所有文件材料及有关手续原告均没有参与；对于顺某盛公司的运行和经营管理，原告也从未参与；对于顺某盛公司的股东权利和义务，本案发生前原告也从未主张和履行。因此，原告没有设立顺某盛公司并成为该公司股东的意思表示和行为。原告偶然发现自己被冒名登记为顺某盛公司股东，企图获得不当得利，而提起本案诉讼，其诉讼请求不应得到支持。

宋某、宋某某答辩意见与被告顺某盛公司答辩意见一致。

一审法院审理查明：顺某盛公司设立登记审核表、企业名称预先核准通知书、发起人名录、2005年7月15日公司章程载明，原告李某与被告宋某共同设立顺某盛公司，公司注册资本为50万元人民币，李某出资2.5万元，占注册资本的5%。会计师事务所报告书、银行现金存款凭证载明，李某已缴纳出资。2005年8月4日的顺某盛公司股东会决议、同日的顺某盛公司章程修正案对李某出资进行了表决和确认。2010年4月23日的顺某盛公司股权转让协议载明，李某同意将其所持顺某盛公司5%的股权以2.5万元价格转让给宋某某。2010年4月23日的宋某与李某签字的顺某盛公司股东会决议载明，股东会一致通过并决议，李某将其所持有的5%股权以2.5万元价格转让给宋某某。2010年4月23日的顺某盛公司章程修正案将股东李某出资2.5万元，占注册资本5%变更为宋某某出资2.5万元，占注册资本5%。2010年4月23日，顺某盛公司向工商行政管理机关提交公司变更登记申请书，申请将股东由李某变更为宋某某。企业公司申请登记委托书、企业名称预先核准申请书、2005年7月15日的顺某盛公司章程、2005年8月4日的顺某盛公司章程修正案、2005年8月4日的股东会决议等六份资料中标注为“李某”的签名，并非原告李某所签。李某确认讼争5%股权的出资2.5万元不是其出资，其认为是宋某之夫李某某出资。

一审法院认为，原告李某认可被告提交的包括顺某盛公司相关设立、变更材料中“李某”签字均非其所签，讼争顺某盛公司5%股权的出资2.5万元并非其出资。《最高人民法院关于适用〈中华人民共和国公司法〉若干问题的规定（三）》（法释〔2011〕3号）第二十三条规定：“当事人之间对股权归属发生争议，一方请求人民法院确认其享有股权的，应当证明以下事实之一：（一）已经依法向公司出资或者认缴出资，且不违反法律法规强制性规定；（二）已经受让或者以其他形式继受公司股权，且不违反法律法规强制性规定。”现有证据表明李某并未向顺某盛公司出资或者认缴出资，也无继受公司股权之情形，故其请求确认享有顺某盛公司5%股权的诉求于法无据，法院不予支持。

原告和被告双方均确认2010年4月23日的顺某盛公司股权转让协议上“李某”签名并非原告李某所签，是宋某冒用李某名义所作协议，故李某与宋某某之间并不存在上述股权转让协议中载明的转让顺某盛公司5%股权的真实意思，该股权转让协议不具备民事法律行为成立要件，尚未依法成立，且诉讼中李某对该协议也不予认可，协议依法应属无效，对原告此项诉求法院予以支持。原告和被告双方确认2010年4月23日的关于同意李某股权转让的股东会决议上“李某”并非其本人所签，该决议同样并非李某真实意思表示，缺乏民事法律行为成立要件而未成立，诉讼中李某对之亦不予认可，故李某请求确认其无效的请求，于法有据，法院予以支持。

原告李某诉请确认被告顺某盛公司于2010年4月23日作出的章程修正案无效。2007年修正民事诉讼法第一百零八条规定，起诉必须符合原告是与本案有直接利害关系的公民、法人和其他组织之条件。原告李某并非顺某盛公司股东，也未提交证据证明其与顺某盛公司有其他直接利害关系，其该项起诉不符合起诉条件，法院另行裁定处理。

李某诉请确认被告顺某盛公司于2010年4月23日提交的顺某盛公司变更登记申请书无效。2007年修正民事诉讼法第一百零八条规定，起诉必须符合属于人民法院受理民事诉讼的范围之条件。2010年4月23日顺某盛公司作出的变更登记申请书，是该公司基于变更公司登记事项向工商行政管理机关作出，该行为的相对方为履行行政职能的国家行政机关，并非向平等民事主体作出的设立、变更、终止民事法律关系的意思表示，不属于人民法院受理民事诉讼的范围，原告该项起诉亦不符合起诉条件，另行裁定处理。

一审判决：确认股权转让协议无效；确认股东会决议无效；驳回原告李某关于确认其享有顺某盛公司5%股权的诉讼请求。

原告李某不服一审判决，提起上诉。

二审法院认为，虽然顺某盛公司以李某的名义出资并进行工商登记，但李某并未实际出资，也没有作为公司股东的真实意思表示，不具备股东的基本要件。因此，李某不具备顺某盛公司股东身份，一审判决驳回其享有顺某盛公司5%股权的诉讼请求正确。股权转让协议、股东会决议上“李某”的签名并非李某本人所签，一审法院认定其为无效正确。综上所述，一审判决认定事实清楚，适用法律正确，应予维持。李某的上诉理由缺乏事实根据，不予采纳。据此，二审法院判决：驳回上诉，维持原判。

案例评析：被冒名登记为有限责任公司股东，后该股权又被冒名签字转让的人，其自始不享有公司的股权，但享有排除冒名行为所致妨害的权利。

第一，被冒名登记为股东的人始终不享有公司股权。被冒名登记人一方面不具备基于成为股东意思进行出资等实质条件，另一方面虽然形式上具备载于公司登记、载于公司股东名册等条件，但上述内容均不是被冒名登记人基于欲成为公司股东的意思而形成的，而是冒名登记行为人基于违法借用被冒名登记人名义实现非法目的而形成的，缺乏真实意思表示，故不符合成为公司股东的条件。

第二，被冒名登记人可以排除公司冒名决议所致妨害。本案中，宋某冒用李某名义于2010年4月23日签署的关于同意李某转让股权的股东会决议，其上签名并非李某所签，李某也从未有过或授权过上述行为，该决议已经"绑架"了李某的意思表示，对李某自由地以自己名义从事民商事活动造成干涉，且存在善意第三人借此向李某主张权利的风险，李某当然可以通过诉讼排除该种妨害，消除被主张履行法律义务的风险。

第三，被冒名签字的股权转让协议未成立。被冒名签字的股权转让协议，双方没有达成真实合意，该民事法律行为尚未依法成立。本案中，李某不是享有案涉公司5%股权的股东，无法追认以使股权转让协议变为有效，协议双方也无事后追认的意思表示，该尚未依法成立的民事行为无法通过事后补救而有效。

【风险防范】

冒名登记行为人应按照法律规定，以自己名义进行公司登记和开展公司经营活动，避免被冒名登记人以股东名义行使股东权利，损害冒名登记行为人的真正利益。

被冒名登记人应加强个人信息的保密意识，妥善保管个人身份证件。当事人在发现被冒名登记为公司股东后，应当及时采取维权措施。

【相关规定】

《最高人民法院关于适用〈中华人民共和国公司法〉若干问题的规定（三）》第二十八条

【诉讼指导】

被冒名登记人如发现被冒名登记为公司股东，应尽快采取维权措施。司法实践中，此类案件有多种维权途径可供选择。

1. 直接向公司登记机关申请撤销登记。国家市场监督管理总局于 2019 年 6 月 28 日下发《关于撤销冒用他人身份信息取得公司登记的指导意见》（以下简称《指导意见》），为被冒名登记人直接向公司登记机关申请撤销登记提供了明确的法律依据和指引。被冒名登记人在发现被冒名登记后，可直接向公司登记机关反映被冒名登记情况，并向登记机关提供相关证据材料，登记机关在公示及调查后，根据调查的情况作出撤销登记或不予撤销的决定。

2. 通过行政诉讼请求法院判决公司登记机关撤销虚假登记。被冒名登记人可以以公司登记机关为被告，向人民法院提起行政诉讼，请求法院依法判决公司登记机关撤销虚假、错误登记。公司登记机关在公司登记环节仅对申请资料作形式审查，即对申请文件和资料是否齐全、是否符合法定的形式要件进行审查，而对公司注册文件内容和签章的真实性，法定代表人、股东、高级管理人员的身份的真实性，代办机构或人员被授权的真实性等不作实质调查。在司法实践中，法院审理该类案件，首先会依法对民事行为的真实性及公司登记机关行政行为的合法性进行认定，如当事人提供的证据资料足以证明存在被冒名登记的情形，法院则会依法判令公司登记机关撤销错误登记。但通过行政诉讼方式维权时，要特别关注行政诉讼时效。根据行政诉讼法的规定，当事人应自知道被冒名登记之日起六个月内及时提起行政诉讼。同时，需要注意，如果自公司登记行为作出之日起已经超过五年，法院将不再受理该行政诉讼。

3. 通过民事诉讼确认相关文件无效，再申请撤销虚假登记。被冒名登记人可以请求法院确认用以虚假注册公司的登记申请书、股东会决议、公司章程、授权书、申请承诺书、投资协议书等文件无效。同时，被冒名登记人可请求法院判令冒名登记行为人停止对被冒名登记人姓名权等权利的侵犯，排除妨碍，赔礼道歉。法院确认公司登记注册文件上签名为虚假的，则被冒名登记人可请求公司登记机关依据民事判决书撤销公司登记或注销冒名股东身份。

4. 通过刑事报案方式维权。在冒名登记案件中，往往伴有伪造、变造身份证件，私刻印章及伪造公司文件，伪造验资证明等行为，这些行为情节严重的，或构成虚报注册资本罪，或构成伪造、变造身份证件罪，或构成伪造公司、企业、事业单位人民团体印章罪。对已经构成刑事犯罪的，可以先追究刑事责任，然后再依据刑事判决书，请求公司登记机关撤销登记或作出处理。

风险点 16

公司投资纠纷

【风险解读】

公司投资纠纷，是指公司以其法人财产作为对另一企业的出资，从而使公司成为另一企业成员产生的纠纷。公司法第十五条第一款规定："公司向其他企业投资或者为他人提供担保，按照公司章程的规定，由董事会或者股东会决议；公司章程对投资或者担保的总额及单项投资或者担保的数额有限额规定的，不得超过规定的限额。"根据该规定，公司向其他企业投资，应当由公司有权机关作出决议。公司章程可以根据实际经营的需要，明确规定将对外投资决策权授予股东会或者董事会。为了保证交易安全，公司章程还可以对投资总额及单项投资的数额作出限制性规定。公司应按照公司章程规定的程序和权限进行对外投资活动。

司法实践中，争议较大的问题是公司对外投资违反公司章程规定的，是否无效。公司法第十五条第一款规定旨在明确公司内部治理问题，公司章程关于董事会或股东会决议内容及表决程序的规定，属于公司内部法律关系的规范，不能因为内部行为无效或瑕疵而否定外部行为的法律效力。因此，公司对外投资违反公司章程规定，不一定导致公司投资行为无效。

【风险防范】

第一，公司章程应明确规定，公司对外投资行为应经董事会或股东会决议同意。同时，公司章程可对董事会或股东会作出决议的权限作出规定。

第二，公司对外投资应严格按照公司法及公司章程规定实施，股东、董事、监事不应违规作出对外投资行为。否则，公司或公司其他股东可以请求相关责任人员对公司损失承担赔偿责任。

第三，为保证投资行为的合法性，接受投资方应尽到审慎注意义务，严格审查投资方作出投资行为是否经董事会或者股东会决议，是否符合投资方公司章程的规定。

【相关规定】

《中华人民共和国公司法》第十四条、第十五条

第三章

公司股权确认与转让纠纷

DI SAN ZHANG

GONGSI GUQUAN QUEREN YU ZHUANRANG JIUFEN

股权确认是股东行使权利、承担义务的前提和基础。股权确认纠纷就是指股东与股东之间、股东与公司之间、转让人与受让人之间就股权转让是否存在或股权持有比例产生的纠纷。股权转让本质上是一种权利转让，在公司内部意味着公司与股东之间、股东与股东之间内部控制力量对比的变化，在公司外部意味着转让人与受让人之间利益、风险和责任的转让。本章就公司股权确认及转让纠纷中几种常见类型结合相关案例进行研究和探讨。

风险点 17

隐名股东与显名股东之间股权确认及转让纠纷

【风险解读】

我国法律对隐名股东与显名股东没有明确界定。依据我国公司法规定，股东取得股权应当在公司章程上签名或者盖章，认缴并按照公司章程的规定自公司成立之日起五年内实缴出资，取得出资证明书，记载于股东名册以及进行公司登记。这既包括股东资格取得及股权确认的实质要件（认缴并进而实缴出资），也包括形式要件（在公司章程上签章、取得出资证明书、记载于股东名册等）。但实践中，常常出现出资人为了规避法律或隐瞒财产状况等实际出资并行使股东权利，但在签署公司章程、股东名册记载、公司登记中又记载他人为公司股东的情况。此时，该出资人为隐名股东。而实际未出资，又记载为公司股东的人则构成显名股东。

结合此类纠纷的实践，依照其在公司内外的法律地位，大致可将其分为两大类型：一是公司内部隐名股东与显名股东以及二者与公司其他股东和公司因出资、股权确认、股权行使、利润分配等产生的纠纷；二是隐名股东与显名股东和公司外第三人（包括公司债权人、股权受让人等）因股权转让、债务承担产生的纠纷。

【典型案例】

1. 有限责任公司隐名股东虽已投资，但公司其他股东不同意的，不能确认其股东资格 ①

上诉人（一审被告）：某房产开发公司。

上诉人（一审原告）：仇某某。

被上诉人（一审第三人）：雷某某。

2008 年 2 月 24 日，仇某某与雷某某及郑某等五人签订入股协议书。协议约定：由五人设立某房产开发公司，开发 52 号宗地，总投资额为 5800 万元，其中，雷某某占 30% 的股份，现各股东同意确认雷某某 30% 的股份中的三分之一由仇某某投资并持有所有权，580 万元投资款由仇某某投入；总投资额 5800 万元全部到位之前，各股东的投入均以月息 3 分取得投资奖励，仇某某投资款同等享受；股东会会议确认仇某某为公司董事会成员。协议签订后，仇某某依约于同年 4 月 16 日前分三次向雷某某汇付共计 580 万元。同年 6 月 29 日，雷某某向仇某某出具了收据。2008 年 3 月 28 日，徐某某、曾某、雷某某、吴某签订了某房地产开发公司章程，明确四人为公司股东。同年 4 月 3 日，公司办理了注册登记。2009 年，某房产开发公司向仇某某出具投资确认书：仇某某于 2008 年 3 月 15 日前向公司投资 580 万元，按月息 3 分计，截至 2008 年 6 月 29 日，应付利息 69.44 万元。某房产开发公司在确认书上加盖了公章，雷某某、仇某某等股东及投资人共九人在确认书上签名。同年 8 月 11 日，某房产开发公司向仇某某出具了“今收到仇某某交来股金 580 万元”的收款收据。2011 年 3 月 18 日，仇某某致函某房产开发公司，要求公司尽快将其注册登记为某房产开发公司股东，因遭公司拒绝而起诉。

一审法院认为，某房产开发公司成立之前，仇某某与雷某某、郑某等五人签订了入股协议书，之后按约汇付了投资款 580 万元，某房产开发公司之后又向其出具了投资确认书和股金收据，故仇某某在某房产开发公司成立时已向公

① 案例中法院引用的《最高人民法院关于适用〈中华人民共和国公司法〉若干问题的规定（三）》（法释〔2011〕3 号）第二十五条现为《最高人民法院关于适用《中华人民共和国公司法》若干问题的规定（三）》（2020 年修正）第二十四条。

司出资580万元属实，仇某某应为某房产开发公司的股东。某房产开发公司成立时，公司未将仇某某登记为股东，而将其股份挂在雷某某的名下，其行为侵害了仇某某的股东权益。某房产开发公司应按公司法的规定予以纠正。对仇某某出资580万元在某房产开发公司所占公司股份，应由某房产开发公司根据雷某某在公司所占股份比例进行划分。一审判决后，原、被告均提出上诉。

某房产开发公司上诉称，根据仇某某与雷某某签订的入股协议书，仇某某是隐名在雷某某名下的股东，在无公司其他股东同意的情况下，隐名股东不得变更为记名股东。因仇某某与雷某某是隐名股东与记名股东的关系，仇某某在一审中的各项诉讼请求不应得到支持，该案应适用《最高人民法院关于适用〈中华人民共和国公司法〉若干问题的规定（三）》（法释〔2011〕3号）第二十五条的规定予以处理，而一审判决适用的是该司法解释第二十三条，故一审判决适用法律错误。请求二审法院撤销一审判决，依法改判。

仇某某上诉称，一审判决虽然认定仇某某为股东，但又让其在雷某某在公司所占股份中进行划分，而这种划分是无法进行的，因某房产开发公司的注册资本为5800万元，而仇某某的出资额为580万元。根据2008年2月24日的入股协议书，仇某某是公司发起人，享有公司10%的股权，现雷某某只享有20%的股权，因此，不应在雷某某的股份中进行划分。请求撤销一审判决第二项，改判为：按580万元出资，直接确定仇某某在某房产开发公司中的股份并办理公司变更登记。

雷某某答辩称，在无公司股东同意的情况下，仇某某要成为某房产开发公司股东缺乏事实和法律依据，一审判决仇某某为公司股东与法律相悖，仇某某是雷某某的隐名股东，仇某某的权益只能向雷某某主张。

二审查明的案件事实与一审查明的事实相同。

二审法院认为，某房产开发公司成立初期，仇某某与雷某某签订的仇某某向某房产开发公司投入的580万元记名于（隐名于）雷某某名下的入股协议书，是仇某某、雷某某二人的真实意思表示，协议内容并不违反法律强制性规定，协议书合法有效。仇某某根据该协议书虽然将580万元经雷某某账户转入了某房产开发公司，但580万元的份额是在雷某某的30%股份之中，故仇某某实属隐名投资人，该协议书属隐名投资协议。仇某某所提其是某房产开发公司发起人，是某房产开发公司原始股东和记名股东的上诉理由，不予采信。

对于仇某某以投资确认书和股金收据为据提出的其已是某房产开发公司合法股东的诉讼理由，从投资确认书上签名的情况看，除郑某外，其他签名人对仇某某与雷某某之间的入股协议书均不知情，故公司其他股东和投资人在确认书上的签名行为并不当然表明他们同意吸收仇某某为公司新股东的真实意思，仅是对仇某某在某房产开发公司投资情况的一种证实。某房产开发公司虽然向仇某某出具了股金收据，但因仇某某并未参加某房产开发公司章程的签订，并非某房产开发公司的记名股东，且仇某某只是隐名于雷某某名下的实际出资人，故某房产开发公司向仇某某出具的股金收据缺乏前提条件，该收据不能成为认定仇某某是公司合法股东的依据，也不等同于某房产开发公司半数以上股东同意其成为公司股东的股东会决议。所以，仇某某所提其是某房产开发公司发起人，是某房产开发公司合法股东，应确认其在某房产开发公司的出资及股份的诉讼请求和上诉理由，因证据不足且与《最高人民法院关于适用〈中华人民共和国公司法〉若干问题的规定（三）》（法释〔2011〕3号）第二十五条第三款关于实际出资人请求成为公司股东应经公司其他股东半数以上同意的规定不符而不能成立。故依据《最高人民法院关于适用〈中华人民共和国公司法〉若干问题的规定（三）》（法释〔2011〕3号）第二十五条第三款之规定，判决：撤销一审判决，驳回仇某某的诉讼请求。

案例评析：隐名股东与显名股东为明确双方在公司的权利义务通常订有口头或书面协议，该协议是认定和处理双方纠纷的依据。依据民法自治原则和最高人民法院司法解释精神，对于隐名股东与显名股东之间有投资协议的，只要协议不违反法律法规，即可认定协议有效，但双方协议不能对抗公司及其他股东。这是由有限责任公司的人合性质决定的。如果隐名股东已实际参与公司经营管理，且半数以上其他股东知情认可，可认定其股东资格；如果隐名股东未参与公司经营管理，且半数以上其他股东不知情，只能认定其投资事实，不能认定其股东资格。本案中，仇某某与雷某某等订立协议，确认其投资某房产开发公司580万元，挂在雷某某名下，并由某房产开发公司向仇某某出具投资确认书，但公司及其他股东并未明确同意仇某某为公司股东，公司章程及股东名册也未记载仇某某为某房产开发公司股东，故法院判决驳回仇某某请求确认其为公司股东的请求。对于仇某某投入某房产开发公司的580万元，仇某某只能依据与雷某某的协议向其主张。

2. 有限责任公司隐名股东已投资并实际参与公司经营管理，公司其他股东半数以上同意的，可确认其股东资格

上诉人（一审被告）：湘潭某冷冻冷藏食品有限公司。

被上诉人（一审原告）：莫某。

一审第三人：彭某、吴某、肖某、黄某、刘某。

2003年至2004年，原湘潭县食品公司进入改制和资产处置阶段。原告莫某母亲杨某伟与第三人彭某、吴某、肖某、黄某、刘某等人筹措资金共同购买了原湘潭县食品公司冷库。第三人彭某、吴某、肖某、黄某、刘某召开股东会会议，形成股东会纪要，决定在冷库的基础上成立湘潭某冷冻冷藏食品有限公司，会议通过了公司章程，并拟定了经营范围、各股东出资比例和形式等事项，确认了五人的股东身份，同时确认公司注册资本为85万元，具体出资数额为：彭某60万元、吴某10万元、肖某10万元、黄某3万元、刘某2万元。五人还召开了股东会会议，形成了股东会决议。

因莫某母亲杨某伟时任原湘潭县食品公司经理和改制领导小组副组长，其本人和亲属不便以股东身份参股和参与公司经营管理，莫某遂将其出资的50万元股本金以彭某的名义出资，即彭某实际出资10万元，莫某出资50万元。彭某以自己名义缴纳出资款的收据亦交由原告莫某保管。原告及其家人一直参与公司经营管理，并以自己的名义参与公司分红，同时以公司大股东的身份对公司进行承包经营。2005年7月13日，第三人刘某将自己名下2万元股本金转让给原告莫某。2006年、2007年，原告按其所占公司股本金52万元的比例缴纳和领取了退回的相应的国有土地使用权出让金。2006年3月20日，原告与第三人彭某签订了一份协议，彭某将其名下所占公司61.19%的股份（相当于股本金52万元）明确为莫某所有，第三人吴某、肖某作为见证人在协议上签名确认。2009年，湘潭某冷冻冷藏食品有限公司进入整体征收拆迁，于同年4月7日召开全体股东大会，形成了股东会决议，再次确认莫某为大股东，并明确在公司85万元的总股本金中，各股东实际投资股本金为彭某10万元、吴某10万元、肖某10万元、黄某3万元、陶某3万元、莫某49万元。原告与第三人因征收拆迁款的分配问题发生争议，第三人彭某、吴某、肖某、黄某、陶某在莫某未参加的情况下，于2010年9月23日另行召开股东会并形成股东会决议，确认将公司注册登记备案的股东作为公司法定股东。原告莫某认为该股东会决议侵害了其合法权益，遂诉至法院，请求确认其在被告公司中的合法股权49万元。

一审法院认为，首先，原告与第三人彭某之间并不存在股权转让关系，只是隐名股东和名义股东的关系，莫某为隐名股东，彭某为名义股东。其次，原告莫某具备了被告公司隐名股东身份的要件，理由如下：（1）原告已实际出资；（2）公司及股东已经认可；（3）原告作为隐名投资人事实上已行使了股东的权利；（4）不存在违反法律强制性规定的情形。因此，原告莫某确系被告公司的隐名股东。法院据此判决：确认原告莫某在被告湘潭某冷冻冷藏食品有限公司占有49万元股本金；驳回原告其他诉讼请求。

湘潭某冷冻冷藏食品有限公司不服，提出上诉。

二审法院认为，本案的焦点问题是：被上诉人莫某是否为上诉人湘潭某冷冻冷藏食品有限公司的隐名股东。第一，在湘潭某冷冻冷藏食品有限公司成立时，虽然莫某没有与上诉人签订隐名出资的书面协议，但其出资的事实有名义股东彭某本人在湘潭县检察院的陈述及其他第三人的证言证实。第二，对于莫某的股东身份，其他股东亦已知晓并且予以认可。莫某一直参与湘潭某冷冻冷藏食品有限公司的经营管理并参与了分红，其他股东在纠纷发生前并未对此提出任何异议，其他股东对莫某是实际出资人的情况应是明知的。第三，莫某在湘潭某冷冻冷藏食品有限公司中事实上也行使了股东的权利。在公司的经营活动中，莫某参与了公司的管理、决策，并领取了股息和红利、土地使用权出让金等，充分证明了其股东身份。虽然在公司股东名册记载、公司登记机关登记上均未体现，但从本案的事实看，莫某确为上诉人湘潭某冷冻冷藏食品有限公司的隐名股东，不能否认其实际出资人的地位。故判决：驳回上诉，维持原判。

案例评析： 本案说明，在隐名股东与显名股东之间无协议，或协议约定不明的情况下，如果隐名股东已实际投资，并参与公司经营管理，半数以上其他股东知情并同意的，可认定其股东资格。本案被告公司成立时，莫某虽未登记为公司股东，但有证据证明莫某是以彭某的名义投资，且莫某作为被告公司最大股东，实际参与公司的经营管理并按投资比例获取收益，对此，公司其他股东知情且并未反对，所以，法院依据公司法及《最高人民法院关于适用〈中华人民共和国公司法〉若干问题的规定（三）》（法释〔2011〕3号）第二十二条、第二十三条、第二十四条、第二十五条第一款和第二款的规定，确认莫某在公司的股东身份。

《全国法院民商事审判工作会议纪要》（法〔2019〕254号）第28条亦规定："实际出资人能够提供证据证明有限责任公司过半数的其他股东知道其实际出资的事实，且对其实际行使股东权利未曾提出异议的，对实际出资人提出的登记为公司股东的请求，人民法院依法予以支持……"

【风险防范】

1. 公司章程必须明晰股东股权及比例。公司章程是判断公司股东身份和股权最重要的依据。根据公司法第四十六条的规定，有限责任公司章程应载明股东的姓名或名称，股东出资方式、出资额和出资日期，公司的机构及其产生办法、职权、议事规则等，股东应在章程上签名或者盖章。经过公司登记机关登记的公司章程，既具有对内的效力，又具有对外的效力。对内具有对抗股东之间其他约定的效力，对外具有公示和公信的效力。当隐名股东与显名股东，或二者与公司及公司以外第三人产生纠纷时，可以依据公司章程解决纠纷，保护公司及股东合法权益。

2. 隐名股东与显名股东应当订立书面协议，协议内容应当完备，特别是对于股权归属、经营管理权行使及风险承担等作出明确约定，以便产生纠纷时提供有效依据。

【相关规定】

《中华人民共和国公司法》第四十六条、第五十六条

《最高人民法院关于适用〈中华人民共和国公司法〉若干问题的规定（三）》第二十一条至第二十四条

风险点 18

共有股权确认与行使纠纷

【风险解读】

共有股权，是指两个以上的权利主体对同一股权均享有所有权的情形，即数个主体同时享有一个股东身份。股权共有可因法律规定而产生，也可因合同关系及婚姻、继承关系而产生。实践中，共有股权常见类型有以下三种：（1）因合伙关系形成的共有股权。合伙人以合伙的财产认购的股份，股东权利由合伙人共有。（2）因夫妻关系形成的共有股权。在婚姻关系存续期间，如果没有特殊的约定，夫妻一方所获得的股权应属于夫妻双方共同共有。（3）因继承关系形成的共有股权。在股东死亡后，股权会被股东的继承人分割，在分割之前，数个继承人共同共有原股东所享有的股权。

我国公司法对共有股权的概念没有明确界定，对共有股权如何行使、分割、转让也没有明确的规定。依据公司法的基本原则，结合我国法律关于一般共有的规定，我们认为，共有股权确认及行使应坚持以下原则：一是公司资本充实原则。确保公司资本充足，既是为了保障公司的正常经营，也是为了保证债权人的债权有效实现。共有股权的共有人对应缴纳的股款应负连带责任。股权共有人对其应缴纳的股款如有约定也只是在股权共有人内部发生效力，不得以其内部的约定对抗公司和第三人。二是股权共有人行使共有股权实行一股一权原则，股权共有虽然在实质上是数人同时享有同一股权，但是在形式上仍然只是一个股权，因此，也就只能享有一个股权。共有股权的具体行使方式可以经共有股权人协商确定。共有股权是一个整体，如果以经协商确定后的方式行使共有股权，部分股权人不得以自己的意思对抗第三人和公司。

【典型案例】

1. 因继承关系产生的共有股权如何确认和行使

上诉人（一审被告）：李某。

被上诉人（一审原告）：程某。

一审被告：某成衣公司、某集团公司。

2000 年 4 月 14 日，案外人杨某（我国台湾地区居民）与被告李某共同出资，与被告某集团公司合作设立被告某成衣公司。某成衣公司为有限责任公司（我国台湾地区与大陆地区合作企业），其中，某集团公司提供厂房和土地使用权作为合作条件，杨某与李某以货币及实物合计 20 万美元出资作为某成衣公司注册资金，但就出资比例两人未作约定，仅明确为共同享有某成衣公司的股权。2007 年 5 月 13 日，杨某在上海去世，生前未留有遗嘱，其在某成衣公司的股权属于其遗产，其法定继承人共有四位，分别是杨某之母亲杨某 1、杨某之妻程某、杨某之长女杨某 2、杨某之次女杨某 3。杨某 1、杨某 2 和杨某 3 已作出放弃继承的书面意思表示。

一审庭审中，各方当事人均确认，杨某可供继承的股权就是其与李某在某成衣公司中共同享有的股权中的 50%。某成衣公司章程中未对股东死亡后的股权继承问题作出规定。

一审法院认为，本案系涉及我国台湾地区居民的股权确认纠纷，相关公司的注册经营地均在上海，被继承人生前亦在上海长期居住且在上海去世，故依据最密切联系原则，本案应当适用我国大陆地区法律。杨某在某成衣公司享有的股权系其个人合法财产，而某成衣公司章程中未对自然人股东死亡后的股权继承问题作出规定，因此，就杨某享有的股权，在其去世时应作为其遗产依法由其继承人予以继承。杨某生前未订立遗嘱，其遗产应按照法定继承办理。现其四名法定继承人中已有杨某 1、杨某 2、杨某 3 三人明确表示放弃继承，故杨某在某成衣公司享有的股权应由其法定继承人程某予以继承。鉴于本案各方当事人对于杨某可供继承的股权份额为杨某和李某在某成衣公司中共同享有的股权中的 50% 此节事实均无异议，故程某有权继承杨某和李某在某成衣公司共有股权中的 50%。

程某继承股权后，涉及某成衣公司股东的变更。因某成衣公司为我国台湾地区与大陆地区合作企业，该项变更依法须经行政主管机关审批，某成衣公司应履行向相关行政主管机关报请审批的义务，李某、某集团公司分别作为公司的台湾地区、大陆地区合作者应予以配合，现其均表示在确定杨某继承人后愿意办理相关股东变更手续，原判予以认可。至于程某主张李某、某集团公司、某成衣公司应向行政登记机关办理公司股东变更登记的诉请，由于合作企业股东变更登记须以行政审批机关批准该企业股东变更为前提，而本案中程某因继承取得某成衣公司股权尚未经审批机关批准，其股东身份尚未确定，故对程某的该项诉请不予支持，程某可在获得行政审批机关批准同意后，再行解决。据此，判决：确认被继承人杨某在某成衣公司与李某共同享有的股权中50%的股权由程某继承；某成衣公司应自本判决生效之日起三十日内办理将李某、杨某名下某成衣公司股权中的50%的股权变更为程某的股东变更批准事项；李某、某集团公司应自本判决生效之日起三十日内协助某成衣公司办理将李某、杨某名下某成衣公司股权中的50%的股权变更为程某的股东变更批准事项；驳回程某的其他诉讼请求。

李某上诉请求驳回程某的一审诉讼请求。理由是：一审判决认定事实不清，适用法律不当。（1）程某提供的有关被继承人杨某母亲杨某1放弃继承的相关文件在形式上有重大瑕疵。杨某1在与李某多次通话中，从未表示要放弃对儿子杨某财产的继承。程某在一审中提供的所谓杨某1放弃继承声明书，既没有杨某1的亲笔签名，也没有杨某1的指印。仅凭一个印章，无法判断真伪。虽然该声明书有我国台湾地区相关公证人员的公证，但公证人员并未说明声明书是否由杨某1亲自盖章。（2）程某提供的有关被继承人杨某的女儿杨某3放弃继承的相关文件同样在形式上存在重大瑕疵。杨某3目前已成年，她的放弃继承声明应由她本人独立发表。但程某提供的放弃继承声明书，除了杨某3签字外，还有其母亲程某以法定代理人的名义签字。李某完全有理由推测，杨某3是在其母亲程某的影响和授意下签署声明书的，声明书并非杨某3个人意愿的真实表示。

程某辩称，一审判决正确。李某上诉的事实和理由不成立。杨某1放弃继承财产的声明书，经我国台湾地区公证人员公证，程序合法。李某如对杨某1放弃继承有异议，应在一审中提出，现在二审阶段提出又无反驳的证据，其上诉主张不能成立。

某成衣公司同意李某的上诉意见。

某集团公司陈述，一审认定事实清楚。在终审判决确认继承人之后，某集团公司愿意配合办理股权变更手续。

审理期间，各方当事人均未提交新的证据材料。二审认为，原判认定事实清楚，法院予以确认。

法院认为，本案系涉及我国台湾地区居民的股权确认纠纷，各方当事人对被继承人杨某可供继承的股权份额以及程某系杨某法定继承人的身份等事实均无异议，争议的焦点是其他三位继承人中的两位即杨某 1 和杨某 3 放弃继承的意思表示是否真实。对此，程某在一审中提交的证据即杨某 1 放弃继承声明书和杨某 3 放弃继承声明书上，有权利人杨某 1 加盖的印章和权利人杨某 3 的签名，上述证据材料均经过我国台湾地区公证人员的公证。程某提交的证据从内容上能够证明杨某 1 和杨某 3 明确表示放弃涉案股权的继承份额，形式上也符合相关证据规范的要求。故原判据此认定杨某 1 和杨某 3 放弃继承权利有事实依据，程某有权继承被继承人杨某在某成衣公司的股权份额。李某称杨某 1 和杨某 3 放弃继承的意思表示并非其真实意思的表示，因未提交任何证据予以证明，法院不予采信。原判认定事实清楚，适用法律正确，应予维持。据此，驳回上诉，维持原判。

案例评析：因继承关系而产生的关于共有股权之确权、分割纠纷，既涉及股权的继承，又涉及股东资格的继承。依照我国民法典关于继承的规定，被继承人死亡后，继承人可以继承股权，任何人不能剥夺，但依照公司法关于有限责任公司人合性原则的规定，新股东加入需公司半数以上股东同意，这样就出现了两个法律规定的冲突，为此我国公司法第九十条规定："自然人股东死亡后，其合法继承人可以继承股东资格；但是，公司章程另有规定的除外。"可见公司法赋予了股东通过公司章程约定排除股东继承人继承其股东资格的权利。如果公司章程未作约定，则应按公司法及我国有关继承的规定确认继承人的股东资格。如果继承人是数人，且他们之间能明确分割被继承人股份，则按继承人合法继承的股份确认其股权和股东资格；如果数位继承人之间无法分割或不愿分割，则可推选一名代表继承被继承人的股东资格。

本案中，李某与杨某共同投资设立某成衣公司，公司章程未对自然人股东死亡后如何继承股东资格作出规定，故法院依照公司法及有关继承的相关规定判决继承人程某继承杨某生前在某成衣公司与李某共同享有股权中的 50% 的股权。程某还应依公司法规定的程序向公司申请变更登记，才能真正享有公司股东资格。

2. 因婚姻关系产生的共有股权如何确认和行使[①]

上诉人（一审被告）：韩某。

被上诉人（一审原告）：李某、詹某。

李某与詹某系母子关系。二人于 2006 年 8 月依法设立有限责任公司形式的松某公司，注册资本 10 万元，其中，李某出资 8 万元，詹某出资 2 万元。松某公司章程第二十一条规定："股东向股东以外的人转让股权，应当经其他股东过半数同意。股东应就其股权转让事项书面通知其他股东征求同意，其他股东自接到书面通知之日起满三十日内未答复的，视为同意转让。其他股东半数以上不同意转让的，不同意的股东应当购买该转让的股权；不购买的，视为同意转让。经股东同意转让的股权，在同等条件下，其他股东有优先购买权。"

詹某与韩某于 2006 年 4 月结婚，于 2006 年 11 月 30 日协议离婚。二人在离婚协议书中约定："松某和风公司，女方分得股份 30%；松某公司，女方分得股份 10%。"

现松某公司尚未形成股权变更的股东会议决，也未进行股权变更登记。韩某称李某知道并认可离婚协议书中的约定，但未提交相关证据。韩某于 2008 年 2 月起诉詹某，要求詹某将松某公司 10%的股权变更至韩某名下，并注明股权价值 3 万元。

① 案例中二审法院引用的《最高人民法院关于适用〈中华人民共和国婚姻法〉若干问题的解释（二）》（法释〔2003〕19 号）第十六条现为《最高人民法院关于适用〈中华人民共和国民法典〉婚姻家庭编的解释（一）》（法释〔2020〕22 号）第七十三条。

一审法院判决认定，松某公司系依法设立的有限责任公司，其股东与公司、股东之间的权利义务关系受相关法律以及松某公司章程的相关内容调整。公司法以及松某公司章程中均有股东向股东以外的人转让股权时，其他股东享有优先购买权的规定。在上述韩某诉詹某案中，李某即以侵犯其优先购买权为由，要求确认詹某与韩某离婚协议书中处理松某公司10%股权的约定无效。韩某认为李某对上述约定知道并认可，但韩某没有提交相关证据。韩某还认为，上述约定不是有偿转让股权，故不适用松某公司章程第二十一条的规定。韩某的上述抗辩意见不能成立。在无证据证明李某认可离婚协议书中的内容且李某表示放弃优先购买权的情况下，离婚协议书中处理松某公司10%股权的约定既违反了公司法的有关规定，也违反了松某公司章程的内容。故李某要求确认离婚协议书中处理松某公司10%股权的约定无效的诉讼请求，于法有据，证据充分，法院予以支持。法院遂判决：确认詹某与韩某于2006年11月30日签订的离婚协议书中关于"松某公司，女方分得股份10%"的约定无效。

韩某不服一审法院民事判决，提起上诉。

二审法院认为，依法设立的有限责任公司，其股东与公司、股东之间的权利义务关系受相关法律以及公司章程的相关内容调整。公司法及松某公司章程均规定，股东向股东以外的人转让股权，应当经其他股东过半数同意。经股东同意转让的股权，在同等条件下，其他股东有优先购买权。松某公司股东詹某与韩某在离婚协议书中约定"松某公司，女方分得股份10%"，从形式上看，确为夫妻双方离婚时对共同财产的分割，但分割的是松某公司的股权，即股东詹某在处分自己持有的股权。这种处分的结果，是韩某将成为松某公司的股东。这种处分股权的行为与股东转让股权性质相同。在韩某无证据证明李某认可离婚协议书中的内容且李某明确表示放弃优先购买权的情况下，离婚协议书中处理松某公司10%股权的约定，既违反了公司法的有关规定，也违反了松某公司章程的内容。上述约定，侵犯了松某公司股东李某的优先购买权。故韩某关于离婚协议书中的约定是财产分割，不是有偿转让，未侵犯李某的优先购买权的上诉主张不能成立，法院不予支持。

《最高人民法院关于适用〈中华人民共和国婚姻法〉若干问题的解释（二）》（法释〔2003〕19号）第十六条规定："人民法院审理离婚案件，涉及分割夫妻共同财产中以一方名义在有限责任公司的出资额，另一方不是该公司股东的，按以下情形分别处理：（一）夫妻双方协商一致将出资额部分或者全部转让给该股东的配偶，过半数股东同意、其他股东明确表示放弃优先购买权的，该股东的配偶可以成为该公司股东；（二）夫妻双方就出资额转让份额和转让价格等事项协商一致后，过半数股东不同意转让，但愿意以同等价格购买该出资额的，人民法院可以对转让出资所得财产进行分割。过半数股东不同意转让，也不愿意以同等价格购买该出资额的，视为其同意转让，该股东的配偶可以成为该公司股东。用于证明前款规定的过半数股东同意的证据，可以是股东会决议，也可以是当事人通过其他合法途径取得的股东的书面声明材料。”上述司法解释明确了夫妻离婚涉及转让股权问题时的处理原则。韩某认为李某对离婚协议书中处分股权的约定知道并认可，但韩某未提交相关证据予以佐证。故韩某关于离婚协议分割股权具有排他性，不需要征得他人同意，未侵犯李某优先购买权的上诉主张亦不能成立，法院亦不予支持。现松某公司股东李某以侵犯其优先购买权为由，要求确认詹某与韩某离婚协议书中处理松某公司10%股权的约定无效，符合公司法及松某公司章程的规定。综上所述，一审法院判决认定事实清楚，适用法律正确，处理并无不当，应予维持，故判决：驳回上诉，维持原判。

案例评析：在婚姻关系存续期间，因夫妻一方以个人财产投资获得的公司股东资格和股权属于夫妻共同共有。本案系因婚姻关系产生的共有股权确权和分割、转让纠纷。处理此类纠纷有两项原则：一是夫妻共有股权在公司内部只能有一个独立股东，按出资比例行使股东权利，并享有股权收益，不能夫妻二人同时行使；二是因夫妻离婚或一方死亡发生的共有股权的分割及继承应按民法典关于婚姻及继承的相关规定办理，对公司及其他股东而言，则应依公司法关于股东变更登记、转让等规定办理各项事宜。

本案中，詹某在松某公司的20%股权属于与韩某的夫妻共有股权，詹某与韩某在离婚时对共有股权的分割，实际是一种股权转让。依照最高人民法院有关司法解释的规定，夫妻共有股权在离婚时的分割转让，应征得公司过半数股东的同意，且公司股东享有优先购买权。在没有证据证明李某同意转让且放弃优先购买权的情况下，詹某与韩某在离婚协议中关于将 10% 股权转让韩某的约定只对夫妻双方有效，不能对抗松某公司及其他股东，故法院判决詹某与韩某在离婚协议中向韩某转让 10% 股权的约定无效。

【风险防范】

1. 有限责任公司具有人合性质，为了公司稳定和健康发展，首先要依照公司法关于股东可在公司章程中对继承股东资格作出约定的规定，根据公司运营管理需要作出约定，避免因自然人股东死亡而产生纠纷。

2. 为顺利解决由于夫妻离婚或一方死亡而产生共有股权确权、分割等纠纷，公司可在章程中作出相应规定，只要该规定与公司法或相关法律不冲突，即为有效。

【相关规定】

《中华人民共和国公司法》第八十四条、第九十条

《中华人民共和国合伙企业法》第十七条、第二十三条、第二十四条、第二十五条、第二十六条、第三十七条、第三十八条、第三十九条、第四十条、第四十九条、第五十条、第五十一条、第五十二条、第五十三条、第五十四条

《中华人民共和国民法典》有关继承、婚姻的规定

风险点 19

股权内部转让纠纷

【风险解读】

依据我国公司法的规定，股权转让分为对内转让和对外转让。对内转让是指股东将股权转让给公司内部其他股东，由于这种内部转让既不影响公司的资合性质和人合性质，又符合公司股权自由转让流通的市场规则，故公司法第八十四条第一款规定，有限责任公司的股东之间可以相互转让全部或部

分股权，即公司内部股东之间相互转让股权不受限制。但该条第三款规定，公司章程对股权转让另有规定的，从其规定。可见，公司法将对公司内部股权自由转让的限制权赋予公司章程。股权内部转让纠纷实践中主要有：一是转让方与受让方由于股权转让协议的订立、履行，特别是股权转让价格、违约及对转让协议提出确认无效、撤销等产生的纠纷；二是公司其他股东对于转让是否知情产生的纠纷；三是其他股东认为转让股权侵害公司及其他股东权益产生的纠纷；等等。

【典型案例】

1. 有限责任公司内部股东转让股权价格高于认缴出资额是否显失公平

上诉人（一审被告）：嵇某某。

被上诉人（一审原告）：管某某。

2011 年 5 月 19 日，上海甲餐饮管理有限公司成立，注册资本为 100 万元，实收资本 20 万元，法定代表人为嵇某某。公司登记的股东为管某某、嵇某某、沈某某、黄某某、生某，分别认缴出资额 12.5 万元、32.5 万元、12.5 万元、30 万元、12.5 万元，实缴出资额 2.5 万元、6.5 万元、2.5 万元、6 万元、2.5 万元。上海甲餐饮管理有限公司章程第十九条规定：公司股东之间可以相互转让其全部或者部分股权。

2011 年 7 月 3 日，管某某作为甲方与作为乙方的嵇某某签订一份股权转让协议，该协议在第一条股权转让价格与付款方式条款中约定："（1）甲方同意将持有上海甲餐饮管理有限公司 12.5%的股权共 50 万元出资额，以 35 万元转让给乙方，乙方同意按此价格及金额购买上述股权。（2）乙方同意在本协议订立三十日内以现金形式一次性支付甲方所转让的股款。"该协议在第二条保证条款中约定："（1）甲方保证所转让给乙方的股权是甲方在上海甲餐饮管理有限公司的真实出资，是甲方合法拥有的股权，甲方拥有完全的处分权。甲方保证对所转让的股权，没有设立任何抵押、质押或担保，并免遭任何第三人的追索。否则，由此引起的所有责任，由甲方承担。（2）甲方转让其股权后，其在上海甲餐饮管理有限公司原享有的权利和应承担的义务，随股权转让而转由乙方享有与承担。（3）乙方承认上海甲餐饮管理有限公司章程，保证按章程规定履行义务和责任。”该协议在第七条协议生效的条件和日期条款中约定：“本协议经各方签字后生效。”协议对盈亏负担、股权转让费用负担以及合同的变更与解除等均作了约定。之后，嵇某某未按约支付管某某股权转让款，管某某遂诉至法院。

一审法院认为，根据嵇某某的抗辩意见，可以归纳如下争议焦点：一是管某某、嵇某某之间的股权转让行为的效力；二是依据登记的管某某实缴出资额，双方商定的35万元股权转让款的意思表示是否真实。

关于第一个争议焦点，管某某与嵇某某均为公司股东，故双方之间的股权转让属于公司内部股东相互转让，该转让行为法律没有作出限制性规定，公司章程亦未有限制性规定。故管某某出让股权、嵇某某受让股权无须取得公司以及其他股东的同意，也无须股东会决议同意。因此，管某某、嵇某某之间的股权转让行为合法有效。

关于第二个争议焦点，管某某登记的实缴出资额是2.5万元，不管管某某实际投入多少营运资金，在涉案协议中双方已经确定12.5%股权的对价是35万元，该意思是管某某、嵇某某在签订涉案协议时的真实意思表示。嵇某某作为公司的大股东以及法定代表人，是具有完全民事行为能力的自然人，且嵇某某也未能举证签订协议时其存在受胁迫等情形。所以，协议书载明的股权转让款额完全是管某某、嵇某某签订协议时的真实合意。故，一审法院作出如下判决：嵇某某于判决生效之日起十日内支付管某某股权转让款35万元。

一审法院判决后，嵇某某不服，向法院提起上诉称，管某某实际缴纳的出资额只有2.5万元，嵇某某以35万元购买管某某的股权属于显失公平，要求撤销双方之间的股权转让协议，一审判决查明事实不清，故请求二审法院撤销一审判决，改判驳回管某某的一审诉讼请求。

管某某不同意嵇某某的上诉请求，辩称股权转让协议是双方真实意思表示，不违反法律强制性规定，一审判决认定事实清楚，适用法律正确，请求二审法院依法驳回上诉，维持原判。

二审法院认为，本案争议焦点在于嵇某某以35万元受让管某某在工商机关登记的实缴出资额为2.5万元的股权是否显失公平。首先，合同一方当事人利用优势或者利用对方没有经验，致使双方的权利与义务明显违反公平、等价有偿原则的，可以认定为显失公平。本案中，嵇某某与管某某自愿签订股权转让协议，双方均具有完全民事行为能力，均为公司股东，对从事相关经济活动具有一定经验，应当对签订协议的法律后果有明确的认知。且在经济活动中，股权转让价款的确定应考虑到股价溢价情况、实际投入等多方面因素，股权转让价格往往与认缴金额并不等同，故本案股权转让协议不存在显失公平的情形。其次，股权转让协议写明了股权转让价格、付款方式和保证条款，对于双方的权利义务约定明确、条理清楚，双方应当按照协议约定履行义务。最后，根据我国合同法第五十四条之规定，嵇某某认为股权转让协议显失公平而享有的撤销权，应当以诉讼请求的方式向法院提出。故嵇某某要求撤销股权转让协议的上诉主张缺乏法律依据，不予支持。一审判决认定事实清楚，适用法律并无不当，应予维持。故判决驳回上诉，维持原判。

案例评析：股权自由转让、流通是公司在市场经济中具有活力的动因，因此，公司法第八十四条第一款规定，有限责任公司内部股东股权转让原则上不受限制，但这种自由转让也不是无限制的，第八十四条第四款规定，公司章程对股权转让另有规定的，从其规定。该条款的立法本意是平衡有限责任公司内部股东之间的利益关系。本案争议焦点是，管某某及嵇某某转让股权的协议是否有效。管某某与嵇某某均为公司股东，双方签订的股权转让协议不违反公司法关于公司内部股东股权自由转让原则，公司章程也未对股东内部股权转让作出专门约定，亦不存在合同无效的情形，故法院认定双方股权转让协议有效是正确的。

2. 有限责任公司内部股权转让，股东是否有优先购买权

申请再审人（一审被告、二审上诉人）：刘某。

被申请人（一审原告、二审被上诉人）：付某。

一审被告：夏某。

某矿业公司于 2007 年 6 月 18 日成立，注册资本为 200 万元，系一家经营贵金属加工及销售的有限责任公司。2008 年 9 月 25 日，该公司经股东会决议修改了公司章程，修改后的公司章程作出如下规定，各股东的出资额及出资比

例为：夏某出资60万元，持股30%；付某出资40万元，持股20%；刘某出资30.4万元，持股15.2%；黄某出资28.8万元，持股14.4%；喻某出资23.2万元，持股11.6%；谭某出资11.6万元，持股5.8%；陈某出资6万元，持股3%。公司章程第五章第七条关于股东享有权利第5项规定：股东享有优先购买其他股东转让出资的权利。第六章关于股东之间转让出资的条件规定：股东之间可以相互转让其全部或者部分出资；股东向股东以外的人转让其出资的，必须经全体股东一致同意，不同意转让的股东应当购买该转让的出资，如果不购买该转让的出资，则视为同意转让。

2009年4月12日，公司股东刘某、黄某、谭某、陈某四人与公司另一股东喻某签订了股权转让协议（以下简称四人股权转让协议），约定四人将其在公司的全部股权转让给喻某，但该份四人股权转让协议未在工商部门备案，备案材料中只有喻某于2009年4月12日分别与黄某、谭某、陈某签订的三份股权转让协议，三人分别将其所有股权转让给喻某。同年4月13日，刘某、喻某另行签订了补充协议，决定终止2009年4月12日双方签订的股权转让协议，刘某在某矿业公司的15.2%股权不再转让给喻某。2009年4月21日，刘某与夏某签订了股权转让协议，约定夏某将其在某矿业公司中所持有的30%股权以60万元全部转让给刘某。转让时，付某及其他股东均不知情。2009年5月16日，某矿业公司召开了临时股东大会，形成了修改公司章程的决议，付某未出席本次临时股东大会。公司章程对股东的变更等事项进行了修改，并向工商部门进行变更登记和备案。付某诉至法院，请求确认刘某与夏某签订的股权转让协议无效。

一审法院认为，本案是股权转让纠纷。首先，应确定刘某与夏某股权转让属股东内部转让还是对外转让。刘某虽于2009年4月12日通过四人股权转让协议将其在公司全部股权转让给了公司另一股东喻某，但同时该转让协议已于2009年4月13日终止，未实际履行。刘某提供了与喻某签订的补充协议予以证明，付某对该证据的真实性提出质疑，但未举证证明，结合事后工商部门备案中确无刘某与喻某股权转让协议备案这一事实来看，应认定上述股权转让协议已经终止，未实际履行，故进一步认定，2009年4月21日刘某与夏某签订股权转让协议时刘某仍是公司股东，刘某与夏某的股权转让属股东内部转让股权的事实。其次，关于刘某与夏某所签订股权转让协议的效力问题。经查明，某矿业公司于2008年9月25日修改的公司章程既规定了股东之间有相互转让其全部或部分出资的权利，又同时规定了股东有优先购买其他股东转让出资的权利，在肯定股东都有购买其他股东转让出资权利的前提下，对一个股东对内转让出资其他股东如何公平竞买约定不明。而公平、平等是从事民事活动应遵循的基本原则，刘某与夏某未通知付某及其他股东，私自协商转让股权，违背了公司章程的约定和民事活动的基本原则，亦当然侵害了付某及其他股东的公平竞买权，故刘某与夏某订立的股权转让协议应依法认定为无效。因股权转让协议无效后所引起的公司股东股权变更、公司章程变更以及到工商部门办理变更登记或备案等法律手续，依法应由公司向工商部门提出申请，是否准许，尚涉工商部门的行政行为审查，故付某要求刘某与夏某向公司登记机关撤销股权变更登记的诉讼请求，不属于人民法院民事案件审理范畴，在本案中不予处理。据此，判决：夏某与刘某于2009年4月21日签订的股权转让协议无效。

刘某不服一审判决，提起上诉。

法院二审确认了一审查明的事实，且补充查明夏某与刘某转让股权的实际价格与股权转让协议约定的转让价格不一致。

二审法院认为，第一，根据刘某与喻某间的股权转让协议未在工商部门备案，2009年4月12日刘某将其在公司的全部股权转让给公司另一股东喻某的协议已经终止未实际履行的事实，可以认定，2009年4月21日刘某与夏某签订股权转让协议时刘某仍是公司股东，刘某与夏某转让股权属股权内部转让。第二，公平、平等是从事民事活动应遵循的基本原则。某矿业公司于2008年9月25日修改的公司章程规定了股东之间有相互转让其全部或部分出资的权利，同时也规定了股东有优先购买其他股东转让出资的权利。刘某与夏某转让股权时未通知付某及其他股东，私自协商转让股权，违背了公司章程的约定和民事活动的基本原则，侵害了付某及其他股东的公平竞买权，同时，其股权转让的实际价格与股权转让协议约定的价格存在巨大差距，应认定双方恶意串通损害国家利益，故刘某与夏某订立的股权转让协议应依法认定为无效。判决：驳回上诉，维持原判。

刘某不服，申请再审。

再审法院认为，本案双方的争议焦点是刘某与夏某签订的股权转让协议是否有效。刘某系某矿业公司的原始股东，2009年4月12日，刘某、黄某、谭某、陈某一起将其拥有的股权转让给喻某，次日，刘某与喻某又签订补充协议，双方同意终止4月12日签订的协议，刘某在某矿业公司的15.2%的股权不再转让给喻某，那么实际上刘某将其在公司的全部股权转让给喻某的协议已经终止，未实际履行，双方也未在工商部门备案，刘某仍是某矿业公司的实际和法定股东，因此刘某与夏某签订的股权转让协议系股东内部的转让股权行为。股东向股东以外的人转让股权的，为了维持有限责任公司的人合性，应当经其他股东过半数同意，在同等条件下其他股东有优先购买权，法律之所以规定股东享有优先购买权，主要目的是保证有限责任公司的原有股东通过行使优先购买权实现对公司的控制权。而公司内部股东之间转让股权，由于不涉及股东以外的人的利益，同时股东之间的人合因素也没有受到影响，对未受让之股东来说，也没有改变其在公司的持股比例，因此，股东之间转让股权无须其他股东的同意，转让方与受让方协商一致，转让即可成立。优先受让权是公司股东相对于公司外第三人而言的，目的是保证公司的人合性不被破坏，而公司内部股东之间的股权转让不涉及人合性问题，故不存在优先购买权的问题。刘某与夏某所签订的股权转让协议并不违反公司法的有关规定。虽然公司章程第五章关于股东权利规定股东享有优先购买其他股东转让的“出资”的权利，但在第六章关于股东之间转让出资的条件中对股东内部转让股权仅规定股东之间可以相互转让其全部或者部分出资，而未规定股东对股东内部转让股权有优先购买权，由此对公司章程第五章关于股东权利规定股东享有优先购买其他股东转让“出资”的权利，应理解为公司法规定的相对于公司股东之外的第三人的优先购买权。综上所述，原判认定刘某与夏某签订的股权转让协议无效缺乏事实和法律依据，判决：撤销原一审、二审判决，驳回付某的诉讼请求。

案例评析：本案争议焦点是刘某与夏某签订的股权转让协议是否有效。一审法院以双方的股权转让协议违反民法典的公平原则，侵害其他股东优先购买权认定股权转让协议无效；二审法院又以双方股权转让协议违反公司章程约定，约定转让价格与股权实际价值差距巨大，双方恶意串通损害国家利益等理由维持一审法院认定股权转让协议无效的判决。再审法院通过再审认为，刘某与夏某的股权转让是公司内部股权转让，这种转让只要不违反国家法律法规禁止性规定，也没有证据证明有其他违法情形，则公司章程中规定的股东优先购买权应理解为是相对于公司以外的第三人而言的，故判决撤销原一审、二审判决，驳回付某请求撤销股权转让协议的请求。

【风险防范】

公司内部股权转让自由是公司法的基本原则。因此，当公司股东之间由于股权转让产生纠纷时，只要股权转让协议不违反法律法规禁止性规定，不存在民法典规定的关于合同无效的情形，也不违反公司章程关于内部转让的规定，一般应认定有效。为了贯彻股权内部转让自由原则，维护公司稳定健康发展，公司在制定章程时，可对内部股权转让比例等作相应规定，但这些规定不能违反法律法规禁止性规定，也不能变相禁止公司内部股权自由转让。同时，公司内部股东间在转让股权时要明确约定转让价款、履行方式、违约责任，因为股权转让协议也是一种合同，依照民法典合同编的相关规定，合同的必备条款如果未约定或约定不明，会导致合同不成立，并无法履行。

【相关规定】

《中华人民共和国公司法》第八十四条

风险点 20

股权外部转让纠纷

【风险解读】

2023 年修订公司法相较于 2018 年修正公司法对于股份有限公司股份对外转让作出了更为具体的规定。公司法第一百五十七条明确表述“也可以向股东以外的人转让”。相较于股份有限公司，有限责任公司具有资合性和人合性，所以股权对外转让须履行必要前置程序。2023 年修订公司法第八十四条第二款规定："股东向股东以外的人转让股权的，应当将股权转让的数量、价格、支付方式和期限等事项书面通知其他股东，其他股东在同等条件下有优先购买权。股东自接到书面通知之日起三十日内未答复的，视为放弃优先购买权。两个以上股东行使优先购买权的，协商确定各自的购买比例；协商不成的，按照转让时各自的出资比例行使优先购买权。"取消了 2018 年修正公司法中"应当经其他股东过半数同意"的规定，避免了两权（同意权和优先购买权）并存可能带来的不合理的过分优惠。《最高人民法院关于适用〈中华人民共和国公司法〉若干通知的规定（四）》第十七条至第二十二条，对有限责任公司股东对外转让股权，公司股东如何行使优先权也作了明确规定。第十七条规定了向出让股东书面通知的方式、内容的要求；第十八条对"同等条件"的判断标准作出界定；第十九条对公司股东行使优先购买权时限进行明确；第二十条对出让股东反悔后纠纷如何处理作出规定；第二十一条对出让股东以欺诈等手段恶意损害公司股东优先购买权，股东主张权利的最长时效作出规定。

《全国法院民商事审判工作会议纪要》（法〔2019〕254 号）第 9 条就侵犯优先购买权的股权转让合同的效力指出："审判实践中，部分人民法院对公司法司法解释（四）第 21 条规定的理解存在偏差，往往以保护其他股东的优先购买权为由认定股权转让合同无效。准确理解该条规定，既要注意保护其他股东的优先购买权，也要注意保护股东以外的股权受让人的合法权益，正确认定有限责任公司的股东与股东以外的股权受让人订立的股权转让合同的效力。一方面，其他股东依法享有优先购买权，在其主张按照股权转让合同约定的同等条件购买股权的情况下，应当支持其诉讼请求，除非出现该条第 1 款规定的情形。另一方面，为保护股东以外的股权受让人的合法权益，股权转让合同如无其他影响合同效力的事由，应当认定有效。其他股东行使优先购买权的，虽然股东以外的股权受让人关于继续履行股权转让合同的请求不能得到支持，但不影响其依约请求转让股东承担相应的违约责任。"

股权对外转让纠纷主要有以下几种类型：一是出让股东与受让方因股权转让协议订立、履行，股权转让价格、付款、违约产生的纠纷；二是其他股东因优先购买权行使产生的纠纷，包括部分行使优先购买权纠纷、出资瑕疵股东优先购买权行使纠纷、强制执行中优先购买权行使纠纷（见公司法第八十五条规定），转让人与受让人为迫使优先购买权人放弃权利而实施欺诈、订立阴阳合同等行为而引发的纠纷等。

【典型案例】

有限责任公司股东对外转让股权的前提条件①

上诉人（一审被告）：某投资公司、高某。

被上诉人（一审原告）：曹某。

一审被告：李某、申某。

曹某提交股权转让协议两份，其中，转让方为曹某、受让方为高某的某投资公司股权转让协议载明：曹某同意将持有某投资公司51%的股权共511万元出资额，以511万元转让给高某，高某同意按此价格及金额购买上述股权；出资转让于2011年12月29日完成。另一份李某与申某签订的某投资公司股权转让协议载明：转让方为李某，受让方为申某；李某同意将持有某投资公司49%的股权共491万元出资额，以491万元转让给申某，申某同意按此价格及金额购买上述股权；出资转让于2011年12月29日完成。

曹某提交股东会决议一份，载明某投资公司于2011年12月29日在某投资公司召开了公司临时股东会，经代表公司表决权100%的股东同意，会议审议并通过了以下事项：原股东曹某愿将其在公司的出资511万元全部转让给高某，原股东李某愿将其在公司的出资491万元全部转让给申某，其他股东放弃优先购买权；本次股份转让后，公司股东及出资情况如下：高某出资额为511万元，出资比例为51%，申某出资额为491万元，出资比例为49%；以上股权转让后，转让人从转让之日起不再享有股东的权利和承担股东的义务，转让前后的债权债务由受让人承担。

2011年12月31日，某投资公司进行了变更登记，法定代表人由曹某变

① 案例中一审法院引用的公司法（2005年修订）第七十二条现为公司法（2023年修订）第八十四条。

更为高某，股东由曹某、李某变更为高某、申某。

在庭审过程中，曹某称2011年12月29日股权转让协议及股东会决议、2011年12月31日公司变更登记申请书、章程修正案中涉及的曹某签名均系他人伪造，非曹某本人签名；李某称该几份材料中曹某的签名均是李某所签，曹某并未授权其进行股权转让，且事后也未对该行为进行追认；某投资公司、高某称该几份协议中曹某的签名均为曹某本人到场所签。经法院释明，某投资公司、高某明确表示不申请笔迹鉴定。曹某称未收到511万元的股权转让款，高某称2011年12月29日当天股权转让款并未给付，曹某此前对第三人有债务，该511万元已抵销第三人的债务，但并未向法院提交有效证据证明其主张。李某称并未收到491万元的股权转让款，申某并未向法院提交有效证据证明其已实际将股权转让款491万元给付李某。

一审法院认为，公民、法人可以通过代理人实施民事法律行为。没有代理权、超越代理权或者代理权终止后的行为，只有经过被代理人的追认，被代理人才承担民事责任。当事人对于自己提出的诉讼请求所依据的事实或者反驳对方诉讼请求所依据的事实有责任提供证据加以证明。没有证据或者证据不足以证明当事人的事实主张的，由负有举证责任的当事人承担不利后果。本案中，曹某称2011年12月29日股权转让协议及股东会决议、2011年12月31日公司变更登记申请书、章程修正案中涉及曹某签名均系他人伪造，非曹某本人签名；李某对此予以认可，称该几份材料中曹某的签名均是李某所签，曹某并未授权其进行股权转让，且事后也未对该行为进行追认。李某事先未取得曹某的授权，事后亦未取得曹某的追认，其行为构成无权代理行为，故该行为不应对曹某发生法律效力。依照公司法（2005年修订）第七十二条之规定，股东向股东以外的人转让股权，应当经其他股东过半数同意，经股东同意转让的股权，在同等条件下，其他股东有优先购买权。本案中，李某转让股权时并未履行告知义务，故其行为不应对曹某发生法律效力。有限责任公司股东的出资应当足额且到位，曹某称未收到511万元的股权转让款，高某称2011年12月29日当天股权转让款并未给付，曹某此前对第三人负有债务，该511万元已抵销第三人的债务，但并未向法院提交有效证据证明其主张，故对高某该主张法院不予认定。李某称并未收到491万元的股权转让款，被告申某未答辩，且未向法院提交有效证据证明其已实际将股权转让款491万元给付李某。故曹某请求依法判决确认2011年12月29日股权转让协议、股东会决议无效，予以支持。依据公司法（2005年修订）第七十二条规定，判决：某投资公司2011年12月29日股权转让协议、股东会决议无效。

某投资公司不服一审判决，上诉称，2011年12月29日，曹某、李某分别与第三人郝某签订股权转让协议将其持有的某投资公司所有股权转让给郝某，并将公司印章证件交予郝某。同日，郝某指示曹某、李某将该股权办理到高某、申某名下。曹某、李某即签署了某投资公司股权转让协议、股东会决议并办理了工商变更登记，将某投资公司股权变更登记在高某、申某名下。郝某是某投资公司的隐名股东，高某、申某是某投资公司的挂名股东。曹某、李某与郝某签订的股权转让协议成立并生效，在郝某支付完股权转让款时，该协议履行完毕，某投资公司的股权已经全部转让给郝某。曹某、李某签署某投资公司股权转让协议、股东会决议和办理工商变更登记，是履行股权转让合同的附随义务，只要得到郝某认可即有效。因此本案不存在“李某事先未取得曹某的授权，事后亦未取得曹某的追认，其行为构成无权代理行为”这一事实。请求撤销一审判决。

高某不服一审法院判决，提起上诉。

二审法院认为，本案的焦点问题是本案所涉股权转让协议、股东会决议的效力问题，即本案所涉股权变动材料中曹某的名字是否由其本人所签，将曹某的股权变更登记到高某的名下是否为曹某的真实意思表示，以及李某对外转让股权是否对曹某发生法律效力。关于本案所涉股权变动材料中曹某的签名问题。曹某称非其本人签名，李某称是其在未征得曹某同意的情况下所签，转让协议的当事人高某本人在二审中称不清楚曹某当时是否在场，且某投资公司、高某、曹某均不申请对曹某的签名进行司法鉴定。根据以上情况，不能认定本案所涉股权变动材料中曹某的名字为其本人所签。关于将曹某的股权变更登记到高某的名下是否为曹某的真实意思表示的问题，某投资公司和高某称曹某与第三人郝某之间存在股权转让协议，将曹某的股权变更登记到高某名下只要得到郝某认可即有效。曹某与第三人郝某之间是否存在股权转让协议，与曹某与高某之间的股权转让协议是否有效不是同一法律关系。即使曹某与第三人郝某之间存在股权转让协议，但在没有进行工商变更登记的情况下，曹某仍是其股权的所有权人。某投资公司和高某认为将曹某的股权变更登记到高某名下只要得到郝某的认可即有效，缺乏法律依据。曹某与第三人郝某之间的问题，应另行解决。公司法规定有限责任公司的股东向股东以外的人转让股权，应经其他股东过半数同意；经股东同意转让的股权，在同等条件下，其他股东有优先购买权。公司股东的身份，应以工商变更登记为准，李某与申某签订股权转让协议时，曹某并未将自己的股份变更登记为他人，李某对外转让股权未告知曹某，该转让行为对曹某不发生法律效力。故，法院判决：驳回上诉，维持原判。

案例评析：本案曹某与李某均是某投资公司股东，两人分别作为出让方与高某和申某签订股权转让协议，但一审查明曹某与高某的股权转让协议并不是由曹某本人签订，事后曹某也未追认，故认定该协议无效；而李某与申某的股权转让协议，由于是向公司以外第三人转让，本案依 2005 年修订公司法的规定，应经公司其他股东过半数同意，李某对外转让股权未征得曹某同意，故对公司及其他股东没有效力。2023 年修订公司法则删除该规定，对于向股东以外的第三人转让股权不再要求经其他股东过半数的同意。至于某投资公司认为郝某是公司隐名股东，曹某与李某是经郝某同意与第三人签订合同的主张，由于公司法规定，公司股东对外以公司登记为准，在公司登记未变更之前，曹某还是公司合法股东，故李某对外转让股权的协议对曹某无效。

【风险防范】

公司股权对外转让协议的效力，除了适用民法典关于合同效力的规定外，2023 年修订公司法最重要的一条就是删除股东对外转让股权应经公司其他股东过半数同意的规定，使公司对外转让更加开放。

依照公司法第八十四规定，其他股东对转让股权有优先购买权，出让股东有义务就股权转让事项书面通知其他股东。但由于公司法对此规定较简单，公司可在章程中规定或细化同等条件优先购买的具体内容，例如，可以对购买条件特别是转让股权的数量、价格、支付方式、支付期限等作出明确规定，同时，还可以规定投资、业务合作、债务承担的条件，这样既可以使拟转让股东与受让方签订合同有依据，也便于其通知其他股东，使其他股东在法律及公司章程规定条件下行使优先购买权。

公司股权对外转让，不仅要符合公司法第八十四条的规定，同时，对外转让股权还应经过法定程序，例如变更股东名册和公司登记。

依据公司法第八十四条第二款和《最高人民法院关于适用〈中华人民共和国公司法〉若干问题的规定（四）》的规定，实践中，在公司股东行使股权优先购买权纠纷中应注意以下几点：（1）出让股权股东向其他股东作出的“书面通知”中关于拟转让股权的数量、价款、支付方式等事项应具体明确；（2）行使优先购买权股东应与出让股东就转让股权主要条款达成一致；（3）行使优先购买权的股东应在公司法第八十四条规定或公司章程规定的时间内答复，逾期未答复的，视为放弃优先购买权。

【相关规定】

《中华人民共和国公司法》第八十四条第二款、第一百五十七条

《最高人民法院关于适用〈中华人民共和国公司法〉若干问题的规定（四）》第十六条至第二十二条

风险点 21

公司章程限制股权转让纠纷

【风险解读】

股权转让自由是公司法的基本原则，但这种自由又是有限制的，在规定股权对内自由转让、对外附条件转让的同时，公司法第八十四条第三款规定，“公司章程对股权转让另有规定的，从其规定”。也就是说，公司股东可以在公司章程中对股权转让条件进行规定。公司法第一百五十七条对于股份有限公司也明确规定“公司章程对股份转让有限制的，其转让按照公司章程

的规定进行”。例如，“股东将股份转让给与本公司有竞争业务的公司的，应当经全体股东三分之二以上同意”“公司高级管理人员在任职期间不得转让所持本公司的股份”等，这些规定只要不违反法律强制性规定就应认定为有效。公司章程是全体股东的“宪法”，它既具有自治性，又具有法定性；既具有对外公示效力，又具有对内的约束力，因此，股东对外转让股权违反公司章程相关规定的，原则上应认定转让无效。实践中，公司章程限制股权转让纠纷主要有以下几种纠纷类型：一是有限责任公司章程对股权转让规定的限制条件与法律法规不相冲突时，股权转让协议违反公司章程规定产生的纠纷；二是公司章程对股权转让的规定高于或低于公司法规定而产生的纠纷；三是因公司章程规定的限制条件变相禁止股权转让而产生的纠纷；四是因公司章程对公司内部股东之间相互转让股权作出限制而产生的纠纷。

【典型案例】

有限责任公司章程对公司股东身份所作的限制规定是否有效[①]

上诉人（一审原告）：廖某。

被上诉人（一审被告）：某设计院。

原告廖某原为被告某设计院改制前员工，2001 年 5 月被告改制为有限责任公司后，原告成为被告的股东之一。2008 年 12 月 25 日，原告向被告递交辞职报告，被告于同年 12 月 26 日批准原告辞职。2009 年 11 月 12 日，被告根据公司章程第九条“股东为本院在岗职工”的规定，向原告出具书面告知书，内容为：“廖某同志，依据本公司章程第九条‘股东为本院在岗职工’的规定，鉴于你于 2008 年 12 月 25 日向公司提出辞职请求，并于 2008 年 12 月 26 日得到正式批准，因此，自批准日起，你已不属于本公司在岗职工，且自此以后，你也不再作为股东继续承担本公司的责任和义务。”原告认为被告的行为侵害了其股东权益，故诉至法院。

原告认为，根据公司法的规定，股东资格是以出资入股为基本条件所取得的财产权和身份权，股权因转让而发生财产权的变更和身份权的丧失，股东转

---

① 案例中法院引用的公司法（2005 年修订）第十一条现为公司法（2023 年修订）第五条。

让股权应当依照公司法的规定由持有该股权的股东自由决定。被告以公司章程的规定强行对原告的股东资格予以剥夺不符合公司法的规定，当属无效。

被告认为，原告原是被告的股东，按照公司章程第九条的规定“股东为本院在岗职工”，由于原告辞职后不再是被告的在岗职工，故被告根据公司章程的规定，收回原告的股份，符合法律规定。综上所述，请求法院驳回原告的诉讼请求。

法院经审理认为，被告于2006年1月通过的公司章程第九条规定“股东为本院在岗职工，股东是公司的资产所有者，享有本章程规定的权利，并承担本章程的义务”，故原告是否因其与被告之间的劳动合同关系解除而丧失股东身份取决于被告的公司章程第九条是否合法有效。第一，根据公司法（2005年修订）第十一条关于“设立公司必须依法制定公司章程。公司章程对公司、股东、董事、监事、高级管理人员具有约束力”的规定，被告在公司成立时依全体股东之意志制定的公司章程，程序合法，对全体股东具有约束力，且原告当时也表决同意该章程。第二，被告的公司章程第九条的规定与公司法的资本维持原则并不矛盾，因为被告制定公司章程第九条的原意是防止股份的外部流转，且被告在收购了因个人原因辞职等的股东所持有的相应股份后，均将这些股份交由被告持有和管理，最终将其转让给公司的其他股东，并不是为了减少公司的实有资本。第三，被告从事设计规划工作，对从业人员的资格要求较高，对股东资格设定一定的限制，亦是为公司的长远发展考虑。公司章程是全体股东共同制定的有关公司组织与活动的基本规则。被告是由企业内部职工共同出资组建的有限责任公司，章程限定只有该公司的职工才能成为被告股东，该规定为全体股东意思自治的体现，并没有违反公司法或相关行政法规的强制性规定。而且，被告的公司章程对股东身份所作出的限制符合有限责任公司的人合性特点，因此，可认定被告的公司章程第九条规定合法有效，对被告及被告的股东廖某均具有法律约束力。综上所述，原告因个人原因于2008年12月25日提出辞职申请，次日，被告批准原告辞职，此时原告已失去了被告的职工身份。根据被告公司章程第九条的规定，原告因辞职丧失了被告的股东资格，故对原告要求确认其股东身份的诉讼请求，于法无据，法院不予支持。

案例评析：本案被告某设计院是从事设计规划的有限责任公司，不仅具有有限责任公司的人合性特点，又有行业特殊性，故公司章程规定公司股东必须是本公司职工。原告廖某在制定公司章程时签字同意，且这种限制规定也不违反公司法其他强制性规定，故法院认为该公司章程对股东资格的特殊限制性规定是有效的，因而驳回了原告的诉讼请求。

【风险防范】

发挥公司章程在防范股权转让纠纷中的作用应注意以下几点：（1）公司章程规定不能违反法律强制性规范，否则规定无效；（2）公司章程对股权转让的限制规定，不能变相禁止股权转让，否则章程约定无效；（3）2023 年修订公司法第一百五十七条规定，股份有限公司的公司章程对股份转让有限制的，其转让按照公司章程的规定进行。

【相关规定】

《中华人民共和国公司法》第八十四条第三款、第一百五十七条

风险点 22

出资瑕疵股东转让股权合同效力与出资责任认定纠纷

【风险解读】

出资瑕疵股东，即虚假出资、出资不足或抽逃出资的股东。根据公司法第四十九条的规定，股东未按期足额缴纳出资的，除应当向公司足额缴纳外，还应当对给公司造成的损失承担赔偿责任，而不是直接否定其股东资格。原则上股东名册或公司章程记载的股东并不因为出资瑕疵而丧失股权和股东资格，这也是各国公司立法的通例。由此，许多国家公司法承认出资瑕疵的股东仍然享有股权，并可以出让股权。

2023 年修订公司法第八十八条第一款新增规定了股东未届出资期限在未

出资状态下转让股权时出资责任的承担主体，即由受让人承担缴纳该出资的义务；受让人未按期足额缴纳出资的，转让人对受让人未按期缴纳的出资承担补充责任。公司法第八十八条第二款吸收了《最高人民法院关于适用〈中华人民共和国公司法〉若干问题的规定（三）》第十八条，规定了已届出资期限但在未出资状态下转让股权的，转让人与受让人在出资不足的范围内承担连带责任；同时规定受让人不知道且不应当知道存在上述情形的，由转让人承担责任。

由于出资瑕疵股东的股权有瑕疵，其行使权利要受到限制。对于出资瑕疵股东转让股权效力的认定视不同情况分别处理。出资瑕疵股东转让股权纠纷主要有以下几种类型：一是转让人隐瞒出资瑕疵，受让人获知后要求撤销双方股权转让协议产生的纠纷；二是受让人已知或明知转让人出资瑕疵而双方订立股权转让协议，受让人成为公司股东后，公司的债权人要求受让人、转让人对债务承担责任产生的纠纷。

【典型案例】

1. 股东隐瞒出资瑕疵事实转让股权仍应承担补足出资义务[①]

原告、反诉被告：恒某公司、吴江民某公司。

被告、反诉原告：林某置业公司、中某融公司。

第三人：深圳某游艇公司。

深圳某游艇公司于 1997 年 10 月 29 日在深圳市核准登记成立，属合资经营（港资）企业，宏某公司占 80% 股权比例，中某集团占 20% 股权比例。后深圳某游艇公司通过两次股权转让及增资，公司的股东遂变更为恒某公司占 81.7% 的股份，吴江民某公司占 18.3% 的股份。

恒某公司与吴江民某公司于 2007 年 5 月 14 日与澳大利亚中某公司签订股权收购协议，股权转让价款为人民币 2.2 亿元。2007 年 5 月 18 日，恒某公司与吴江民某公司又与林某置业公司、中某融公司签订股权转让协议，约定股权

① 案例中法院引用的公司法（2005 年修订）第二十八条、第三十五条现为公司法（2023 年修订）第四十九条、第二百一十条、第二百二十七条。

转让价款人民币为5252万元。上述两份协议在履行过程中发生纠纷。争议的焦点问题主要有以下几个：恒某公司、吴江民某公司和林某置业公司、中某融公司四方在进行深圳某游艇公司的股权转让交易中，谁先行违约，谁应承担违约责任；林某置业公司、中某融公司未支付剩余的股权转让款是否有合法的抗辩理由；2007年5月18日恒某公司、吴江民某公司和林某置业公司、中某融公司四方签订的股权转让协议是否应予解除；恒某公司对深圳某游艇公司是否存在出资瑕疵，其应否对深圳某游艇公司补足出资；恒某公司、吴江民某公司应否将案涉两艘游艇及其牌照、现金、海域使用证书交还给第三人深圳某游艇公司，以及是否应承担股权转让时其未如实披露深圳某游艇公司对外债务的相应责任。法院围绕上述问题及其他派生的关联问题阐述如下。

关于本案原、被告谁先行违约及林某置业公司、中某融公司拒绝付款的抗辩理由能否成立的问题。本案相关证据和事实表明，恒某公司、吴江民某公司在向林某置业公司、中某融公司转让深圳某游艇公司的股权时具有不诚信的违约行为，主要表现在：股权转让方对所转让的股权负有瑕疵担保义务，其应保证所转让的股权不被他人追索且没有其他债务负担。同时，公司法（2005年修订）第二十八条规定："股东应当按期足额缴纳公司章程中规定的各自所认缴的出资额，股东以货币出资的，应当将货币出资足额存入有限责任公司在银行开设的账户；以非货币出资的，应当依法办理其财产权的转移手续。股东不按照前款规定缴纳出资的，除应当向公司足额缴纳外，还应当向已按期足额缴纳出资的股东承担违约责任。"第三十五条规定："股东按照实缴的出资比例分取红利；公司新增资本时，股东有权优先按照实缴的出资比例认缴出资……"但恒某公司、吴江民某公司从峻某公司、中某广公司处受让股权且签订补充章程承诺由它们各自分别承担峻某公司、中某广公司在深圳某游艇公司原公司章程的责任、义务后，恒某公司非但未将峻某公司原出资存在瑕疵的深游001、深游002两艘游艇依照补充章程的承诺履行出资的义务，将该两艘游艇的财产所有权登记转移至深圳某游艇公司名下，反而将该两艘游艇由峻某公司名下改登记在自己名下，该行为明显违反了以上法律的强制性规定，损害了公司的利益及股权受让方的股东权益，亦使出资存在瑕疵的股权的受让方存在被深圳某游艇公司债权人追究出资义务的风险。而且，由于恒某公司在向林某置业公司转让深圳某游艇公司 81.7% 股权时，没有相应的证据证明其曾向受让方林某置业公司披露过其对深圳某游艇公司的实物出资存在瑕疵的情形，而会计师事务所出具的审计报告中又将该两艘游艇作为深圳某游艇公司的固定资产并作价人民币 26888810 元加以记载，以致林某置业公司有合理的理由确信深圳某游艇公司该资产的存在，并将其作为股权作价的基础，故恒某公司未如实履行出资义务且未如实告知所转让的股权存在出资瑕疵的行为已构成违约，且该违约行为属于先行违约行为。而足额出资是股东对公司的法定义务，现恒某公司对深圳某游艇公司持有的 81.7% 股权虽已转让给了林某置业公司，但其对深圳某游艇公司补足出资的法定义务并不能因股权转让而免除，林某置业公司对其所受让的股权，有权要求转让人恒某公司补足出资。在恒某公司补足出资之前，林某置业公司有权以恒某公司的该违约行为作为抗辩理由，拒付相应的股权转让款。而且，公司拥有充足的资本是其开展正常经营活动的保证，公司资产也系其对外承担民事责任的一般担保，为贯彻公司资本充足原则、保护公司债权人及瑕疵股权受让方的利益，在瑕疵股权出让方恒某公司拒绝履行补足出资义务的情况下，瑕疵股权受让方林某置业公司可以替其代为履行向深圳某游艇公司补足出资人民币 26888810 元的义务。林某置业公司代为履行后，有权从其应付给恒某公司的股权转让价款中扣除其替恒某公司代为补足的出资金额。

综上所述，恒某公司、吴江民某公司转让股权时隐瞒出资瑕疵和深圳某游艇公司的部分债务且未全面履行深圳某游艇公司的交接义务，其违约在先，林某置业公司、中某融公司有权以此作为抗辩理由，拒付相关的股权转让款，恒某公司、吴江民某公司要求林某置业公司、中某融公司承担逾期付款的违约责任，按日万分之三的标准支付未付款金额的违约金的请求不能成立，法院予以驳回。

法院判决：林某置业公司应向恒某公司支付股权转让款人民币 2984.8 万元、中某融公司应向吴江民某公司支付股权转让款人民币 667.2 万元。恒某公司应将深游 001、深游 002 两艘游艇登记过户在第三人深圳某游艇公司名下并将该两艘游艇及其牌照移交给第三人深圳某游艇公司；否则，林某置业公司可以代恒某公司向第三人深圳某游艇公司补足出资 26888810 元。林某置业公司代为履行后，有权从其应付给恒某公司的股权转让款中扣除其所代为补足的对深圳某游艇公司的出资；恒某公司、吴江民某公司应将深圳某游艇公司所有的现金及案涉海域使用权证书正、副本原件返还给深圳某游艇公司。驳回恒某公司、吴江民某公司的其他诉讼请求。驳回林某置业公司、中某融公司的其他反诉请求。驳回深圳某游艇公司的其他诉讼请求。

案例评析：股东以出资获得股权，如果存在出资瑕疵的行为，说明股权不完整，也不能像出资完全的股权一样自由转让。出资瑕疵的股东在转让股权时隐瞒出资瑕疵事实，受让人因此受让股权，受让人有权以欺诈为由请求法院撤销或变更股权转让合同，或者行使自己的不安抗辩权，要求转让方先予履行补足出资的义务，自己再支付股权转让款。在本案中，恒某公司、吴江民某公司与林某置业公司、中某融公司签订协议，明确约定各自在股权转让中的权利与义务，在实际履行中虽然受让方已经实际控制了公司，但是后续发现作为出让方的股东存在出资瑕疵的行为，则其有权要求转让方先履行自己的出资义务，其再予支付股权转让款。

2. 受让人明知出让人有出资瑕疵而同意受让股权的，股权转让协议有效

上诉人（一审被告、反诉原告）：洪某某。

被上诉人（一审原告、反诉被告）：鲁某。

一审法院查明：甲公司于2010年1月15日成立，注册资本为500万元，实缴资本为200万元，股东为鲁某（持有90%股权）、邹某（持有10%股权）。甲公司后经多次股权变动，截至2011年7月25日，公司股东变更为鲁某（持有51.84%股权）、邹某（持有6.12%股权）、陈某（持有5.04%股权）、洪某某（持有9%股权）、杨某某（持有9%股权）、张某某（持有9%股权）、乙公司（持有10%股权）。2011年底，因甲公司经营状况不佳，鲁某与洪某某、杨某某、张某某协商，同意鲁某将所持有的公司部分股权转让给洪某某、杨某某、张某某，股权转让款将借给甲公司用于公司经营。2012年1月16日，甲公司召开股东会并形成股东会决议，内容为：同意股东鲁某将持有的公司5%的股权，合27.7777万元，作价12.5万元转让给洪某某；同意股东鲁某将所持

有的公司12.5%的股权，合69.4444万元，作价31.25万元转让给杨某某；同意股东鲁某将所持有的公司12.5%的股权，合69.4444万元，作价31.25万元转让给张某某；其他股东放弃优先购买权。股权转让后，甲公司股东持股情况如下：鲁某，认缴及实缴额121.3335万元，出资比例为21.84%；邹某，认缴及实缴额34万元，出资比例为6.12%；洪某某，认缴及实缴额77.7777万元，出资比例为14%；杨某某，认缴及实缴额119.4444万元，出资比例为21.5%；张某某，认缴及实缴额119.4444万元，出资比例为21.5%；陈某，认缴及实缴额28万元，出资比例为5.04%；乙公司，认缴及实缴额55.5555万元，出资比例为10%。同日，鲁某与洪某某签订股权转让协议，协议约定鲁某将所持有甲公司5%股权，合27.7777万元，作价12.5万元转让给洪某某，洪某某应于协议签订之日起十日内，向鲁某付清全部股权转让款。鲁某与洪某某均在股权转让协议上签字。同日，甲公司申请变更登记，并提交了全体股东签字盖章确认的新章程。2012年2月6日，工商行政管理部门向甲公司颁发准予变更登记通知书。由于洪某某未支付股权转让款，鲁某于2012年4月8日委托律师向洪某某发函催讨股权转让款，因洪某某仍未支付，鲁某遂起诉。

另查明，2011年，洪某某指派丙公司的财务总监王某某参与处理甲公司财务事宜，监督指导甲公司财务工作。洪某某系丙公司董事长。

一审法院认为，有限责任公司的股东之间可以相互转让其全部或者部分股权。关于洪某某辩称鲁某抽逃、挪用资金的行为使其持有的公司股权存在严重瑕疵，一审法院认为，股份转让的实质是股东资格或者是股东身份的转让。瑕疵出资或者抽逃出资的股东与足额出资的股东一样，均享有相应的股东权利，仍然有权转让其股东资格或股东身份。受让人明知或应知出资瑕疵仍然同意按清洁股权的价格进行受让的，应视为受让人已接受该股权的瑕疵，其无权再以股权瑕疵提出履行抗辩。本案中，一方面，洪某某未提供充分的证据证明鲁某存在抽逃出资或者挪用资金的行为；另一方面，甲公司财务负责人王某某系受洪某某委派监督甲公司财务工作，故一审法院有理由相信洪某某对甲公司日常经营的资金流转情况是知晓的。洪某某在股东会以及签署股权转让协议时，均未提出任何异议。股权转让价格系双方协商确定且经股东会通过。洪某某无法举证证明转让价格显失公平。鉴于股权转让协议不具有法定无效事由，一审法院确认该协议有效。股权转让协议的合同目的系鲁某将协议约定的股权转让给洪某某。现甲公司股东股权已经按照协议约定在工商行政管理部门完成了变更登记，洪某某合同目的已经实现。至于鲁某在股权转让后是否退出公司，并不影响洪某某实现合同目的。综上所述，一审法院认为，鲁某已经履行了股权转让协议约定的义务，洪某某理应支付相应股权转让款，逾期未付构成违约，应承担相应的民事责任。鲁某的诉请于法有据，一审法院予以支持。洪某某反诉无事实与法律依据，一审法院依法予以驳回。判决如下：洪某某于一审判决生效之日起十日内给付鲁某股权转让款12.5万元；洪某某于一审判决生效之日起十日内支付鲁某逾期付款利息；驳回洪某某的反诉请求。

一审判决后，上诉人洪某某不服一审判决，向二审法院提起上诉称，鲁某在签订协议时隐瞒其欲退出甲公司的意向并有抽逃、挪用公司资金的行为，属于欺诈，系争股权转让协议应予撤销，股权转让款不应支付。洪某某认为一审判决错误，请求二审法院撤销一审判决，改判驳回鲁某的一审诉讼请求，支持洪某某要求撤销系争股权转让协议的一审反诉请求。

被上诉人鲁某辩称，鲁某不存在欺诈的事实，亦无退出甲公司及损害甲公司利益的行为，洪某某的上诉请求无事实和法律依据，应予驳回。

二审法院认为，本案争议焦点在于洪某某诉称鲁某存在欺诈的事实能否成立，以及系争股权转让协议应否撤销。从本案事实和证据看，鲁某和洪某某在系争股权转让之前均为甲公司股东，对甲公司的经营、财务情况均应了解。现洪某某称鲁某隐瞒欲退出甲公司的意向，无证据证明，二审法院不予采信。至于洪某某认为鲁某存在损害公司利益的行为，不能作为股权转让协议的撤销事由，其可在证据充分的情况下另行向鲁某主张权利以维护甲公司的利益。故洪某某要求撤销系争股权转让协议的诉讼请求，不能成立。一审判决正确，二审法院依法予以维持。

案例评析：转让人与受让人订立股权转让合同时，将出资瑕疵事实告知受让人，受让人仍然受让股权的，股权转让合同应认定为有效。当公司债权人向公司股东求偿债权时，受让人应当就出资瑕疵承担相应责任，而不能主张撤销股权转让合同。本案中，鲁某和洪某某均为甲公司股东，对甲公司经营、财务情况均应了解，故确认双方股权转让协议有效，洪某某应向鲁某支付股权转让款，因此法院驳回了洪某某反诉及撤销双方股权转让协议的请求。

【风险防范】

为保证公司健康运行，并防止股东瑕疵出资损害其他股东利益，公司首先应在章程中对股东出资作出详尽和周密的规定：以货币出资的，对其付款期限要明确规定；以土地、房产等出资的，应依据相关法律规定，对其权属、法定审批程序考察、跟踪，否则可能出现虚假出资或出资不到位等情况。依据《最高人民法院关于适用〈中华人民共和国公司法〉若干问题的规定（三）》第十三条第三款的规定，公司债权人请求瑕疵股东在未出资本息范围内对公司债务不能清偿的部分承担补充赔偿责任的，公司的发起人应承担连带责任，所以公司对股东瑕疵出资必须予以足够重视。

【相关规定】

《中华人民共和国公司法》第八十八条、第五十五条

《中华人民共和国证券法》第一百四十一条

《最高人民法院关于适用〈中华人民共和国公司法〉若干问题的规定（三）》第十二条、第十三条、第二十一条

《最高人民法院执行工作办公室关于股东因公司设立后的增资瑕疵应否对公司债权人承担责任问题的复函》（〔2003〕执他字第33号）

《最高人民检察院、公安部关于严格依法办理虚报注册资本和虚假出资抽逃出资刑事案件的通知》（公经〔2014〕247号）

风险点 23

中外合资、合作经营企业股权转让纠纷

【风险解读】

对于中外合资、合作经营企业的股权转让，公司法没有专门规定。根据法律适用的基本原则并结合公司法实践，对于这类纠纷的认定和处理，除参照适用公司法关于股权转让的一般规定外，主要应依照我国外商投资法关于外国投资者投资资格的规定及产业政策：外商投资涉准入负面清单规定禁止投资的领域的，股权转让不得导致外国投资者持有企业股权；因股权转让导致中外合资变成外商投资的，应当符合外商投资企业设立的条件；法律规定应由国家控股的企业，股权转让不能导致外国投资者控股。同时，我国法律规定，外商投资需要办理投资项目核准、备案的，按照国家有关规定执行，违反法定程序的，股权转让协议无效。

【典型案例】

外商投资企业与目标公司签订股权转让协议时，目标公司的经营范围包括外商投资准入负面清单规定禁止投资的领域，应认定为自始无效

上诉人（一审原告、反诉被告）：广西梧州永某药业有限公司。

被上诉人（一审被告）：海甲。

被上诉人（一审被告、反诉原告）：海乙。

被上诉人（一审被告）：广西梧州云某药业有限公司。

一审第三人：张某彩。

法院经审理查明：2009 年 9 月 17 日，被告海甲、海乙与第三人张某彩签订《股权转让意向书》及补充协议，双方约定被告海甲、海乙将其两人分别持有的广西梧州云某药业有限公司（以下简称云某公司）20%、80% 的股权以及被告云某公司的全部资产转让给第三人张某彩，转让价款为人民币 550 万元，并对云某公司相关债权债务以及财产处理等事宜进行了约定。张某彩支付了定金人民币 20 万元。2009 年 12 月 1 日，被告海乙将其持有的被告云某公司 80%

股权转让给被告海甲并办理了股权变更登记手续。2009 年 11 月 20 日，第三人张某彩以“张某齐”之名与被告海甲签订《劳动合同补充条款》，该协议约定第三人张某彩委托被告海甲担任被告云某公司的法定代表人。2010 年 9 月 6 日，被告海甲、海乙作为甲方与乙方原告广西梧州永某药业有限公司（以下简称永某公司）签订《股权转让协议书》，约定被告海甲、海乙将其两人分别持有的被告云某公司 20%、80% 的股权转让给原告永某公司，转让股权所含财产包括被告云某公司名下所有资产（但土地使用权仅部分转让，转让范围以双方约定为准），转让总价款为人民币 550 万元（其中人民币 300 万元用于偿还信用社贷款）；2009 年 12 月 31 日前被告云某公司的债权债务由被告海甲、海乙承受，2009 年 12 月 31 日之后的债权债务由原告永某公司承受；股权转让基准日为 2010 年 1 月 1 日。甲、乙双方还约定协议必须同时具备下列三项条件才生效：（1）双方签字盖章；（2）原告永某公司足额支付转让款，并取得被告海甲、海乙的收款凭据；（3）原告永某公司结清 2010 年 9 月 30 日前向被告海甲购货的货款，并取得被告海甲出具的已结清证明。原告永某公司于 2010 年 9 月 3 日向被告海甲转账支付人民币 250 万元，于 2010 年 9 月 9 日向被告海甲分三笔转账支付人民币 300 万元。原告永某公司、第三人张某彩与被告海甲共同确认在 2010 年 9 月 30 日前，原告永某公司、第三人张某彩与被告海甲没有经济往来，双方不存在拖欠货款的事实。原告永某公司与被告海甲、海乙自 2010 年 9 月 6 日签订《股权转让协议书》后至今，没有办理云某公司的股权变更登记。

原告永某公司为台港澳法人独资企业，法定代表人为张某彩，经营范围为：生草药、农产品收购、加工，销售本公司产品。永某公司于 2020 年 1 月 16 日向工商部门提交股东备案申请及变更登记手续，该公司持股股东从原来的港资企业某投资有限公司变更为中国公民李某玲和张某弥，其企业法人类型从原有限责任公司（港澳台法人独资）变更为有限责任公司（自然人投资或控股）。2020 年 5 月 9 日，永某公司的股东变更为吴某坤、李某玲，永某公司法定代表人变更为吴某坤。

本诉原告永某公司在本案的诉讼请求为：（1）判决被告海甲、被告海乙继续履行案涉《股权转让意向书》及补充协议；（2）判决被告海甲、被告海乙协助办理云某公司股东变更工商登记手续;（3）判决被告云某公司将营业执照、公司公章、财务资料等移交给原告;（4）判决被告海甲、海乙向原告永某公司交付云某公司名下所有的价值约人民币1500万元的财产（包括云某公司名下所有动产、商标等知识产权）;（5）判决三被告承担本案全部诉讼费用。

反诉原告海乙在本案中的诉讼请求为:（1）确认反诉原告与反诉被告永某公司于2010年9月6日所签订的《股权转让协议书》无效;（2）判令反诉被告永某公司按照中国人民银行同期贷款利率赔偿反诉原告因保全错误所遭受的利息损失31000元（暂计至2019年10月24日）;（3）本案的诉讼费用由反诉被告依法承担。

一审法院判决：驳回原告永某公司的诉讼请求；反诉原告海乙、被告海甲与反诉被告永某公司于2010年9月6日签订的《股权转让协议书》无效。永某公司不服一审判决，提起上诉。二审法院判决：驳回上诉，维持原判。

法院生效裁判认为：审查案涉《股权转让协议书》的效力应重点从以下三个方面进行：第一，云某公司经营范围是否包括外商投资准入负面清单规定的禁止投资领域；第二，案涉《股权转让协议书》是否存在合同法第五十二条规定的“违反法律、行政法规的强制性规定”情形；第三，永某公司将企业类型由港澳台法人独资变更为自然人投资或控股对案涉《股权转让协议书》效力的影响。

第一，关于云某公司的经营范围是否包括外商投资准入负面清单规定的禁止投资领域问题。永某公司主张2010年其受让云某公司股权后实际经营范围并未涉及中药饮片的蒸、炒、炙、煅等炮制技术，且如果行政机关在审批过程中，认为受让云某公司股权的永某公司不能经营与中药饮片蒸、炒、炙、煅等炮制技术有涉的业务，永某公司在顺利完成股权受让后，同意剔除云某公司原注册登记的该项经营范围。法院生效裁判认为，经营范围是指国家允许商业主体生产和经营的商品类别、品种及服务项目，是企业业务活动范围的法律界限。公司的经营范围应以工商登记或生产许可证等行政审批材料记载为准，企业实际经营范围是否小于工商登记或生产许可证等行政审批材料载明的经营范围并不影响认定企业活动范围的法律界限。根据查明的事实，案涉《股权转让协议书》签订的时间为2010年9月6日，2008年3月17日至2015年9月

21日间云某公司企业法人营业执照所载的经营范围为中药饮片（含毒性中药材炮制）（净制、切制、炙制、煅制、蒸制、炒制）等，2015年9月21日之后云某公司的营业执照经营范围虽登记为中药饮片、毒性饮片生产销售等，但云某公司取得的药品生产许可证载明生产范围为中药饮片（净制、切制、炒制、炙制、煅制、蒸制）及毒性中药饮片（净制、切制、蒸制）。案涉《股权转让协议书》签订时施行的《外商投资产业指导目录（2007年修订）》中“禁止外商投资产业目录”下第三条第二款第2项规定：“中药饮片的蒸、炒、炙、煅等炮炙技术的应用及中成药保密处方产品的生产。”此后多次修订的《外商投资产业指导目录》及现在施行的《外商投资准入特别管理措施（负面清单）（2020年版）》均将中药饮片的蒸、炒、炙、煅等炮制技术的应用作为外商禁止投资范围。经审理查明，云某公司经营范围包括前述条款规定的范围，故应认定云某公司经营范围包括负面清单所规定的禁止投资领域。

第二，关于案涉《股权转让协议书》是否存在合同法第五十二条规定的“违反法律、行政法规的强制性规定”情形的问题。前已述及，云某公司经营范围包括外商投资准入负面清单规定的禁止投资领域。案涉《股权转让协议书》签订时，永某公司属于港澳台法人独资企业，则其与云某公司签订《股权转让协议书》已违反外商投资法第二十八条第一款“外商投资准入负面清单规定禁止投资的领域，外国投资者不得投资”的规定，根据《最高人民法院关于适用〈中华人民共和国外商投资法〉若干问题的解释》第三条“外国投资者投资外商投资准入负面清单规定禁止投资的领域，当事人主张投资合同无效的，人民法院应予支持”的规定，案涉《股权转让协议书》属于合同法第五十二条第五款所规定情形，应依法认定为无效。

第三，关于永某公司在生效裁判作出前将企业类型从港澳台法人独资变更为自然人投资或控股对案涉《股权转让协议书》效力的影响问题。永某公司在2020年1月16日之前属于港澳台法人独资企业，其受让云某公司股权行为属于外商投资企业在我国境内进行二级再投资的行为。云某公司经营生产范围包括外商投资准入负面清单禁止投资领域，根据《最高人民法院关于适用〈中华人民共和国外商投资法〉若干问题的解释》第三条以及第五条关于“在生效裁判作出前，因外商投资准入负面清单调整，外国投资者投资不再属于禁止或者限制投资的领域，当事人主张投资合同有效的，人民法院应予支持”的规定，涉及禁止外商投资领域的投资合同效力瑕疵补正仅以外商投资准入负面清单调整作为唯一合法事由，永某公司于2020年1月16日将其企业类型由港澳台法人独资变更为自然人投资或控股对案涉《股权转让协议书》效力并无影响，案涉协议书属自始无效。对于永某公司上诉有关应适用《最高人民法院关于适用〈中华人民共和国外商投资法〉若干问题的解释》第四条“外国投资者投资外商投资准入负面清单规定限制投资的领域，当事人以违反限制性准入特别管理措施为由，主张投资合同无效的，人民法院应予支持。人民法院作出生效裁判前，当事人采取必要措施满足准入特别管理措施的要求，当事人主张前款规定的投资合同有效的，应予支持”的规定，认定案涉《股权转让协议书》有效的主张，法院生效裁判认为该条第二款的适用前提为其第一款所规定的“外国投资者投资外商投资准入负面清单规定限制投资的领域”，故该条款于本案并不适用。综上所述，法院生效裁判依法认定海乙、海甲与永某公司于2010年9月6日签订的《股权转让协议书》无效。

案例评析：本案中作为港澳台法人独资企业的永某公司通过签订案涉《股权转让协议书》拟受让同为药企的云某公司100%股权，这一行为的性质被定性为外商投资企业在境内再投资。外商投资企业在境内再投资是指在中国境内依法设立，采取有限责任公司形式的中外合资经营企业、中外合作经营企业和外资企业以及外商投资股份有限公司，以本企业的名义，在中国境内投资设立企业或购买其他企业投资者股权的行为。案涉《股权转让协议书》仅是股权转让协议还是股权与公司资产概括转让协议的问题不仅关系案件的定性，还决定案涉协议的效力。因此，在审查案涉《股权转让协议书》的效力之前，人民法院首先要查明的是永某公司签订案涉协议书的目的。通过引导诉讼各方就案涉协议书签订后云某公司的经营情况及公司名下不动产的变更情况进一步举证，结合云某公司名下不动产至今并未办理变更登记至永某公司名下这一事实，可以得出的一个基本判断是，永某公司受让云某公司100%股权的目的是通过继续经营云某公司获取利益，而不是受让云某公司名下不动产。更何况，股权转让与公司资产转让是两个不同的法律概念，存在较为显著的区别：一是客体不同。股权转让协议所转让的是股东所持有的公司股权，公司资产转让则让渡的是公司资产。就公司资产而言，是指公司拥有或控制的能以货币计量的经济资源，包括股东对公司的出资和公司运营过程中获得的各种财产、债权和其他权利。而股权则是股东对公司享有的具有人身和财产属性的综合性权利，是股东基于其股东资格而享有的能从公司获得经济利益并能参与公司经营管理的权利，有别于转让公司的有形或无形资产，股权一旦转让，则属于股东的权利与义务一概由受让人继受。二是主体不同。股权的权利人是股东，而非公司，股权转让的主体必然是股东，而公司资产属于公司所有，公司资产转让的主体则必然是公司。就本案而言，虽然当事人双方在 2009 年达成转让股权意向直至 2010 年签订书面《股权转让协议书》，均明确表达了交易的对象为云某公司 100% 股权及全部资产，在《股权转让协议书》落款的甲方海甲、海乙署名处也加盖了云某公司的公章，但是签订《股权转让意向书》及补充协议的主体是海甲、海乙与张某彩，且《股权转让协议书》上载明的转让方（甲方）为海甲、海乙，受让方（乙方）为永某公司，海甲虽持有云某公司 100% 的股权，但其并无权处分云某公司名下资产，因此，一审、二审法院将本案定性为股权转让纠纷是正确的。

【风险防范】

外商投资企业具有特殊性，其股权转让不仅要适用公司法关于股权转让的一般规定，还应适用我国外商投资法及其实施条例等规定。在实践中，公司章程也应参照这些规定制定专门条款对股权转让作出限制，使公司股东都能自觉遵守法律规定，保障公司健康运转，防止由于股权转让的不规范产生纠纷，给公司造成经济损失。

【相关规定】

《中华人民共和国外商投资法》

《中华人民共和国外商投资法实施条例》

风险点 24

国有股权、合作转让纠纷

【风险解读】

依照我国公司法规定，国有股依据投资主体和产权管理主体不同，分为国家股和法人股。国家股是指有权代表国家的投资机构向公司出资取得的股份。法人股是具有法人资格的国有企业、事业单位或其他单位依法占用法人资产向独立于自己的公司出资取得的股份。国有股股东可依公司法规定将持有股权转让给法人、自然人，但国有股权的转让必须符合国家的相关法律及产业政策。除了依法定程序报批报审外，国有股权价格不能仅由当事人双方商定，而是要依据公司每股净资产值、净资产收益率、实际投资价值（投资回报率）、近期市场价格及合理市盈率等因素确定，但不得低于每股净资产值。财政部负责国有股权转让价格的最后审批。为防止国有资产流失，国有股权转让应按国家规定的标准、程序和方法进行资产评估。

【典型案例】

国有股权转让应符合的条件[①]

上诉人（一审原告）：芜湖某研究所（以下简称研究所）。

被上诉人（一审被告）：华某公司、永某公司、科某公司、某变压器厂等。

研究所原为一家事业单位，持有科某公司 81.52% 的股权，另 39 名自然人股东持有科某公司 18.48% 的股权。后因事业单位改制需要，2008 年 8 月，研究所经批准对外转让持有的全部股权，39 名自然人股东同时委托研究所代为办理股权转让事宜。研究所遂委托安徽某会计师事务所对科某公司的资产和负

① 案例中二审法院引用的 2003 年《企业国有产权转让管理暂行办法》已被《国务院国资委关于公布规章规范性文件清理结果的公告（2017）》废止。

案例中二审法院引用的 2006 年《事业单位国有资产管理暂行办法》第六条、第七条现为《事业单位国有资产管理暂行办法》（2019 年修订）第六条、第七条。

债状况进行审计。2008 年 11 月 10 日，安徽省财政厅向安徽省科技厅发出了财教函（2008）939 号关于研究所持有的科某公司国有股权处置意见的函，同意研究所将持有的科某公司国有股权转让，并要求研究所以省财政厅备案评估结果为参考依据，在省国资委认定的产权交易机构公开挂牌转让，同时还要求国有股权转让收益应上缴省财政专户。2009 年 3 月 16 日，研究所委托安徽长江产权交易所对外挂牌出让股权并发出股权转让公告。同年 4 月 15 日，经计算机集中竞价成交，挂牌项目由华某公司以 1006 万元的价格竞购成交，安徽长江产权交易所于同日出具了产权成交鉴证书，明确：出让方为研究所，受让方为华某公司，产权类别为股权，项目评估值为 1115.74 万元，起始价为 1006 万元，成交价为 1006 万元。华某公司向安徽长江产权交易所交纳了保证金 330 万元。同年 4 月 16 日，永某公司、某变压器厂为华某公司的股权受让款余款 676 万元提供全程担保。同年 4 月 17 日，研究所及 39 名自然人股东（甲方）与华某公司（乙方）签订了产权交易合同，约定研究所及 39 名自然人股东转让科某公司 100% 的股权，转让价格为 1006 万元，转让价款的确定依据为安徽长江产权交易所出具的产权成交鉴证书，合同还对转让价款支付方式及付款条件、违约责任、转让标的的交割事项、争议的解决方式、双方的承诺等作了明确约定。同日，研究所与华某公司办理了股权转让以及法定代表人的变更登记手续，李某作为华某公司的法定代表人将受让股权全部登记在自己个人名下，成为该股权的实际受让人。此后，研究所依约将转让标的企业资产全部移交给华某公司和李某，并办结了转让标的交割事项。后因华某公司及李某未能支付剩余股权转让款，研究所诉至法院。请求依法判令：华某公司、李某共同给付研究所转让的科某公司 81.52% 股权转让价款计 4956416 元，支付截至 2012 年 5 月 8 日转让价款利息 876789.43 元，合计 5833205.43 元，并继续支付利息至实际付款日；华某公司、李某支付违约金 2460273.6 元；永某公司、科某公司与某变压器厂对前两项付款承担连带清偿责任；华某公司、李某、永某公司、科某公司与某变压器厂共同承担诉讼费。

一审法院认为，首先，本案涉及国有资产的转让，国有资产转让应当经相关国有资产管理部门审批，即使发现资产评估有不实之处以及资产有减少等，也应报国有资产管理部门审批处理，人民法院不宜直接受理此案；其次，研究所与华某公司、李某在发现转让资产不实后，双方于2009年6月16日曾另行达成了产权补充交易协议。约定产权交易的实际价格为600万元，但该协议并未经相关国有资产管理部门审核批准。随后双方又于同年10月10日达成了解除上述产权补充交易协议的新协议，约定了若资产确实不实应作相应增减，但此后双方未再达成新的协议。研究所依双方原签订的产权交易合同要求华某公司及李某支付剩余的股权转让款，不属于人民法院处理范围。据此，本案经该院审判委员会讨论决定，裁定驳回研究所的起诉。

研究所不服一审法院上述裁定，上诉称：研究所提起的民事诉讼符合法律规定的起诉条件，且属于一审法院管辖；研究所对外转让所持有的科某公司81.52%国有股权，已获相关国有资产管理部门审批；研究所依据与华某公司签订的产权交易合同，主张支付股权转让余款及永某公司、科某公司、某变压器厂承担担保责任，属于一审法院受理范围。综上所述，一审裁定缺乏事实根据，适用法律错误，请求二审法院依法撤销一审裁定。

二审法院认为，根据2003年《企业国有产权转让管理暂行办法》第三十七条的规定，“政企尚未分开的单位以及其他单位所持有的企业国有产权转让，由主管财政部门批准，具体比照本办法执行”。2006年《事业单位国有资产管理暂行办法》第六条、第七条规定，各级财政部门是政府负责事业单位国有资产管理的职能部门，对事业单位的国有资产实施综合管理。事业单位的主管部门负责对本部门所属事业单位的国有资产实施监督管理。本案中，研究所因改制需要，对其拟对外转让的股权委托专业机构进行了评估和审计，并就其股权转让事宜向其上级主管单位安徽省科技厅进行申报，亦获得了安徽省财政厅审批。此后，研究所委托安徽长江产权交易所对外挂牌出让股权并发出股权转让公告，挂牌项目由华某公司以1006万元的价格竞购成交，研究所与华某公司签订了产权交易合同。现研究所因双方履行该产权交易合同产生争议而诉至人民法院。因此，本案系平等主体之间因股权转让而产生的民商事纠纷，研究所提起诉讼符合民事诉讼法规定的起诉条件，属于人民法院受案范围。故一审法院以本案属于人民法院不宜直接受理和不属于人民法院处理范围为由，裁定驳回研究所的起诉不当，应予纠正。遂裁定：撤销一审驳回起诉裁定；本案由安徽省芜湖市中级人民法院进行审理。

案例评析：本案原告研究所是一家事业单位，持有科某公司81.52%的股份，后在改制中需要将其股份转让，也按法律规定对转让国有股份进行了评估，并经上级主管部门审批同意，经省国资委认定的产权交易所挂牌转让，华某公司通过竞拍成交，但在履行股权转让合同过程中华某公司对移交资产中对外债权、评估价格提出异议，一审以不属人民法院处理范围为由驳回研究所起诉。二审法院认为，依据国有股权转让的相关法律规定，双方转让股权程序合法，在转让过程中产生的争议属于平等民事主体间的民事纠纷，属于法院管辖范围。因此，国有股权转让除应适用公司法关于股权转让的一般规定外，还应参照国家关于国有资产管理政策的规定，如果违反国家关于国有资产转让的特别强制性规定，转让协议无效。

【相关规定】

《中华人民共和国企业国有资产法》第五条、第八条、第九条、第四十七条至第五十七条

《企业国有资产监督管理暂行条例》第二十条至第二十三条

《最高人民法院关于审理与企业改制相关民事纠纷案件若干问题的规定》第一条、第二条、第三条、第十四条至第二十九条

风险点25

以股权转让方式实现土地使用权转让的协议效力纠纷

【风险解读】

我国土地管理法和城市房地产管理法对土地使用权转让有明确规定，城市房地产管理法第三十七条至第四十一条对土地转让价格、方式、程序及六种不得转让的情况作了明确规定。实践中，有的公司为了规避法律，采取股权转让方式使本来没有土地使用权的公司取得了土地使用权，这种名为股权转让实为土地使用权转让的协议效力如何，由于法律没有明确规定，故在理

论界及实务界认定和处理不统一，加上实践中这种转让纠纷类型复杂，更加大了纠纷处理难度。实践中，要针对不同情况分别审查处理。

【典型案例】

名为股权转让实为土地使用权转让协议的效力认定①

上诉人（一审原告、反诉被告）：林甲、林乙、汤某。

被上诉人（一审被告、反诉原告）：盛某公司、祥某公司。

被上诉人（一审被告）：张某。

2002年11月20日，林甲、林乙和汤某三人作为出让方与受让方祥某公司、张某签订股权转让协议，约定出让方一致同意将所持有的盛某公司全部股份转让给受让方，转让后祥某公司占有95%股份，张某占有5%股份；股权转让费由双方在项目转让协议中具体约定；受让方自办理完股权转让手续之日起享有公司股东权利并承担义务。

同日，林甲作为盛某公司法定代表人与祥某公司签订项目转让协议，约定：（1）采用盛某公司股东将全部股权转让给祥某公司的形式，将“紫茵山庄”项目转让给祥某公司，而盛某公司法人资格及项目开发资格不变，从而达到祥某公司持有“紫茵山庄”项目的目的。（2）转让总价为人民币7500万元，其中包括祥某公司所承接的盛某公司向银行的借款及内部购房按揭贷款，但不包括协议签订后所有贷款的利息，此外，祥某公司应向三原告支付580.5万元。（3）双方确认除协议书涉及的“紫茵山庄”项目外，在协议书签订前所发生的盛某公司的其他债权债务均由三原告享有权利并负责处理，与祥某公司及股权变更后的盛某公司无关，祥某公司及股权变更后的盛某公司必须协助三原告办理相应的转让手续。（4）协议书生效后一个月内盛某公司现股东必须与祥某公司及祥某公司指定的关联公司办理完盛某公司的股权转让手续。（5）祥某公司应在协议书签订后六个月内向盛某公司的贷款银行偿还2950万元借款本息，以解除盛某公司的“紫云山庄”土地及白藤湖房屋的抵押手续，并将上述两块土地房产更名过户到林甲等三人所指定单位的名下。（6）协议书签订后一

① 案例中二审法院引用的合同法第五十二条第五项现为民法典第一百五十三条。

年内，林甲等三人应尽可能将协议书签订前所发生的除“紫茵山庄”外的其他债权债务从盛某公司剥离完毕。

2002年12月2日至2003年4月17日，盛某公司向祥某公司移交了公司公章、企业法人营业执照以及部分“紫茵山庄”项目规划图、设计图、施工图、地质报告、土建工程以及与销售事项有关的资料。祥某公司接手后，陆续向盛某公司的贷款银行清偿了大部分债务。此外，祥某公司向林甲等人支付了股权转让款580.5万元，但祥某公司没有按协议约定在半年内解除“紫云山庄”土地和白藤湖房屋的抵押手续并将上述两项财产过户至林甲等人指定的单位名下，林甲等人也未在协议约定的一年内，将协议签订前所发生的除“紫茵山庄”外的其他债权债务剥离盛某公司。

2004年9月20日，林甲、林乙和汤某三人向一审法院提起诉讼，请求判令：确认股权转让协议和项目转让协议无效；判令祥某公司返还股权；判令张某返还股权；判令盛某公司协助办理工商变更登记。2005年9月9日，祥某公司、盛某公司提起反诉，请求：认定项目转让协议有效，责令相关当事人补办项目转让过户手续；判令林甲等三人偿付其隐瞒的盛某公司债务45398234元。

一审法院认为，结合本案事实及当事人的本诉、反诉意见和诉讼请求，对相关问题评析如下：（1）关于案涉合同的性质。林甲、林乙和汤某在原一审、二审中均主张涉案合同为股权转让合同，在重审中，林甲等三人主张本案应为项目转让纠纷，在本案重审第二次开庭时，林甲等三人表示对于一审法院确认案涉合同为股权转让合同没有异议。祥某公司等三被告则一直主张本案为股权转让合同纠纷。一审法院认为，项目转让协议与股权转让密切相关，虽然项目转让协议约定双方以转让股权的形式达到使祥某公司持有“紫茵山庄”项目的目的，但是项目转让协议还约定了对盛某公司除“紫茵山庄”外的其他债权债务剥离的内容。盛某公司、祥某公司和林乙于2002年11月29日签订协议书详细约定了剥离盛某公司相关资产。由此可见，本案不仅涉及“紫茵山庄”项目的转让，同时，还涉及对盛某公司资产的剥离，因此，在双方履行合同过程中，出现了项目转让合同纠纷与因公司资产剥离而产生的股权转让合同纠纷混合交织的复杂局面。对一家公司进行资产剥离，显然不是项目转让合同所能够涵盖的。（2）关于案涉合同的效力。虽然案涉合同有关于剥离盛某公司资产的约定，但双方的约定并不改变盛某公司股份总数及注册资本。“紫茵山庄”项目外的其他债务仍由林甲等三人承担并予剥离的约定，只约束林甲等三人、祥某公司和盛某公司，不能对抗善意第三人，因此，关于资产剥离的约定并不导致合同无效。故一审判决：确认双方于2002年11月20日签订的项目转让协议有效；驳回林甲、林乙、汤某的诉讼请求。

林甲、林乙、汤某不服，提起上诉。

二审法院认为，本案各方当事人的争议焦点为案涉协议是否具有法律效力。根据查明的事实，林甲、林乙、汤某三人于2002年11月至12月先后签订了盛某公司股权转让协议、“紫茵山庄”项目转让协议和协议书，三份协议对林甲等三人将拥有的盛某公司股权如何转让给祥某公司和张某以及盛某公司的股权转让后公司原有债权债务的处理等问题进行了约定。这三份协议的实质是林甲等三人与祥某公司规避开发房地产业的监管，以转让盛某公司股权的形式，转让盛某公司的“紫茵山庄”这一房地产开发项目。从上述三份协议内容看，除约定林甲等三人出让其名下的盛某公司股份外，同时还约定盛某公司名下的资产（含债权债务）如何转让及资产剥离后的归属问题，尤其是“紫茵山庄”项目转让协议及该协议附件部分，明确约定了盛某公司应将其名下包括债权债务在内的十一项资产剥离，并将这些剥离的十一项资产无偿转移给林甲等三人。林甲等三人与祥某公司在明知盛某公司负有巨额债务而未予清理以及未经盛某公司债权人同意的情况下，将盛某公司的部分资产从公司资产中剥离，并将公司债务在新老股东之间进行划分转移，由此造成盛某公司法人财产在股东变动过程中大幅减少，削弱了公司的偿债能力，侵犯了公司所有债权人的合法权益。林甲等三人与祥某公司这种转让股权行为违反了公司法关于“公司成立后，股东不得抽逃出资”的禁止性规定。依据合同法第五十二条第五项的规定，本案所涉上述三份协议均应认定无效。

本案所涉三份协议被确认无效，林甲等三人与祥某公司均有过错，应各自承担相应的民事责任。祥某公司和张某因履行案涉协议取得的盛某公司股权应返还给林甲等三人。同时，林甲等三人亦应向祥某公司返还已收取的580.5万元转让款。林甲等三人与祥某公司签订和履行涉案三份协议产生的财产后果及民事责任承担问题，包括祥某公司经营盛某公司期间投资开发“紫茵山庄”的盈利或亏损的处理问题，由于林甲等三人提出的本诉请求和祥某公司提出的反诉请求均未涉及，故二审法院对此不予审理，诉讼双方可另行协商解决或另寻法律途径主张权利。

综上所述，林甲等三人上诉主张案涉协议无效的理由成立，二审法院予以采纳。一审判决认定事实基本清楚，但认定涉案三份协议有效不当，适用法律错误，应予改判。判决：撤销一审法院民事判决；祥某公司向林甲、林乙、汤某等三人返还其持有的95%盛某公司股权，并向工商登记部门办理股权变更手续；张某向林甲、林乙、汤某等三人返还其持有的5%盛某公司股权，并向工商登记部门办理股权变更手续；林甲、林乙、汤某等三人向祥某公司返还580.5万元；驳回祥某公司和盛某公司的其他反诉请求。

案例评析：本案有两个争议焦点：一是案涉股权转让合同的性质是股权转让，还是以股权转让方式实现土地使用权转让；二是案涉合同是否有效。本案中，法院最终认定，案涉合同实际是以转让公司股权方式，转让盛某公司的“紫茵山庄”这一房地产开发项目，以规避房地产业监管，同时又损害了该公司所有债权人的利益，故应认定无效。

对于这类纠纷总的认定处理原则是：凡是以收购房地产公司股权方式受让房地产项目和转让房地产使用权的，名为股权转让，实为土地使用权转让。法院在审理这类案件时，要注意区分股权转让与土地使用权转让两种不同的法律关系；在公司法股权自由转让原则与法律关于土地使用权转让禁止规定相冲突的情况下，应在坚持违反法律强制性规定无效的前提下，具体情况具体分析。

【风险防范】

处理以股权转让方式实现土地使用权转让的协议效力纠纷时，应注意以下几点：（1）重点审查案涉土地使用权的性质，该土地使用权属依法禁止转让的，违反该法律的强制性规定的，应认定无效；该土地使用权属于可转让的，不宜认定无效。（2）转让有限责任公司股权的，股权转让不仅涉及土地使用权性质，还涉及公司股东的权益，而股份有限公司、上市公司的单项股权转让不一定对公司经营控制权产生影响，所以，对有限责任公司股权转让的审查应更加严格。（3）要考查股权转让协议中土地使用权价值与公司其他财产价值的比例，如果土地使用权价值仅是转让股权价值中的一小部分，一般不宜认定协议无效；如果转让股权价值就是一项房地产项目或一块未开发的土地，土地使用权是否允许转让就成为股权转让是否有效的依据。

【相关规定】

《中华人民共和国公司法》第四章有限责任公司股权转让的相关规定和第六章股份有限公司股份转让的相关规定

《中华人民共和国土地管理法》有关土地使用权转让的规定

《中华人民共和国城市房地产管理法》第三十七条至第四十一条

《中华人民共和国民法典》有关民事法律行为及合同无效情形的规定

风险点 26

特定持有人股份转让纠纷

【风险解读】

根据公司法第一百六十条第二款的规定，公司董事、监事、高级管理人员应当向公司申报所持有的本公司的股份及其变动情况，针对股权转让存在以下几种限制情形：（1）在就任时确定的任职期间每年转让的股份不得超过其所持有本公司股份总数的25%；（2）所持本公司股份自公司股票上市交易之日起一年内不得转让；（3）上述人员在离职后半年内，不得转让其所持有的本公司的股份。同时，公司章程可以对上述人员转让其所持有的本公司股份作出其他限制性规定。

【典型案例】

特定持有人股份转让协议的效力认定[①]

再审申请人（一审被告、二审上诉人）：郭某东。

再审申请人（一审被告、二审上诉人）：某集团公司。

再审申请人（一审被告、二审上诉人）：某新材料公司。

被申请人（一审原告、二审被上诉人）：郭某林。

郭某东、某集团公司、某新材料公司申请再审称：第一，原审判决适用法律确有错误。（1）原审判决认定公司法第一百四十一条第二款不适用于本案，适用法律错误，侵犯了某新材料公司其他股东的合法权益。（2）原审判决认定郭某东、某集团公司、某新材料公司拒不履行《全面和解协议》，无事实与法律依据。理由在于：一是在《全面和解协议》有效的情形下，郭某东、某集团公司、某新材料公司从未拒不履行，仅是要求依法履行，区分各公司的股权价值，股份有限公司每年受让股份不得超过25%。二是《全面和解协议》未约定股权受让时间，并非郭某东、某集团公司、某新材料公司拒不履行协议。三是根据公司法及某新材料公司章程规定，郭某林有权辞去董事职务，原审判决认定应由郭某东、某集团公司、某新材料公司创造条件，属随意附加合同义务，缺乏法律依据。（3）原审判决违反当事人意思自治原则，增加了股权交割风险。《全面和解协议》不能履行的主要原因系郭某林持有的股权被查封并已进入执行程序，股权作为特定物，一旦出现任何交割风险，判决将无法执行。原审法院以郭某林同意协助办理股权变更登记而忽视股权交割风险，强加给郭某

① 案例中再审法院引用的《最高人民法院关于执行和解若干问题的规定》（法释〔2018〕3号）第九条现为《最高人民法院关于执行和解若干问题的规定》（2020年修正）第九条，内容未作修改。

案例中再审法院引用的公司法（2018年修正）第一百四十一条第二款现为公司法（2023年修订）第一百六十条。

案例中再审法院引用的民事诉讼法（2017年修正）第二百条第六项、第二百零四条第一款现为民事诉讼法（2023年修正）第二百一十一条第六项、第二百一十五条第一款。

案例中再审法院引用的《最高人民法院关于适用〈中华人民共和国民事诉讼法〉的解释》（法释〔2015〕5号）第三百九十五条现为《最高人民法院关于适用〈中华人民共和国民事诉讼法〉的解释》（2022年修正）第三百九十三条，内容未作修改。

东先付款义务，有违公平原则。（4）原审判决认定郭某林有权就《全面和解协议》所涉纠纷提起诉讼，适用法律错误。《全面和解协议》系执行程序外达成的和解协议，不具有可诉性，郭某林仅能申请恢复原生效法律文书的执行。第二，原审法院未对基本事实进行审理。郭某林系某新材料公司的董事，该身份影响《全面和解协议》的履行，但原审法院未对该基本事实进行审理。综上所述，本案符合民事诉讼法第二百条第六项规定的情形，应予再审。

再审法院经审查认为，首先，公司法（2018 年修正）第一百四十一条第二款系对股份有限公司的董事、监事、高级管理人员在任职期间以及离职后转让其持有公司股份的数额及期限的规定，其立法目的在于防止公司董事、监事、高级管理人员利用因职务便利所掌握的信息进行内幕交易、损害公司外部第三人的利益以及损害公司利益、公司中小股东利益等。本案中，一是股权转让的双方当事人均为某新材料公司的股东，二是转让方郭某林的董事任期已于 2015 年 11 月 6 日届满，虽某新材料公司未改选董事会，但其认可郭某林自 2014 年 7 月 22 日被免去董事长职务后未再履行董事职务。故原审判决基于本案事实从法律规定的立法目的考虑，认定上述公司法规定不影响案涉股权转让的效力，并无不当。其次，案涉《全面和解协议》系各方在执行生效民事调解书的过程中自愿达成的，体现了当事人的真实意思；虽然该协议未提交给执行法院，但协议签订方郭某林、南京某房地产开发有限责任公司已依据该协议第四条的约定分别向执行法院撤回对上述民事调解书的强制执行申请，执行法院也已依据其申请裁定终结执行案件的执行。因此，原审判决认定郭某林根据《最高人民法院关于执行和解若干问题的规定》（法释〔2018〕3 号）第九条的规定，依据《全面和解协议》主张相应权利，并无不当。再次，原审法院作出本案判决时，郭某林持有的股权并未被查封，原审法院结合郭某东系某集团公司、某新材料公司的大股东，以及郭某东实际经营公司的情况，判决郭某东先行支付股权转让款，不违反法律规定。最后，原审判决已就某新材料公司的注册设立、公司法定代表人、公司股东、公司董事选举等事实进行了查明认定。郭某东、某集团公司、某新材料公司主张原审判决未查明郭某林在某新材料公司的董事身份，与事实不符。

综上所述，郭某东、某集团公司、某新材料公司的再审申请不符合民事诉讼法（2017 年修正，下同）第二百条第六项规定的情形。再审法院依照民事诉讼法第二百零四条第一款、《最高人民法院关于适用〈中华人民共和国民事诉讼法〉的解释》（法释〔2015〕5 号）第三百九十五条第二款规定，裁定如下：驳回郭某东、某集团公司、某新材料公司的再审申请。

案例评析： 2023 修订公司法第一百六十条对股份有限公司发起人及公司高级管理人员转让本公司股份作出限制，立法本意是防止这些特定持股人通过转让股份损害公司、股东利益。本案中，法院认定案涉股权转让有效的理由有两点：一是股权转让的双方当事人均为某新材料公司的股东；二是转让方郭某林的董事任期已于 2015 年 11 月 6 日届满，虽然某新材料公司未改选董事会，但是，其认可郭某林自 2014 年 7 月 22 日被免去董事长职务后未再履行董事职务。

【风险防范】

股份有限公司的发起人、董事、监事、高级管理人员等股份特定持有人对公司管理运营起着直接重要作用，故公司法、证券法对公司股份特定持有人股份转让作出了特别规定。为进一步稳定公司发展，公司章程也可依据公司具体情况作出其他限制性规定。

【相关规定】

《中华人民共和国公司法》第一百六十条第二款

风险点 27

因继承发生的股权转让纠纷

【风险解读】

依照公司法第九十条的规定，自然人股东死亡后，其合法继承人可以继承股东资格；但是，公司章程另有规定的除外。依照公司法第一百六十七条的规定，自然人股东死亡后，其合法继承人可以继承股东资格；但是，股份转让受限的股份有限公司的章程另有规定的除外。公司法对自然人股东死亡，其合法继承人继承其股东资格的内容，分有限责任公司及股份有限公司在第九十条及第一百六十七条中分别规定，体例更加完整。

这种继承的发生，不仅形成被继承人股权的共有，也是股权特殊转让形式的一种，故同时产生被继承人能否成为当然股东，原股东的特殊身份能否被继承等问题。特别是有限责任公司章程未约定股权继承条件的，合法继承人继承的仅是财产权，还是同时继承了股东身份？我们认为，依据我国公司法关于股东出资方式及第九十条的规定，结合实践中大部分有限责任公司股东股权及股份有限公司股东股份是财产性的，只要公司股东没有在公司章程中对股权继承条件作出规定，自然人股东死亡后，合法继承人就同时继承原股东的财产权和股东资格，这正是公司股权既具有财产性又具有人身性的体现。公司章程可以限制继承人的股东资格，但不能剥夺继承人的继承权。但是，对于具有人身专属性的股权，则继承人只能继承财产权，而不能继承人身权。

综上所述，股权继承纠纷的认定和处理应遵循以下原则：一是公司章程有规定的，依照公司章程规定办理；二是股权继承应符合公司法关于股权转让的相关规定，因股权继承导致违反公司法相关规定的，则可视具体情况分别处理；三是继承人应按照相关程序向公司有权机关申请，召开公司股东会会议，变更股东登记等；四是对于特定身份股东股权的继承，应依据不同情况分别对待。公司的董事、监事、高级管理人员死亡发生继承时，股权继承不受公司法关于特殊持股人转让股权规定的约束，但上述人员的管理人员身份不能当然被继承。无民事行为能力和限制民事行为能力的继承人，不因其民事行为能力状况影响对股权的继承，其股东权利可由法定代理人、法定监护人或指定监护人代为行使。

【典型案例】

1. 合法继承人可否当然继承被继承人在公司的股权[①]

上诉人（一审被告）：启东市某房地产开发有限公司。

被上诉人（一审原告）：周某。

启东市某房地产开发有限公司原名启东市某房产项目开发有限公司，成立于1997年10月10日，原注册资本为200万元，其中，某建筑安装工程公司出资160万元，某建筑装饰工程成套公司出资40万元。经营范围：房地产开发、销售。经营期限为二十年，自1997年10月10日至2017年10月9日止。至2007年9月，启东市某房地产开发有限公司注册资本为5000万元，股权结构变更为某投资发展有限公司（系某建筑安装工程公司下属公司，后更名为江苏某集团有限公司）出资2500万元，某建筑安装工程公司出资2500万元。

自2009年2月起，启东市某房地产开发有限公司实行股权改制，江苏某集团有限公司将其占注册资本50%的出资额2500万元、某建筑集团有限公司（以下简称建筑集团）将其占注册资本16.4%的出资额820万元通过签订《股权转让合同》转让给公司职工共计3320万股。其中，周某新出资2100万元从江苏某集团有限公司受让2100万股，双方于2009年2月18日签订了《股权转让合同》。后启东市某房地产开发有限公司经多次股权转让，至2014年12月20日，公司股东演变为31名自然人股东，其中，周某新出资额为2100万元，占注册资本42%。

---

① 案例中一审法院引用的公司法（2018年修正）第三十一条、第三十二条、第四十三条第二款、第七十五条现为公司法（2023年修订）第五十五条、第三十四条、第五十六条、第六十六条第二款、第九十条、第一百六十七条。

案例中一审法院引用的继承法第十六条现为民法典第一千一百三十三条。

案例中一审法院引用的《最高人民法院关于适用〈中华人民共和国公司法〉若干问题的规定（三）》（2014年修正）第二十三条现为《最高人民法院关于适用〈中华人民共和国公司法〉若干问题的规定（三）》（2020年修正）第二十三条，内容未作修改。

案例中一审法院引用的民事诉讼法（2017年修正）第一百四十二条、第一百七十条第一款第二项现为民事诉讼法（2023年修正）第一百四十五条、第一百七十七条第一款第二项。

启东市某房地产开发有限公司自2009年改制以来至诉讼前先后四次修改章程。其中，2009年2月11日、2009年4月29日、2012年3月29日的章程在第四章第七条规定："股东之间经股东会批准，可以相互转让其全部或者部分股权。股东不得向股东以外的人转让股权。股东出资的股份在经营期内不保本、不保息。股本金实行动态持股管理办法。对免职、调离、终止合同、退休（退休后继续任职的除外）等人员及时办理股权转让手续，由公司其他股东按原出资额受让，转让股权的股东，除公司发生累计亏损外（经会计师事务所审计确认），其持股期间每年另按出资额的8%享受公司增值资产固定回报。对不及时办理转让手续的股东，自股东会批准转让之日起不再享受分红，也不享受银行存款或贷款利息的回报。股东由于主观原因造成公司重大损失或因严重违反财经法纪，徇私舞弊，中饱私囊构成违法、违纪被处理的人员也将被取消股东资格，其股金及分红应首先用于弥补公司损失。"

2015年1月，启东市某房地产开发有限公司经股东会决议修改公司章程，在原章程第四章第七条中增加规定"对正常到龄退休（返聘除外）、长病、长休、死亡的股东，应及时办理股权转让手续，股东退股时，公司累计有盈余的（经会计师事务所审计确认），持股期间按本人持股额每年享受20%以内回报"，该内容作为第七条第三款。

周某新与曹某如系夫妻关系，周某系二人唯一女儿。周某新自1997年10月至去世之前一直担任启东市某房地产开发有限公司法定代表人。2011年初，周某新经诊断患病。2015年11月23日，周某新订立遗嘱明确投资于启东市某房地产开发有限公司的全部股权由其女儿周某继承。同年12月4日，周某新去世。2016年2月25日，周某新配偶曹某如出具说明，对周某新2015年11月23日订立的遗嘱无异议，并同意将周某新名下启东市某房地产开发有限公司42%股权变更登记在周某名下。

一审争议焦点为：周某要求确认其股东资格，并要求启东市某房地产开发有限公司办理股权变更手续是否有事实和法律依据。

一审法院认为，关于有限责任公司自然人股东死亡后其股东资格继承问题，公司法（2018年修正，下同）第七十五条规定："自然人股东死亡后，其合法继承人可以继承股东资格；但是，公司章程另有规定的除外。"根据该条规定，自然人股东的合法继承人可以继承股东资格，同时，考虑到有限责任公司具有人合性，股东之间的合作基于相互间的信任，允许公司章程对此另行规定。本案中，周某的父亲周某新去世前在启东市某房地产开发有限公司有42%的股权，周某新去世前留有遗嘱，同意其案涉股权全部由周某继承，由于周某新的其他继承人对该遗嘱并无争议，故周某作为原告提起本案诉讼，要求继承其父亲的股东资格，其主体资格符合法律规定。至于其诉请能否得到支持，主要在于如何看待启东市某房地产开发有限公司章程的规定。首先，本案应以周某新去世之前的2015年1月最后一次所参与修改的公司章程为据进行认定。对该章程的修订程序，各方均未提出异议，内容也未违反法律强制性规定，章程合法有效，对全体股东均有约束力。其次，章程第四章第七条第三款明确“对正常到龄退休（返聘除外）、长病、长休、死亡的股东，应及时办理股权手续，股东退股时，公司累计有盈余的（经会计师事务所审计确认），持股期间按本人持股额每年享受20%以内回报”。章程第七条系对股东之间转股的规定，该条款充分体现了启东市某房地产开发有限公司人合性特点，对离开公司的股东的股权由其他股东受让。本案中，周某新去世后，公司和其他股东理应按章程规定处理，即公司应安排其他股东受让周某新的股权以维护公司的人合性，但启东市某房地产开发有限公司在诉讼中明确表示公司其他股东无人认购周某新42%的股权，而该种情形如何处理在该公司章程中并未作出明确规定，因此该章程对继承问题的规定具有不完全性。故虽然公司章程可以对股权继承问题作出另行规定，作为建筑公司也有权在遵守法律基本原则的前提下通过实行岗位股进行公司治理的创新，但应以章程的明确规定为据，对公司章程中没有明确规定的情形则应按法律规定处理。在本案中，在公司无人受让周某新股权的情况下应按公司法第七十五条关于“自然人股东死亡后，其合法继承人可以继承股东资格”的规定支持周某根据遗嘱继承周某新在启东市某房地产开发有限公司的股东资格。启东市某房地产开发有限公司在周某新去世后，周某新所合法拥有公司42%的股权未参加表决的情况下通过的股东会决议，对周某新的股权作减资处理，不符合公司法第四十三条第二款规定，即“股东会会议作出修改公司章程、增加或者减少注册资本的决议，以及公司合并、分立、解散或者变更公司形式的决议，必须经代表三分之二以上表决权的股东通过”。

最后，虽然启东市某房地产开发有限公司提供了郁某新、曹某华、张某萍、陆某昌四名股东离职时转让股权的事例以证明公司章程排除继承，但这四名股东中的张某萍、陆某昌系在周某新去世之后自愿办理的股权转让，郁某新、曹某华系根据周某新去世前所参与制定的公司章程并在有股东受让的情况下所办理的股权转让，与本案因股东去世且无人受让而产生股权争议的情况不同，周某新是公司自成立以来发生的第一起在职股东去世因股东资格继承发生的争议，公司尚无先例可借鉴。故启东市某房地产开发有限公司提供的四位股东离职情况与本案不具可比性，尚不能充分证明公司章程排除继承的问题。

综上所述，由于非周某的原因致周某新的股权无法转让，且公司当时的章程对无人受让股权如何处理未作明确规定，故周某根据父亲所立遗嘱要求继承周某新的股东资格符合公司法第七十五条的规定，其要求确认股权，并由启东市某房地产开发有限公司办理股东资格手续的诉请应予支持。依照继承法第十六条，公司法第三十一条、第三十二条、第七十五条，《最高人民法院关于适用〈中华人民共和国公司法〉若干问题的规定（三）》（2014 年修正）第二十三条，民事诉讼法（2017 年修正，下同）第一百四十二条之规定，判决：确认周某继承取得周某新股东资格，对启东市某房地产开发有限公司享有 2100 万元出资额，出资比例为注册资本的 42%；启东市某房地产开发有限公司于一审判决生效之日起二十日内将周某载入股东名册，并向公司登记机关申请办理将周某新 2100 万元出资额由周某继承取得的变更登记手续。

启东市某房地产开发有限公司不服一审判决，提起上诉。

本案二审争议焦点为：周某要求确认其股东资格并要求启东市某房地产开发有限公司办理股权变更手续是否有事实和法律依据。

二审法院认为，公司法第七十五条规定："自然人股东死亡后，其合法继承人可以继承股东资格；但是，公司章程另有规定的除外。"根据该条规定，公司法赋予了自然人股东的继承人继承其股东资格的权利，但是同时亦允许公司章程对死亡股东的股权处理方式另行作出安排。因此，判断本案中周某是否有权继承其父周某新的股东资格，关键在于解读启东市某房地产开发有限公司章程有无对股东资格继承问题作出例外规定。

本案中，2007 年 9 月 12 日启东市某房地产开发有限公司章程第二十条规定“自然人股东死亡后，其合法继承人可以继承股东资格”。2009年2月11日、2009年4月29日、2012年3月29日启东市某房地产开发有限公司章程删除了2007年9月12日章程第二十条股东资格允许继承的条款；同时第七条规定“股东不得向股东以外的人转让股权……股本金实行动态持股管理办法。对免职、调离、终止合同、退休等人员及时办理股权转让手续……”2015年1月10日启东市某房地产开发有限公司章程第七条在前述章程规定基础上增加第三款规定“对正常到龄退休（返聘除外）、长病、长休、死亡的股东，应及时办理股权转让手续，股东退股时，公司累计有盈余的（经会计师事务所审计确认），持股期间按本人持股额每年享受20%以内回报”。周某新自2011年诊断患病，至2015年12月4日去世，前述章程的修订，其作为法定代表人均曾参与，且签字确认。公司章程作为公司的自治规则，是公司组织与活动最基本与最重要的准则，对全体股东均具有约束力。正确理解章程条款，应在文义解释的基础上，综合考虑章程体系、制定背景以及实施情况等因素加以分析。首先，如前所述，启东市某房地产开发有限公司自2007年以来先后经历五次章程修订。自2009年起章程中删除了继承人可以继承股东资格的条款，且明确规定股东不得向股东以外的人转让股权，可以反映出启东市某房地产开发有限公司具有高度的人合性和封闭性特征。其次，周某新去世前，2015年1月10日的公司章程第七条第三款对死亡股东股权的处理已经作出了规定，虽然未明确死亡股东的股东资格不能继承，但结合该条所反映的启东市某房地产开发有限公司高度人合性和封闭性的特征，以及死亡股东应及时办理股权转让手续的表述，可以认定排除股东资格继承是章程的真实意思表示。最后，周某新去世之前，股东郁某新、曹某华在离职时均将股权进行了转让，不再是启东市某房地产开发有限公司的在册股东，启东市某房地产开发有限公司亦根据章程规定支付了其持股期间的股权回报款。该事例亦进一步印证了股东离开公司后按照章程规定不再享有股东资格的实践情况。因此，纵观启东市某房地产开发有限公司章程的演变，并结合启东市某房地产开发有限公司对离职退股的实践处理方式，本案应当认定公司章程已经排除了股东资格的继承。

排除股东资格继承后，标的股权如何处理属于公司治理事项，不影响本案股东资格的判断。启东市某房地产开发有限公司作为有限责任公司，具有独立的法人人格和治理结构，案涉股权排除继承后，究竟是由公司回购还是由其他股东受让，均可通过公司自治实现。这两种方式均有利于打破公司僵局，维持公司的人合性和封闭性，体现公司意志，保护股东权益。此外，周某虽无权继承股东资格，但其财产权利可以得到保障。根据2015年1月10日公司章程第七条的相关规定，其依然能取得退还的股本金和按照持股额每年计算一定比例的回报款。本案中，启东市某房地产开发有限公司提供的相关决议及庭审陈述表明，启东市某房地产开发有限公司将周某新的股权退股2100万元，并根据周某新持股期间按持股额每年享受20%的比例计算回报，该计算标准是2015年1月10日公司章程规定的较高标准。因此，周某作为周某新的继承人，将能够从启东市某房地产开发有限公司获取较为丰厚的财产收益，对其权益的保护亦属合理。同时，启东市某房地产开发有限公司目前离职的股东均采取这种收回股本金和领取一定比例回报款的方式获得补偿，遵照公司章程对股东权益平等予以保护，符合本案实际情况。

综上所述，周某要求确认其股东资格，并要求启东市某房地产开发有限公司办理股权变更手续缺乏事实和法律依据。上诉人启东市某房地产开发有限公司的上诉请求成立，予以支持。依照民事诉讼法第一百七十条第一款第二项的规定，经二审法院审判委员会讨论决定，判决如下：撤销江苏省高级人民法院（2016）苏民初10号民事判决；驳回周某的诉讼请求。

案例评析：2023年修订公司法第九十条规定："自然人股东死亡后，其合法继承人可以继承股东资格；但是，公司章程另有规定的除外。"根据该条规定，公司法赋予了自然人股东的继承人继承股东资格的权利，但是同时尊重公司意思自治，亦允许公司章程作出例外规定。判断自然人股东的继承人是否有权继承死亡股东的股东资格，关键在于公司章程有无对股东资格继承问题作出例外规定。公司章程作出例外规定的，则排除股东资格继承。此时，标的股权无论是由公司回购还是由其他股东受让，均属于公司自治事项。

2. 外国籍人可否继承内资公司股东的股权①

上诉人（一审原告）：金A（德国国籍）。

上诉人（一审原告）：金B（德国国籍）。

被上诉人（一审被告）：维克德公司。

一审第三人：薛某。

维克德公司系案外人金D和第三人薛某于2002年成立的内资有限责任公司。2005年7月，维克德公司修改章程，股东变更为案外人金C和薛某，注册资金为人民币100万元（以下币种均为人民币），金C出资90万元、薛某出资10万元。金A、金B分别系金C的妻子、女儿。金C一家原为中国国籍，2006年2月加入德国国籍（维克德公司性质未发生变化）。2007年2月，金C在德国死亡。2008年5月12日，上海市浦东公证处出具继承权公证书，内容为：金A、金B为金C的继承人；金C死亡后遗有维克德公司注册资金中的出资额90万元，未发现金C生前留有遗嘱；金C的父母对金C的上述遗产自愿表示放弃继承权；因此，上述遗产依法由其妻子金A和女儿金B二人共同继承。金A、金B遂要求维克德公司、薛某承认其股东身份并配合办理有关股权变更登记手续，遭到拒绝，故而提起诉讼，请求法院确认其股东身份及各占维克德公司45%的股权份额，并请求判令维克德公司及薛某为其办理相应的股权变更登记手续。

原告金A、金B诉称，其作为维克德公司的大股东金C的合法继承人，有权继承金C在公司的股权并享有股东身份；被告维克德公司及第三人薛某有义务为其办理相应的股权变更登记手续。

被告维克德公司辩称，依据公司法（2013年修正）第七十五条的规定，自然人股东死亡后，其合法继承人可以继承股权，但这不意味着继承人当然获得公司股权，能否获得股权需要与公司其他股东协商。

① 案例中一审法院引用的继承法第十三条第一款现为民法典第一千一百三十条第一款。

案例中一审法院引用的公司法（2013年修正）第七十五条现为公司法（2023年修订）第九十条、第一百六十七条。

案例中二审法院引用的《公司登记管理条例》（2005年修订）已被废止。

第三人薛某陈述，直到2008年5月26日原告带律师来公司，要求其在文件上签字之前，两原告从未提起要成为公司股东的事情。其不否认原告的继承权，但是，其提出，原告如要作为股东加入维克德公司，必须解决维克德公司和金C注册在香港的香港维克德公司之间可能发生的纠纷，对之前保留在香港维克德公司的被告维克德公司的利润进行分配，并对被告维克德公司之前的利润分配和之后的合作经营方针表明态度。在以上问题没有解决的情况下，其不同意两原告成为维克德公司的股东。

一审法院经审理认为，金A、金B是金C的合法继承人，维克德公司的章程未对股权继承问题作出与法律相反的规定。因此，金A、金B有权继承金C在维克德公司的股权。内资企业的股东是否可以变更登记为外国人，涉及我国对外国人投资内资企业的行政审批制度。在金A、金B没有获得批准文件前，工商登记管理机关不会受理维克德公司的变更登记申请，故对金A、金B请求判令维克德公司和薛某办理股权变更登记手续的诉讼请求不予支持。股权登记并非确认股权的生效要件。因此，本案中，维克德公司未进行股权变更登记不影响确认金A、金B继承股权。一审法院依据继承法第十三条第一款、公司法（2013年修正）第七十五条之规定，判决确认被继承人金C在被告维克德公司90%的股权由金A和金B各继承45%，驳回金A和金B的其他诉讼请求。

金A、金B不服一审判决，提起上诉认为，维克德公司是内资公司，注册资金来源于国内。两上诉人因继承而取得公司股权，并无外资注入公司，无须办理外商投资企业行政审批手续。两上诉人取得了公司股权，即有权要求登记为公司股东，被上诉人及第三人应予配合。两上诉人请求二审法院改判维克德公司和第三人为其办理股东变更手续。

被上诉人维克德公司辩称，两上诉人继承公司股权和两上诉人成为公司股东不是同一概念。继承股权是继承股权对应的财产权。两上诉人要成为股东，必须经过公司过半数股东的同意。两上诉人在主张权利的过程中严重影响了公司的正常经营，现第三人作为股东不同意与其合作经营公司，故请求驳回两上诉人的上诉请求。

一审第三人薛某陈述，其对两上诉人的股东身份持有异议，其不否认两上诉人有权合法继承股权，但两上诉人的行为损害了其作为小股东的利益，故不同意两上诉人成为维克德公司股东。

二审法院经审理认为，一审法院确认的事实均有相应证据予以证明，应予确认。根据公司法（2013年修正）第七十五条的规定，自然人股东死亡后，其合法继承人可以继承股东资格；但是，公司章程另有规定的除外。因此，在公司章程未对股权继承另作约定的情况下，上诉人金A、金B合法继承了原股东金C持有的股权，即有权继承其股东资格，获得股东身份。根据《公司登记管理条例》（2005年修订）第三十五条第二款的规定，有限责任公司的自然人股东死亡后，其合法继承人继承股东资格的，公司应当依照规定申请变更登记。关于金A、金B以外籍华人身份登记为内资公司股东是否需要取得我国外商投资管理部门的审批问题，判断公司是内资公司还是外资公司，应依据出资来源地原则。已入外国籍的华人继承内资公司股权，不改变该公司出资来源地，该内资公司不应变更为外商投资企业。本案中，两上诉人作为德国籍华人继承维克德公司股权，未改变该公司注册资金来源地，公司的性质仍为内资公司。在公司性质仍为内资公司的情况下，公司股东的变更无须先行办理外商投资管理部门行政审批手续。因此，被告维克德公司应当为两上诉人金A、金B办理股东变更登记。一审第三人薛某是公司股东，两上诉人要求其他股东为其办理股东变更登记没有法律依据，不应予以支持。二审法院遂撤销一审判决，改判：确认金A、金B为维克德公司股东，分别持有维克德公司45%的股份；维克德公司应当在判决生效之日起三十日内为金A、金B办理股东变更登记手续；驳回金A、金B要求薛某为其办理股东变更登记手续的诉讼请求。

案例评析：公司法第九十条赋予了自然人股东的合法继承人在股东死亡后继承股东资格的权利。对于外国人继承内资公司的股权，是否改变公司的性质，是否须经行政部门的审批，公司法以及相应的外商投资立法均未作出明确规定。本案判决厘清了外国人继承内资公司股权纠纷案件的审理思路，确认了公司的性质应根据出资来源地进行判断，而非根据股东的国籍进行判断。自然人股东的可获分配利益的凭证（出资证明书）作为有价证券的一种，其实质就是一项财产。它不仅表明股东拥有对公司的股权，有分取公司红利的财产权，而且表明股东拥有该公司的股东资格，可以依股东名册主张行使股东权利。根据公司法的规定，股东权利不但包括分取红利的财产权利，也包括参加股东会，在股东会上表决，查阅、复制公司章程、股东名册、股东会会议记录、董事会会议决议、监事会会议决议和财务会计报告，查阅公司会计账簿及凭证等身份权利。对此加以区分的理由在于，拥有股东资格的人肯定拥有股权，但是拥有股权的人未必拥有股东资格。比如，有的公司章程规定了股东资格不得继承的限制条件，在这种情况下，继承人只能够取得死亡股东的股权却不能取得其股东资格。因此，股权继承与股东资格继承是两个不同的概念。股权的继承，仅是财产权的继承；而股东资格的继承，不仅是财产权的继承，而且还是人身权的继承。

公司法第九十条规定："自然人股东死亡后，其合法继承人可以继承股东资格；但是，公司章程另有规定的除外。"这为死亡股东的合法继承人继承股东资格提供了法律依据。我国公司法规定自然人股东的合法继承人可以继承股东资格主要基于两点考虑：一是股东身份即股东资格是基于股东财产权而产生的，一般来说其身份权应当随其财产权一同转让；二是考虑到被继承人作为公司的股东，对公司曾作出贡献，其死后如无遗嘱另作安排，由其法定继承人继承其股东资格具有合理性，也符合我国传统。根据该条，股东资格的继承是一种当然继承，在发生股权继承的情形下，继承人只须证明其为被继承人的合法继承人，而被继承人是公司股东即可，除非其他股东能够证明公司章程有排除或限制继承股东资格的规定。因此，股东资格是否能够继承，要看公司章程是否有限制性条款。如果公司章程限制继承人继承股东资格，则股东的资格不能被继承，但是股权作为一种财产性权利可以被继承。在诉讼中，公司或者公司其他股东往往主张公司兼具人合性与资合性的双重性质，继承人要想成为公司的股东，须经公司过半数以上股东同意，对于当事人的此种抗辩，法院一般不予认可。

本案中，上诉人金A、金B在一审中出具的继承权公证书已经证明上诉人为金C的合法继承人，对于被继承人金C为维克德公司的股东，被上诉人对此也没有异议。因此，在维克德公司章程未对股权继承另作规定的情况下，两上诉人作为维克德公司股东金C的合法继承人，无须公司过半数股东的同意就可以依据法律规定继承该公司的股东身份。被上诉人主张两上诉人继承维克德公司的股东资格须经公司过半数股东同意的观点，法院不予采纳。对于两上诉人继承股权的份额，按照我国继承法，同一顺序继承人继承遗产的份额，一般应当均等，故对于被继承人持有的维克德公司90%股权，金A、金B各继承45%。

关于法院能否判决公司为合法继承人办理相应的股权变更登记手续，公司法明确规定了公司履行办理公司变更登记的义务。根据2005年修订《公司登记管理条例》第三十五条第二款的规定，有限责任公司的自然人股东死亡后，其合法继承人继承股东资格的，公司应当依照该条第一款规定申请变更登记。因此，在公司拒绝为死亡股东的合法继承人办理股权变更登记手续时，法院可以判令公司履行这种义务。但是，存在争议的问题是法院作出的公司办理相应的变更登记手续的判决是否具有可执行力。按照民事诉讼法的规定，当事人不履行判决确定的行为，人民法院可以强制执行或者委托有关单位完成，因此，理论上该判决的执行不存在问题。但办理股权变更登记手续，涉及公司登记机关的行政行为，因此，该类判决的执行间接地涉及法院的商事裁判文书对行政机关的约束力问题。笔者认为，公司登记审查的行政权在纠纷解决过程中存在明显的退化和淡化趋势，如《市场主体登记管理条例》第十九条明确规定登记机关的审查仅是形式审查。而法院作出的确权判决和责令公司履行股权变更登记义务的判决是在审查民事主体之间的民事法律关系，依据法律关系的内容和效力确认民事权利的归属的前提下作出的。公司登记机关应当尊重法院作出的司法裁判。

【风险防范】

1. 为保证公司稳定运行，公司章程可以结合有限责任公司的人合性，以及公司股东的特殊身份、特殊技能以及公司业务的特殊性等，对股东死亡后股权的继承作出相应规定，既可以规定是否允许继承股东资格，也可以对不允许继承时的股权收购价格、收购方式等作出规定。

2. 当公司因股权继承发生纠纷不能及时化解，导致公司经营陷入僵局时，可依照公司法第二百二十九条的规定解散公司，或依照公司法第二百三十一条的规定，请求法院解散公司。

3. 瑕疵出资股东死亡后，继承人按照公司法相关规定继承股权的同时，也应承担相应的义务。

【相关规定】

《中华人民共和国公司法》第八十四条、第九十条、第一百六十七条

《中华人民共和国民法典》有关继承的规定

风险点 28

因赠与发生的股权转让纠纷

【风险解读】

我国公司法对有限责任公司股东股权赠与未作规定。股权赠与是自然人以赠与方式无偿将其股权转让给国家、集体或法定继承人之外的人，受赠人包括法人、非法人组织。赠与包括附条件的赠与和不附条件的赠与，股东可以将自己的股权赠与其他自然人或组织。另外，作为企业鼓励其员工持有本公司股权的一种有效方式，员工持股计划在境外成熟市场相当普遍。党的十八届三中全会决定明确提出，允许混合所有制经济实行企业员工持股，形成资本所有者和劳动者利益共同体，为实施员工持股计划提供了明确的政策依据。在公司的日常经营过程中也会出现公司为了激励核心员工的工作热情，更好地投入工作，而将一部分股权赠与部分员工的情形。但如受让股权的员工擅自离职或公司无故反悔，要求员工返还赠与的股权，则会产生纠纷。该类纠纷的解决应适用公司法关于股权转让和民法典关于赠与的相关规定。公司章程有规定的依其规定，没有规定的依公司法第八十四条至第九十条（有限责任公司）及第一百五十七条至第一百六十七条（股份有限公司）关于股权转让的规定处理。

【典型案例】

股权赠与协议成立且已登记在受赠方名下，公司可否以赠与协议条件未成立为由收回股权

上诉人（一审原告）：姚某。

被上诉人（一审被告）：季某。

姚某系东某总公司法定代表人。季某退休后进入东某总公司工作。2009年12月22日，姚某（甲方）与季某（乙方）签订股权激励协议约定，鉴于东某总公司正在进行企业改制，拟改制为东某公司，甲方有意将其在公司的部分股权附条件转让给乙方。双方就股权转让达成如下协议：甲方同意将在东某总公司的人民币50万元出资转让乙方，乙方凭借此次转让，在公司改制时将通过验资方式直接在公司形成0.4836%股权；转让方式为无偿，乙方无须支付相应对价；本次转让的股权限制期为五年，在限制期内，乙方出现被解除劳动合同、辞职等情形，甲方有权追回本次转让的全部股权。限制期满，乙方对本次受让的股权将依法行使全部权利。同时协议第三条第五项还约定，甲方根据激励需要，有权将转让的股权另行激励对公司有贡献的第三方，乙方应在接到甲方通知起三日内将本次转让的股权全部或部分无偿转让给甲方指定的第三方。

后姚某起诉请求收回原注册在季某名下的0.4836%的股权。

一审法院认为，东某总公司在改制为东某公司过程中，姚某作为东某总公司的法定代表人和控股股东，为激励季某更好地工作，与季某签订股权激励协议，将其在东某总公司50万元出资转让给季某，并在改制时通过验资方式让季某直接形成0.4836%股权；同时，对股权予以限制并设定了限制期，该限制内容不违反法律规定，对该协议的效力一审法院予以确认。验资表明季某认缴注册资本50万元，但季某对其持有的股份未予出资，根据姚某与季某签订的协议，一审法院认定季某认缴注册资本中的50万元为姚某出资，对应形成的0.4836%股权为姚某所转让。

姚某以东某公司发生重大事项变更，股权激励的条件已不复存在，依据股权激励协议第三条第五项约定要求季某返还股权，依据不足，一审法院不予支持。理由如下：第一，东某公司发生重大事项变更与否，与姚某激励给季某的股权返还没有必然联系，季某股权返还与否应按照协议约定确定。第二，协议

约定姚某根据激励需要，有权将转让的股权另行激励对公司有贡献的第三方，“姚某根据激励需要”应视为姚某可以将激励季某的股权另行激励第三方的条件，基于诚信原则，对该“激励需要”内容应作正常的理解，且对姚某主张的“激励需要”内容应从严审查，即姚某作为东某公司法定代表人和控股股东为了东某公司及姚某自身发展而激励为东某公司作出比季某更大贡献的第三方需要。本案中姚某以东某公司发生重大事项变更、股权激励条件不复存在为由，主张季某返还股权，但未举证证实其要求季某返还股权系因激励需要，故姚某主张返还的条件不成就。第三，协议约定季某应在接到姚某通知三日内将本次转让的股权全部或部分无偿转让给姚某指定的第三方，但姚某在本案中要求季某向其本人返还股权，且季某未收到姚某的通知，姚某主张季某返还股权也不符合协议约定。综上所述，姚某主张季某返还改制时由其出资 50 万元形成的在东某公司的 0.4836% 股权，缺乏事实和法律依据，一审法院不予支持，判决驳回姚某的诉讼请求。

姚某不服一审判决提起上诉。二审中，姚某补充提交东某公司 2013 年 1 月 9 日会议纪要一份，证明东某公司高级管理人员及姚某经讨论决定收回季某的激励股权另行激励他人。

二审法院认为，第一，季某关于其系以受赠的 50 万元货币资金原始取得争议股权的主张不能成立。东某总公司改制为东某公司后，公司的注册资本没有变化，仍为 10338 万元，股权激励协议约定姚某将在东某公司的 50 万元出资转让给季某，实际转让的是 50 万元出资对应的股权。股权激励协议中明确载明附条件地将“股权”转让给季某，双方之间是明确的股权激励关系。季某关于其以受赠的 50 万货币出资原始取得对应股权的主张无事实依据，不能成立。股权激励协议经姚某和季某签字即成立，姚某将激励季某的股权经工商备案登记在季某的名下，股权激励协议已经履行，依法也已生效。姚某关于股权激励协议第三条第五项是股权激励协议书所附生效条件的主张不能成立，实际应为双方约定的解除条件。第二，股权激励协议是双方当事人真实意思表示，并不违反法律法规的强制性规定，应合法有效。股权激励即公司将一部分股权无偿转让给公司员工，目的是激励员工更好地为公司作贡献，以实现公司与股东双赢。公司通常会根据岗位需要设定股权激励，而不是针对某个自然人个体，受激励的员工岗位如有变化，可能就需相应调整激励对象。对于激励的股权，一般设定限制期，限制期内受让人对受让的股权行使不完全的所有权，一般只享有限制期内的分红权，无表决权，不能继承等，被激励人员在限制期届满后才能取得完全的所有权。对激励股权限制条件的设定属于有限责任公司法定范围内的自治事项，司法不宜过多地干涉。本案中，季某取得激励股权并未支付任何对价，系无偿取得，且季某对股权回收的条件亦签字同意，因此，东某公司依据协议的约定收回股权并没有剥夺季某的固有财产利益，季某认为该约定违反诚信原则应无效的抗辩意见不能成立。

姚某在季某承包某酒店期间对季某实施股权激励，股权激励协议明确给予季某股权是为了激励季某更好地为公司工作，说明公司认可其当时与季某之间存在劳务关系，季某仍在为东某公司工作。2011 年 2 月 18 日，季某与姚某签订某酒店股权转让协议，购买某酒店自己经营，季某与东某公司劳务关系结束，当时约定的五年限制期尚未届满。因季某不再为东某公司工作，东某公司对季某进行激励的基础已不存在；且东某公司的情况发生重大变化，东某公司有需要激励的第三人，故股权激励协议约定的解除条件成就，姚某在东某公司的授意下要求季某返还这部分股权符合股权激励协议的约定。况且季某现已不在东某公司工作，对其进行股权激励的基础已不存在，继续持有激励股权有损东某公司的人合性利益。激励股权系以姚某的名义转让，将激励股权收回是东某公司的意思，姚某以自己的名义主张返还股权并无不当。东某公司将股权收回后如何再行激励给新的对象是公司内部治理问题。综上所述，二审法院认为姚某的上诉请求成立，依法予以支持。一审判决查明事实清楚，但实体处理失当，判决：撤销一审判决；季某将其名下股权返还姚某。

案例评析：我国公司法对于公司股权赠与未作出明确规定，参照我国民法典关于赠与的相关规定，以实物赠与的，以交付为准，交付完成则赠与行为完成，赠与方反悔的，法院不予支持。本案所涉公司股权虽然在公司成立时已登记在季某名下，但依据双方股权激励协议，本案赠与是附条件、附期限的，只有满足赠与条件时，赠与行为才算成立。本案双方约定股权转让的限制期为五年，在期限未届满情况下，由于情况发生变化，姚某起诉请求收回对季某的赠与，符合双方股权激励协议的约定，法院认为双方约定的限制期未届满，且季某已不在东某公司工作，故判决季某返还原先被赠与的股权。

风险点 29

夫妻共有股权转让纠纷

【风险解读】

公司法、民法典婚姻家庭编及相关司法解释关于夫妻共有股权的确权、分割、转让的规定较原则，而实践中此类纠纷比较复杂。如何处理此类纠纷不仅是公司、股东，也是司法实务人员必须认真研究的课题。

1. 夫妻共有股权的继承与一般的股权继承既有相同点，也有不同点。夫妻关系存续期间一方死亡后，要首先析分出配偶一方应享有的股权，剩余的部分才能作为遗产继承。夫妻共有股权继承应符合公司章程规定，只有在公司章程无特别规定的情况下，才依据公司法的一般规定继承。但是，公司章程对夫妻共有股权继承的限制不得违反法律强制性规定，不得剥夺继承人的继承权，否则，该限制规定无效。

2. 夫妻共有股权的分割。夫妻共有股权在分割时应依据以下原则：一是公司章程有规定的依公司章程的规定处理，公司章程没有规定的依夫妻双方约定，没有约定的则应对股权进行评估，由享有股权的一方向另一方补偿股权价值。但是，关于股东资格的享有则应依据法律的相关规定，即夫妻一方不是公司股东，另一方同意将全部或一部分股权转让该方并使其成为公司股东的，依照 2023 年修订公司法第八十四条第二款（有限责任公司对外转让股权）的规定，不再需要经公司其他股东过半数同意，取消了 2018 年修正公司法中其他股东的同意权，仅需将股权转让的相关事宜告知其他股东即可，以保障其优先购买权；其他股东同意购买该股权的，由其他股东在同等条件下优先购买，法院对该股权转让款进行分割；其他股东自接到书面通知之日起三十日内未答复的，视为放弃优先购买权，该股权转让给非公司股东的夫妻一方。二是夫妻共有股权转让一般应遵循有限责任公司的人合性原则，特别是在夫妻婚姻关系解除的情况下，夫妻共有股权分割首先要考虑其他股东意见，避免给公司经营造成新的纠纷。三是夫妻共有股权分割不能侵害第三人利益。依据法律的相关规定，部分共有人未经其他共有人同意，擅自处分共有财产，一般认定为无效，但第三人善意取得的，应当支持，并由擅自处分人赔偿其他共有人损失。

3. 夫妻共有股份的转让。这类纠纷的处理应参照适用民法典关于共有和夫妻财产，公司法关于股权转让，以及公司章程关于股权转让的规定。婚姻关系存续期间，夫妻一方未经对方同意转让股权的，一般认定为无效，但第三人善意取得的除外。同时，夫妻一方向公司以外的第三人转让股权的，还应适用公司法第八十四条第二款的规定，书面通知其他股东股权转让的相关事项。

【典型案例】

1. 夫或妻一方擅自转让夫妻共有股权，受让人非善意取得的，应认定股权转让无效[①]

上诉人（一审被告）：樊某。

上诉人（一审第三人）：和某公司。

被上诉人（一审原告）：王某。

被上诉人（一审被告）：黄某。

1986 年 7 月 30 日，王某与黄某办理结婚登记手续。1996 年 1 月 22 日，和某公司成立，樊某为法定代表人，公司股东为黄某和樊某。2008 年 4 月 16 日，公司股东会议决议同意黄某转让其持有的 40%股权给樊某，双方签订

---

① 案例中一审法院引用的《最高人民法院关于民事诉讼证据的若干规定》（法释〔2001〕33 号）第七十四条现为《最高人民法院关于民事诉讼证据的若干规定》（2019 年修正）第三条。

案例中一审法院引用的婚姻法（2001 年修正）第十七条第一款现为民法典第一千零六十二条第一款。

案例中一审法院引用的《最高人民法院关于适用〈中华人民共和国婚姻法〉若干问题的解释（一）》（法释〔2001〕30 号）第十七条第二项现为民法典第一千零六十条。

了股权转让协议并办理了变更登记手续。樊某与黄某长期存在不正当男女关系。2008年7月26日，王某向一审法院提起诉讼，以黄某未经其同意擅自将其与黄某共同所有的和某公司40%的股权转让给樊某为由，请求确认黄某和樊某签订的股权转让协议无效。

一审法院认为，依据本案当事人主张的法律关系的性质，本案属于股权转让纠纷。和某公司成立时，工商注册登记的股东为樊某和黄某，樊某的出资额为12万元，占60%的股份，黄某的出资额为8万元，占40%的股份。2008年4月16日，黄某与樊某签订股权转让协议，将其40%的股权转让给樊某。樊某在一审中自认黄某投入资金8万元，但是，在二审和本案重审时否认黄某投入资金8万元，称和某公司20万元的注册资本是其本人所出。根据《最高人民法院关于民事诉讼证据的若干规定》（法释〔2001〕33号）第七十四条关于"诉讼过程中，当事人在起诉状、答辩状、陈述及其委托代理人的代理词中承认的对己方不利的事实和认可的证据，人民法院应当予以确认，但当事人反悔并有相反证据足以推翻的除外"的规定，樊某现否认黄某出资8万元，但其提供的证据不足以推翻，且股权转让协议签订后，和某公司还任命黄某担任为期三年的监事。樊某也没有证据证明其受让黄某所持有的和某公司40%的股份时已支付对价。另外，在樊某与黄某同居期间黄某的财物基本上由樊某掌控和支配。因此，应当认定黄某已出资8万元。樊某与黄某存在不正当男女关系，其行为既违背公序良俗，又违反了婚姻法（2001年修正）第十七条第一款关于"夫妻在婚姻关系存续期间所得的下列财产，归夫妻共同所有：……（二）生产、经营的收益……（五）其他应当归共同所有的财产"和《最高人民法院关于适用〈中华人民共和国婚姻法〉若干问题的解释（一）》（法释〔2001〕30号）第十七条第二项关于"夫或妻非因日常生活需要对夫妻共同财产做重要处理决定，夫妻双方应当平等协商，取得一致意见。他人有理由相信其为夫妻双方共同意思表示的，另一方不得以不同意或不知道为由对抗善意第三人"的规定。因此，依法应确认股权转让协议无效。据此，法院判决确认黄某、樊某于2008年4月16日签订的股权转让协议无效。

樊某、和某公司不服，提起上诉。

二审法院认为，本案诉讼争议的焦点有两个：一是黄某是否已经履行对和某公司的出资义务；二是樊某与黄某签订的股权转让协议是否有效。

第一，关于黄某是否已经履行对和某公司的出资义务的问题。1996 年 1 月 22 日和某公司成立时，公司设立登记申请书与公司章程均载明公司注册资本为 20 万元，其中，樊某以现金 12 万元出资，黄某以现金 8 万元出资，验资证明亦确认实际投入和某公司的资金为 20 万元，而且樊某在一审答辩状及庭审中均承认黄某投入资金 8 万元，根据公司设立登记申请书、公司章程和验资证明以及《最高人民法院关于民事诉讼证据的若干规定》第七十四条关于“诉讼过程中，当事人在起诉状、答辩状、陈述及其委托代理人的代理词中承认的对己方不利的事实和认可的证据，人民法院应当予以确认，但当事人反悔并有相反证据足以推翻的除外”的规定，应当认定黄某已对和某公司履行出资 8 万元的义务并占有 40%的股权。樊某、和某公司上诉称黄某经樊某多次合理催促后仍没有积极履行出资义务，于 2000 年 10 月 28 日出具证明书表示退出和某公司、零对价转让 40%的股权给樊某，因樊某、和某公司未能提供充分证据证明曾催促黄某履行出资义务以及和某公司的注册资本全部由樊某出资，且黄某于 2000 年 10 月 28 日出具的证明书并未涉及黄某转让其 40%的股权的问题，故樊某、和某公司的上述上诉主张，二审法院不予采信。

第二，关于樊某与黄某签订的股权转让协议是否有效的问题。王某与黄某于 1986 年 7 月 30 日登记结婚，黄某向和某公司投入 8 万元出资并占有和某公司 40%股权时，王某与黄某处于夫妻关系存续期间，因此，黄某用于投资的 8 万元及其所占和某公司 40%的股权属于夫妻共有财产。黄某未经王某同意，擅自与樊某签订股权转让协议，将其占有的和某公司 40%的股权转让给樊某，侵犯了王某的共有财产权利，依照《最高人民法院关于适用〈中华人民共和国婚姻法〉若干问题的解释（一）》第十七条第二项关于“夫或妻非因日常生活需要对夫妻共同财产做重要处理决定，夫妻双方应当平等协商，取得一致意见。他人有理由相信其为夫妻双方共同意思表示的，另一方不得以不同意或不知道为由对抗善意第三人”的规定，认定股权转让协议无效。一审判决认定事实清楚，适用法律正确，审判程序合法，实体处理适当，应予维持。樊某、和某公司的上诉请求，缺乏充分事实根据与法律依据，其主张二审法院不予支持，应以驳回。判决：驳回上诉，维持原判。

案例评析：本案争议焦点为，黄某在与王某婚姻关系存续期间，投资于和某公司的8万元及占有的和某公司40%股权，是否属于夫妻共有财产，黄某单方处分行为是否有效。法律规定夫或妻一方对夫妻共同财产进行处分的，夫妻双方应平等协商，取得一致意见，否则一方不能单方处分共有财产。本案中，黄某在转让其在和某公司共有股权时未与其妻王某协商并经王某同意，故法院两审判决认定，黄某在和某公司的40%股权属夫妻共有，依据现行民法典婚姻家庭编及相关司法解释的规定，涉案股权转让协议无效。黄某与樊某有不正当男女关系，黄某未经妻子同意将夫妻共有的股权转让给樊某，樊某并非善意，故法院认定转让行为无效。

2. 夫或妻一方转让夫妻共有股权，受让人善意取得的，应认定股权转让有效

上诉人（一审原告）：彭某。

被上诉人（一审被告）：梁某。

被上诉人（一审被告）：王某山、金某岸公司。

金某岸公司于2005年1月27日成立，梁某和彭某夫妻二人分别持股80%和20%。2005年11月7日，梁某和彭某与王某山和王某师就转让金某岸公司股权及其相关事宜签订股权转让合同书，约定将梁某、彭某持有的金某岸公司股权转让给王某山和王某师。

2005年11月8日，金某岸公司召开股东会通过了变更股东和转让出资额的决议，决定由原股东梁某出让其80%的股权给新股东王某山，其他股东放弃优先购买权。股东会还通过了金某岸公司章程修正案，将公司股东姓名由梁某和彭某修改为王某山和彭某。上述决议及修正案均有梁某、彭某、王某山三人签字和手印。之后双方变更了公司工商登记，将原股东梁某变更为王某山，占公司80%的股权，原告彭某仍持有公司20%的股权。王某山先后向梁某夫妇二人支付了股权转让款4944万元。

彭某于2007年3月23日提起诉讼，请求：确认股权转让合同书中对原告在金某岸公司20%股权转让的约定对原告没有法律约束力；确认股权转让合同书中对被告梁某在金某岸公司80%股权转让的约定无效；并判令三被告将

被告王某山受让的被告梁某在金某岸公司的80%股权过户至原告，保障原告依法实现优先购买权。

一审法院认为，双方争议的焦点为：一是金某岸公司是否具备法人人格；二是作为金某岸公司的股东，被告梁某是否有权代理原告彭某订立股权转让合同书、通过股东会决议及公司章程修正案，该股权转让合同书对原告彭某是否具有约束力；三是股权转让合同书的效力。

第一，关于金某岸公司法人人格的认定问题。通过庭审调查可知，被告梁某与原告彭某系夫妻关系，夫妻二人将共同共有财产中的一部分作为其各自在有限责任公司的出资，注册成立了金某岸公司。以未分割的夫妻共同共有财产出资设立公司并不必然构成对公司法人财产独立性的损害，只是为设立公司满足登记部门的要求。在工商登记中显示的投资比例并不是对夫妻共同共有财产作出的改变和分割，也并不能当然地将工商登记中载明的投资比例简单地等同于夫妻之间的财产约定。所以梁某和彭某用未分割的夫妻共同共有财产出资成立金某岸公司，符合公司法的规定，金某岸公司具备独立法人人格。

第二，关于被告梁某是否有权代理原告彭某的问题。原告彭某与被告梁某均否认存在授权委托的事实，本案的特殊之处在于，原告彭某与被告梁某系夫妻关系，而金某岸公司又是由其夫妇二人开办的，这种特殊的、特定的身份关系导致金某岸公司的内部治理不同于一般的有限责任公司。一审法院认为，被告梁某有权代理原告彭某通过股东会决议及公司章程修正案、签订股权转让合同书，有权处分彭某持有的金某岸公司20%的股权。理由如下：（1）原告彭某与被告梁某夫妻二人在中间人的撮合下认识了被告王某山并开始协商股权转让事宜。原告彭某对股权转让之事不是不知情，而是积极参与，转让股权正是夫妻二人的真实意思表示。（2）被告王某山在签订股权转让合同书前就以金某岸公司的名义支付土地出让金200万元，用实际行动表明其接收股权的诚意。被告梁某在签订了股权转让协议后，收取了后续的股权转让款。在夫妻二人共同协商准备将股权转让给被告王某山的前提下，足以使人相信被告梁某处分公司全部股权的行为正是彭某、梁某夫妻二人共同意思的体现。（3）被告王某山提供的一系列证据证明自己有理由相信被告梁某有权代理原告彭某在股权转让合同书上签字，而原告彭某以不知情为由否认股权转让事实违背常理，被告梁某仅在法庭上陈述原告彭某曾中途停止谈判，股权不再转让，但不能举证证明自己曾通知被告王某山和中间人尹某中止谈判，所以原告彭某的陈述不能成立。（4）诉讼后，原告彭某与被告梁某分别致函给被告王某山，均催促其办理土地过户手续。原告彭某更是将被告王某山称为“金某岸公司的控股股东”。这一事实表明原告彭某对金某岸公司股权转让不仅是明知的，而且对被告梁某代其签字的行为进行了事后追认，认可了股权转让合同书。（5）股权转让合同书第 4.1 条约定：“合同签订后二十日内，乙方（王某山）以金某岸公司的名义支付土地转让费……乙方支付此款之日起合同生效。”该约定对于主张优先购买权的原告彭某来讲属于同等条件，但原告彭某在当时的条件下不可能有能力支付此款，所以其主张优先购买的理由不能成立。被告梁某的处置行为构成表见代理，推定其有权代原告彭某在股东会决议、公司章程修正案、股权转让合同书上签字，处置公司股权。退一步讲，即便被告梁某无权代理原告彭某在股权转让合同书、股东会议决议、公司章程修正案上签字转让股权，但被告王某山已举证证明自己为善意第三人，有足够的理由相信被告梁某有代理权，而且被告王某山已支付了对价，完成了金某岸公司的股东变更手续。被告梁某已经收取了被告王某山支付的金某岸公司的股权转让款。所以原告彭某的主张不能成立，法院不予采信。

第三，关于股权转让合同书的效力问题。该股权转让合同书约定了两个生效条款，合同书第 4.1 条的约定相对于整个合同书是实质性的附条件的合同生效条款，即合同签订后的二十日内，被告王某山必须以金某岸公司的名义支付土地转让费，一旦王某山支付此款，则股权转让合同书生效。被告王某山也确实履行了该约定，实现了合同书约定的生效要件。股权转让合同书第 13 条的约定，仅是一个形式要件，彭某、王某师未在合同书上签字，合同书存在形式上的瑕疵。但梁某已在合同书上签字，被告王某山也已经履行了主要的合同义务，而且王某山是善意的，因此股权转让合同书已生效并实际履行。

彭某不服，提起上诉。二审法院认为，本案股权转让合同书的内容和形式并不违反法律法规的强制性规定，股权转让已经实际履行，并办理了公司变更登记手续，应当认定股权转让合同书合法有效。上诉人彭某主张其未在股权转让合同书上签名，股权转让合同书无效。该股权转让合同书约定了两个生效条款，在这两个条款中，第4.1条的约定是附条件的合同生效条款，王某山实际履行了合同。股权转让合同的条件成就，该合同有效成立。因此，股权转让合同书已生效并实际履行。彭某未在股权转让合同书上签名，只是股东在办理股权转让和公司变更手续方面存在的瑕疵，而这一瑕疵并未影响股权转让合同书的实际履行。彭某对此明知，且并未提出异议，因此，股权转让的瑕疵不影响股权转让合同书的效力。

关于梁某代彭某订立股权转让合同书、签署股东会决议及公司章程修正案的效力问题。本案上诉人彭某与被上诉人梁某系夫妻关系，金某岸公司是其夫妻二人共同开办的，丈夫梁某占80%的股份，妻子彭某占20%的股份。夫妻二人共同出资设立公司，应当以各自所有的财产作为注册资本，并各自承担相应的责任。因此，夫妻二人登记注册公司时应当提交财产分割证明。但是，本案当事人夫妻二人在设立公司时并未进行财产分割，应当认定是以夫妻共同共有财产出资设立公司。彭某与梁某转让金某岸公司股权的行为属于对夫妻共同财产作重要处理，二人均应在股权转让合同书、股东会决议、公司章程修正案上签名。但是，对于梁某代彭某订约、签名的效力问题应当综合本案事实，根据彭某对于股权转让是否明知、王某山是否善意等因素予以分析认定。一审查明的事实证明上诉人彭某参与股权转让的签订和履行，转让股权是夫妻二人的真实意思表示。王某山有理由相信梁某能够代表妻子彭某签署股权转让合同书、股东会决议、公司章程修正案。彭某知道股权转让的事实，并未提出异议，也未阻止其丈夫梁某转让其股权，应当视为同意转让，梁某代彭某订约、签名转让股权行为，对彭某有约束力。彭某上诉主张股权转让合同书的当事人梁某和王某山恶意串通，侵犯了其优先购买权，但是，彭某并没有提供证据证明王某山与梁某恶意串通构成侵权的事实。因此，上诉人彭某以其没有在股权转让合同书、股东会决议上签名，请求确认转让合同书无效，被上诉人梁某和王某山恶意串通侵犯其优先购买权，没有事实和法律依据，其上诉理由不能成立，法院不予支持。

案例评析：夫妻双方共同共有股权的，夫或妻一方与他人订立股权转让协议的效力，应根据案件事实，结合另一方对股权转让是否明知，受让人是否善意等因素综合分析。认定受让人出于善意，且有足够的理由相信夫妻另一方同意的，则股权转让协议对另一方有约束力。

【风险防范】

为保障公司健康稳定发展，公司应在章程中参照公司法、民法典关于夫妻财产分割的相关规定制定相应条款，以便在作为公司股东的夫或妻一方因离婚、继承等法定事由而股权转让时，及时有效地解决纠纷。

【相关规定】

《中华人民共和国公司法》第八十四条

《中华人民共和国民法典》有关共有的规定

风险点 30

股权信托纠纷

【风险解读】

股权信托是指作为委托人的实际投资者将其股权委托给受托人，由受托人依照委托人的意思为受益人对股权进行管理或处分。上述人员之间发生纠纷，应依据公司法、信托法及相关法律法规认定处理。这类纠纷在实践中主要有两种类型：一是产生于隐名股东与显名股东之间因代为管理股权产生的纠纷；二是产生于职工持股会与职工股东之间的委托纠纷。

【典型案例】

受托人违背管理职责，损害股权委托人利益的，转让协议应认定无效[①]

上诉人（一审被告）：李某、甲公司工会委员会、甲公司。

① 案例中法院引用的信托法第二十二条第一款未作修改。

被上诉人（一审原告）：邵某、丛某、刘某。

邵某、丛某、刘某原系原甲公司职工。甲公司系由原甲公司改制而来。改制后的甲公司注册资本为1388万元人民币，股东39人。甲公司分别向各出资人发放了股权证（出资证明书），载明公司股本总额、入股金额等内容。

2006年10月27日，包括邵某、丛某、刘某在内共计187名参股职工召开了甲公司工会持股会会员大会，讨论通过了甲公司工会持股会章程，选举产生了唐某等10名工会持股会会员代表（理事会理事），授权会员代表参加甲公司股东大会，代表工会持股会行使表决权。该工会持股会章程规定，工会持股会是甲公司工会委员会内设的专门从事本公司内部职工股管理的组织，有权独立代表工会持股会会员行使股东权利。工会持股会以其投入的股本金股份享有所投资的股本金分红的权利。工会持股会的会员以其出资额为限对工会持股会承担责任，工会持股会以其全部出资额为限承担责任。工会持股会所持公司的股权可以转让给他人。工会持股会决定将其所持有的股权转让给他人的，会员应当服从并不得另行将自己在工会持股会的出资转让他人。不同意工会持股会转让所持有的公司股权的会员，与工会持股会股权受让人之间形成实际出资人和名义出资人关系，该关系在出现章程第十八条规定情形时中止。章程是甲公司工会持股会的行为准则，对自愿参加工会持股会、认可该章程并在该章程上签字的会员具有约束力。已经出资，但没有在该章程上签字的，不属于工会持股会会员，该章程对其不生效力，但其享有分红的权利。自其认可该章程，向理事会提出申请，经理事会同意，并在该章程上签字之日起成为持股会会员，受该章程约束，享有权利，承担义务，并认可已经选举产生的持股会代表（理事）的代表权。邵某、丛某、刘某在该持股会章程及选举会员代表的决议上签字确认。案件审理过程中，双方均认可组成甲公司工会委员会的出资人即该股东名册中出资金额等于或低于1.5万元的197人，实际出资额为172.4万元。

2006年11月8日，案外人国某房地产公司向甲公司支付款项108.1万元。审理过程中，证人孟某（工会持股会会员之一）称其通过国某房地产公司向李某借款108.1万元，用于支付受让工会持股会决议转让的甲公司工会委员会股权转让款108.1万元，该陈述与李某、甲公司的陈述一致。为证明甲公司工会委员会决议将108.1万元股权转让给证人孟某，甲公司工会委员会提供了一份时间为2007年1月3日的工会持股会理事会决议，内容为工会持股会理事会决定将工会持股会待分配股份108.1万元转让给理事孟某。该决议有10名持股会理事（会员代表）签名。

2007年3月，邵某、丛某、刘某与甲公司的劳动合同期满，未再续签劳动合同。

2008年5月14日，甲公司工会持股会作出一份决议，将工会持股会所持有的甲公司291万元股权转让给李某。该决议由谷某等共计8人（均系2006年10月27日选出的会员代表）签字。案件审理过程中，甲公司工会委员会主张该8人所持有的入股金额超过工会持股会会员持股总金额的半数，占全部会员入股总额的72.7%，入股金额超过企业改制时出资额的原因为受让其他会员的出资。该决议作出后，甲公司工会委员会与李某签订了股权转让协议，收取了李某支付的股权转让款291万元；同年5月15日，甲公司为李某办理了股东变更登记，甲公司工会委员会不再是甲公司的股东，李某的股权数额变更为481万元。

案件审理过程中，邵某、丛某、刘某主张其不同意甲公司工会委员会转让股权，其未能领取转让款，甲公司工会委员会、甲公司未有异议；邵某、丛某、刘某还主张有于某等22名工会持股会会员亦不同意甲公司工会委员会转让股权。

另查明：甲公司工会委员会对上述会员的出资变化仅在其自制的持股会名册上登载，但该登载变更没有会员的签字或盖章。

法院审理认为，邵某、丛某、刘某原系甲公司工会委员会成员，虽然在2007年3月已经与甲公司终止劳动合同关系，但其出资并未收回，甲公司工会委员会转让的股权中包含了邵某、丛某、刘某的出资，三人基于其财产权益受到侵害提起诉讼，符合法律有关规定。现三方争议的主要焦点为：一是邵某、丛某、刘某等职工出资人与甲公司工会委员会之间属何种法律关系；二是甲公司工会委员会于2008年5月14日将股权转让给李某是否属于可撤销的民事行为；三是李某受让股权是否属善意取得。

关于第一个焦点问题，甲公司改制时，为满足企业职工向企业投资的需要，由职工作为委托人将出资提供给甲公司工会委员会，由工会委员会作为股东以自己的名义行使股东权利；职工以出资额为限承担责任，通过工会委员会表达自己的意愿，通过其与工会委员会之间的约定请求转交相应的投资利益，故包括邵某、丛某、刘某在内的职工出资人与甲公司工会委员会之间的关系符合信托关系的法律特征，应为信托关系。

关于第二个焦点问题，信托法第二十二条第一款规定，受托人违反信托目的处分信托财产或者因违背管理职责、处理信托事务不当致使信托财产受到损失的，委托人有权申请人民法院撤销该处分行为，并有权要求受托人恢复信托财产的原状或者予以赔偿；该信托财产的受让人明知是违反信托目的而接受该财产的，应当予以返还或者予以赔偿。本案中，甲公司改制时，作为股东之一的甲公司工会委员会共计有197名出资职工，出资总额172.4万元，故依据职工持股会的性质、特点及某市关于改制企业职工持股会的相关规定，甲公司工会委员会作为受托人仅能按出资人投入公司的资本额即会员出资额来代表会员行使股东权利，履行股东义务。甲公司改制时登记注册资金即股权总额为1388万元，但实际股东出资仅1279.9万元，未到位的108.1万元出资由企业垫付，故该部分股权如何分配，应由甲公司全体股东会议决定，甲公司工会委员会无权将该部分股权处分给他人。退一步讲，即使该部分股权已分配给工会委员会，依工会持股会章程之规定，其执行组织理事会亦无权决定将该部分股权全部转让给某一个或某部分会员或会员以外的人，且李某等所提供的其他证据亦无法证实其主张的孟某拥有的出资权益数额，故工会持股会会员孟某在职工持股会内部所拥有的表决权仍应按原出资金额计算。甲公司工会委员会主张，截至2008年5月14日其将股权转让给李某时，在工会持股会决议上签名的谷某等8人的持股金额为211.6万元，但其提供的工会持股会名册记载的事项邵某、丛某、刘某不予认可，该会员名册亦没有会员本人或经办人签章，违反了工会持股会章程第十五条“会员出资变化应有签章”的规定，对该部分证据不予认定。甲公司工会委员会提供徐某某等36人的股权证，主张并证明该部分工会持股会会员已将出资分别转让给谷某等8人，但因该部分会员未到庭作证，且无其他证据证实原出资会员已转让了其出资，对其主张不予采信。综上所述，结合双方均认可且有出资人签名的股东名册的记载，截至2008年5月14日，谷某等8人依据出资在职工持股会内部所享有的表决权未达到职工出资总额的半数，且诉争股权转让时未召开持股会会员大会，亦未征求全体出资人的意见，故甲公司工会委员会转让股权违反了持股会章程的规定，应认定为违背管理职责，处理信托事务不当，侵害了出资人的利益。

关于第三个焦点问题，善意是指行为人不知道法律关系双方的真实情况而出于善意目的且以合理价格受让相对人财产并办理了权利转让登记的情形。本案中，李某作为诉争股权转让前甲公司第二大股东和公司管理层成员，其对甲公司的财产和经营状况、股权价值及股权纷争是明知的；其股权受让前先是提供借款给甲公司职工孟某，使孟某以原价受让 108.1 万元的股权，扩大孟某在工会持股会的表决权；再通过职工持股会决议将工会委员会所持股权全部按原价向其转让，以此达到扩充自己股权之目的，李某的行为不符合善意取得的要件，不属于善意取得。

综上所述，邵某、丛某、刘某在法定合理期间内依法提起诉讼，主张撤销权，符合相关法律规定，故要求撤销甲公司工会委员会与李某之间的股权转让行为的诉讼请求，理由正当，予以支持；在股权变更后，向公司登记机关办理股东变更登记是公司的法定义务，故邵某、丛某、刘某要求甲公司履行协助义务并无不当。故判决：撤销甲公司工会委员会与李某之间的股权转让行为；甲公司对恢复甲公司工会委员会的股东登记负有协助义务。

案例评析：根据信托法第二十四条的规定，具有完全民事行为能力的自然人、法人均可以成为信托法律关系的受托人。本案甲公司工会委员会经某市总工会注册登记，具有工会法人资格，其具有信托法规定的受托人资格。职工出资人通过工会入股甲公司，甲公司工会委员会代表出资职工行使股东权利，职工出资人通过工会持股会章程的形式确定职工出资人的权利、义务及行使股东权利的方式。即委托人基于对受托人的信任，将其财产委托给受托人，由受托人按委托人的意愿以自己的名义，为受益人的利益或者特定目的进行管理或处分，符合信托法规定的信托的法律特征，一审法院认定职工出资人与甲公司工会委员会之间形成信托关系正确。依据信托法的规定，受托人违反信托目的处分信托财产，或因对信托财产管理不当，使受托人受到损失的，委托人可以申请人民法院撤销该处分行为。本案中，受托人甲公司工会委员会违反了与职工出资人签订的工会持股会章程的规定，损害了委托人的权益，违背管理职责，处理信托事务不当，故法院判决撤销甲公司工会委员会与李某之间的股权转让行为，重新变更股东登记。

【相关规定】

《中华人民共和国信托法》第二十二条、第二十四条

风险点 31

股份期权纠纷

【风险解读】

股份期权是指经公司股东会同意，赋予公司董事、高管人员在特定时间以固定价格购买公司股份的权利。股份期权纠纷主要发生在期权持有人与公司之间，其指公司怠于履行义务导致期权持有人的权利受损而引发的纠纷。

【典型案例】

股份期权转让条件未成就的，公司其他股东能否收回其股权

上诉人（一审原告）：鲍某。

被上诉人（一审被告）：李某、牛某、杨某。

2008 年 2 月 1 日，李某、牛某、杨某作为甲方，鲍某作为乙方签订新股东加入协议，约定甲方一致同意吸收鲍某为甲公司营业员招聘网股东，鲍某以 40 万元对价获得 10% 股份，其中，鲍某于 2008 年 8 月 8 日前支付 10 万元，完成支付后，鲍某即获得甲公司营业员招聘网 2.5% 的股份。协议约定，转让的股权来自原始股东，即李某、牛某、杨某根据出资比例从各自股权中出让。关于股权转让的约束条款，协议约定，若鲍某在三年内离开公司（包括任何原因），上述转让无效，相应股份仍归各转让方，且不退还鲍某“现金购买股权”条款中规定的已支付的原始现金，但以下情况例外：（1）股东会一致表决同意；

(2)鲍某因身体原因不能正常从事工作，也不愿意再持有甲公司股权。同年2月12日、4月8日，鲍某分别向李某账户中汇款4.8万元及5.2万元。12月12日，鲍某收到了“现收到鲍某十万元人民币投资款（投入甲公司营业员招聘网）”的收条，其尾部有李某的签字，并加盖了上海某咨询有限公司的公章。2008年12月，鲍某离开上海某咨询有限公司。2010年5月28日，鲍某重新入职上海某咨询有限公司。2011年1月，鲍某入职上海某网络科技有限公司。同年5月30日，李某、牛某、杨某作为甲方，又与鲍某签订甲公司营业员招聘网股东股份补充协议，确认鲍某于2008年5月支付首期股价计10万元，购买公司2.5%的股份期权，该期权需要鲍某完整工作三年方能生效。由于此期间鲍某离开公司，2010年5月重回公司，经董事会确认，可以累计工作时间，鲍某需完整工作至2012年12月此期权方生效，并享有完整股东权利。同时，补充协议确认，协议所涉公司是指甲公司营业员招聘网线上广告运营公司即上海某网络科技有限公司，不包括线下猎头业务部分。2012年3月，鲍某自上海某网络科技有限公司离职。

2013年9月，法院对李某起诉鲍某、第三人上海某网络科技有限公司与公司有关的纠纷一案作出生效判决，其中确认2010年12月鲍某等人出具的承诺书，其载明：“本人承诺，在本人签订此协议后的三年内若（1）主动离开公司（公司是指上海某咨询有限公司或其关联公司）或（2）因为严重违反公司纪律被开除，所获得的公司设立（指2011年1月新设立的公司，公司名字暂未确定）时的股份将自动失效。失效的股份自动无偿转入公司股东李某名下……”最终，法院判决确认鲍某名下登记持有的上海某网络科技有限公司2%股权转归李某所有。

一审法院认为，2008年2月1日各方签订的新股东加入协议中仅约定，鲍某以40万元购买获得10%的股份从而成为甲公司营业员招聘网的股东，而双方对该股份所属的公司各执一词。但是，首先，在各方之后签订的甲公司营业员招聘网股东股份补充协议中明确协议所涉公司是指甲公司营业员招聘网线上广告运营公司即上海某网络科技有限公司；其次，鲍某出具的承诺书明确其所获得股份所属的公司系指2011年1月新设立的公司，而上海某网络科技有限公司确系于2011年1月经工商注册登记设立；最后，根据现有工商材料显示，鲍某确实持有上海某网络科技有限公司2%的股权，且鲍某无证据证实对此股份的取得另行支付过款项。综上所述，法院认定各方签订的协议中约定鲍某支付10万元取得的股份确为上海某网络科技有限公司的股份。虽然鲍某还主张根据工商资料显示，杨某并不持有该公司的股权，但因李某、牛某、杨某一致确认杨某实际持有公司10%的股份，故鲍某关于系争协议客观上履行不能的主张不予采信。新股东加入协议约定，若鲍某在三年内离开公司（包括任何原因），便不退还鲍某已支付的原始现金，并且甲公司营业员招聘网股东股份补充协议将鲍某的工作期限确定为至2012年12月，而庭审中各方均确认鲍某不存在协议中约定的例外情况，鉴于鲍某实际于2012年3月离职，故鲍某要求返还已支付10万元款项的主张依据不足，无法支持。一审法院遂判决鲍某要求李某、牛某、杨某共同返还股权转让款10万元并支付利息损失的诉讼请求不予支持。

一审判决作出后，鲍某不服，向二审法院提出上诉称，新股东加入协议及甲公司营业员招聘网股东股份补充协议的指向是上海某咨询有限公司的股份，10万元投资款的收条上加盖了上海某咨询有限公司的公章，鲍某在上海某网络科技有限公司的股份与新股东加入协议约定指向的股份在价值、持股比例上明显不同，10万元的款项与鲍某在上海某网络科技有限公司的股份是没有关联的；一审法院对新股东加入协议、甲公司营业员招聘网股东股份补充协议中股权转让约束条款的“离开”理解有误，鲍某已与上海某咨询有限公司的劳动关系终止，因此股权生效的要件并未满足，李某、牛某、杨某应将10万元股权转让款返还。故请求二审法院查明事实予以改判，支持其要求李某、牛某、杨某共同返还10万元投资款并承担资金占用损失的诉请。

李某答辩称，甲公司营业员招聘网最初域名注册人是李某个人，在上海某咨询有限公司成立后，甲公司营业员招聘网被放在上海某咨询有限公司名下。对新股东加入协议、甲公司营业员招聘网股东股份补充协议及承诺书应当整体来看，实际上案涉各方是对甲公司营业员招聘网股份权益的转让，鲍某根据协议应工作满三年，而且，鲍某应当受到协议约束条款的约束。即便如鲍某所称其购买的是上海某咨询有限公司的股权，鲍某没有工作到2012年12月，也不存在新股东加入协议约定的例外情形，鲍某的解释不能成立。

故原判认定事实清楚，适用法律正确，请求二审法院驳回鲍某的上诉请求，维持原判。

关于鲍某支付10万元股权转让款是否应返还的问题。新股东加入协议约定，若鲍某在三年内离开公司（包括任何原因），便不退还鲍某“现金购买股权”条款中已支付的原始现金。甲公司营业员招聘网股东股份补充协议又约定，由于此期间鲍某离开公司，鲍某需完整工作至2012年12月此期权方生效，并享受完整股东权利；还约定原协议其他条款继续有效。二审法院认为，结合上述两份协议看，新股东加入协议中的“离开”是指不在公司工作，这应当是没有歧义的；另外，鲍某没有工作到2012年12月，也不存在协议中约定的例外情况，鲍某实际于2012年3月离职。故鲍某要求返还已支付10万元款项的上诉主张，证据不足，二审法院不予支持。

综上所述，上诉人鲍某的上诉理由缺乏事实和法律依据，二审法院不予采纳。一审认定事实清楚，适用法律正确，应予维持。判决驳回上诉，维持原判。

案例评析：本案所涉股份期权实际上是一种附条件的特殊股权。股权出让方与受让方约定转让协议附条件，并约定一定履行期限，只有在所附的条件成就后，股权转让才能最后实现。本案中，鲍某虽然依约向公司支付股权转让款10万元，但双方约定在三年内如果鲍某离开公司，则鲍某不仅不能取得股东资格，原先支付的价款也不能收回，由于鲍某工作未满三年离开公司，故法院驳回了鲍某的诉讼请求。

【风险防范】

在股份期权交易中，受让方应充分注意双方约定，尤其是股权实现的条件，充分考虑协议在履行过程中的潜在风险，避免因此产生纠纷。

风险点 32

股权转让变更登记纠纷

【风险解读】

依据我国公司法第三十四条、第五十六条、第八十六条、第八十七条的规定，不仅在公司设立时应置备股东名册和办理公司登记，在股权转让后也应当及时对股东名册和公司登记事项进行变更。2023 年修订公司法第八十六条新增股权转让后公司负有变更股东名册的义务，并赋予转让人和受让人对公司不履行该义务的诉权。这里所讲的股权转让变更登记纠纷包括股东名册登记变更纠纷和公司登记变更纠纷。

首先，依据我国公司法的规定，对于一般股权（除中外合作、中外合资股份和国有股份外）转让合同并无办理批准、登记手续才能生效的规定，因此登记变更不是转让合同的生效要件，股东名册变更登记及公司变更登记是对转让合同事实的确认；其次，股权转让变更登记纠纷是合同履行过程中的纠纷，主要表现为股权受让人在支付转让对价后，申请公司进行股东名册变更和公司登记变更，而转让人、公司怠于履行变更登记义务而产生的纠纷；最后，变更登记对转让合同的影响因公司性质（有限责任公司或股份有限公司）或登记性质（股东名册登记或公司变更登记）不同而不同，依据我国公司法、证券法的规定，上市公司股权转让以证券登记结算机构登记为对抗要件，转让上市公司的股权，应当变更股东名册，并向证券登记结算机构进行登记，否则不得对抗第三人。同样，有限责任公司和记名股票股东转让股权后，应当办理股东名册变更登记和公司变更登记，否则不能对抗第三人。

综上所述，对于股权转让变更登记与转让合同效力的关系，总的处理原则是，如果法律规定须经批准登记才生效的，未变更登记，合同不生效；未规定批准登记才生效的，未变更登记，则不能认定合同无效。概因法律规定转让股权应当登记，这种登记性质上属于对抗性登记，目的在于公示权利，从而产生对抗第三人的效力，故未变更登记不影响合同效力。在股权转让合同中，受让人的主要义务是依合同约定价格向转让人支付价款，而转让人的主要义务是向受让人转交股权并协助公司进行股东名册和公司登记事项的变更，公司的义务是将股权转让的事宜记载于股东名册，修改公司章程，变更公司登记。如果公司及转让人怠于履行上述义务，受让人可以提起诉讼，请求法院判令公司及转让人履行上述义务。

依据公司法第八十七条的规定，股东转让股权后，公司应当及时注销原股东的出资证明书，向新股东签发出资证明书，并相应修改公司章程和股东名册中有关股东及其出资额的记载。《市场主体登记管理条例》第二十四条第一款规定，市场主体变更登记事项，应当自作出变更决议、决定或者法定变更事项发生之日起三十日内向登记机关申请变更登记。对于有限责任公司而言，股东名册变更实质是一种股权过户行为，只有公司依据股权转让合同将股权变更到受让人名下，受让人才能以股东身份行使股东权利，才能产生对抗公司其他股东的效力。在我国，股东名册变更登记中所称股东名册应包括公司章程、会议纪要等，因为很多公司并未设置股东名册。同时，对上市的股份有限公司而言，股权转让（除记名股票外）无须经过其他股东同意，没有转让变更登记问题。

【典型案例】

股东依据生效判决取得公司股权，公司是否有义务协助其变更公司登记[①]

上诉人（一审被告）：千某公司。

被上诉人（一审原告）：马某。

一审第三人：张某。

2009年11月10日，马某与张某出资成立千某公司，注册资本为86万元。其中，张某出资51.6万元，占注册资本总额的60%；马某出资34.4万元，占注册资本总额的40%。法定代表人为张某。2009年12月31日，在马某不知情的情况下，他人伪造马某签名，先后与刘某、张某签订股权转让协议，分别以

① 案例中法院引用的公司法（2005年修订）第三十三条第二款现为公司法（2023年修订）第三十二条、第三十四条。

17.2万元将马某出资的34.4万元的股权转让给刘某和张某。2010年4月15日，刘某与张某签订股权转让协议。后公司股东进行了变更登记。

2011年，马某诉至法院请求确认马某与张某、马某与刘某以及张某与刘某之间签订的股权转让协议无效，要求张某返还在千某公司40%的股权。在该案审理中，马某申请对2009年12月31日的两份股权转让协议及股东会决议中“马某”的签名是否为其本人签字进行司法鉴定，对2010年4月15日的股权转让协议及股东会决议中“刘某”的签名是否为其签名进行司法鉴定。经鉴定，2009年12月31日的两份股权转让协议及股东会决议中“马某”的签名均不是其本人签字，2010年4月15日的股权转让协议及股东会决议中“刘某”的签名均不是其本人签字。法院审理后认为，当事人实施民事法律行为应当具备意思表示真实的实质要件，经司法鉴定，署期为2009年12月31日的马某与刘某的股权转让协议以及马某与张某的股权转让协议中“马某”的签名均不是其本人所签，马某对此不知情，也未收到相应的股权转让款；2009年12月31日的股东会决议中“马某”的签名不是其本人所签，刘某、张某认可以上事实；署期为2010年4月15日的刘某与张某的股权转让协议中“刘某”签名不是其本人所签，刘某对此不知情，也未收到相应的股权转让款；2010年4月15日股东会决议中“刘某”的签名不是其本人所签，张某认可以上事实，故以上股权转让协议均不是当事人真实意思表示，应确认无效，因此取得的财产应当予以返还。故法院作出（2011）秦商初字第168号判决：署期为2009年12月31日的马某与刘某的股权转让协议、署期为2009年12月31日的马某与张某的股权转让协议、署期为2010年4月15日的刘某与张某的股权转让协议无效。张某于判决生效之日起十日内向马某返还千某公司40%的股权。该判决生效后，张某同意返还千某公司40%的股权给马某，千某公司认为其并无协助义务，不愿协助办理返还股权的工商变更登记，以致本案诉讼时工商变更登记尚未完成。

本案一审法院认为，根据公司法有关规定，公司应当将股东的姓名或名称及其出资额向公司登记机关登记；登记事项发生变更的，应当办理变更登记，未经登记或变更登记的，不得对抗第三人。本案中，马某通过另案生效判决已获得第三人张某返还的千某公司40%股权，根据法律规定，应当由千某公司将股东姓名、出资额及变更事项向工商部门进行登记，故千某公司有义务协助马某办理工商变更登记手续。在（2011）秦商初字第168号判决中，因未涉及千某公司协助办理工商变更登记手续，故马某此次诉讼并不违反一事不再理原则。千某公司辩称（2011）秦商初字第168号判决存在错误，且公司内部存在股权争议的意见，一审法院认为，（2011）秦商初字第168号的判决现已生效，该判决中对于股东身份已有确认，千某公司如对判决或股东身份存有异议，应当通过法律程序予以变更，在生效判决未被推翻的情况下，一审法院对该判决认定的事实及判决结果予以确认。另外，张某返还马某股权义务已被另案生效判决所确定，本案中，为查明事实，将马某列为第三人参加诉讼。据此判决：千某公司于判决生效后十日内协助马某办理第三人张某向其返还千某公司40%股权的工商变更登记手续。

宣判后，千某公司不服一审判决，向二审法院提起上诉，请求撤销一审判决，依法改判驳回马某的诉讼请求，全部诉讼费用由马某承担。主要事实和理由为：一是（2011）秦商初字第168号判决在认定事实和法律适用上均存在错误，不应作为本案审理依据。实际上，马某借办理公司登记之事，擅自将公司股权登记在其名下，其并非千某公司股东，无权要求变更登记。二是（2011）秦商初字第168号判决内容为张某向马某返还千某公司40%股权，千某公司并非履行义务主体，马某要求千某公司协助变更公司登记，缺乏依据。

被上诉人马某答辩称，一审判决认定事实清楚，适用法律正确，请求驳回上诉，维持原判。

一审第三人张某未出庭，并未发表意见。

二审法院经审理查明，一审法院查明的事实属实，二审法院予以确认。

经当事人确认，本案二审争议焦点是千某公司是否应当协助马某办理该公司40%股权的工商变更登记手续。

二审法院认为，已生效的（2011）秦商初字第168号民事判决书中载明马某系千某公司股东，张某应向马某返还千某公司40%股权，千某公司主张马某并非其公司股东，与上述生效判决内容不符，二审法院不予支持。因张某须向马某返还千某公司40%股权，千某公司的股东姓名及出资额登记事项已发生变更，根据公司法（2005年修订）第三十三条第二款之规定“公司应当将股东的姓名或者名称及其出资额向公司登记机关登记；登记事项发生变更的，应当办理变更登记……”，千某公司应当向登记机关办理变更登记。千某公司主张其并无义务协助马某办理工商变更登记手续，与上述法律规定不符，二审法院不予支持。至于千某公司所称的（2011）秦商初字第168号民事判决存在错误的问题，不属于本案审理范围，二审法院对此不予理涉。

综上所述，一审判决认定事实清楚，适用法律正确，实体处理并无不当。据此判决：驳回上诉，维持原判。

案例评析：本案马某原系案涉千某公司的股东，在其不知情的情况下，他人通过伪造其签名将其在千某公司40%的股权转让给他人并变更公司登记，后马某通过另案诉讼确认他人转让其股权的三份股权转让协议无效，但在另案诉讼中并未请求变更公司登记。之后，马某又起诉千某公司，请求将其在千某公司40%的股权重新变更登记到自己名下。依据公司法规定，登记事项发生变更时，公司应当办理变更登记。法院据此判令千某公司有义务协助马某办理变更登记。

【风险防范】

变更公司登记纠纷中，原告一般是股权受让方或合法继承人、合法受赠人，而被告则是负有变更登记义务的公司。原告在申请变更登记时应依照有关规定提交相关材料，公司及公司登记机关人员负有审查相关材料的义务。同时，公司股东或法定代表人应及时催促公司办理变更公司登记。公司怠于办理变更登记的，股东应及时通过诉讼提出变更登记请求，还可要求公司及其控股股东、实际控制人对造成的损失承担赔偿责任。

【相关规定】

《中华人民共和国公司法》第三十二条、第三十四条、第五十六条、第八十六条、第八十七条、第一百零二条、第一百五十九条

《最高人民法院关于适用〈中华人民共和国公司法〉若干问题的解释（三）》第二十七条

风险点 33

异议股东股权收购请求权纠纷

【风险解读】

资本多数决即股东根据出资额对公司重大事项行使表决权，经代表多数表决权的股东表决通过，从而形成公司决议。这是“少数服从多数”民主原则在公司法领域的体现，但其同时滋生了大股东对中小股东的压迫问题，异议股东股权回购制度为异议股东提供了有效的救济途径。

所谓异议股东股权收购请求权，是指当股东会议作出对股东利益有重大影响的决议时，对该决议投反对票的股东享有请求公司按照合理的价格收购其所持股权，从而退出公司的权利。关于有限责任公司异议股东请求本公司回购其股权的具体规定是公司法第八十九条，股份有限公司则是公司法第一百六十一条、第一百六十二条第一款第四项。2018 年修正公司法规定，股份有限公司股东仅在对公司合并、分立决议持异议时，才可要求公司收购其股份；2023 年修订公司法新增第一百六十一条扩展了股份有限公司异议股东请求公司收购其股份的适用范围，将适用于有限责任公司的异议股东股权收购请求权扩展适用到非上市股份有限公司。在新增第一百六十一条第一款但书部分规定“公开发行股份的公司除外”，这样规定的理由是，该类公司的股份可在证券交易市场中自由交易，相较于回购诉讼，公开地在证券交易市场交易股份的效率更高，因而无须再赋予异议股东股权收购请求权。

需注意的是，这种权利的行使是存在前提和限制的，即公司法第八十九条第一款、第三款以及第一百六十一条第一款。其中，第八十九条第三款为 2023 年公司法修订新增情形，公司的控股股东滥用股东权利，严重损害公司或者其他股东利益的，其他股东有权请求公司按照合理的价格收购其股权。当股东会议作出影响股东利益的重大决定，而异议股东提出异议、请求公司收购其股权时，异议股东与公司可先行协商，法定期间（六十日）内不能达成协议的，股东可以自股东会议决议作出之日起九十日内向法院起诉强制公司收购。其中，六十日是协商的最长期限；而九十日是向法院起诉的时限，是一种特殊起诉时限，既不能中止、中断，也不能延长。

一般而言，公司不能持有本公司的股权，2023 年修订公司法第八十九条新增第四款、第一百六十一条新增第三款关于公司收购本公司股份后的处理方式，即收购的本公司股权（股份），应当在六个月内依法转让或者注销。

【典型案例】

异议股东请求回购公司股权，价格如何确定①

上诉人（一审原告）：王某。

上诉人（一审被告）：四某矿业公司。

王某是四某矿业公司的股东，截至 2012 年 11 月 15 日持有该公司 0.26% 的股权。四某矿业公司是改制企业，截至 2012 年 11 月 15 日，法人及自然人股东共计 42 人。2012 年 4 月，四某矿业公司按政策要求与某镇煤矿、四某北山煤矿、梁某二矿兼并重组。

2012 年，四某矿业公司以传签、召开股东会议方式对合并方案、增资方案、章程修改草案、新增公司董事进行了三次表决，上述三次决议案均经代表三分之二表决权的股东同意，获得通过。但王某不同意上述决议案，均投了反对票。

在四某矿业公司股东会议通过上述各项决议案后，王某与其他对各项决议案投反对票的 20 名股东联名，向四某矿业公司提交书面股权回购申请书，请求该公司按评估的企业净资产值回购股东持有的股权，并结清分红款项。四某矿业公司以书面形式答复，不同意 21 名股东提出的股权回购申请。2013 年 3 月 6 日，王某提起诉讼，请求依法判令四某矿业公司按评估的企业净资产值回购王某持有公司股权 284732 元，四某矿业公司承担本案诉讼费用。

一审法院认为，本案是因企业兼并重组引发的公司股东请求公司按照合理的价格收购其股权的纠纷。本案争议的焦点：一是四某矿业公司与某镇煤矿、四某北山煤矿、梁某二矿兼并重组是企业合并还是四某矿业公司增资扩股；二

① 案例中一审法院引用的公司法（2005 年修订）第七十五条现为公司法（2023 年修订）第八十九条。

是本案能否适用公司法；三是股份回购的价格如何确定。第一，四某矿业公司与某镇煤矿、四某北山煤矿、梁某二矿兼并重组是企业合并。本案中，无论从对煤炭企业兼并重组的政策要求，还是四某矿业公司 2012 年第二次临时股东会议程及其所附四某矿业公司章程修改草案中的兼并重组形式看，应该是公司与公司及其他企业的吸收合并，应当适用公司法的有关规定。第二，股权收购请求权的法律依据是公司法（2005 年修订）第七十五条的规定。据此，提起股权收购请求权诉讼必须同时具备实体和程序两方面的要件：实体上，必须是具备股东资格且对股东会相关决议投反对票的股东，才能提起该项诉讼；程序上，公司股东应在法定期限内先行与公司协商以合理价格收购其股权，协商不成后再提起诉讼。本案原告提出的股权回购申请已被被告拒绝。原告提起诉讼符合法定条件和要求。第三，因股权收购的价格事关股东与公司的利益，故股权收购价格的评估往往成为诉讼双方争执的焦点。而公司法仅规定为“合理的价格”。由于公司股权缺乏流动性，如果仅仅按照净资产的价值进行评估，也有失公正，因为公司设立运营中还凝聚了许多看不见的劳动成果以及一些无法评估的价值。同时，还应当看到，本案企业兼并重组是基于宏观政策的要求，为保障企业自身存续或获得更大利益而为之。为此而进行的资产评估有一定的假设，评估报告也有一定使用限制，评估时至诉讼时已一年之久，资产状况亦发生了一定的变化。因此，根据本案具体情况，一审法院判决，四某矿业公司于本判决生效后以合理价格收购王某的股权。

王某上诉称，一审判决对案件事实的认定、对事实性质的评价是正确的。但一审判决判令四某矿业公司以抽象的合理价格收购上诉人的股权，而不确定收购股权的具体价格，与公司法（2005 年修订）第七十五条的规定相悖，显属不妥。一方面，一审判决判令四某矿业公司以合理的价格收购王某的股权，看似公允，但实际上是把收购股权的定价权交由争议双方中的收购方，这对请求方极不公平；另一方面，合理的价格应是通过股权估价协商程序或者由法院依职权在审判中确定的股权收购价格。本案中，四某矿业公司以 2012 年 3 月 31 日为评估基准日，出具评估报告，王某主张将该评估报告确定的净资产值（净资产值 / 股权）作为股权收购价格。一审判决结果表明，法院认为评估报告不宜作为确定本案股权价值的依据，但一审判决并没有否定确定股权价值的评估方式。本案中，王某主张法院应组织双方商定股权价格的估价方法，如果双方不能达成一致，则应当向双方列示评估股权价格时的主要因素，依职权委托估价机构对股权价值进行估价。综上所述，一审判决不妥，王某坚持按经评估后的净资产值获得股权补偿，请求二审法院撤销原判，判令四某矿业公司按284732元的价格（或重新估价的股权价值）收购王某持有的四某矿业公司股权。

二审法院经审理查明的事实与一审法院查明的事实一致，二审法院予以确认。

二审法院认为，公司法（2005年修订）第七十五条规定，对公司合并决议投反对票的股东可以在决议通过之日起六十日内请求公司按照合理价格收购其股权，与公司不能达成股权收购协议的，可以在决议通过之日起九十日内向法院提起诉讼。本案中，四某矿业公司与其他三家煤矿企业签订兼并重组协议，约定兼并重组后保留四某矿业公司，三家煤矿其中一家具备法人资格，其余两家不具备法人资格，被并入的三家煤矿均予以注销，分别成立四某矿业公司的分公司。虽然各方在协议中约定四某矿业公司不负担其他三家煤矿的债权债务，分公司独立核算、自负盈亏，但依照法律规定，分公司不具有法人资格，不具有独立的法律地位，不独立承担民事责任。四某矿业公司股东会在王某投反对票的情况下依然作出了有效的决议，王某请求四某矿业公司按照合理的价格收购其股权符合公司法（2005年修订）第七十五条的规定，应允许其退出公司。四某矿业公司主张其与其他三家非公司制煤炭企业基于国家政策所进行的兼并重组并非公司合并，股东会决议只是四某矿业公司的增资扩股决议，而且该决议并没有实际落实，所以本案不应适用公司法（2005年修订）第七十五条的上诉理由不能成立，二审法院不予支持。王某上诉主张按2012年3月31日兼并重组时评估的企业净资产值回购其持有的四某矿业公司股权284732元，因某资产评估公司出具的评估报告是以2012年3月31日为评估基准日对四某矿业公司的资产进行的评估，且在评估报告使用限制说明中明确只能为企业重组提供价值参考。王某主张将该评估报告确定的净资产值（净资产值／股权）作为股权收购价格的上诉理由不能成立，二审法院不予支持。且在一审审理过程中，王某并未申请对股东会决议时的股权价格进行评估，一审法院判决四某矿业公司以合理价格收购王某股权并无不当，应予维持。原判认定事实清楚，适用法律正确。上诉人的上诉理由均不能成立。故判决：驳回上诉，维持原判。

案例评析： 本案中，四某矿业公司在作出公司兼并重组这一涉及公司股东重大利益决议时，与股东王某未达成一致意见，故王某请求公司以合理价格收购其股权，这一请求符合公司法第八十九条的规定，法院予以支持。

但对于如何确定股权购买价格，双方产生了争议，依照公司法的规定，股权收购的价格首先由异议股东与公司在法定期间内协商，协商不成的，可由法院确定收购价格。我国公司法第八十九条第二款规定，自股东会决议作出之日六十日内，股东与公司不能达成股权收购协议的，股东可以自股东会决议作出之日起九十日内向人民法院提起诉讼。对于是否只有股东可申请法院确定股权收购价格，笔者认为，在法律并无明文禁止规定的情况下，公司也可申请法院确定股权收购价格。

【风险防范】

处理异议股东股权收购请求权纠纷应注意以下几点。

第一，股东依法请求公司收购股权，应当自股东会决议作出之日起九十日内提起诉讼，该期间是除斥期间，不因任何事由而中止、中断和延长，超过法定期间不受法律保护。

第二，股东会决议作出之日起六十日内协商的程序，虽然法律未明确是必经程序，但为了使此类纠纷及时解决，充分保障股东行使权利，还是应在六十日内向公司提出收购股权申请，协商不成的，再诉讼为妥。

第三，为保障异议股东股权收购请求权纠纷更好化解，公司章程应对股权收购价格的确定方法、股权收购后的处理及异议股东起诉的条件、期限，比照公司法第八十九条作出相应规定。

【相关规定】

《中华人民共和国公司法》第八十九条、第一百六十一条、第一百六十二条第一款第四项

风险点 34

股票交付时间纠纷

【风险解读】

公司法第一百五十条规定："股份有限公司成立后，即向股东正式交付股票。公司成立前不得向股东交付股票。"因为公司尚未成立时，股票尚未生效，而且公司能否成立尚不确定，如果允许公司向股东交付股票，股东对外转让股票的，善意第三人利益可能受到损害。

【典型案例】

受托人按委托人委托购买未上市股份有限公司股票后，委托人能否以股票未登记在其名下为由要求返还股票价款[①]

上诉人（一审原告）：陈甲。

被上诉人（一审被告）：杨某。

2001年初，上诉人陈甲、被上诉人杨某口头约定，由上诉人委托被上诉人购买未上市公司的股票，嗣后，上诉人先后交付给被上诉人165540元用于购买股票。2007年10月31日，被上诉人向上诉人出具书面凭证，确认由上诉人出资购买未上市公司股票：彩桥电子13000股（单价3.80元）、配股13000股（单价1.28元），计66040元；新瑞华21000股（单价4.50元），计

① 案例中一审法院引用的《最高人民法院关于民事诉讼证据的若干规定》（法释〔2001〕33号）第二条现为《最高人民法院关于民事诉讼证据的若干规定》（2008年修正）第二条。

案例中二审法院引用的民事诉讼法（2007年修正）第一百五十三条第一款第一项现为民事诉讼法（2023年修正）第一百七十七条第一款第一项。

94500 元；经纬软件 5000 股（单价 3.50 元），计 17500 元；中新纳米 5000 股（单价 3.80 元），计 19000 元。审理中，被上诉人确认前述新瑞华股票中 7000 股，计 31500 元，系上诉人弟弟陈乙委托被上诉人购买。前述股票均以被上诉人名义购得，中新纳米及新瑞华股票由成都托管中心托管；经纬软件及彩桥电子股票由陕西省股权托管服务中心托管。

一审另查明，被上诉人除代上诉人购买前述股票外，还代数名案外人购买前述股票。所购股票均由上述相关托管中心托管。前述股票现均未上市交易，且均以被上诉人名义购得。

上诉人起诉要求判令被上诉人返还购股款 165540 元并返还相应红利。一审审理中，上诉人变更诉请为：要求判令解除上诉人、被上诉人之间口头委托买卖股票协议；被上诉人返还上诉人购股款 165540 元。

一审法院经审理后认为，上诉人委托被上诉人购买未上市的前述股票，并向被上诉人交付所购款项。嗣后，被上诉人依据上诉人的委托购买了相应的股票，并将所购股票名称、数量、价款以书面方式告知上诉人。上诉人收取被上诉人出具的书面凭证后，并无异议，应认定上诉人认可被上诉人所购的股票及价款。现上诉人以被上诉人未向上诉人支付红利及被上诉人未将所购股票登记于上诉人名下为由，主张其诉请。审理中，上诉人未向法庭举证证明所购股票存在分配红利的事实，且被上诉人亦明确表示前述股票未分配红利。上诉人该节事实的主张，一审法院难以采信。对于所购股票登记于被上诉人名下之请求，因上诉人亦未向法庭举证证明当初委托被上诉人时要求被上诉人将所购股票登记于上诉人名下（上诉人并未将其身份资料交予被上诉人），一审法院同样难以支持。一审法院依照《最高人民法院关于民事诉讼证据的若干规定》（法释〔2001〕33 号）第二条之规定作出如下判决：不予支持上诉人陈甲之诉请。

一审判决后，上诉人陈甲不服，向二审法院提起上诉称，根据相关工商登记材料反映，被上诉人不是本案所涉四家公司的发起人或者股东，其不能证实购买过四家公司的股票。基于被上诉人没有完成委托事务，故上诉人要求解除合同、退还购股款于法有据。上诉人认为一审法院对于陈乙持有股票的事实认定依据不足，同时，一审法院在上诉人是否认可被上诉人出具的书面凭证和被上诉人是否有义务将股票交付上诉人等争议问题上适用法律错误。上诉人据此请求撤销原判，改判支持其一审诉讼请求。

被上诉人杨某答辩称，本案所涉四家公司的组建时间早于被上诉人购买股票的时间，并且购买的四家公司股票均为未上市公司的股票，所以在有关工商登记材料中不可能反映被上诉人为这些公司的股东。购股时，各方对购买股票的过程都很清楚，如果上诉人对购买股票的价格和时间不确认，是不可能购买的。被上诉人已经完成了委托事务，不应再承担本案责任。被上诉人请求驳回上诉人的上诉请求。

二审法院经审理查明：被上诉人在二审中陈述，一审中其提及的7000股新瑞华股票应为上诉人弟弟陈丙购买，并非一审判决书所认定的陈乙购买。一审其他查明的事实属实，二审法院予以确认。

另查明：在被上诉人出具给上诉人的2007年10月31日书面凭证上，落款处载明“账户拥有人：杨某”。

二审法院认为，根据一审查明的事实，上诉人在2000年底至2001年初就口头委托被上诉人购买未上市公司的股票，此后又先后交付被上诉人165540元用于购买股票，据此，双方之间形成了口头委托合同法律关系。本案中，双方当事人对于被上诉人是否依约履行委托事务存在争议，从被上诉人在一审中提供的证据看，被上诉人向一审法院出示了其购买股票并在相关托管服务中心登记的凭证，同时，在被上诉人交付上诉人的2007年10月31日书面凭证中又详细告知了购买股票的名称、数量及单价，而未有证据证明上诉人在收到上述书面凭证后向被上诉人提出过异议。此外，尽管相关公司的工商登记信息材料中没有反映被上诉人的股东信息，但是并不足以否定被上诉人已经购买这些公司股票的事实。一审法院据此认定被上诉人已经依约完成上诉人委托的购买未上市公司股票的事务并无不当，二审法院予以确认。至于被上诉人是否有义务将购买股票交付上诉人一节，就现有事实看，上诉人在委托被上诉人购买股票时除了提供资金，并未向被上诉人交付其他用于股权登记的资料。而被上诉人在一审中已经举证证明除了上诉人外，被上诉人还代数名案外人购买系争股票，这些股票都是以被上诉人名义购得。此外，2007年10月31日书面凭证的落款内容也可反映出被上诉人是以系争股票账户拥有者的身份向上诉人汇报购买股票的情况，而上诉人对此也没有提出异议。根据上述分析意见，应当视为上诉人接受被上诉人以自己名义购买股票的行为。综上所述，一审法院所作判决正确，上诉人所提上诉理由不能成立，二审法院不予支持。据此，依照民事诉讼法（2007年修正）第一百五十三条第一款第一项之规定，判决：驳回上诉，维持原判。

案例评析：根据公司法第一百五十条的规定，股份有限公司成立之前不能向股东交付股票，当然，此时，股东也不能对外转让股票。本案中，陈甲委托杨某认购未上市公司股票，双方签订的委托合同是双方真实意思表示的体现，也不违反法律法规的强制性规定，应认定为有效。现陈甲以杨某未将股票登记在其名下，未分红利为由，要求杨某退还股票款的诉请不能成立，故两审法院均驳回了其诉讼请求。

【风险防范】

公司法第一百五十条立法本意是防止股份有限公司在未成立之前就将股票交付股东，以防止股东转让未生效的股票，进而保护善意第三人利益。因此，认购股份有限公司发行的股票时，首先要明确发行股票的公司是否已依法成立，公司股票是否有效，否则，认购未生效股票可能遭受经济损失。

【相关规定】

《中华人民共和国公司法》第一百五十条

风险点35

股份转让场所纠纷

【风险解读】

公司法第一百五十八条规定："股东转让其股份，应当在依法设立的证券交易场所进行或者按照国务院规定的其他方式进行。"证券交易所是国家批准设立的专门为证券交易提供公开竞价交易场所的事业法人。目前，我国大陆地区设有深圳证券交易所、上海证券交易所、北京证券交易所，香港地区设有香港证券交易所。

【典型案例】

股份有限公司股权转让效力认定

上诉人（一审原告）：姚某。

被上诉人（一审被告）：许某。

A公司于2015年5月在全国中小企业股份转让系统（以下简称新三板）挂牌交易，于2019年3月终止挂牌。此外，A公司章程规定，公司董事、监事和高级管理人员在任职期间每年转让的股份不得超过其持有的公司股份总数的25%。2017年5月，A公司股东姚某与许某签订了一份股份转让协议。该协议约定：第一，姚某将其持有的A公司30万股股份转让给许某（姚某当时共持有公司70万股股份，转让30万股股份超过了持有公司股份总数的25%）。第二，姚某代许某持有该股份。第三，股权转让款在协议签字生效后六十日内支付。双方签订股权转让协议后，许某一直未支付股份转让款。

2020年10月，姚某提起诉讼，请求法院判决许某支付股份转让款及相应利息。一审法院审理后认为，案涉股份转让协议无效，姚某无权依据案涉股份转让协议要求许某支付股份转让款及相应利息。姚某不服一审判决提起上诉，二审判决：驳回上诉，维持原判。

案例评析：2023年修订公司法第一百五十八条规定，股东转让其股份，应当在依法设立的证券交易场所进行或者按照国务院规定的其他方式进行。本案中，姚某与许某签订股份转让协议时，A公司是新三板挂牌公司，其股份转让应在新三板以公开集中竞价的方式进行。姚某与许某约定的“股份转让＋代持”的模式明显是为了规避金融监管，该行为扰乱了金融市场的正常秩序，损害了不特定投资者的利益。此外，案涉股份转让协议违反公司法关于股份有限公司的董事、监事和高级管理人员股份转让份额的限制性规定，也不符合A公司章程的相关要求。故案涉股份转让协议应认定无效。健康有序的市场秩序是中小投资者合法权益实现的前提和保障，本案裁判不但依法保护了中小投资者合法权益，而且对于规范金融市场运行秩序和市场主体行为具有指引作用，也为优化法治化营商环境提供了实践样本。

【风险防范】

本节所讲股份转让是指股份有限公司股份持有人依法转让自己所持有的股份。公司法对股份有限公司依法发行的股票、债券的转让、交易，不仅在转让的主体、期限上有规定，而且对转让场所及交易的方式也有一系列规定。我国证券法及证券交易相关规定等亦有相应的规定，故股份转让双方应依法进行转让或交易，以免产生纠纷。

【相关规定】

《中华人民共和国公司法》第一百五十八条、第一百六十条

《中华人民共和国证券法》第七章

风险点 36

公司收购本公司股份纠纷

【风险解读】

一般情况下，股份有限公司不得收购本公司的股份，因为股份有限公司是独立法人，它与股东在法律上是两个完全不同的主体，如果公司收购本公司股份，则意味着它变成自己公司的股东，使公司和股东之间利益平衡遭到破坏；同时，股份有限公司必须坚持股本充实原则，而当公司收购本公司股份后，必然造成公司现实财产减少，导致侵犯债权人的权益。所以，公司法第一百六十二条第一款规定了公司可收购本公司股份的六种情形。（1）减少公司注册资本；（2）与持有本公司股份的其他公司合并；（3）将股份用于员工持股计划或者股权激励；（4）股东因对股东会作出的公司合并、分立决议持异议，要求公司收购其股份；（5）将股份用于转换公司发行的可转换为股

票的公司债券；（6）上市公司为维护公司价值及股东利益所必需。

公司法第一百六十二条第二款对不同情形下公司收购本公司股份需经程序作出规定：公司因第（1）项、第（2）项情形收购本公司股份的，应当经股东会决议；公司因第（3）项、第（5）项、第（6）项情形收购本公司股份的，可以依照公司章程或股东会的授权，经三分之二以上董事出席的董事会会议决议。

公司法第一百六十二条第三款对收购本公司股份后转让或注销本公司股份作出期限限制：属于第（1）项情形的应在收购之日起十日内注销；属于第（2）项、第（4）项情形的，应当在六个月内转让或注销；属于第（3）项、第（5）项、第（6）项情形的，公司合计持有的本公司股份数不得超过本公司已发行股份总数的10%，并应当在三年内转让或注销。

公司法第一百六十二条第四款对上市公司收购本公司股份作出特别要求：上市公司收购本公司股份的，应当依照证券法的规定履行信息披露义务。上市公司因该条第一款第（3）项、第（5）项、第（6）项规定的情形收购本公司股份的，应当通过公开的集中交易方式进行。

公司法第一百六十二条第五款规定："公司不得接受本公司的股份作为质权的标的。"

【典型案例】

公司收购本公司股份的情形[①]

上诉人（一审原告）：刘某。

被上诉人（一审被告）：新某公司。

张某等38人以货币资金形式出资成立新某公司。2003年，刘某分别从李某、陈某、薛某、苏某处受让2000元、5000元、3000元、2万元股份，成为新某公司股东。新某公司向刘某出具收据，确认收到刘某股金3万元。

新某公司的公司章程第六章"股东转让出资的条件"中第九条规定："股

① 案例中一审法院引用的公司法（2005年修订）第七十五条现为公司法（2023年修订）第八十九条。

东之间可以相互转让其部分或全部出资。凡因退休、调出、辞职、死亡或被公司辞退、除名、开除而离开本企业的职工，其所持股份应在本企业内部进行转让。当出现职工争要或都不要的情况时，由董事会决定解决办法，可用任意盈余公积金或未分配利润回购，并按股东持股比例分配给其他股东。”

之后，刘某从新某公司退休。2011 年 8 月 11 日，刘某将新某公司诉至该院，由于新某公司注册资本为 100 万元，刘某向新某公司出资 3 万元，占新某公司注册资本的 3%，故刘某要求新某公司按照公司章程第九条的规定，以新某公司截至 2010 年 12 月 31 日净资产的 3%收购其所持公司股份。2012 年 4 月 15 日，新某公司作出董事会决议：针对刘某未进行股份转让，也未向董事会提交申请回购其所持股份，直接向法院提起诉讼要求公司回购一事，根据公司法及公司章程有关规定，决定不回购刘某所持公司股份。

诉讼过程中，刘某对新某公司 2010 年度审计报告中的公司净资产数额提出异议，申请对新某公司的资产情况重新进行审计。刘某为此支付审计费 3 万元。一审法院认定，刘某的股东身份合法有效，本案的关键在于如何理解公司章程第六章“股东转让出资的条件”中第九条之规定。该条规定包括以下含义：第一，公司股东之间有转让出资的权利；第二，对于离开公司的职工，其所持股份应在公司内部转让；第三，如股东要求转让出资，但公司职工争要或都不要时，董事会对此有决策权，可先收购后再按股东持股比例分配给其他股东，也可不予收购。根据公司法（2005 年修订）第七十五条的规定，在有限责任公司中，回购股权的权利只限于异议股东享有，其他股东不能请求回购股权，公司也不能主动回购股权。依据本案事实，刘某要求新某公司收购其股权并不满足上述法定条件。作为公司自治的依据，公司章程亦未规定当股东要求转让出资但公司职工都不要时，新某公司必须收购其所持股份，公司章程仅规定董事会对该问题的解决享有决策权。而董事会已作出决议不回购刘某所持股份。故刘某要求新某公司以截至 2010 年 12 月 31 日净资产的 3%回购其所持公司股份并支付利息的主张，依据不足，法院不予支持。判决：驳回刘某的诉讼请求。

刘某不服，提起上诉。

二审法院认为，本案中，刘某系依据新某公司的公司章程中第六章第九条

“股东之间可以相互转让其部分或全部出资。凡因退休、调出、辞职、死亡或被公司辞退、除名、开除而离开本企业的职工，其所持股份应在本企业内部进行转让。当出现职工争要或都不要的情况时，由董事会决定解决办法，可用任意盈余公积金或未分配利润回购，并按股东持股比例分配给其他股东”的内容提起诉讼，要求新某公司以截至2010年12月31日的公司净资产的3%收购其所持股份。对此，二审法院认为，上述条款并未规定在公司职工出现退休等情况要求转让出资但公司职工都不要时，新某公司必须对该职工所持股份进行收购，同时，根据双方当事人在诉讼中的陈述，刘某坚持要求新某公司以截至2010年12月31日净资产的3%收购其股份，而新某公司则同意以刘某出资的数额3万元作为垫付资金收回刘某所持股权，刘某对此明确表示不同意，故双方未就股份收购价款达成一致意见。现新某公司不同意收购刘某所持股份，双方未就新某公司收购刘某所持新某公司股份一事达成一致意见，故刘某在本案中要求新某公司以公司净资产的3%收购其股份的诉讼请求不能成立。

综上所述，刘某的上诉理由均不能成立，对其上诉理由二审法院均不予支持。

一审判决认定事实清楚，适用法律正确，处理结果亦无不当，二审法院予以维持。判决：驳回上诉，维持原判。

案例评析：依据公司法关于资本充实原则及公司设立后不得以任何形式抽逃资金的要求，公司法对公司收购本公司股份作出明确的规定。刘某起诉依据的公司章程第六章第九条规定“股东之间可以相互转让其部分或全部出资。凡因退休、调出、辞职、死亡或被公司辞退、除名、开除而离开本企业的职工，其所持股份应在本企业内部进行转让”，实际上是公司章程对公司股份转让的限制，并不是公司应收购本公司股份的规定。而且在公司法对公司回购有明确规定的情况下，公司章程也不能另行规定可以收购本公司股份。刘某的诉求也不符合公司法规定的公司收购本公司股份的几种情形，故法院驳回了刘某的诉讼请求。

【风险防范】

公司法第一百六十二条基于股份有限公司与其股东是法律上完全不同的两个主体，为防止股份有限公司的股东利益平衡遭到破坏，侵害公司债权人利益，规定股份有限公司只有在六种情形下才能收购本公司的股份，而且对于每一种情形下的回购期限、回购比例等均作了明确规定。股份有限公司的股东可以在公司内部或对外依法转让自己的股份，但请求公司回购自己的股份必须符合公司法第一百六十二条的规定。

【相关规定】

《中华人民共和国公司法》第一百六十二条

【诉讼指导】

关于股权确认与转让纠纷的诉讼时效、诉讼主体、管辖法院、适用法律的原则等，现参照相关规定结合诉讼实际提出以下指导意见。

1. 诉讼时效。关于股权确认与转让之诉的诉讼时效，相关法律法规无具体规定，各地法院做法也不一致，有的主张适用民法典第一百八十八条，从当事人知道或应当知道权利受到损害之日起算三年，最长不超过二十年。由于股权不等同于债权，也不能完全适用关于债权诉讼时效的规定，笔者认为，对股权确认与转让之诉，应依据此类纠纷的诉讼类型分别确定：凡是涉及侵权性质的，例如，隐名股东与显名股东之间的股权争议、因股权转让而引起一方要求确权纠纷、挂名股东或冒名股东与实际股东之间的纠纷等，可适用关于三年诉讼时效的规定；而由于公司登记错误，或因继承、赠与而产生的请求确权纠纷，应当放宽，可适用关于最长二十年诉讼时效的规定，这样更符合诉讼时效的立法本意。

2. 诉讼主体。（1）关于股权确认之诉中各方当事人地位的确定，各地法院做法不一，但《最高人民法院关于适用〈中华人民共和国公司法〉若干问题的规定（三）》第二十一条明确“当事人向人民法院起诉请求确认其股东资格的，应当以公司为被告，与案件争议股权有利害关系的人作为第三人参加诉讼”，因此，应依据该条规定，股权确认之诉以公司为被告，与本案有利害关系的人，则作为第三人参加诉讼。（2）股权转让之诉的诉讼主体应依照诉讼的类型分别确定。公司股东认为转让协议违反公司法或公司章程规定提起请求确认转让协议无效或请求撤销转让协议诉讼的，应以股权转让人和受让人为被告。股权受让人或转让人因对方在转让过程中存在违法、违规、违约而提起诉讼的，则应以违约方为被告，公司及其他股东只有在存在利害关系时可作为第三人参加诉讼。股权转让人和受让人在履行转让合同中请求公司变更登记而公司怠于变更登记的，股权转让人或受让人单独或作为共同原告对公司提起诉讼。涉股权转让优先购买权诉讼，则应以转让股东、受让人为被告，公司作为第三人参加诉讼。

3. 地域管辖。民事诉讼法及《最高人民法院关于适用〈中华人民共和国民事诉讼法〉的解释》对公司诉讼的地域管辖作出了规定。民事诉讼法第二十七条对公司诉讼管辖作出了明确的规定：“因公司设立、确认股东资格、分配利润、解散等纠纷提起的诉讼，由公司住所地人民法院管辖。”公司住所地主要是指公司的主要办事机构所在地，当其与公司注册地、其他营业场地不一致时，应以主要办事机构所在地为准。主要办事机构所在地是指公司经营管理及业务活动的核心机构所在地。

4. 举证责任。依照民事诉讼“谁主张，谁举证”的基本原则，请求确认股权的原告，应依照公司法及相关司法解释关于股权确认的规定，向法院提供以下证据：（1）股东名册。股东名册作为一种宣示性登记和证权性登记，在公司与股东之间发生确权纠纷时，股东名册登记的股东可以据其向公司主张权利。（2）公司章程。依照公司法第四十六条的规定，作为公司“宪法”的章程，既具有对内效力，又具有对外效力，是法院认定股东资格的重要依据。（3）出资证明书。出资证明书是公司颁发给股东的出资凭证，是确认股东资格及股权份额的直接证明，在无相反证据推翻的情况下，可依照其确认当事人向公司投资的事实，但如果要确认其股东资格，还要有半数以上股东知情同意的证明。（4）公司登记。公司法第二十九条、第三十四条、第八十六条、第二百六十条规定，设立公司应依法进行公司登记，股东变动要进行变更登记，公司登记具有向社会公示的作用，是确认股东资格的重要依据。（5）隐名股东实际行使股权的相关证据。这是确认隐名股东股东资格的证据之一。

5. 股权确认的基本原则。结合以上案例，在认定和处理股权确认纠纷中应遵循以下原则。

（1）在公司、股东与第三人发生纠纷时，应当坚持外观主义原则，以公司登记为准。公司登记具有对外公示股东股权的效力，第三人可据此确认其股东资格，并要求其承担股东责任和义务。

（2）公司内部股东之间发生纠纷时，则应以股东名册的记载确定股东和股东资格。股东可依股东名册的记载向公司主张股东权利，公司则应依据股东名册识别股东并履行公司对股东的各项义务。对于股东名册虽未记载，但该股东已实际行使权利，半数以上股东知情并认可的，也可确认其股东资格。

（3）出资有瑕疵的股东，其他股东要求剥夺或限制其股权的纠纷。包括干股股东和出资不到位的股东，依照公司法第四十九条第三款规定，并不导致股东资格丧失，而是要承担向公司补足出资额并对给公司造成的损失承担赔偿责任，《最高人民法院关于适用〈中华人民共和国公司法〉若干问题规定（三）》明确了承担责任的范围。

（4）隐名股东与显名股东股权确认的原则。总的原则是内外有别，区别对待。当隐名股东要求确认其股东资格与显名股东或公司及其他股东产生纠纷的，隐名股东不能以与显名股东之间的协议对抗公司及其他股东，也不能仅以其部分投资事实请求确认其股东资格，而必须是公司半数以上股东知情并认可，才能确认其股东资格；但是，第三人与隐名股东或显名股东发生纠纷要求其承担责任的，则应以公司登记为准确认其股东资格，这就是内外有别原则。对于冒名股东要求确认其股权的请求，则应根据《最高人民法院关于适用〈中华人民共和国公司法〉若干问题的规定（三）》第二十八条的规定处理。

6. 关于涉外股权确认之诉，一般应适用民事诉讼法第二百七十九条的规定，由我国法院管辖，同时，也应针对案件不同情况，依据民事诉讼法关于协议管辖的规定来确定管辖。

股权既具有物权性又具有人身性，依据国际私法关于物权纠纷适用物之所在地法的观点，应将股票发行公司所在地法律作为适用法律的依据。

第四章

股东权益纠纷

DI SI ZHANG

GUDONG QUANYI JIUFEN

股东权益是股东依据对公司的投资比例和公司章程约定享有的最基本的权利。股权既非所有权，也非普通债权，而是一种综合权利。权利依据行使的目的，可分为共益权和自益权。自益权主要指财产权，包括分配利润请求权、股权转让权、剩余财产索取权等。共益权主要指参与公司管理权，包括股东知情权、表决权、质询权等。

依据公司运营管理实践及司法实际，股东权益纠纷大致分为股东知情权纠纷、公司盈余分配权纠纷、公司决议损害股东权纠纷、股东会会议召集权纠纷、利用关联关系损害公司利益纠纷等，本章就最常见的几类纠纷结合典型案例分别论述。

风险点 37

股东知情权纠纷

【风险解读】

依据公司法第五十七条、第一百一十条、第二百零九条的规定，有限责任公司股东知情权范围，包括公司章程、股东名册、股东会会议记录、董事会会议决议、监事会会议决议、财务会计报告和会计账簿、会计凭证。股份有限公司股东知情权范围，包括公司章程、股东名册、股东会会议记录、董事会会议决议、监事会会议决议、财务会计报告。同时，公司法对股东行使知情权作了一定限制。一是股东要求查阅会计账簿、会计凭证，必须向公司提出书面请求，说明目的。公司有合理根据认为请求有不正当目的，可能损害公司合法利益的，可以拒绝提供查阅。二是查阅公司的会计账簿、会计凭证的股份有限公司股东须连续一百八十日以上单独或者合计持有公司 3% 以上股份。为防止公司以不合法为由拒绝股东查阅，股东有权要求公司自股东提出书面请求之日起十五日内给予书面答复并说明理由，如果股东认为理由不当，还可向人民法院提起诉讼。

2023 年修订公司法第五十七条第三款至第五款新增规定：股东行使查阅权时可以委托中介机构进行；股东知情权范围延伸到全资子公司。

【典型案例】

1. 已实际转让股权的股东能否行使股东知情权[①]

上诉人（一审原告）：胡某民。

被上诉人（一审被告）：某运输公司。

某运输公司为自然人投资控股公司，股东由胡某家、胡某民、李某 1、方

① 详见贵州省高级人民法院（2016）黔民终 334 号民事判决书。

案例中一审法院引用的公司法（2013 年修正）第三十三条现为公司法（2023 年修订）第五十七条。

某桃四人组成，四人持股比例分别为40%、20%、20%、20%。公司法定代表人为胡某家，监事为胡某民。后因股权变动，某运输公司股东变更为胡某家、胡某民、李某1、方某桃、李某2五人，每人持股20%。

2014年初，胡某民通过QQ邮箱向胡某1发出股权转让协议，表示愿意将其所在某运输公司股权20%，以20万元进行转让。后胡某家知悉后表示其愿意出资购买，同时，根据胡某民的要求向其支付利润分红35万元，双方未签订股权转让协议。胡某家先后共计向胡某民付款55万元。之后，胡某民便离开某运输公司，未再参与某运输公司经营管理，但二人未办理股权变更登记手续。

2015年6月11日，胡某民通过韵达速递向某运输公司法定代表人胡某家送达义务告知书，内容是要求某运输公司向其提交财务报表、会计凭证、会计账簿等相关资料，并委托会计师事务所进行审计。胡某家以胡某民已退股为由，不同意进行审计。胡某民遂向法院提起诉讼，请求判令：某运输公司完整提供公司自成立起至起诉时的财务账簿、财务会计报告供胡某民及其委托的会计师事务所查阅、审计。

本案在诉讼期间，经某运输公司股东胡某家、李某1、李某2、方某桃提议，公司召开临时股东会，并向胡某民发出召开股东会通知书。胡某民全权委托代理人唐某洲参加会议。会上讨论了公司在成立初期，股东实际出资分别为胡某家出资2万元，胡某民、李某1和方某桃各出资1万元，共出资实为5万元，公司注册资金为30万元，其中有25万元为胡某家借款代各股东垫资，决议由各股东分别补缴5万元，参会股东胡某家、李某1、李某2、方某桃均同意补缴，胡某民的委托代理人唐某洲发表意见为“关于补缴股金，委托人已退股，补缴股金未与委托律师沟通，对该事不表态”。同时，股东会还对其他事项进行了讨论，并于当天作出决定：补缴的5万元出资应自当日起十日内缴清。

一审法院认为，本案双方当事人争议的焦点为：一是胡某民是不是公司股东，有无权利查阅公司的财务账目；二是胡某民要求查阅公司财务账目是否符合法律规定。

一审法院认为，公司法（2013年修正）第三十三条规定，股东有权查阅、复制公司章程、股东会议记录、董事会会议决议、监事会会议决议和财务会计报告，可以要求查阅公司会计账簿。根据该规定，只有具备公司股东资格的股东，才有权要求公司提供资料进行查阅。2014年初，胡某民已通过QQ邮箱向胡某1发出股权转让协议，愿意将其在某运输公司持有的20%股权以20万元进行转让，胡某家得到该信息后，根据胡某民拟定的股权转让协议及收入情况表，经双方协商已形成股权转让合意。尔后，胡某家按胡某民的要求，已先后两次向胡某民及其妻杨某账户转款55万元，其中，支付股权转让款20万元，支付公司利润分红35万元。由于胡某民在某运输公司持有的20%股权已转让给胡某家，胡某民已经不是某运输公司的实际股东，其以股东身份主张行使股东权利，诉请要求查阅某运输公司2011年以前的财务资料，不符合法律规定，理由不成立，法院不予支持。

关于胡某家是否已向胡某民支付股权转让款的问题。胡某民认为胡某家向其支付的55万元，属于公司向其支付的利润分红，但其未能提供证据证实。而胡某家陈述的其支付的55万元中有20万元用于支付胡某民股权转让款，不仅有公司其他股东出庭证实，也有胡某民通过QQ邮箱向胡某1发出的股权转让协议在案佐证，相关证据与胡某家的陈述能够相互印证，胡某家向胡某民支付股权转让款20万元，法院予以确认。胡某民认为胡某家向其支付的55万元，全部为公司利润分红，依据不足，理由不充分，法院不予采信。

关于胡某民与胡某家未签订股权转让协议，股权转让是否成立的问题。胡某民对外发出股权转让意思表示，并将其拟定的股权转让协议发给他人，应视为一种订立合同的要约行为。胡某家已经按照胡某民对外发出的股权转让协议，向胡某民支付了股权转让款20万元。不仅胡某家履行了支付股权转让款的义务，而且胡某民已经接受了胡某家的股权转让款。之后，胡某民离开了某运输公司，未以某运输公司股东的身份参与公司经营管理。虽然双方未签订股权转让协议，但是事实上双方已经完成了股权转让交易，股权转让交易事实存在，法院予以确认。胡某民认为双方未签订股权转让协议，股权转让不成立，其仍为某运输公司股东，不仅违背了诚信原则，而且与客观事实不符，法院不予采纳。

综上所述，胡某民已经将其持有的某运输公司全部股权转让给胡某家，不再是某运输公司的股东，其主张判令某运输公司提供公司财务账簿、财务会计报告供其查阅，不符合公司法的法律规定，理由不充分，法院不予支持。故依照公司法（2013年修正）第三十三条之规定，判决：驳回胡某民的诉讼请求。案件受理费由胡某民承担。

胡某民不服一审判决，提起上诉。

二审法院认为，根据当事人的诉辩意见，本案的争议焦点是：胡某民是否具有某运输公司股东身份，能否行使股东知情权。股东知情权作为法律赋予公司股东的一项基础性权利，目的是保障股东权利的充分行使，行使该权利的主体是公司股东。本案中，根据工商登记显示及公司章程记载，胡某民是某运输公司股东，持有公司20%的股权，从形式上而言，胡某民符合公司股东的主体身份。但是某运输公司抗辩称胡某民已经将其持有的股权转让给了胡某家，尚未办理股权过户登记手续，胡某民事实上已不再是公司股东，其不能再对公司财务账簿进行查阅，并且提供了相关证据予以证明。法院认为，胡某民持有的股权是否转让是其是否具有股东身份、能否行使股东权利的基础。一般而言，原股东将其持有的股权转让后即不再享有股东权利和承担股东义务，除非当事人之间有特别约定。本案中，胡某民与胡某家之间没有签订书面的股权转让协议，胡某民也没有证据证明双方之间有特别约定。结合胡某家关于胡某民已经将股权转让给自己的陈述、某运输公司其他股东在一审中作出的关于股权已经转让的证言，以及胡某民在二审中关于股权已经转让给胡某家的自认，可以认定胡某民持有的某运输公司20%的股权已经转让，胡某民不再具有某运输公司股东身份，其关于行使股东知情权的诉讼请求不应得到支持。判决：驳回上诉，维持原判。

案例评析：本案争议焦点是，胡某民是否为公司股东，有无权利查阅公司财务账目。依据我国公司法规定，公司股东行使知情权必须具备公司股东资格。胡某民原先是公司股东，但后来将股权转让给胡某家，胡某家已按胡某民要求支付股权转让款20万元，并支付公司利润分红款35万元。虽然双方未签订书面股权转让协议，但股权转让已实际履行完毕。认定胡某民是否为公司股东，主要是看胡某民所持股权是否已实际转让。依据一审、二审查明的事实，双方股权转让已实际完成，胡某民已不是公司股东，故一审、二审法院均驳回了胡某民的诉讼请求。

2. 股东行使知情权的前置条件、合法目的及范围的确定[①]

原告：李某君、吴某、孙某、王某兴。

被告：佳某公司。

佳某公司是从事房地产开发的有限责任公司，施某生、王某兴、张某林、孙某、吴某是该公司股东。2007年9月7日，张某林将其持有的全部股权转让给李某君。

2009年4月8日，四原告向被告佳某公司递交申请书，称公司经营至今没有发过一次红利，并对外拖欠大量债务，使四申请人的股东权益受到了严重侵害。四申请人准备于2009年4月23日前，在公司住所地依据公司法的规定查阅或复制公司的所有资料。2009年4月14日，四原告即诉至法院，被告佳某公司于2009年4月20日函复四原告，对于申请书所述事项，公司委托律师代为处理。佳某公司和广某公司曾签订《建设工程施工合同》，广某公司派驻管理工程的项目经理为张某林。2009年2月18日，广某公司以佳某公司拖欠其工程款为由，向宿迁仲裁委员会提请裁决。

一审法院认为，本案一审的争议焦点为：一是四原告行使知情权的范围是否有法律依据；二是四原告要求查阅、复制公司会计账簿是否具有不正当目的。

公司法（2005年修订）第三十四条第二款的规定明确，股东对公司会计账簿行使知情权的方式仅为查阅，且不能有不正当目的。但被告佳某公司原股东张某林现为广某公司派驻管理工程的项目经理，因广某公司和佳某公司之间涉及巨额工程款的仲裁案件未决，与佳某公司之间存在重大利害关系。查阅、复制申请书和四原告的民事起诉状及授权委托书上均有张某林签字，四原告对此不能作出合理解释。上述证据证明张某林与本案知情权纠纷的发动具有直接的关联性，也证明四原告在诉讼前后与张某林之间一直保持密切交往，四原告提起知情权诉讼程序不能排除受人利用，为公司的重大利害关系人刺探公司秘密，进而图谋自己或第三人的不正当利益的重大嫌疑。

虽然股东调查公司的财务状况是其正当权利，然而，一方面，从被告佳某

① 案例中一审、二审法院引用的公司法（2005年修订）第三十四条现为公司法（2023年修订）第五十七条。

公司的工商登记材料来看，四原告声称“对公司经营现状一无所知”显然不属实；另一方面，即使四原告查阅会计账簿具有了解公司经营状况的正当目的，但同时四原告的查阅很可能具有放任损害公司正当利益的主观故意，而目前正在审理的广某公司与佳某公司的仲裁案件，标的额巨大，对比四股东的知情权，在二者发生冲突时，二者相害取其轻，应优先保护佳某公司的权益。四原告可以在仲裁案件结案后或者在证明已经排除查阅会计账簿与张某林的关联性之后，再行主张自己对会计账簿的知情权。

此外，公司法（2005年修订）第三十四条第二款还规定了股东提起知情权诉讼的前置程序。具体到本案而言，四原告在2009年4月8日递交公司的申请书中称“四申请人准备于2009年4月23日前”至公司行使知情权，但2009年4月14日四原告即至法院起诉，间隔仅为六天，因此，四原告的起诉不符合法定的前置要件。

综上所述，四原告要求行使知情权不仅超出法定范围，且其关于查阅会计账簿的起诉违反法定前置程序，同时，被告佳某公司有合理根据怀疑四原告行使该权利可能损害公司合法利益，故对四原告的诉讼请求不予支持，驳回原告诉讼请求。

李某君、吴某、孙某、王某兴不服一审判决，提起上诉。

二审法院认为，本案二审的争议焦点为：一是四上诉人提起知情权诉讼是否符合法律规定的前置条件；二是四上诉人要求行使知情权是否具有不正当目的；三是四上诉人主张行使知情权的范围是否符合法律规定。

关于四上诉人起诉要求行使知情权是否符合公司法规定的前置条件。本案中，四上诉人诉请的性质为查阅权。公司法（2005年修订）第三十四条第二款规定，股东提起账簿查阅权诉讼的前置条件是股东向公司提出了查阅的书面请求且公司拒绝提供查阅。这一前置条件设定的目的在于既保障股东在其查阅权受侵害时有相应的救济途径，又防止股东滥用诉权，以维护公司正常的经营。本案中，四上诉人于2009年4月8日向佳某公司提出书面请求，虽然同年4月14日四上诉人至一审法院起诉时佳某公司尚未作出书面回复，但佳某公司在同年4月20日的复函中并未对四上诉人的申请事项予以准许，且在庭审答辩中亦明确表明拒绝四上诉人查阅、复制申请书及诉状中所列明的各项资料。至此，四上诉人有理由认为其查阅权受到侵害进而寻求相应的法律救济途径，此时不宜再以四上诉人起诉时十五日答复期未满而裁定驳回其起诉，而应对本案作出实体处理。

关于四上诉人要求行使知情权是否具有不正当目的。由于股东的知情权涉及股东和公司之间的利益冲突，在保护股东利益的同时也应适当照顾公司的利益，使双方利益衡平，故知情权的行使应当符合一定的条件并受到一定的限制。本案中，四上诉人向被上诉人佳某公司提出书面请求说明其行使知情权的目的是了解公司实际经营现状。佳某公司以四上诉人具有不正当目的为由拒绝其查阅，则应对四上诉人具有不正当目的并可能损害其合法利益承担举证责任。佳某公司所举证据不足以证明四上诉人查阅公司会计账簿具有不正当的目的，且可能损害佳某公司合法利益。股东知情权是股东固有的、法定的基础性权利，若无合理根据证明股东具有不正当目的，则不应限制其行使。佳某公司拒绝四上诉人对公司会计账簿行使查阅权的理由和依据不足，不予采信。

关于四上诉人主张行使知情权的范围是否符合法律规定。四上诉人请求查阅、复制被上诉人佳某公司的所有公司资料。被上诉人佳某公司辩称其已向四上诉人提交了自公司成立起的全部工商设立、变更、年检登记文件及审计报告等资料，履行了配合股东行使知情权的法定义务。对此，法院认为，账簿查阅权是股东知情权的重要内容。股东对公司经营状况的知悉，最重要的内容之一就是通过查阅公司账簿了解公司财务状况。四上诉人查阅权行使的范围应当包括会计账簿和会计凭证。对于四上诉人要求查阅其他公司资料的诉请，因超出了公司法（2005 年修订）第三十四条规定的股东行使知情权的查阅范围，不予支持。关于查阅的时间和地点，公司法赋予股东知情权的目的和价值在于保障股东权利的充分行使，但这一权利的行使也应在权利平衡的机制下进行，即对于经营效率、经营秩序等公司权益不应造成不利影响。因此，四上诉人查阅的应当是与其欲知情的事项相互关联的材料，而并非对公司财务的全面审计，故查阅应当在公司正常的业务时间内且不超过十个工作日，查阅的方便地点应在佳某公司。

关于四上诉人要求复制被上诉人佳某公司会计账簿及其他公司资料的诉讼请求，法院认为，公司法赋予了股东获知公司运营状况、经营信息的权利，但同时也规定了股东行使知情权的范围。公司法（2005年修订）第三十四条第一款将股东有权复制的文件限定于公司章程、股东会会议记录、董事会会议决议、监事会会议决议和财务会计报告。第二款仅规定股东可以要求查阅公司财务会计账簿，但并未规定可以复制，而且佳某公司章程亦无相关规定，因此，四上诉人要求复制佳某公司会计账簿及其他公司资料的诉讼请求既无法律上的规定，又超出了公司章程的规定，不予支持。

综上所述，一审判决认定四上诉人行使股东知情权具有不正当目的错误，导致实体处理不当，依法应予纠正。判决：撤销一审法院民事判决；被上诉人佳某公司于本判决生效之日起十日内提供自公司成立以来的公司会计账簿和会计凭证供上诉人李某君、吴某、孙某、王某兴查阅；驳回上诉人的其他诉讼请求。

案例评析：本案争议的焦点是，李某君等四原告要求行使股东知情权是否符合前置条件，查询目的及范围是否符合法律规定。一审法院认为，由于被告佳某公司所涉仲裁案件相对方的工程承包人广某公司的张某林是佳某公司原股东，并在四原告查阅、复制申请书上签名，怀疑四原告行使知情权将对公司仲裁案不利，且四原告对此不能作出合理解释，因而行使知情权具有不正当目的。且四原告在递交申请书后仅六日即起诉，不符合法律规定的公司拒绝提供查阅并在十五日内答复股东的前置程序，故驳回四原告诉讼请求。二审法院认为，虽然四原告起诉时未满规定的十五日，但被告作出复函及被告庭审答辩时均拒绝四原告请求，四原告寻求法律救济的条件已成就。对于四原告行使知情权的目的，被告认为是为另一案件搜集对佳某公司不利的证据，但未举证，且四原告在佳某公司共占54%股权，如果公司在另一仲裁案件中败诉，给四原告带来的损失最大，因此，被告拒绝查阅的理由不合常理。四原告关于复制相关文件的请求，不符合法律规定，法院不予支持，遂判决被告自判决生效之日起十日内提供佳某公司自成立以来的会计账簿、会计凭证供四原告查阅。

3. 在审查股东知情权目的是否合法时原告、被告的举证责任分配[①]

再审申请人（一审被告、二审上诉人）：国某公司。

被申请人（一审原告、二审被上诉人）：邹某娜。

国某公司的工商登记显示，其股东为黄某仕、邹某娜、贾某超。黄某仕为执行董事、法定代表人、总经理，邹某娜为监事。2016年7月26日，邹某娜向国某公司及其法定代表人黄某仕分别邮寄查阅会计账簿申请函，申请对自2008年1月1日起至2015年12月31日止的会计账簿进行查阅，对财务会计报告、股东会会议记录进行查阅、复制。邮政特快专递单的收件地址为国某公司的住所地。寄给国某公司的快递回单收件人一栏签名为“黄某仕”。同时，国某公司及黄某仕的邮政特快专递跟踪查询单均显示“2016年7月28日投递并签收，签收人：本人收”。2016年9月2日，邹某娜因国某公司未履行查阅会计账簿申请函中的内容诉至法院。

一审法院判决，国某公司将自2008年1月1日起至2015年12月31日止的财务会计报告、股东会会议记录、会计账簿备置于国某公司的办公场所内供邹某娜查阅、复制，查阅、复制的时间不超过十五个工作日。

国某公司不服一审判决，提起上诉。

对于一审认定的事实，二审予以确认。

二审法院认为，工商登记、股东会会议记录、公司章程修正案等证据可以证明，邹某娜是国某公司的合法股东。国某公司称邹某娜的股东资格存在瑕疵，但是未提供任何证据予以证明，对国某公司的上诉理由，不予支持。邹某娜有权查阅、复制国某公司自2008年1月1日起至2015年12月31日止的财务会计报告、股东会会议记录，一审法院对此认定无误。关于邹某娜要求国某公司提供自2008年1月1日起至2015年12月31日止的会计账簿以供邹某娜查阅的诉讼请求。邹某娜已依法向国某公司提出了查阅会计账簿的书面请求，并说明了查阅目的。同时，邹某娜还提供邮政特快专递单回执及快递跟踪查询单证明国某公司已经签收邹某娜的查阅会计账簿申请函且快件未被退回，国某公司抗辩并未收到该申请函，快递回执单上的签字不是法定代表人黄某仕的签

① 详见广西壮族自治区高级人民法院（2018）桂民再76号民事判决书。

字，但是并没有提供相应的证据予以佐证，一审法院认定该申请函已经有效送达国某公司是正确的。国某公司上诉认为邹某娜经营两家与国某公司业务相同的公司，其查阅国某公司的会计账簿具有不正当目的，国某公司有权拒绝邹某娜的查阅请求。国某公司在一审、二审期间仅提供该两家公司的电脑咨询单，并未提供其他证据证明邹某娜的目的具有不正当性，一审法院对国某公司的主张不予采信正确。二审法院判决：驳回上诉，维持原判。

对原审认定的事实，再审法院予以确认。

再审法院认为，本案争议焦点是国某公司能否以邹某娜查阅会计账簿有不正当目的并可能损害公司合法利益为由拒绝提供查阅。

关于该争议焦点涉及维护股东知情权与保护公司商业信息和秘密之间的利益平衡问题，本案当事人的诉辩内容体现了这两个法益之间的冲突。股东知情权是股东行使其他权利的基础，在法律性质上属于共益权，旨在方便股东了解公司情况，参与股东会议的表决，监督公司的运营，以便更好地促进公司良好运营以及公司利益最大化实现。赋予股东知情权的立法目的并非满足股东个人利益需要，而是维护和促进公司及全体股东的整体利益。因此，股东知情权的行使应具有一定的权利边界，即以不损害公司合法利益为前提，这也是前述法益冲突所应当遵循的平衡点。由于当事人实现自己权利的最终途径是司法诉讼，故权利边界以及法益平衡点反映在诉讼程序中，就是在双方之间就公司合法利益是否受侵害问题分配举证责任。

首先，股东应举证证明自己的股东身份及有权行使知情权。本案中，国某公司于2010年3月29日召开股东会，同意邹某娜基于合法继承许某华34%的股权而成为公司股东。同日，国某公司对公司章程进行修正并办理工商变更登记，将股东姓名变更为贾某超、黄某仕、邹某娜。工商登记显示，截至2016年3月，国某公司的股东再无变更。综上所述，邹某娜有权向国某公司依法主张知情权。至于邹某娜还具有公司监事和清算组成员等身份，并不影响其对公司主张股东知情权。

其次，公司方在拒绝股东行使查阅权时应就公司合法利益是否受损进行举证，其中一种受损情形是股东自营或者为他人经营与公司主营业务有实质性竞争关系的业务，公司方应就此提供证据予以证明。本案中，邹某娜于

2016年7月26日向国某公司及其法定代表人黄某仕分别邮寄查阅会计账簿申请函，寄给国某公司的快递回单收件人一栏签名为“黄某仕”。邹某娜于2016年9月2日因国某公司未答复也未履行查阅会计账簿申请函中的内容诉至法院。国某公司在原审中表明其实际经营的主要业务为某涂料产品，并提供邹某娜作为法定代表人的朗某公司与富某公司企业信用信息公示报告，其显示了该两家公司的经营范围。相较于国某公司营业执照上所列经营范围，朗某公司与富某公司在部分经营类型上与国某公司具有相同或相似的情况。国某公司的举证已初步证明双方之间经营业务相同，可能存在实质性竞争关系，邹某娜的查询行为可能对国某公司的主营业务造成不良影响，其行为具有不正当目的之嫌。

最后，当公司方已初步证明其与股东的经营业务存在实质性竞争关系且公司利益可能受损时，应遵循举证责任转移规则，由主张知情权的股东承担反证义务，就其不具有不正当目的以及行使查阅权不会损害公司利益进一步举证，以自证清白。本案中，国某公司在原审中提供了邹某娜具有不正当目的的表面证据，其已初步完成己方举证责任，邹某娜据此应承担反证义务。经过合议庭在再审庭审中释明，邹某娜在再审中就其行使查阅权的正当目的及其自营公司的经营情况提供了相关证据。法院经审查认为，一方面，邹某娜合法继承其丈夫许某华在国某公司的股权并成为股东，同时，邹某娜在公司任职监事，在国某公司停业清算后担任清算组组长，负责主持清算以及公司日常工作，故邹某娜作为股东及公司清算组组长，为了全面了解国某公司真实的经营状况与财务状况而行使股东知情权，并无不正当目的；另一方面，邹某娜担任法定代表人的朗某公司与富某公司，提供的证据在客观上表明邹某娜自营的两家公司未正常营业，国某公司就此未能进一步提供相反证据，也未能提供证据证明邹某娜自营的公司将要开展与国某公司相同或同类业务，故国某公司关于邹某娜自营公司与其存有同业竞争关系的主张并无事实依据。因此，法院认定邹某娜行使知情权的查询行为不存在不正当目的，邹某娜作为法定代表人的朗某公司、富某公司与国某公司之间实际上不存在竞争关系，不会对国某公司的主营业务造成不良影响进而损害国某公司的合法权益。

综上所述，国某公司拒绝邹某娜作为股东请求查阅公司会计账簿没有事实与法律依据，原审法院支持邹某娜对国某公司主张知情权并无不当，再审法院予以维持。

案例评析：本案争议的焦点是，邹某娜查阅公司会计账簿是否有正当目的。一审、二审法院认为，原告申请查阅公司账簿前，向被告申请并说明查阅目的，公司已收到申请书，符合起诉条件。国某公司认为原告另外经营的公司与国某公司业务范围相同，类型相似，双方存在业务竞争关系。故原告查阅公司账簿目的不正当，但未提供证据证明，故一审、二审法院支持了原告诉讼请求。被告不服，申请再审，再审法院认为，为平衡股东知情权与公司利益两个法益，首先，应由原告就查阅账簿之目的举证，其次，被告就目的是否非法进行举证，即证明原告开办的公司与国某公司存在业务竞争关系，至此，被告举证责任完成。此时，应由原告就知情权目的合法作进一步举证。本案原告提供证据证明其本人开办的公司自2014年起至2017年止并未营业，不存在与被告的竞争关系。而后被告并未进一步提供相反证据，故再审维持原一审、二审判决。

4. 公司被吊销营业执照但未清算情况下，股东如何行使知情权①

上诉人（一审原告）：宁某公司。

被上诉人（一审被告）：中某公司。

一审第三人：中行某支行、东某公司、融某公司。

1992年，中行某支行作为甲方与宁某公司作为乙方签订的合资经营中某公司的合同约定：合营公司注册资本为200万美元，其中，甲方出资102万美元占股51%，乙方出资98万美元占股49%，非经董事会会议一致通过决议，任何一方不得向合营他方或第三者转让或以其他方式处置其全部或部分出资额，合营双方任何一方向第三者转让其全部或部分出资额时，须经另一方同意，应报一审批机构批准并向工商行政管理部门申请办理变更手续等。1992年，中某公司取得中外合资经营企业批准证书及企业法人营业执照。针对宁

① 详见重庆市高级人民法院（2015）渝高法民终字第00335号民事判决书。

某公司诉称中行某支行向东某公司等非法转让中方股东股权及债权等相关情况，重庆市高级人民法院于2011年6月27日作出（2010）渝高法民终字第220号民事判决作出认定，即“涉及处分中某公司资产、转让中某公司股权的约定……未经中某公司外方股东宁某公司的同意，未报审批机关批准，未向登记管理机构办理变更登记手续，应属无效”，以及“东某公司与融某公司再约定转让相关股权和资产的内容也当然无效”。根据该生效判决，现中某公司中方股东仍为中行某支行，港方股东仍为宁某公司。还查明，中某公司1992年成立时核发的营业执照上载明“本执照正本有效期限自1992年10月9日至2007年10月8日”。

一审法院认为，股东知情权是股东享有对公司经营管理等重要情况或信息进行了解和掌握的权利，是股东依法行使资产收益、参与重大决策和选择管理者等权利的基础性权利，故作为中某公司港方股东的宁某公司享有的查阅中某公司历年的股东会会议决议的权利，依法应当得到保护。而股东知情权的义务主体是公司，公司其他股东、高级管理人员不能成为股东知情权的义务主体，即使是公司其他股东或高级管理人员拒绝履行相关义务，导致股东知情权受到侵害，也应当由公司承担责任。本案中，中某公司虽已超过其营业执照有效期的2007年10月8日，但没有证据显示该公司已被工商行政管理部门注销，其有限责任公司的法人主体资格并未消亡，故宁某公司要求中某公司提供历年的股东会会议记录供宁某公司查阅的诉讼请求，应该予以支持，但宁某公司要求第三人中行某支行、东某公司以及融某公司向其提供中某公司历年股东会议决议供原告查询的诉讼请求，不应得到支持。故判决中某公司将其历年的股东会议决议提供给宁某公司查阅。

宁某公司不服一审判决，提起上诉。其上诉理由为：中行某支行承包经营中某公司后，实际掌握了中某公司的控制权和管理权，并先后将中某公司资产转让给东某公司和融某公司，因此，该三公司在对中某公司的不同管理时期均占有了财务账簿。现中某公司已经丧失了企业的自主经营能力，应该由实际控制财务资料的上述三公司向宁某公司履行提供查阅资料的义务，否则，宁某公司的股东知情权不可能实现。

二审法院依职权查明：中某公司于2014年1月25日被重庆市工商行政管

理局吊销营业执照。二审法院查明的其他事实与一审法院查明的事实一致。

二审法院认为，本案的争议焦点在于公司被吊销营业执照之后，清算组成立之前，股东如何实现自己的知情权。根据公司法及公司法相关司法解释的规定，公司出现经营期限届满或被吊销营业执照等法定事实，依法应成立清算组进行清算。本案中，中某公司于2007年10月8日营业期限届满，并且于2014年1月25日被工商行政管理机关吊销营业执照，已经出现公司解散事由，依法应成立清算组进行清算，或者由公司债权人或股东申请人民法院指定清算组进行强制清算。与公司清算相关的各方主体应该将自己占有或控制的公司资料交由清算组保管，股东如需查阅相关资料，应向清算组提出请求，并经清算组同意方能进行查阅。但是，由于种种原因，有些公司的清算组迟迟未成立。因此，在清算组成立之前，如果股东坚持以公司为被告主张股东知情权，鉴于公司的法人资格仍然存续，虽不得开展经营活动，但可以以公司名义参与诉讼，故人民法院亦不得轻易否定原告的诉权，可以先判决公司以自己的名义接受义务，待清算组成立以后将相关权利义务转由清算组承继。公司以外的其他主体，包括其他股东或掌握公司资料的第三方，不是公司法规定的股东知情权义务主体，判令其承担法律责任没有法律依据。这些主体所控制的资料应在清算组成立之后尽快移交给清算组，由清算组决定是否交由各方查阅。故二审法院判决：驳回上诉，维持原判。

案例评析：本案争议的焦点是，在公司被吊销营业执照后，清算组成立前，股东能否向原公司行使股东知情权。依据公司法及相关司法解释的规定，公司经营期满或被吊销营业执照等后，应依法成立清算组进行清算。本案中，中某公司被吊销营业执照后，由于种种原因未成立清算组，此时，公司股东以公司为被告请求行使知情权，由于公司法人资格仍存在，故可以公司名义参加诉讼，法院不能否定股东诉权，可先行判决公司接受义务，待清算组成立后，将权利义务转由清算组承接。故一审、二审法院支持中某公司向原告宁某公司提供股东会会议决议的诉讼请求。

【风险防范】

股东知情权是股东诸多权利中一项基础性权利，没有知情权保障，股东其他权利将成为空中楼阁。司法实践表明，我国股东知情权案件数量不断增多。在有限责任公司中，参与管理的股东或执行董事事务的股东，可能侵犯非参与管理的股东的知情权，导致后者的收益权被部分或全部剥夺。在股份有限公司中，操纵董事会的大股东可能侵犯中小股东知情权，导致中小股东被架空。在上市公司中，大股东可能操纵董事会提供虚假财务报告和经营信息，侵犯中小股东知情权，侵占中小股东收益。为避免纠纷，建议：一是应依据公司法、证券法的规定，在公司章程中规定公司主动披露信息等措施；二是股东依公司法规定及时向公司提出要求查阅相关材料，应保留证据，为司法救济做好准备；三是股东知情权纠纷适用侵权责任纠纷诉讼时效的规定，诉讼时效期间从知道或应当知道权利受到损害以及义务人之日起计算，股东应及时行使知情权。

【相关规定】

《中华人民共和国公司法》第五十七条、第一百一十条、第二百零九条

《最高人民法院关于适用〈中华人民共和国公司法〉若干问题的规定（四）》第七条至第十二条

风险点 38

股东盈余分配权纠纷

【风险解读】

股东盈余分配权属于股东自益权的一种，是股权的核心。公司章程一般会对股东分红方式进行规定。故股东于何时通过何种方式分红，属公司自治范畴。2018 年修正公司法第三十四条中“股东按照实缴的出资比例分取红利”的规定在 2023 年修订公司法中并未单独设条规定，而是直接在第二百一十条第四款规定“公司弥补亏损和提取公积金后所余税后利润，有限责任公司按照股东实缴的出资比例分配利润，全体股东约定不按照出资比例分配利润的除

外；股份有限公司按照股东所持有的股份比例分配利润，公司章程另有规定的除外”。

2023年修订公司法第六十七条、第一百二十条规定“董事会行使下列职权：……（四）制订公司的利润分配方案和弥补亏损方案”；公司法第五十九条、第一百一十二条规定“股东会行使下列职权：……(四)审议批准公司的利润分配方案和弥补亏损方案”。同时，公司法第二百一十二条从侧面印证了有限责任公司、股份有限公司的股东会对董事会提交的利润分配方案有最终决定权。公司在经营中产生可分配利润时，股东会可能形成不同意见，有些控股股东可能利用控制权隐匿、转移公司利润。为此，《最高人民法院关于适用〈中华人民共和国公司法〉若干问题的规定（四）》第十四条就利润分配作了具体规定，即股东提交载明具体分配方案的股东会或股东大会的有效决议，请求公司分配利润，公司拒绝分配利润且其关于无法执行的抗辩理由不成立的，人民法院应当判决公司按照决议载明的具体分配方案向股东分配利润。该司法解释第十五条规定，股东未提交载明具体分配方案的股东会或者股东大会决议，请求公司分配利润的，人民法院应当驳回其诉讼请求，但违反法律规定滥用股东权利导致公司不分配利润，给其他股东造成损失的除外。

同时，公司法第五十九条、第二百一十条、第二百一十一条、第二百一十二条，对公司盈余分配的条件、程序及利润分配的法定期限作了规定。2023年修订公司法第二百一十一条新增“给公司造成损失的，股东及负有责任的董事、监事、高级管理人员应当承担赔偿责任”的规定，这里的股东指的是股东会分配利润决议中投赞成票的股东；赔偿责任则应当是过错连带责任，其理论基础为共同侵权行为。第二百一十二条规定了利润分配的法定期限，即董事会应在股东会决议作出之日起六个月内进行分配。

由此，股东向公司主张盈余分配应具备公司有盈余、当事人享有分配权、股东会同意分配三个要件。股东会有具体分配方案的，人民法院应予以支持，没有具体分配方案，但有证据证明公司违反规定不分配的，原告应提供证据证明。

【典型案例】

1. 公司股东会取消股东资格需满足的条件 ①

上诉人（一审被告）：双某公司。

被上诉人（一审原告）：陈某爱。

陈某爱自1997年在双某公司工作，系其车间主任，后离职。陈某爱在职期间的1999年7月18日，双某公司发给被上诉人陈某爱股权证，载明陈某爱入股双某公司，入股总额为5.6万元，并加盖了双某公司的公章。陈某爱自2000年1月13日起领取股息红利，最后一次领取股息红利为2005年1月23日。双某公司章程第十一条载明：陈某爱出资额为4万元，出资比例为0.55%。

在2013年双某公司股东耿某胜起诉双某公司盈余分配纠纷案中，生效裁判文书认定双某公司于2013年6月进行了股金分红，分红比例为股金的0.5527倍，并判决双某公司支付耿某胜股金分红款。

2011年6月2日，双某公司作出《关于陈某爱、姜某超二人自由离职处理决定》，载明：陈某爱、姜某超二人于2009年自由离职，离职后为他人经营与双某公司同类业务，从事损害双某公司利益的活动，根据双某公司章程第七章第十九条的规定，取消二人股东资格，收回其出资额度。陈某爱向法院起诉请求判令双某公司给付其股金分红。

一审法院认为，陈某爱作为双某公司的股东，有公司所发股权证为据，对此上诉人称2011年6月2日作出取消被上诉人股东资格的处理决定，陈某爱的股东资格已取消，但陈某爱称其并未收到该处理决定，且双某公司也未提交相关证据予以证实。因此，上诉人双某公司主张被上诉人不具有股东资格证据不足，法院不予支持。且依据生效判决，上诉人确于2013年6月向公司股东进行了分红，事实清楚，分红比例为股金的0.5527倍，被上诉人请求以该比例领取股息红利符合公司法规定，依法应予以支持。对于上诉人关于被上诉人诉讼时效已过的主张，经查，被上诉人是自耿某胜起诉执行完毕以后才知道公司进行过分红，而该案二审判决日期为2015年2月20日，可见，被上诉人是在2015年2月20日后知道双某公司进行分红的事实，被上诉人起诉时间为

---

① 详见山东省烟台市中级人民法院（2017）鲁06民终2214号民事判决书。

2016 年 8 月 5 日，因此，陈某爱的起诉未超过诉讼时效。故判决双某公司支付陈某爱股金分红款。

双某公司不服，提起上诉。理由如下:（1）被上诉人起诉时已经不是上诉人的股东，已不具备诉请盈余分配权的主体资格;（2）一审法院判决上诉人强制分红，没有法律依据，同时也违反了公司法以及双某公司章程的相关规定;（3）一审法院在没有查清双某公司是否盈利的前提下，仅根据两个证人的证言，便认定双某公司对其他股东分配了红利，明显证据不足;（4）一审中，双某公司提供了上诉人股东会决议，证明被上诉人已非双某公司股东，但一审判决不仅未就该证据与本案的真实性、关联性和合法性予以说明，且对双某公司提供的证据只字未提。

二审法院认为，双方当事人争执的焦点主要有以下几个：一是被上诉人是否具有上诉人公司股东资格；二是被上诉人主张上诉人公司应给付其股金分红的请求是否成立；三是被上诉人提起本案诉讼是否已超过法律规定的诉讼时效。

关于第一个焦点问题。从已查明的事实可以认定，被上诉人作为上诉人公司的股东，不仅持有股权证，而且自 2000 年至 2005 年一直领取股息红利，对此双方均无异议。被上诉人提起本案诉讼后，上诉人称双某公司于 2011 年 6 月 2 日召开股东会，依据公司章程对被上诉人作出了取消其股东资格的处理决定，被上诉人于处理决定作出之日已不再是上诉人的股东。对此陈述被上诉人并不认可，上诉人也无证据证实将相关处理决定送达了被上诉人。因此，上诉人主张被上诉人已不具有股东资格，缺乏事实和法律依据，法院不予支持。

关于第二个焦点问题。被上诉人已离开上诉人公司，其对公司经营状况和管理决策事项难以提交相应的证据。但一审法院根据与被上诉人相同情况股东诉讼已生效判决认定的事实，判决支持被上诉人的诉讼请求并无不当。从证人证言证实和已查明的事实可以认定，2013 年 6 月，上诉人公司管理人员从银行支出大额现金，向公司的股东进行了发放，对该事实上诉人称未进行红利分配，但未能给出合理的解释，未提供相应的证据，因此，本案一审判决上诉人向被上诉人支付股金分红款，符合本案的事实。

关于第三个焦点问题。本案认定上诉人进行股金分红的时间为 2013 年 6

月，而耿某胜诉双某公司盈余分配纠纷案终审时间为2015年2月20日，被上诉人主张自2015年2月20日以后才知道上诉人进行分红的事实。上诉人主张被上诉人在此之前应该知道，其起诉时已超过二年的诉讼时效，但没有提交证据证实，故上诉人的上诉主张法院不予支持。判决：驳回上诉，维持原判。

案例评析： 本案争议的焦点是，陈某爱是否具有双某公司股东资格，是否有权请求该公司分配股金分红，其主张是否已超过诉讼时效。根据《最高人民法院关于适用〈中华人民共和国公司法〉若干问题的规定（三）》第十七条的规定，公司股东会解除股东资格，应符合以下三个条件：一是只适用于有限责任公司严重违反出资义务的股东；二是公司已履行催缴义务，股东仍未履行出资义务；三是应召开股东会作出决议。本案中，双某公司未就此提供充足的证据，且未证明相关股东会决议已送达陈某爱，故法院对双某公司称陈某爱已丧失股东资格不予采信。根据已生效判决显示，双某公司曾向股东进行分红，且分红比例确定，故陈某爱有权依照相同比例主张分红。耿某胜诉该公司盈余分配纠纷案的生效判决于2015年2月作出，陈某爱主张自此以后才知公司分红的事实，其于2016年8月起诉，未超过诉讼时效。故法院支持了陈某爱的诉讼请求。需注意的是，关于有限责任公司股东未履行出资义务丧失股权，2023年修订公司法新增第五十二条作出相应规定。

2. 公司股权被法院查封，股东能否主张股份盈利分配[①]

上诉人（一审被告）：海某公司。

被上诉人（一审原告）：青海鑫某公司。

一审被告：路某公司。

海某公司由某铁路投资中心与鑫某公司、通某公司共同出资成立。之

① 详见青海省西宁市中级人民法院（2020）青01民终349号民事判决书。

案例中二审法院引用的公司法（2018年修正）第三十四条现为公司法（2023年修订）第二百一十条第四款。

后，某铁路投资中心将其持有海某公司的全部股权（51%）转让给了路某公司。2013年12月5日，海某公司召开股东会，审议并批准了海某公司股东分红议案。

2014年3月6日，经海某公司股东会决议，同意鑫某公司将其持有海某公司的全部股权（40%）转让给青海鑫某公司，并同意截至2014年2月28日原股东鑫某公司所有的公司未分配权益由新股东青海鑫某公司享有和继承。鑫某公司与青海鑫某公司签订了股权转让协议，将其享有的海某公司在2014年2月28日前已分配但尚未支付的股利10957753.9元也一并转让给青海鑫某公司。

截至2016年底，青海鑫某公司共分得红利26238910.16元。2019年5月31日，青海鑫某公司向海某公司发出询证函，请求确认截至2019年5月31日，海某公司欠青海鑫某公司应收股利14844222.29元。海某公司在该询证函上“信息证明无误”一栏加盖了财务专用章。

2019年，多家法院发出协助执行通知书，冻结了青海鑫某公司持有的海某公司20.254%的股权，并将青海鑫某公司在海某公司的股权及股权分红予以查封。2019年6月19日，青海鑫某公司提起诉讼，请求海某公司支付拖欠投资分红款980万元，路某公司在海某公司偿还责任范围内承担连带责任。

一审法院认为，股东有请求公司按照自己的持股比例向自己分配股利的权利。海某公司章程也规定“股东以其出资额享有所有者的资产收益权，根据公司的利润分配方案按出资比例取得红利；各股东按年度进行股东分红，股东分红周期为12个月”。2013年12月5日，海某公司召开股东会，审议并批准了海某公司股东分红议案。除2014年3月7日鑫某公司将其享有的海某公司在2014年2月28日前已分配但尚未支付的股利10957753.9元转让给青海鑫某公司，此后海某公司均是依照该股东会分红议案进行股东利润分配。询证函中确定的青海鑫某公司应收股利的金额，均在2018年5月海某公司变更股东之前依2013年12月5日公司股东会决议分得。且青海鑫某公司所得红利已部分兑现，说明海某公司对青海鑫某公司分得红利的认可，故青海鑫某公司要求海某公司支付投资分红款980万元合理合法，予以支持。青海鑫某公司依照2013年12月5日公司股东会决议形成的利润分配方案，请求海某公司支付应收股利14844222.29

元中的980万元具备事实根据和法律依据。虽然青海鑫某公司在海某公司所持有的股权及股权分红已被多家法院冻结、查封，但不影响人民法院对青海鑫某公司所负债务的执行。路某公司只是海某公司的股东之一，不应对投资分红款承担连带清偿责任。判决海某公司支付青海鑫某公司投资分红股利。

海某公司不服，提起上诉。

二审法院认为，2014年3月，海某公司原股东鑫某公司将其持有的海某公司40%的股权转让给青海鑫某公司，经海某公司股东会决议通过转让事宜，并于2014年3月7日进行了海某公司章程的修改，确认“青海鑫某公司为海某公司的股东之一，出资4000万元，占出资总额的40%”。根据公司法（2018年修正）第三十四条、海某公司章程第十二条之规定，青海鑫某公司有权分取红利。根据股权的概括转让原则，股东基于股东地位对公司所发生的全部权利均一并转让给受让人，公司盈余分配权也一并转让给受让人，青海鑫某公司的该分红权利也经2015年12月31日海某公司出具的利润分配说明、2017年3月22日海某公司给全体股东出具的2016年度股东利润分配通知再次确认。就该确认行为海某公司的其他股东也未提出异议，海某公司在法院审查时也未提交其他股东有异议或有新的股东会决议否定前述分配方案的证据，故青海鑫某公司可以依据2013年12月5日的股东会决议在每年实现的净利润除按规定比例提足各项保证金和法定盈余公积金外享受分红权利。且青海鑫某公司提交的2017年12月7日海某公司关于股东债务抵分红的请示、2018年5月3日执行和解协议、海某公司2017年度审计报告、青海鑫某公司2018年度财务审计报告等证据就青海鑫某公司的分红权利及分红数额能够互相印证，现青海鑫某公司也认可已部分兑现红利，故海某公司上诉认为因没有股东会决议和利润分配方案，青海鑫某公司不具备2013年以后的分红资格的上诉理由法院不予采信。青海鑫某公司提交的股东权益情况、利润分配说明、2016年度股东利润分配通知、关于股东债务抵分红的请示、执行和解协议、债权转让通知书、询证函、海某公司2017年度审计报告、青海鑫某公司2018年度财务审计报告等证据能够印证截至2019年5月31日，青海鑫某公司应收海某公司股利为14844222.29元，青海鑫某公司起诉要求海某公司支付拖欠投资分红款980万元有法律和事实依据，法院予以支持。判决：驳回上诉，维持原判。

案例评析：本案争议的焦点是，青海鑫某公司要求按海某公司股东会决议形成的利润分配方案分配利润的主张是否成立。一审法院认为，法院对股权的查封，不影响股东盈余分配权的行使，判决海某公司支付青海鑫某公司投资分红股利。二审法院审理认为，原告主张分红盈利，经 2015 年 12 月 31 日海某公司利润分配说明及 2017 年 3 月 22 日海某公司给全体股东出具的 2016 年度股东利润分配通知确认，在法院查封时海某公司也未提交新的股东会决议否定前述分配方案，故判决维持原判。

3. 法人独资有限责任公司股东会代投资公司作出公司盈利分配方案决议是否有效 ①

上诉人（一审原告）：某信鸿泰公司。

被上诉人（一审被告）：某信城公司、某信公司、某海公司。

某信鸿泰公司由某海公司、某成公司和某信公司共同出资组建。其中，某海公司占股 60%，是某信鸿泰公司唯一控股股东。2009 年，由某信鸿泰公司出资成立了某信城公司，某信鸿泰公司是某信城公司唯一股东。某信城公司企业类型为非自然人投资控股的法人独资有限责任公司。

某信城公司章程第二十条第六款规定“出资人批准公司的利润分配方案和弥补亏损方案”；第二十三条第四款规定“董事会对出资人负责，制订公司的利润分配方案和弥补亏损方案”；第四十条规定“公司分配当年税后利润时，提取利润的 10% 列入公司法定公积金，公司法定公积金累计额为公司注册资本的 50% 以上时，可不再提取。公司法定公积金不足以弥补以前年度亏损的，在依照本条规定提取法定公积金之前，必须用当年利润弥补亏损。公司从税后

① 详见吉林省长春市中级人民法院（2017）吉 01 民终 5996 号民事判决书。

案例中二审法院引用的公司法（2013 年修正）第一百六十六条第四款现为公司法（2023 年修订）第二百一十条第四款。

案例中二审法院引用的《最高人民法院关于适用〈中华人民共和国公司法〉若干问题的规定（四）》（法释〔2017〕16 号）第十三条第一款、第十四条现为《最高人民法院关于适用〈中华人民共和国公司法〉若干问题的规定（四）》（2020 年修正）第十三条第一款、第十四条，内容未作修改。

利润中提取法定公积金后，经出资人决定，还可以从税后利润中提取任意公积金。公司弥补亏损和提取公积金后的所余利润，全部归出资人所有”。

某信城公司2014年度、2015年度未分配利润金额为1898359.37元，至诉讼时未提取2014年度、2015年度法定公积金。2016年7月25日，某信鸿泰公司作出关于2015年度某信城公司利润分配方案的决议，决定将2015年度可供分配的1871491.35元利润全部进行分配，利润全部分配给某信鸿泰公司。某信城公司收到该决议后，利润分配未进行。某信鸿泰向法院起诉，要求某信城公司立即给付红利1871491.35元，某信公司、某海公司对上述请求承担连带责任。

一审法院认为，关于某信鸿泰公司请求判令某信城公司立即向其给付红利1871491.35元的诉求，依照法律及公司章程规定，某信鸿泰公司虽基于投资关系取得利润分配的期待权，但能否转化为具体的利润分配请求权，取决于某信城公司董事会是否制订了公司的利润分配方案和弥补亏损方案，某信城公司税后是否盈利，某信城公司自2009年成立以来至2015年以前年度的亏损是否弥补、法定公积金是否已提取等多项条件。本案某信鸿泰公司在无证据证明某信城公司董事会已制订公司利润分配方案和弥补亏损方案，某信城公司税后确实盈利，自2009年公司成立以来以前年度的亏损已弥补、法定公积金已提取的情况下，直接起诉请求判令某信城公司向其分配利润的诉求缺乏事实依据和法律依据，不予支持。某信鸿泰公司关于某信公司根据某海公司的安排和要求，成为某信城公司的实际控制人并拒绝向某信鸿泰公司进行分红，从而侵害了某信鸿泰公司权益，某信公司、某海公司在该案中应承担连带责任的诉求无事实依据，也没有法律依据，故不予支持。判决：驳回某信鸿泰公司的诉讼请求。

某信鸿泰公司不服，提起上诉。

二审法院查明的事实与一审法院认定的事实相同。

二审法院认为，某信鸿泰公司作为某信城公司的股东，依法享有资产收益、参与重大决策和选择管理者等权利。某信鸿泰公司有权请求某信城公司依法向其分配利润。依据《最高人民法院关于适用〈中华人民共和国公司法〉若干问题的规定（四）》（法释〔2017〕16号）第十四条的规定，人民法院判决支持股东关于公司向其分配利润，需要考虑三个要件：（1）存在股东会或者股东大会的有效决议；（2）该决议载明了具体分配方案；（3）公司拒绝分配利润且其关于无法执行决议的抗辩理由不成立。就本案而言，某信鸿泰公司于2016年7月25日形成的关于2015年度某信城公司利润分配方案的决议，其内容不存在公司法（2013年修正）第二十二条第一款规定的违反法律、行政法规应认定无效的情形，应认定为有效的股东会决议；该股东会决议按照某信城公司2015年度财务报表审计报告，依据公司法（2013年修正）第一百六十六条第四款规定将弥补某信城公司亏损和提取法定公积金后所余税后利润1684342.215元分配给某信鸿泰公司，上述决议具体、明确，可供执行；某信城公司对上述股东会决议不持异议。基于以上三方面分析，法院认为应当判决某信城公司立即向某信鸿泰公司分配利润1684342.215元。

《最高人民法院关于适用〈中华人民共和国公司法〉若干问题的规定（四）》第十三条第一款规定：股东请求公司分配利润案件，应当列公司为被告。某信鸿泰公司请求公司进行盈余分配，应向某信城公司主张，至于某信鸿泰公司所称某信公司、某海公司实际控制某信城公司，并应对某信城公司未分配利润承担连带责任，该项请求缺乏法律依据，法院不予支持。

综上所述，某信鸿泰公司的上诉请求部分成立，一审判决认定事实基本清楚，但适用法律错误，应予纠正。故判决：撤销一审判决，某信城公司向某信鸿泰公司分配利润1684342.215元；驳回某信鸿泰公司其他诉讼请求。

案例评析：本案争议的焦点是，某信鸿泰公司是某信城公司唯一股东，某信城公司是非自然人投资控股的独资有限责任公司。2016年7月25日，某信鸿泰公司作出关于2015年度某信城公司利润分配方案的决议将全部利润支付给某信鸿泰公司。但该决议一直未执行，故某信鸿泰公司起诉要求执行。一审法院认为，在某信鸿泰公司无证据证明某信城公司董事会已制订公司盈利分配方案的情况下，请求分配利润，缺乏事实和法律依据，遂驳回原告诉讼请求。二审法院审理认为，某信鸿泰公司于2016年7月25日形成的关于某信城公司利润分配方案的决议，内容不违反法律、行政法规规定，应认定有效，该决议依据某信城公司2015年度会计报告作出，分配方案明确、可执行，故判决撤销一审判决，支持原告诉讼请求。

【风险防范】

为保护公司股东的盈余分配权，公司股东特别是中小股东应做到：一是积极参与公司管理活动，对违反法律、公司章程规定的股东会决议，及时提出反对意见，采取相应法律措施；二是积极行使股东知情权，进行监督；三是视情提起股权回购、公司解散或股东代位诉讼；四是收集公司控股股东滥用股权侵害中小股东盈余分配权的证据，向人民法院提起公司盈余分配诉讼。

【相关规定】

《中华人民共和国公司法》第五十九条、第六十七条、第一百一十二条、第一百二十条、第二百一十条、第二百一十一条、第二百一十二条

《最高人民法院关于适用〈中华人民共和国公司法〉若干问题的规定（四）》第十三条、第十四条、第十五条

风险点 39

公司决议损害股东权纠纷

【风险解读】

股东会是公司最高权力机关，是管理经营公司，选任公司董事、监事，制定公司章程，以及决定公司合并、分立、解散等重大事项的决策机关。股东会决议是全体股东意思的表示。但股东会决议必须依法律规定方式形成，只有符合法律规定的股东会决议才具有法律效力。在内容和程序上违反法律规定的决议，将直接影响公司股东的合法权益。公司法第二十五条规定：“公司股东会、董事会的决议内容违反法律、行政法规的无效。”公司法第二十六条第一款规定：“公司股东会、董事会的会议召集程序、表决方式违反法律、行政法规或者公司章程，或者决议内容违反公司章程的，股东自决议作出之日起六十日

内，可以请求人民法院撤销。但是，股东会、董事会的会议召集程序或者表决方式仅有轻微瑕疵，对决议未产生实质影响的除外。”公司法第二十六条第一款但书吸收了《最高人民法院关于适用〈中华人民共和国公司法〉若干问题的规定（四）》第四条的规定。2023年修订公司法新增第二十六条第二款，规定：“未被通知参加股东会会议的股东自知道或者应当知道股东会决议作出之日起六十日内，可以请求人民法院撤销；自决议作出之日起一年内没有行使撤销权的，撤销权消灭。”

关于公司决议不成立，根据《最高人民法院关于适用〈中华人民共和国公司法〉若干问题的规定（四）》第五条的规定：“股东会或者股东大会、董事会决议存在下列情形之一，当事人主张决议不成立的，人民法院应当予以支持：（一）公司未召开会议的，但依据公司法第三十七条第二款[①]或者公司章程规定可以不召开股东会或者股东大会而直接作出决定，并由全体股东在决定文件上签名、盖章的除外；（二）会议未对决议事项进行表决的；（三）出席会议的人数或者股东所持表决权不符合公司法或者公司章程规定的；（四）会议的表决结果未达到公司法或者公司章程规定的通过比例的；（五）导致决议不成立的其他情形。”

关于公司决议无效，主要有以下情形：（1）无权处分股权的；（2）侵害股东优先购买权的；（3）违法修改公司章程的；（4）违法向股东分配利润的；（5）超越股东会职权的；（6）滥用资本多数决的。

【典型案例】

公司股东会决议及公司章程修正案效力的判断[②]

上诉人（一审被告）：某泰公司。

---

① 现为2023年修订公司法第五十九条第三款。该款规定，对该条第一款所列事项股东以书面形式一致表示同意的，可以不召开股东会会议，直接作出决定，并由全体股东在决定文件上签名或者盖章。

② 详见海南省高级人民法院（2014）琼民终三字第1号民事判决书。

案例中二审法院引用的公司法（2005年修订）第四十四条现为公司法（2023年修订）第六十六条。

被上诉人（一审原告）：张某玉（美国国籍）。

一审第三人：张某（美国国籍）。

2008年5月29日，某泰公司经海南省商务厅批准成立，投资总额为80万美元，注册资本为60万美元。张某、张某玉、张某恒各出资20万美元（张某与张某玉系夫妻关系，张某恒系二人之子），各占股约33.3%，公司实行董事会领导下的总经理负责制，设立四人董事会，董事长、法定代表人由张某担任。截至2008年12月10日，张某缴纳注册资本20万美元。2009年10月16日，海南省商务厅批准以下事项变更：某泰公司注册资本由60万美元调整为20万美元，投资总额由80万美元调整为28万美元；注册资本调整后，公司各投资方出资额和出资比例为：张某出资10万美元，持股50%；张某玉出资5万美元，持股25%；张某恒出资5万美元，持股25%；同意各投资方于2009年7月19日修订的公司章程，原章程同时废止。2010年8月25日，某泰公司召开股东会，形成股东会决议，与本案纠纷有关的变更内容为：公司注册资本由原"60万美元"变更为"20万美元"，投资总额由原"80万美元"变更为"28万美元"；股东出资比例及出资额变更为：张某出资10万美元，占50%，张某玉出资5万美元，占25%，张某恒出资5万美元，占25%。同日，某泰公司根据上述股东会决议修改了公司章程。同年9月1日，经海南省工商局核准变更了以上决议事项。张某玉称其未参加也未委托他人参加2010年8月25日的股东会会议，张某恒也称对某泰公司召开股东会会议不知情，也未参加，亦未委托他人参加，股东会决议、公司章程修正案落款处的签名非张某恒本人书写，也未委托他人代其签名，且此前也不知道有上述文书及其内容的存在；张某恒同意张某玉委托中国律师以诉讼方式确认上述文书无效，并撤销其变更登记，恢复到本次变更登记之前的状态。张某确认上述股东会决议和公司章程修正案上张某玉和张某恒的签名是其代为签署，已得到了张某玉的口头授权，但张某玉予以否认。

张某玉认为，某泰公司及张某的行为违反了我国法律和公司章程的规定，依法应认定为无效，依法应予撤销变更登记并恢复到工商变更登记之前的状态，向法院提起诉讼，请求判令确认某泰公司股东会决议及公司章程修正案无效，某泰公司撤销变更登记。

一审法院认为：第一，关于本案的管辖及准据法的适用问题。张某玉和张某系美国公民，故本案属涉外案件，应适用涉外案件的法律规定。本案系公司决议效力确认纠纷，属侵权责任纠纷案件，张某玉主张的侵权行为发生在我国海南省海口市，依照民事诉讼法（2012年修正）及《最高人民法院关于涉外民商事案件诉讼管辖若干问题的规定》（法释〔2002〕5号）的规定，一审法院对本案有管辖权。本案属涉外侵权责任纠纷案件，双方当事人在侵权行为发生后未协议选择法律的适用，根据涉外民事关系法律适用法的规定，本案侵权行为发生在我国海南省海口市，故本案应适用我国法律作为解决争议的准据法。

第二，关于本案的实体处理问题。本案中，张某作为某泰公司的法定代表人，在张某玉未参加亦未委托他人参加公司股东会、未同意持股比例变更的情况下，擅自作出股东出资额和持股比例变更的股东会决议和公司章程修正案，系无处分权人未经权利人许可，处分权利人财产的行为，该行为未得到张某玉的追认，应认定无效。故张某于2010年8月25日作出的股东会决议的内容违反法律规定，张某玉请求确认某泰公司于该日作出的股东会决议和公司章程修正案无效符合法律规定，予以支持。判决：确认某泰公司于2010年8月25日作出的股东会决议和公司章程修正案无效；某泰公司须于本判决发生法律效力之日起三十日内办理撤销股权变更登记至撤销变更之前的状态。

某泰公司不服，提起上诉称：第一，一审判决忽略某泰公司提交的证据七即验资报告的证明内容，属于认定事实错误，实际上张某玉清楚知晓股东会决议和公司章程修正案的内容即公司减资及变更股东出资比例的事实，张某玉签字汇入5万美元出资款的行为及此后其不再出资的行为表明张某玉同意股东会决议和公司章程修正案的内容。第二，一审判决适用法律错误，张某并没有作出处分张某玉财产的行为，股东会决议和公司章程修正案反映了张某玉的真实意思表示，应当有效。

张某玉辩称：第一，股东会决议不符合法律规定的形式要件。股东会决议程序违法。在表决程序上，本案涉及的股东会决议真实签名的股东只有张某一人，即使该股东会会议召开过，张某的表决权比例也仅为约33.3%，远未达到法律规定的表决权比例。第二，股东会决议内容违法，不符合法律规定的实质要件。第三，股东会决议无效，基于此形成的公司章程修正案亦无效。

二审法院认为，张某玉与张某均为美国公民，本案为涉外案件。关于本案的管辖权与法律适用问题。本案为公司决议效力确认纠纷，根据法律相关规定，某泰公司住所地在我国海南省海口市，故我国法院对本案有管辖权且一审法院对本案有管辖权，本案应适用我国公司法。

本案实体问题的争议焦点为某泰公司于2010年8月25日作出的股东会决议和公司章程修正案是否有效。某泰公司在变更注册资本及股东出资比例的过程中，张某玉和张某恒并不知晓公司注册资本减少和持股比例变更，事后也不同意变更持股比例，张某主张张某玉和张某恒知晓并同意减资和变更股东出资比例证据不足。根据公司初始章程第十八条规定的“其他事项（包括减资）由出席股东会会议三分之二以上的股东通过”，仅张某一人同意减少注册资本及变更股东出资比例，不符合公司章程的规定，且张某持股比例及表决权亦不符合公司法（2005年修订）第四十四条的规定，张某无权擅自变更公司注册资本及持股比例，某泰公司于2010年8月25日作出的股东会决议因未经合法的表决程序而不符合法律和公司章程之规定，关于公司减少注册资本和变更股东出资比例的决议无效，公司章程修正案亦无效。在张某玉的股东资格未经法定程序撤销前，张某玉仍为某泰公司的股东，张某主张张某玉无权以股东身份提起本案诉讼的理由不成立，法院不予支持。判决：驳回上诉，维持原判。

案例评析：本案争议的焦点是，某泰公司于2010年8月25日作出的股东会决议及公司章程修正案是否有效。一审法院认为，张某作为公司法定代表人，在股东张某玉、张某恒未参加也未委托他人参加股东会会议情况下，伪造张某玉签名，擅自作出股东出资额及持股比例变更的股东会决议及公司章程修正案，事后张某玉、张某恒也未予追认，故判决某泰公司的股东会决议及公司章程修正案无效，某泰公司应在判决生效后三十日内办理公司变更登记。二审维持了一审判决。

【风险防范】

为保障公司决议效力，建议如下：一是在制定公司章程时应完善公司决议形成方式，哪些事项可以表决形成，哪些事项可以通过书面协议形成，并明确通过的比例。二是依据法律法规规定，有限责任公司召集股东会会议的主体为三分之一以上的董事、监事会、代表十分之一以上表决权的股东，股份有限公司召集股东会会议的主体为董事会、监事会、连续九十日以上单独或者合计持有公司10%以上股份的股东。股东自行召集股东会会议需保留已向前述主体提议且其不履行职务之证据。三是会议通知的内容和方式应准确完整，其中，会议议题、时间、地点应明确，并有效送达。四是如股东、董事委托他人参会，应完善代理手续。五是对于会议讨论事项，形成的决议文件应保存完整。六是为防止控股股东滥用控股权损害其他股东权益，在涉及其关联交易事项表决中，依据公司法第十五条的规定，控股股东不得参加该事项的表决。

【相关规定】

《中华人民共和国公司法》第二十五条、第二十六条

《最高人民法院关于适用〈中华人民共和国公司法〉若干问题的规定（四）》第四条、第五条

风险点 40

股东会会议召集权纠纷

【风险解读】

公司法第六十二条规定："股东会会议分为定期会议和临时会议。定期会议应当按照公司章程的规定按时召开。代表十分之一以上表决权的股东、三分之一以上的董事或者监事会提议召开临时会议的，应当召开临时会议。"公司法第六十三条规定："股东会会议由董事会召集，董事长主持；董事长不能履行职务或者不履行职务的，由副董事长主持；副董事长不能履行职务或者不履行职务的，由过半数的董事共同推举一名董事主持。董事会不能履行或者不履行召集股东会会议职责的，由监事会召集和主持；监事会不召集和主持的，代表十分之一以上表决权的股东可以自行召集和主持。"第六十四条规定："召开股东会会议，应当于会议召开十五日前通知全体股东；但是，公司章程另有规定或者全体股东另有约定的除外。股东会应对所议事项的

决定作成会议记录，出席会议的股东应当在会议记录上签名或者盖章。”第六十五条规定：“股东会会议由股东按照出资比例行使表决权；但是，公司章程另有规定的除外。”第六十六条规定：“股东会的议事方式和表决程序，除本法有规定的外，由公司章程规定。股东会作出决议，应当经代表过半数表决权的股东通过。股东会作出修改公司章程、增加或者减少注册资本的决议，以及公司合并、分立、解散或变更公司形式的决议，应当经代表三分之二以上表决权的股东通过。”公司法第一百一十四条、第一百一十五条、第一百一十六条、第一百一十八条、第一百一十九条，对股份有限公司召开股东会会议方式和程序作了规定。

股东会会议召集权纠纷之诉是指有权召集股东会会议的主体怠于履行职责，或适格股东、董事或者监事会提议召开临时股东会会议遭到有权召集主体拒绝时，向人民法院提起要求召开股东会会议的诉讼。股东会会议召集权纠纷主要有股东与公司、股东与股东就召集股东会会议程序、内容等产生的纠纷。

【典型案例】

1. 股东会会议召集程序违反公司章程规定的处理①

上诉人（一审原告）：颐某公司。

被上诉人（一审被告）：博某公司。

博某公司成立于2005年3月3日，注册法定代表人为周某生，公司注册登记机关备案的董事为孙某、周某荣、伍某、周某生、邓某力。颐某公司持有博某公司53.33%的股份，其他股东为周某生、孙某等人。

后颐某公司与博某公司、周某生因公司内部矛盾产生多起涉诉纠纷。

2017年3月22日，周某生等八人以股东名义向博某公司董事会发函要求召开临时董事会。2017年4月1日，周某生、孙某、周某荣、伍某四人以博

---

① 详见安徽省芜湖市中级人民法院（2018）皖02民终5号民事判决书。

案例中一审法院引用的《最高人民法院关于适用〈中华人民共和国公司法〉若干问题的规定（四）》（法释〔2017〕16号）第四条现为《最高人民法院关于适用〈中华人民共和国公司法〉若干问题的规定（四）》（2020年修正）第四条。

某公司董事会成员名义签署博某公司董事会决议，内容为董事会决定于2017年4月26日召开2017年第一次临时股东会，并向公司股东邮寄了通知，告知了会议的时间、地点，列明会议审议的事项。就此，颐某公司亦向各股东发出告知函，告知各股东上述周某生等八人未提请公司董事会擅自发出召开股东会的通知，违反了法律及公司章程规定的程序，故会议召集及形成的会议内容均为无效。

2017年4月26日，周某生等八人在博某公司召开临时股东会，该次会议的两个议案经八人一致表决同意通过，并形成了博某公司2017年第一次临时股东会决议。

颐某公司向法院提起诉讼，请求法院撤销博某公司2017年第一次临时股东会决议。

一审法院认为，颐某公司作为博某公司的控股股东，其股东权益受法律保护，针对与其权益相关的股东会决议事项，有权提起诉讼。关于案涉博某公司2017年第一次临时股东会决议是否应予撤销的问题。首先，周某生等八人合计持有超过10%的博某公司股份，故其发出关于要求召开临时股东会的函要求董事会召开临时股东会符合公司章程以及公司法的规定。其次，周某生、孙某、周某荣、伍某四人以董事会成员名义签署博某公司董事会决议，颐某公司认为博某公司已于2014年12月20日召开临时股东会决议免去孙某、周某荣、伍某的董事职务，但在该次临时股东会会议的表决结果上无任何人签字，且表决结果所载表决股东人数，与签到人数、提交表决股东人数均不符，故颐某公司提交的证据不足以证明博某公司形成了有效的股东会决议免去孙某、周某荣、伍某的董事职务，且该事实已被生效判决所确认。此外，博某公司现在公司注册登记机关备案的董事亦为孙某、周某荣、伍某、周某生、邓某力等人，故对颐某公司关于博某公司的董事会成员及董事长已变更的相关意见不予采纳。经博某公司董事会于2017年4月1日审批同意后，博某公司可以召开临时股东会。其后于2017年4月6日，博某公司通过邮寄、电子邮件等方式通知了各股东，通知内容为股东会的召开时间、地点及会议审议事项，故该通知符合法律及公司章程的规定。2017年4月26日，周某生等八名股东召开2017年第一次临时股东大会，在形式上未违反公司章程规定，但是，在程序上，存在股东会通知的提案有部分未予表决等瑕疵，根据《最高人民法院关于适用〈中华人民共和国公司法〉若干问题的规定（四）》（法释〔2017〕16号）第四条的规定，不能仅因部分瑕疵而否定公司股东召集股东会的意思自治。另外，颐某公司认为临时股东会的决议内容违反公司章程第三十九规定的股东会的职权。但公司章程该条仅系对股东会职权的概括性规定，案涉临时股东会的决议内容并未超出公司章程规定的范围，也未违反法律法规的强制性规定，仍属于公司股东意思自治共同管理公司的范畴，故法院不予干涉。综上所述，博某公司2017年第一次临时股东会的召集程序、表决方式未违反法律、行政法规或者公司章程，决议内容亦未违反公司章程，不符合决议撤销的条件，对颐某公司的诉请，不予支持。

一审法院判决：驳回原告颐某公司的诉讼请求。

颐某公司不服，提起上诉。理由为：第一，系争股东会决议形成的程序并非只有轻微瑕疵，而是严重违反博某公司章程，理应撤销，博某公司章程第五十一条规定，召集人在发出股东会通知后，不得修改股东会通知中列明的提案或增加新的提案。股东会通知中未列明或不符合公司章程第五十条规定的提案，股东会不得进行表决并作出决议。第二，股东会决议内容不仅超越股东会职权，更是违反了法律强制性规定，系争股东会决议中关于公司持股的情形并不在法律允许的范围内，显属违反法律的强制性规定，因此，一审判决适用法律错误。

二审对一审查明的事实予以确认。

二审法院认为，公司自治应受法律保护，从私法自治的理念考量，章程内容只要不违反法律的禁止性规定，应合法有效，并对公司全体股东均具有约束力。股东会决议形成程序应符合公司章程的规定。博某公司章程第五十一条对股东会讨论议案的程序规定明确具体，即股东会通知中未列明的提案，股东会不得进行表决并作出决议。博某公司股东会讨论议案应符合其章程的规定，若股东会决议内容违反章程规定，股东可以请求人民法院予以撤销。博某公司2017年4月26日临时股东会召集程序虽然符合法律规定，但其股东会决议形成的程序违背了博某公司章程第五十一条的规定，审议事项与决议事项不符，特别是对颐某公司持有博某公司股份数额的决议侵害了颐某公司的利益，违反了法律的强制性规定。综上所述，颐某公司的上诉请求和理由成立，判决：撤销一审判决，撤销博某公司2017年第一次临时股东会决议。

案例评析：本案争议的焦点是，案涉博某公司2017年第一次临时股东会决议应否撤销。一审法院认为，案涉股东会在形式上未违反公司章程的规定，在程序上，存在召开股东会通知的提案有部分未予表决等瑕疵，但根据《最高人民法院关于适用〈中华人民共和国公司法〉若干问题的规定（四）》（法释〔2017〕16号）第四条的规定，会议召集程序和表决方式仅有轻微瑕疵，且对决议未产生实质影响，股东要求撤销股东会及董事会决议的，人民法院不予支持。另外，案涉股东会决议内容未违反法律规定，故一审驳回了颐某公司的诉讼请求。二审法院审理认为，公司自治应受法律保护，股东会决议形式要符合公司章程规定。博某公司章程第五十一条规定，对股东会通知未列事项不得表决并决议，博某公司2017年4月16日临时股东会决议召集程序虽然符合法律规定，但股东会表决形式违反了公司章程第五十一条的规定，审议事项与表决事项不符，特别是对颐某公司持有博某公司股份数额的决议侵害了颐某公司的利益，违反了法律强制性规定，故二审判决撤销一审判决，撤销博某公司2017年第一次临时股东会决议。

2. 公司股东召集临时股东会议未达到公司法规定的前置条件，法院如何认定[①]

上诉人（一审被告）：云某公司、赖松某、赖友某。

被上诉人（一审原告）：吴某云。

云某公司股东为吴某云、赖松某、赖友某。云某公司未设立董事会，吴某

---

① 详见广东省广州市中级人民法院（2017）粤01民终23501号民事判决书。

案例中一审法院引用的公司法（2013年修正）第四十条第二款、第三款现为公司法（2023年修订）第六十三条。

案例中二审法院引用的公司法（2013年修正）第二十二条现为公司法（2023年修订）第二十五条、第二十六条、第二十八条。

云为执行董事，黄某胜为监事。

2016 年 8 月 23 日，赖友某向吴某云函告提出要求召开临时股东会会议，吴某云提出因身体原因暂缓召开。2016 年 8 月 31 日，监事黄某胜向吴某云及赖松某、赖友某发出召开临时股东会会议通知，随后撤回。后几方多次以通知方式相互函告，临时股东会会议被多次改期。

2016 年 12 月 30 日，云某公司、赖松某、赖友某在《民营经济报》发出召开股东会会议通知，内容为：云某公司兹定于 2017 年 3 月 15 日召开股东会会议。后赖松某、赖友某于 2017 年 3 月 15 日出席股东会会议，吴某云缺席股东会会议，会议决议经代表 80% 表决权的股东（经代表三分之二以上表决权的股东）表决通过。

吴某云向法院起诉请求撤销 2017 年 3 月 15 日云某公司股东会决议。

一审法院认为，本案的争议焦点为 2017 年 3 月 15 日云某公司临时股东会会议召集程序、表决程序是否违反法律、行政法规或公司章程。

根据公司法的有关规定，提议权与召集权应属于不同的权利内容。云某公司的公司章程也对股东会会议的职权、提议、召集、表决作出了明确规定。赖松某、赖友某共计享有云某公司 80% 的股权，即按公司章程享有 80% 的表决权，赖松某、赖友某有权提议召开公司临时股东会会议。但是，根据赖松某、赖友某在《民营经济报》发出召开股东会会议通知的内容，赖松某、赖友某并非提议召开临时股东会会议，而属于召集召开临时股东会会议。

本案中，由于云某公司未设副董事长或其他董事，故应按照公司法（2013 年修正）第四十条第二款、第三款的规定，在执行董事不能履行或者不履行召集股东会会议职责时，由监事召集；监事不召集的，代表十分之一以上表决权的股东可以自行召集。本案中，2016 年 10 月 29 日及 2016 年 11 月 17 日的临时股东会会议均由吴某云召集，即吴某云有履行召集临时股东会会议的职责。吴某云虽未出席 2016 年 10 月 29 日及 2016 年 11 月 17 日的临时股东会会议，但吴某云的该行为仅属于对其表决权的放弃，且无证据显示吴某云不能履行或不履行召集 2017 年 3 月 15 日的临时股东会会议的职责。同时，监事黄某胜于 2016 年 8 月 31 日亦曾行使召集权，且无证据证实监事黄某胜不召集 2017 年 3 月 15 日的临时股东会会议。赖松某、赖友某在未提议吴某云及监事黄某胜召开临时股东会会议的情况下，即通过登报方式召集股东召开2017年3月15日的临时股东会会议不符合法定及公司章程规定的召集程序。另外，在直接送达、邮寄送达均可有效送达吴某云的情况下，赖松某、赖友某直接采取登报方式送达在程序上存在瑕疵。综上所述，现吴某云主张2017年3月15日临时股东会会议违反法定程序，并主张撤销此次会议形成的决议符合法律规定，一审法院予以支持。

一审法院判决：撤销云某公司2017年3月15日的股东会决议。

云某公司、赖松某、赖友某不服，提起上诉，理由如下：第一，一审判决认定2017年3月15日临时股东会会议违反法定程序，并据此撤销此次会议形成的决议，明显存在错误。第二，云某公司三次股东会的召集程序、表决方式、决议内容均符合法律规定和公司章程，股东会决议真实、合法、有效。第三，吴某云提起本案诉讼本意为拖延行政许可程序，目前已丧失意义，三次股东会决议均由代表80%表决权的股东表决通过，表决结果体现了公司意志。

二审法院认为，本案系公司决议纠纷。根据双方当事人的诉辩主张，归纳本案争议焦点为：案涉股东会决议是否具备撤销的条件。根据公司法（2013年修正）第二十二条的规定，案涉股东会会议的召集、表决应该遵照法律的相关规定及云某公司章程规定。经审查，云某公司的公司章程中对股东会会议的职权、提议、召集、表决作出了明确规定，这些规定与公司法的有关规定相符合。云某公司没有设立董事会，而以吴某云为执行董事，黄某胜为监事。本案中，2016年10月29日及2016年11月17日的临时股东会会议均由吴某云召集，虽然吴某云未出席上述会议，但没有证据显示吴某云不能履行或不履行召集2017年3月15日临时股东会会议的职责。退一步说，即使吴某云不能履行或不履行上述职责，按照有关规定，赖松某、赖友某也应该首先提请监事黄某胜召集2017年3月15日临时股东会会议，但赖松某、赖友某并未提请该监事召集，而是采取直接自行召集的方式。赖松某、赖友某认为黄某胜拒绝召集临时股东会会议，但根据本案查明的事实，黄某胜之所以撤回其发出的召开临时股东会会议通知，不再召集各股东在2016年9月15日开会，系因吴某云发出关于召开公司临时股东会会议的通知，将会议日期从2016年9月15日改为2016年9月29日，故该事实并不足以证实黄某胜不愿承担监事之责或拟拒绝承担后续的临时股东会会议的召集之责，赖松某、赖友某亦未就此提供其他证据，故法院对其上述主张不予采信。综上所述，赖松某、赖友某未能履行法定的前置程序，在未提请吴某云、黄某胜召集临时股东会会议的情况下，即通过登报方式自行召集了2017年3月15日的临时股东会会议，形成的股东会决议依法已具备撤销要件，吴某云据此主张撤销该决议，理据充分，法院予以支持。

判决：驳回上诉，维持原判。

案例评析： 本案争议的焦点是，2017年3月15日的临时股东会会议召集程序是否违反公司法及云某公司章程规定。一审法院认为，无证据显示公司执行董事吴某云不履行或不能履行召集股东会会议职责，也无证据证明公司监事黄某胜不召集，赖松某等人召集临时股东会会议不符合公司法及公司章程规定的前置条件，故支持吴某云申请撤销2017年3月15日临时股东会决议。二审法院认为，2016年10月29日及2016年11月17日的两次临时股东会会议均由吴某云召集，虽然吴某云未出席会议，但无证据显示吴某云不履行或不能履行召集股东会会议职责，即使吴某云不能履行职责，赖松某等人也应先请求监事黄某胜召开股东会会议，故赖松某等人直接召开临时股东会会议，未满足公司法及公司章程规定的前置条件，具备撤销要件，故驳回上诉，维持一审判决。

【风险防范】

为保障公司内部治理稳定有序，防止股东会会议召集权被滥用，建议如下：一是少数股东行使股东会会议召集权应符合公司法规定，履行前置程序，只有在适格董事、监事会不履行职责时才可行使。二是在处理股东间行使股东会会议召集权纠纷中，应重点审查召集会议的程序是否合法，是否符合公司章程的规定，如双方均未违法，则应认定股东会议决议有效。三是公司章程中应对召开股东会会议程序、表决方式、表决权比例等作出明确规定。四是召集股东会会议的通知应按规定有效发出，通知的发出时间、内容、送达方式应符合公司法及公司章程的规定。

【相关规定】

《中华人民共和国公司法》第六十二条至第六十六条、第七十八条、第一百一十四条至第一百一十六条、第一百一十八条、第一百一十九条

风险点41

利用关联关系损害公司利益纠纷

【风险解读】

公司法第二十二条规定："公司的控股股东、实际控制人、董事、监事、高级管理人员不得利用关联关系损害公司利益。违反前款规定，给公司造成损失的，应当承担赔偿责任。"第一百九十条规定："董事、高级管理人员违反法律、行政法规或者公司章程的规定，损害股东利益的，股东可以向人民法院提起诉讼。"

关联交易是指具有投资关系或合同关系的不同主体之间进行的交易。关联交易既可能产生损害公司利益的结果，也可能给交易各方带来利益，降低交易风险和成本。公司法第二十二条的目的是禁止损害公司利益的关联交易。

认定关联交易违反公司法第二十二条的规定，应从关联人员、关联关系以及是否损害公司利益三方面判断。应从三方面认定是否损害公司利益：一是要比较关联交易价格与同类市场交易价格，进而审查关联交易价格是否公允。二是要审查关联交易程序是否合规，依据《最高人民法院关于适用〈中华人民共和国公司法〉若干问题的规定（五）》第一条、第二条规定，被告仅以交易信息已经披露，经股东会讨论同意为由抗辩，但实际已给公司造成损失的，法院不予支持。三是要审查是否造成公司的损失，包括导致公司商业机会丧失等。

【典型案例】

1. 公司关联交易程序合法，但实际已造成公司利益损失的，法院如何处理[①]

上诉人（一审被告）：耿某友、刘某联、晨某公司。

被上诉人（一审原告）：东某公司。

刘某联、耿某友与振某医药公司共同出资成立振某医药物流公司。耿某友占股36%，刘某联占股13%，振某医药公司占股51%。2011年8月29日，振某医药物流公司召开股东大会，决议增加振某医药物流公司注册资本，增资后振某医药公司占比60%，耿某友、刘某联共占比40%。

2010年7月1日，耿某友、刘某联与振某医药公司补签《合作备忘录》，约定：鉴于耿某友、刘某联控制的晨某公司和相关资产经营的特殊性及其他原因，双方拟合资成立新公司振某医药物流公司，晨某公司及其关联企业的业务无偿转移至新公司名下，与晨某公司有关的一切负债均由晨某公司及耿某友、刘某联承担，该债务与新公司无关。随后签订《业务转接协议》《资产转让协议》，约定晨某公司将所有药品经营业务转让给东某公司医药分公司，晨某公司的所有资产、债权、债务转让给东某公司医药分公司。协议落款处，除上述两方当事人盖章外，还有东某公司印章。

晨某公司2005年7月27日成立，股东为耿某友、刘某联，持股比例分别为75%、25%，法定代表人为耿某友。2011年8月31日，晨某公司变更名称，同时股东变更为刘某楠、刘某进，持股比例均为50%。

东某公司2009年11月19日成立，股东为耿某友、刘某联，持股比例均为50%，法定代表人为刘某联。2011年4月13日，耿某友、刘某联将其分别持有的东某公司各50%的股权转让给李某兵、牛某明。

东某公司向一审法院起诉，请求判令耿某友、刘某联、晨某公司共同赔偿利用关联关系损害东某公司利益的经济损失；耿某友、刘某联、晨某公司偿还

---

① 详见最高人民法院（2019）最高法民终496号民事判决书。

案例中一审法院引用的公司法（2013年修正）第二百一十六条现为公司法（2023年修订）第二百六十五条。

原晨某公司债务及利息。

一审法院认为，本案为公司关联交易损害责任纠纷。

关于东某公司与晨某公司之间的资产转让是否构成关联交易的问题。耿某友、刘某联为夫妻关系，在案涉《资产转让协议》签署与履行期间，东某公司与晨某公司存在共同被耿某友、刘某联控制的关系，其相互之间的交易可能导致公司利益转移。根据公司法（2013年修正）第二百一十六条的有关规定，耿某友、刘某联、晨某公司、东某公司之间构成关联关系，案涉资产转让为关联交易。

关于案涉关联交易是否损害东某公司利益的问题。公司法并不禁止关联交易，公司法保护合法有效的关联交易，合法有效的关联交易的基础性实质要件是交易对价公允。法院认为，耿某友、刘某联利用关联关系及实际控制东某公司和晨某公司经营管理之便，将晨某公司债务转入东某公司，由东某公司偿还，损害了东某公司作为独立法人对其财产享有的权益以及其他东某公司债权人的利益，案涉关联交易损害了东某公司的利益。

关于东某公司主张的损失额的问题。一审法院认为，耿某友、刘某联为东某公司实际控制人。东某公司与晨某公司在履行《资产转让协议》的过程中，协议约定债权债务均由东某公司回收或偿还，两公司账务合并混同，故即使是以晨某公司名义支付的款项，也应认定为东某公司所付。东某公司代晨某公司偿还的债务损失扣减东某公司从晨某公司接受的各项资产及部分收回的债权金额，对于该部分损失，耿某友、刘某联、晨某公司应予以赔偿。上述实际损失为东某公司代偿晨某公司债务所产生，结合本案实际情形，该部分代偿资金之利息按照中国人民银行同期同类贷款利率从东某公司提起诉讼之日起计算，由耿某友、刘某联、晨某公司予以赔偿。

一审法院判决：耿某友、刘某联及晨某公司偿还东某公司损失及利息。

耿某友、刘某联、晨某公司不服，提出上诉。

二审法院对一审查明的事实予以确认。

二审法院认为，关于本案关联交易是否损害东某公司利益问题。二审法院对一审法院关于案涉交易性质的认定予以确认。本案中，在晨某公司与东某公司之间的关联交易符合形式合法的外观要件的情况下，应当对交易的实质内容即合同约定与履行是否符合正常的商业交易原则以及交易价格是否合理等进行审查。首先，从案涉交易的背景来看。耿某友、刘某联与振某医药公司合作建立在新公司收购包括东某公司在内的耿某友所控制的所有关联企业的基础之上，并最终达到实际控制所有关联企业的目的。《合作备忘录》确定了耿某友将资产转让后对晨某公司相关负债的处理原则，即晨某公司的负债应当由晨某公司、耿某友、刘某联实际承担。但耿某友、刘某联在将其持有的东某公司股权转让、东某公司已纳入振某医药物流公司经营体系的情况下，以关联交易的方式，将本应由其自行承担的晨某公司债务转由东某公司承担，与《合作备忘录》约定的晨某公司债务承担方式不符，有明显的摆脱债务嫌疑。其次，从案涉交易的履行情况来看。本案关联交易发生时，晨某公司与东某公司均由耿某友、刘某联实际控制。晨某公司与东某公司先后签订了《业务转接协议》和《资产转让协议》，但两份协议仅约定了晨某公司进行资产转让的时间及"转让后东某公司按资产、债权、债务转让明细记账"，对于具体的交接事宜未予明确，也未再另行协商确定。在东某公司已代晨某公司清偿绝大部分债务的情况下，晨某公司未能提供有效证据证明其向东某公司转让的债权真实有效，从而导致东某公司未能收回两份协议中约定的债权，损害了东某公司的利益。综上所述，一审法院判定耿某友、刘某联将晨某公司债务转入东某公司，由东某公司偿还，损害了东某公司作为独立法人对其财产享有的权益以及东某公司债权人的利益，有事实和法律依据。耿某友、刘某联、晨某公司关于其未损害东某公司利益的上诉主张不能成立，法院不予支持。

关于一审判决东某公司损失数额是否正确问题。晨某公司上诉认为，一审法院认定上述事实的大部分会计记账原始凭证为复印件，不能作为定案依据。二审法院认为，晨某公司该上诉理由不能成立。首先，晨某公司对会计记账凭证复印件载明内容的真实性均表示认可，二审期间其虽否认会计凭证复印件的真实性，但未作出合理解释，不应予以支持。其次，晨某公司向东某公司移交资产过程中未聘请专业会计审计单位进行资产审计，也未就移交全部资产和会计账簿的过程给出清晰明确的说明，结合两公司当时均由耿某友、刘某联实际控制的情况，一审法院认定晨某公司提供的证据不足以证明其向东某公司移交了完整的会计资料，晨某公司应当对东某公司未收回的债权承担责任，并无不当。最后，根据《业务转接协议》的约定，晨某公司的应收应付款由东某公司承接后，虽然存在对外以晨某公司名义偿还债务的情况，但是，《资产转让协议》约定债权债务均由东某公司回收或偿还，且当时两公司均在耿某友、刘某联实际控制下，故一审认定，在2012年1月28日耿某友辞去振某医药物流公司董事长、总经理职务之前应当对东某公司财务资料的真实性负责，在此期间即使以晨某公司名义支付款项也应视为东某公司所付，符合《资产转让协议》约定，也符合两公司因实际控制人相同存在账目混同的事实。综上所述，一审法院认定东某公司代晨某公司偿还债务损失应由耿某友、刘某联和晨某公司赔偿，有事实和法律依据，二审法院予以确认。一审判决认定事实清楚，适用法律正确，应予维持。判决：驳回上诉，维持原判。

案例评析：本案争议的焦点如下：东某公司与晨某公司之间的《资产转让协议》是否构成关联交易；案涉关联交易是否损害了东某公司的利益；东某公司利益若有损失，损失如何认定。首先，晨某公司股东为耿某友、刘某联，且二人为夫妻关系，而东某公司也为二人所控制。故虽然资产转让均经两公司股东会表决通过，但晨某公司提交的证据不足以证明已将相关债权凭证移交东某公司，而转移债务已由东某公司大部分偿还完毕。这损害了东某公司作为独立法人的财产利益。二审法院经审理认为，本案两次交易虽然都通过公司股东会决议，程序合法，但依据《最高人民法院关于适用〈中华人民共和国公司法〉若干问题的规定（五）》第一条的规定，晨某公司未提供有效证据证明向东某公司转让债权真实有效，而东某公司又代晨某公司还清了大部分债务，损害了东某公司利益，一审判决原告赔偿东某公司损失及利息并无不当，故驳回上诉，维持一审判决。

2. 没有证据证明公司关联交易给公司造成损失的，法院如何处理[①]

上诉人（一审原告）：能某公司。

被上诉人（一审被告）：东某公司、金某公司、潘某、李某涛、陶某公司、王某、贾某涛。

一审原告：永某公司。

一审第三人：恒某公司。

能某公司、永某公司、金某公司及恒某公司共同以货币出资方式投资设立东某公司，注册资本为2亿元，各股东的股权比例分别为：金某公司45%、能某公司40%、恒某公司10%、永某公司5%。出资款于公司设立时全额实缴到位。

2013年12月23日，东某公司作出《第一届第二次董事会决议》，审议并批准《关于收购海某公司议案》；董事王某主持召开了东某公司临时股东会议，并作出《临时股东会议决议》：全体股东一致同意东某公司收购海某公司，收购具体工作由王某负责组织实施，并授权王某代表东某公司与相关各方签订相关文件。同日，金某公司（甲方）、陶某公司（乙方）与东某公司（丙方）共同签署了《股权转让协议》，约定金某公司、陶某公司将其持有的海某公司股权转让给东某公司，《股权转让协议》项下的交易款项支付至金某公司账户。协议签订次日，东某公司将8000万元定金汇入金某公司账户。

东某公司作出《第一届第二次董事会决议》《临时股东会议决议》期间，东某公司法定代表人、董事王某，是恒某公司股东代表，亦是陶某公司法定代表人。东某公司董事潘某，亦是金某公司法定代表人。东某公司董事贾某涛，亦是海某公司董事长、法定代表人兼总经理。东某公司董事、财务总监李某涛，同时兼任海某公司财务总监。

能某公司、永某公司向一审法院起诉请求：依法认定东某公司与金某公司、陶某公司签署《股权转让协议》的行为，以及东某公司支付金某公司股权

---

① 详见最高人民法院（2020）最高法民终55号民事判决书。

案例中二审法院引用的公司法（2013年修正）第二十二条现为公司法（2023年修订）第二十五条、第二十六条、第二十八条。

转让定金的行为，属于金某公司利用关联交易将出资转出的抽逃出资行为；判令金某公司全额返还东某公司通过关联交易抽逃的出资及利息；陶某公司对金某公司通过关联交易抽逃的出资本息承担连带赔偿责任；判令东某公司董事王某、贾某涛、潘某、李某涛对金某公司返还出资本息承担连带赔偿责任。

一审法院认为，本案的争议焦点为东某公司与金某公司、陶某公司签署《股权转让协议》的行为，以及东某公司支付金某公司股权转让定金的行为，是否属于利用关联交易将出资转出的损害公司利益的抽逃出资行为。

生效判决已认定《第一届第二次董事会决议》《临时股东会议决议》并不具备违反法律、行政法规的情形，故上述决议均属有效。案涉《股权转让协议》系根据上述决议签订，协议当事人意思表示真实，并不违反法律、行政法规的效力性强制性规定，属有效协议。《股权转让协议》的签订并不违反相关法律规定，且这些规定亦非效力性强制性规定。原告亦不能证明《股权转让协议》的签订存在恶意串通或者以合法形式掩盖非法目的的情形，《股权转让协议》是有效协议，对协议当事人具有约束力，各方应诚信履行，且履行协议并不存在法律上或者事实上的障碍，即便履行过程中存在障碍，或者出现违约情形、法定解除情形，协议各方可根据合同法的相关规定，主张其权利。

仅为关联交易并不能认定属于抽逃出资，还需该关联交易损害公司权益。抽逃出资中的"抽逃"，是指股东出资资金或者相应的资产从公司转移给股东时，股东并未向公司支付公正、合理的对价，即未向公司交付等值的资产或权益。本案中，晴某公司的股东海某公司持股比例为80%，晴某公司名下拥有红某煤矿等六个煤矿的合法采矿权，且为贵州省煤矿企业兼并重组主体企业。因此，《股权转让协议》履行后，东某公司可以实现其签订《股权转让协议》之目的，即通过海某公司间接控制晴某公司已经控制的煤矿资产和贵州省煤矿企业兼并重组的主体资格。因此，《股权转让协议》既约定了东某公司的义务，亦约定了权利，东某公司支付相应的股权转让价款，亦能获得相应的对价。故《股权转让协议》的履行并不损害东某公司的利益。

综上所述，一审法院认为，原告并未证明东某公司签订《股权转让协议》及支付定金的行为构成抽逃出资，金某公司没有抽逃出资的主观故意，客观上原告亦未证明金某公司实施了抽逃出资的行为。判决：驳回能某公司、永某公司的诉讼请求。

能某公司不服，提起上诉。

二审法院认为，本案争议焦点为东某公司签订《股权转让协议》及支付定金的行为，是否属于利用关联交易损害公司利益的抽逃出资行为。

关于《股权转让协议》的效力问题。首先，东某公司签订《股权转让协议》对海某公司股权进行收购，事先经召开该公司董事会和临时股东会会议审议批准并形成决议，公司全体董事代表及股东代表均参加了决议过程并签字。《股权转让协议》不违反法律、行政法规的规定，应属有效。能某公司在本案中又主张召开董事会和临时股东会会议的程序不合法，但未提交证据证明其依照公司法规定向人民法院申请撤销案涉董事会决议及临时股东会决议，该主张不能成立。其次，东某公司在签订《股权转让协议》前，已委托相关机构对海某公司及晴某公司进行尽职调查和资产审计，对海某公司及晴某公司的资产股权状况进行披露。能某公司主张案涉标的资产未进行审计评估，与事实不符。能某公司还主张协议附件内容存在矛盾，但是，能某公司的派出董事颜某华以东某公司总经理身份签订《股权转让协议》时，对协议附件内容应知悉，并未提出异议，应视为东某公司对协议附件内容的认可，能某公司的上述主张不能否定《股权转让协议》的效力。最后，从合同的履行过程看，东某公司支付定金系经该公司财务做账及总经理签字确认，《用款联签单》上明确载明该款项的“付款事项”为“定金”。能某公司主张案涉股权交易系抽逃出资行为，与上述事实不符。因此，东某公司签订《股权转让协议》系其真实意思表示，该协议内容未违反法律、行政法规的强制性规定，合法有效。能某公司对《股权转让协议》的效力提出异议，但未能提交有效证据证明该协议存在恶意串通或以合法形式掩盖非法目的的情形，故能某公司该项主张不能成立，法院不予支持。

关于本案是否存在抽逃出资并损害公司利益的问题。第一，从协议的签订目的来看，东某公司签订《股权转让协议》既符合《出资协议书》载明的成立东某公司的目的，也符合《出资协议书》载明的收购目标煤矿的目的。虽然属于关联交易，但能某公司举示的证据不能证明关联方签订《股权转让协议》及支付定金时，具有抽逃出资的主观故意，亦无证据证明股权转让款的分配对东某公司的利益造成损害。第二，从合同的履行结果来看，东某公司可通过案涉股权交易获得合理对价，该股权交易行为不属于利用关联交易将出资转出的抽逃出资情形，并未损害东某公司利益，能某公司的相应主张不能成立。

综上所述，能某公司的上诉请求不能成立，应予驳回；一审判决认定事实清楚，适用法律正确，应予维持。判决：驳回上诉，维持原判。

案例评析：本案争议的焦点是，东某公司签订《股权转让协议》及支付定金的行为是否属于利用关联交易损害公司利益行为。一审法院认为，东某公司签订《股权转让协议》收购海某公司股权，事先召开公司董事会和临时股东会会议批准并形成决议，公司全体董事及股东代表均参加会议并签字。会议决议内容不违反法律法规，应属有效。无证据证明《股权转让协议》对东某公司造成损失，也不构成利用关联交易抽逃资金。综上所述，原告主张东某公司签订《股权转让协议》及支付定金行为构成损害公司利益的理由不能成立，故驳回原告诉讼请求。二审法院经审理认为，东某公司董事会决议及临时股东会决议作出时，各方董事及股东代表均参加并一致表决通过，对决议内容未提出异议，虽然参与表决的董事及股东代表与表决事项有关联关系，但法律并未对其行使表决权作出限制，并不能因此认定构成滥用股东权利，至于董事会、股东会会议召集程序是否合法，应为决议能否撤销的事由，不属于决议效力认定事由，现有证据不能证明《股权转让协议》损害公司利益，而该协议是否构成恶意串通、抽逃资金，属于合同能否履行的问题，故案涉董事会决议及临时股东会决议不具有违反法律法规情形，据此判决驳回上诉，维持原判。

综上所述，认定公司关联交易是否损害公司利益，应考量交易是否给公司造成损失，二者是否具有因果关系。公司法并不禁止关联交易，而是禁止利用关联交易损害公司利益。

【风险防范】

关联交易是现代公司常用的一种交易方式，为防止关联交易损害公司利益，建议：一是在制定公司章程时，应对关联交易审批职权、程序作出明确、具体的规定；二是公司董事、监事、高级管理人员与本公司进行关联交易时，应严格按照公司章程的规定办理，应就关联交易事项向股东会或者董事会报告，并经股东会或者董事会决议通过；三是在公司更换董事、监事、高级管理人员时，应及时对前任董事、监事、高级管理人员是否利用关联关系损害公司利益进行审计，要求其对明显不合理情形予以说明，有确切证据的，应提起赔偿诉讼。

【相关规定】

《中华人民共和国公司法》第二十二条、第一百八十八条、第一百八十九条、第一百九十条、第二百六十五条

《最高人民法院关于适用〈中华人民共和国公司法〉若干问题的规定（一）》第四条

《最高人民法院关于适用〈中华人民共和国公司法〉若干问题的规定（四）》第二十三条至第二十六条

《最高人民法院关于适用〈中华人民共和国公司法〉若干问题的规定（五）》第一条、第二条

【诉讼指导】

1. 案件管辖：公司所在地人民法院。

2. 诉讼时效：诉讼时效期间为三年，自权利人知道或者应当知道权利受到损害以及义务人之日起计算。

3. 诉讼主体：依照公司法第二百六十五条的规定，高级管理人员，是指公司的经理、副经理、财务负责人，上市公司董事会秘书和公司章程规定的其他人。控股股东，是指出资额占有限责任公司资本总额超过 50% 或其持有的股份占股份有限公司股本总额超过 50% 的股东；出资额或者持有股份的比例虽低于 50%，但依其出资额或持有的股份所享有的表决权已足以对股东会的决议产生重大影响的股东。实际控制人指虽不是公司的股东，但通过投资关系、协议或者其他安排，能实际支配公司行为的人。

关于股东代表诉讼中的原告，根据《最高人民法院关于适用〈中华人民共和国公司法〉若干问题的规定（一）》第四条的规定，公司法第一百五十一

条[①]规定的一百八十日以上连续持股期间，应为股东向法院提起诉讼时，已期满的持股时间；规定的合计持有公司1%以上股份，是指两个以上股东持股份额的合计。

根据《最高人民法院关于适用〈中华人民共和国公司法〉若干问题的规定（四）》第二十三条的规定，公司监事会或监事对董事、高级管理人员起诉的，列公司为原告。董事会或董事对监事或他人起诉的，列公司为原告，由董事长或执行董事代表公司进行诉讼。根据第二十四条的规定，符合公司法第一百五十一条第一款规定条件的股东，依据该条第二款和第三款规定，直接对公司董事、监事、高级管理人员或者他人起诉的，列公司为第三人参加诉讼。一审法院辩论终结前，其他股东以相同理由请求参加诉讼的，应列为共同原告。根据第二十五条的规定，股东依据公司法第一百五十一条第二款、第三款规定直接起诉的案件，胜诉利益归属于公司。

《最高人民法院关于适用〈中华人民共和国公司法〉若干问题的规定（五）》第一条第二款规定，公司没有提起诉讼，符合公司法第一百五十一条规定条件的股东，依据公司法第一百五十一条第二款和第三款起诉的，前置条件是先书面请求董事会、监事会提起诉讼。董事会或监事会在收到请求之日起三十日内未起诉，或情况紧急，不立即起诉公司利益将受到不可挽回损失的，可免除起诉前置条件。

① 现为2023年修订公司法第一百八十九条，下同。

第五章

公司管理层权益纠纷

DI WU ZHANG

GONGSI GUANLICENG

QUANYI JIUFEN

我国公司法规定，公司的治理结构由股东会、董事会、监事会和经理层组成。股东会为公司的权力机关，董事会为公司的执行机关，监事会为公司的监督机关。高级管理人员包括公司的经理、副经理、财务负责人，上市公司的董事会秘书和公司章程规定的其他人员。董事、监事、高级管理人员拥有公司的决策权、监督权、执行权等，掌握着公司的经营管理权，其管理行为决定和影响公司的生存和发展。这些人员都经公司股东会选举产生，一般来讲，他们的利益与公司的利益是一致的，即他们是公司的工作人员应为公司尽职尽责，而且大多数情况下他们还是公司的股东，但又有自己的独立利益，当与公司利益产生冲突时，他们有可能损害公司、其他股东的利益。公司股东也可能损害董事、监事、高级管理人员利益，由此在实践中不断产生纠纷。

风险点 42

董事、监事、高级管理人员损害公司利益纠纷

【风险解读】

董事、监事、高级管理人员滥用职权损害公司利益纠纷，是指上述人员在执行公司职务中违反法律法规及公司章程规定，给公司造成损害，应当承担赔偿责任。依照公司法第二十二条、第一百八十条、第一百八十一条、第一百八十二条、第一百八十三条、第一百八十四条、第一百八十六条、第一百八十八条的规定，这类赔偿纠纷主要有以下四种类型。

1. 董事、监事、高级管理人员违反忠实义务的损害赔偿纠纷。公司有权对董事、监事、高级管理人员违反忠实义务所得收入行使归入权，给公司造成损失的，公司可以行使损害赔偿请求权。

2. 董事、监事、高级管理人员违反勤勉义务的损害赔偿纠纷。公司的董事、监事、高级管理人员在管理公司、经营业务时，不得有疏忽大意或重大过失，并应尽合理的谨慎义务，忠实履行自己职务，否则，给公司造成损害的，应承担赔偿责任。公司有权提起损害赔偿诉讼。

3. 董事、监事、高级管理人员不及时行使公司归入权的损害赔偿纠纷。公司的归入权是指公司可以要求董事、监事、高级管理人员将违反忠实义务、勤勉义务所得的收入归公司所有。

4. 董事、高级管理人员超越授权的损害赔偿纠纷。董事、高级管理人员超越授权对外签订合同的，除对方知道或应当知道其超越权限外，该代表行为有效。在此情形下，公司不能对相对人主张合同无效，但可依照公司法的规定，向董事、高级管理人员提起损害赔偿诉讼。

【典型案例】

1. 公司高级管理人员违反对公司的忠实义务应承担赔偿责任[①]

上诉人（一审被告）：王某某。

被上诉人（一审原告）：甲实业公司。

一审被告：乙货运代理公司。

王某某曾于1998年4月至2009年2月14日在甲实业公司任副总裁，后分管公司的进出口贸易业务。2005年3月16日，王某某的丈夫崔某与朱某某及案外人冯某共同投资设立了乙货运代理公司，朱某某任法定代表人。自2005年1月起，甲实业公司与乙货运代理公司间建立运费支付关系，经王某某审批，甲实业公司共计向乙货运代理公司支付运费14560134.84元，乙货运代理公司向甲实业公司开具了运费发票。

一审法院认为，甲实业公司主张王某某违反对公司的忠实义务，进而要求其将所获的收益归入公司。本案首先需要解决的法律问题是王某某的行为是否构成对公司忠实义务的违反。甲实业公司援引公司法（2005年修订）第一百四十九条第一款第四项的规定，主张王某某未经公司股东会的同意与甲实业公司进行自我交易，进而认为其行为违反了对公司的忠实义务。然而，从乙货运代理公司的股权结构来看，王某某与该公司并不存在投资或人事关系，亦尚无其他证据证明王某某系乙货运代理公司的隐名股东或实际控制人，因此，乙货运代理公司若与甲实业公司进行交易，也仅在二者间产生法律关系，与王某某无涉。甲实业公司将此项交易视作与王某某进行交易，缺乏事实依据，一审法院不予采信。公司法（2005年修订）第一百四十九条第一款第八项将公司董事、监事及高级管理人员实施法律未明示的违反公司忠实义务的行为归纳为“违反对公司忠实义务的其他行为”，实际上赋予了司法机关根据案件的实际情况及公序良俗的法律原则认定董事、监事及高级管理人员违反忠实义务的行为。一审法院认定甲实业公司与乙货运代理公司建立货物运输合同关系，随

① 详见上海市第一中级人民法院（2010）沪一中民四（商）终字第1684号民事判决书。

案例中一审法院引用的公司法（2005年修订）第一百四十九条第一款第四项、第八款现为公司法（2023年修订）第一百八十二条、第一百八十一条第一款第六项。

之所面临的是，在合同的履行过程中王某某是否存在违反忠实义务的行为，而解决该问题的前提系明确甲实业公司与乙货运代理公司之间的关系。按照公司法的原则，具有关联关系的公司之间进行关联交易，必须受法律特别的规制。本案中，王某某作为高级管理人员担任甲实业公司副总裁，同时分管公司的外贸业务，而其丈夫崔某又投资设立了乙货运代理公司，鉴于双方间的特殊关系，甲实业公司与乙货运代理公司当属具有关联关系，所产生的交易属关联交易。从本质上而言，关联交易仍系一种商事法律行为，所不同的是其交易双方的关系决定了其与一般的商事法律行为存在差异。关联交易中双方当事人地位不平等，一方对另一方的经营决策能够直接或间接控制，从而双方会产生利益的不公平、不均衡，因此，法律对关联交易作了特别的规制，要求关联交易必须履行特殊的程序。具体而言，关联交易的缔约人必须将该项关联关系向公司股东会披露、报告，由股东会批准决定是否进行交易。唯有充分的信息披露，才能保障关联交易的公正与公平。本案中王某某当然负有将此项关联关系向公司股东会报告的义务。然而尚无证据证明王某某履行了报告义务，因此，其行为构成对公司忠实义务的违反。按照公司法的相关规定，公司高级管理人员违反忠实义务的，应将所获的收入归入公司。但甲实业公司所主张的683997.51元系乙货运代理公司的经营利润，并非王某某的收入，故而甲实业公司要求将该款项归入公司，缺乏法律依据，不予支持。遂判决：确认王某某于2005年3月16日至2009年2月14日间违反了对甲实业公司的忠实义务；驳回甲实业公司其他诉讼请求。

上诉人王某某不服一审判决，提起上诉。

二审法院经审理查明：一审认定事实清楚，且有相应的证据予以佐证，二审法院予以确认。

二审法院认为，公司法（2005年修订）第一百四十九条第一款规定董事、高级管理人员对公司负有忠实义务和勤勉义务。本案中，王某某曾任甲实业公司副总裁，且主管公司的进出口贸易业务，当属公司高级管理人员。本案所涉及的甲实业公司外贸货物运输业务，亦在其职权范围内，对外建立货物运输关系及支付相应运费均由其审批。王某某配偶与他方共同投资设立乙货运代理公司，该公司主营业务范围即包括国际货物运输代理，与王某某所主管的业务重合，且王某某配偶作为乙货运代理公司股东，可从公司主营业务收入扣除相关税费之后的利润分配中获利。一般而言，商事主体从事商事活动的目的就是追求利益。因此，如果甲实业公司与乙货运代理公司建立经济业务往来，从事多年商事活动且具有一定商业意识的王某某理应从上述状况推测出乙货运代理公司可能会利用与其的利害关系影响甲实业公司与乙货运代理公司之间的交易。在公司可能受到利益冲突影响的情况下，作为公司高级管理人员的王某某应将乙货运代理公司与甲实业公司建立的业务关系具体情况告知甲实业公司中对此具有相应决议权的董事会或者股东会，由与此业务无利益纠葛的公司决策层衡量诸多因素之后作出决定。因此，一审法院认定王某某未依据忠实义务向公司报告，并无不当。

至于王某某所主张的案外人丙公司委托甲实业公司进出口货物，故丙公司有权指定货物承运人，而甲实业公司并不具有决定权一节，在诉讼中，王某某提交的相关协议并不能涵盖甲实业公司与丙公司之间的全部业务往来，且甲实业公司提交的甲实业公司与丙公司之间签订的《委托加工合同》及《加工贸易业务批准证》所显示的两公司之间的业务往来性质为丙公司委托甲实业公司加工货物，异于王某某所提交协议显示的丙公司委托甲实业公司进出口货物的状况。结合现有证据来看，王某某并不能证实甲实业公司与丙公司之间的交易为委托代理性质，故对王某某的上诉主张，二审法院不予支持。

综上所述，一审判决事实认定清楚，适用法律准确，二审法院予以维持。判决：驳回上诉，维持原判。

案例评析：董事、监事、高级管理人员违反对公司的忠实义务给公司造成损失的，公司、股东有权请求其赔偿损失。本案中，法院经审理认为，王某某作为甲实业公司的副总裁，同时分管公司的进出口贸易业务，而其丈夫崔某又与他人出资设立了乙货运代理公司，甲实业公司与乙货运代理公司具有关联关系，所实施的交易属关联交易。公司法要求关联交易的缔约人必须向公司股东会报告，由股东会决定是否进行交易，唯有披露交易的信息，才能保障关联交易的公平与公正。王某某作为负责进出口贸易业务的副总裁负有将其关联关系向公司报告的义务，而王某某未履行此项义务，故一审法院判决王某某 2005 年 3 月 16 日至 2009 年 2 月 14 日间违反了对甲实业公司的忠实义务，二审法院亦维持了一审法院的判决。2009 年 2 月 14 日以后，由于王某某不再担任甲实业公司副总裁，不具有违反对公司忠实义务的主体条件，其违反忠实义务的期限应截至 2009 年 2 月 14 日。

2. 公司高级管理人员违反对公司的勤勉义务应承担赔偿责任[①]

上诉人（一审原告）：某公司。

被上诉人（一审被告）：杨某某。

某公司系中韩合资的有限责任公司，中方投资者为赤某公司，外方投资者为韩国人。2008 年 9 月 24 日，赤某公司委派杨某某为某公司董事、董事长，并担任经理、法定代表人。2011 年 6 月 12 日，某公司召开董事会，决议解聘杨某某的经理职务。

2011 年下半年，王某某等某公司六名员工向法院起诉某公司，要求某公司支付未签订劳动合同的双倍工资。法院查明，某公司未与该六名员工签订劳动合同的时间主要是 2010 年 4 月至 2011 年 7 月 1 日，以及 2010 年 3 月至 2011 年 1 月 1 日，某公司未给员工购买社保。法院分别作出民事判决书，判决某公司总计向六名员工支付未签订劳动合同的双倍工资 108646 元。某公司于 2012 年 3 月 26 日诉至二审法院，要求杨某某赔偿损失 108646 元。

庭审中，杨某某举示了某公司的《员工手册》《各部门职能及岗位说明书》《人力资源控制程序》，上述证据均为复印件，均载明由行政部负责公司人员招聘、面试、建立劳动关系等。某公司质证称，该公司没有找到上述文件，对《员工手册》和《人力资源控制程序》的真实性有异议，对《各部门职能及岗位说明书》的真实性无异议。某公司认为，虽然该说明书规定由行政部负责人员招聘，但最终是否签订劳动合同由杨某某决定，因此，杨某某应承担责任。

一审法院认为，某公司因未与员工签订劳动合同被法院判决向员工支付双

---

① 详见重庆市第一中级人民法院（2012）渝一中法民终字第 04533 号民事判决书。

案例中一审法院引用的公司法（2013 年修正）第一百四十七条、第一百四十九条现为公司法（2023 年修订）第一百八十条、第一百八十八条。

倍工资 108646 元属实。本案争议焦点在于时任某公司董事、董事长、经理和法定代表人的杨某某是否应当承担未与员工签订劳动合同而给某公司造成损失的赔偿责任。

关于上述争议焦点，公司法（2013 年修正）第一百四十七条第一款规定，董事、监事、高级管理人员应当遵守法律、行政法规和公司章程，对公司负有忠实义务和勤勉义务；第一百四十九条规定，董事、监事、高级管理人员执行公司职务时违反法律、行政法规或者公司章程的规定，给公司造成损失的，应当承担赔偿责任。因此，公司董事、监事、高级管理人员违反勤勉义务给公司造成损失的，应当承担赔偿责任。杨某某作为公司董事和高级管理人员，其是否违反勤勉义务系本案的关键。第一，应当明确与员工签订劳动合同是否为杨某某的职责。某公司设立了董事会作为公司的最高权力机构，主要职权为决定公司经营方针和投资计划，决定公司内部管理机构的设置和制定公司的基本管理制度等。某公司制定的《各部门职能及岗位说明书》表明，某公司由行政部负责招聘员工并建立劳动关系。杨某某作为某公司的董事、董事长、经理和法定代表人，其职权主要是执行并组织实施董事会决议，制定公司具体管理制度，组织领导公司的日常生产和经营管理工作等，并不具体负责与员工签订劳动合同事宜。因此，与员工签订劳动合同系某公司行政部的职责而非杨某某的职责。第二，应当明确某公司未与员工签订劳动合同，杨某某是否存在主观过错。杨某某作为某公司高级管理人员，对某公司未能与员工签订劳动合同一事应予以合理注意，但其是否应当承担赔偿责任，还取决于杨某某在此事上是否存在主观过错。某公司仅提供王某某的证言并不能证实杨某某在某公司未与员工签订劳动合同一事上存在主观过错。现有证据并不能充分证实杨某某违反了勤勉义务造成某公司损失，某公司要求杨某某赔偿损失的诉讼请求证据不足，一审判决不予支持。判决：驳回某公司的诉讼请求。

某公司不服一审判决，向二审法院提起上诉。

二审中查明的其他事实与一审查明的事实相同。

二审法院认为，本案的争议焦点：一是杨某某在某公司任职期间是否负有与员工签订劳动合同的职责；二是未与员工签订劳动合同，杨某某是否存在主观过错。关于杨某某在某公司任职期间是否负有与员工签订劳动合同的职责问题。证人王某某、黄某某的证词均属于间接证据，而杨某某举示的《各部门职能及岗位说明书》属于直接证据，因此，《各部门职能及岗位说明书》的证明力一般大于证人证言，故二审法院认为，杨某某在某公司任职期间并不负有直接与员工签订劳动合同的职责。关于未与员工签订劳动合同，杨某某是否存在主观过错的问题。根据《最高人民法院关于民事诉讼证据的若干规定》第二条的规定，某公司在法院一审、二审审理中均未举示证据证明某公司行政部与员工签订有初步劳动合同，且某公司行政部已将与员工签订的初步劳动合同报杨某某审批的事实成立。因此，对于某公司上诉关于某公司未与员工签订劳动合同杨某某存在主观过错的主张，二审法院不予支持。综上所述，一审认定事实清楚，适用法律正确，程序合法。判决：驳回上诉，维持原判。

案例评析：公司法（2013 年修订）第一百七十九条第一款规定，公司董事、监事、高级管理人员应当遵守法律、行政法规和公司章程，对公司负有忠实义务和勤勉义务。第一百四十九条规定，上述人员执行公司职务时违反法律、行政法规或公司章程的规定，给公司造成损失的，应当承担赔偿责任。本案中，杨某某作为公司董事、董事长、总经理和法定代表人，是否违反了对公司的勤勉义务是其是否承担赔偿责任的关键。法院经审理认为，公司董事会的主要职权是决定公司的经营方针和投资计划，某公司提供的《各部门职能及岗位说明书》表明某公司由行政部负责招聘员工并建立劳动关系，杨某某作为公司董事、董事长、经理和法定代表人，其职权主要是执行并组织实施董事会决议，制定公司具体管理制度，组织领导公司日常生产和经营管理工作等，并不具体负责劳动合同签订事宜，而与员工签订劳动合同是某公司行政部的职责。同时，应明确在公司未与员工签订劳动合同问题上杨某某是否存在主观过错。依据法院查明的事实，现有证据不能充分证实杨某某在此问题上有主观过错，故法院判决驳回某公司的诉讼请求。由此看出，认定公司董事、监事、高级管理人员是否违反对公司的勤勉义务，主要考量公司的损失是否因其怠于履行应尽的职责而造成，其是否存在主观过错，也就是考量公司的损失与董事、监事、高级管理人员执行职务及主观过错是否存在因果关系。

3. 公司股东可请求将公司利益归入公司[①]

上诉人（一审原告）：林某。

上诉人（一审被告）：李某。

被上诉人（一审被告）：涂某。

一审被告：A 公司。

一审第三人：B 公司、D 公司、E 公司。

D 公司在香港依据香港公司条例注册成立，李某、林某在 D 公司各占 50% 的股份。2004 年 3 月 11 日，D 公司（甲方）与南昌县某管理委员会（乙方）签订《合同书》。该合同第一条约定：由甲方在乙方的辖区内兴办 E 公司投资项目，注册资金为 3 亿港币，投资总额为 8 亿港币。第二条约定：甲方在乙方投资房地产项目，乙方以挂牌方式依法出让 700 亩商业用地给甲方。第三条关于甲、乙双方的责任约定：由甲方提供其公司资料，乙方代理甲方在乙方辖区内就上述两个项目注册两家由甲方独资设立的外商独资企业。合同的第四条至第七条约定了合同生效、违约及其他相关事宜。

2005 年 9 月 22 日，B 公司向南昌县国土资源局缴纳 6000 万元（人民币，下同）土地出让款。

2005 年 12 月 7 日，甲方 D 公司，乙方南昌县国土资源局，丙方 B 公司签订《补充协议书》，内容为：三方共同确认甲方根据甲乙双方于 2005 年 9 月 19 日签订的《协议书》向乙方提供的 700 亩项目用地土地出让金预付款 6000 万元系丙方所有，其全部权益也归丙方。

2006 年 4 月 7 日，南昌县国土资源局与 B 公司签订《挂牌出让国有土地使用权成交确认书》，确认 B 公司竞得该块国有土地使用权，并由公证处出具公证书。

林某以李某、涂某、A 公司共同侵权侵犯 D 公司的商业机会等为由，向

---

① 详见江西省南昌市中级人民法院（2012）民四终字第 15 号民事判决书。

案例中一审法院引用的公司法（2005 年修订）第一百四十九条现为公司法（2023 年修订）第一百八十一条、第一百八十三条、第一百八十四条、第一百八十六条。

案例中一审法院引用的公司法（2005 年修订）第一百五十条现为公司法（2023 年修订）第一百八十八条。

法院提起诉讼，请求判令：李某赔偿因其谋取第三人D公司商业机会造成的约5800万元的经济损失；李某谋取的上述收入归D公司所有；涂某、A公司因共同侵权承担连带赔偿责任。

一审法院认为，本案的争议焦点为：一是被告李某是否利用职务便利谋取属于D公司的商业机会；二是如谋取商业机会成立，应承担何种法律责任及责任主体。关于第一个争议焦点。根据《合同书》，该700亩商业用地的使用权构成公司法上的商业机会。D公司积极履行《合同书》约定的设立企业的义务，并最终符合受让700亩土地使用权的条件，应该认定受让700亩土地使用权的商业机会属于D公司。但李某以设立的E公司作为获得受让700亩土地使用权的引资企业，同时以A公司为股东在南昌县另外设立B公司，作为受让700亩土地使用权的主体。未经D公司董事会或股东会的同意，又将受让700亩土地使用权的商业机会直接转让给B公司。李某既是E公司的法定代表人，又是B公司的法定代表人，同时作为D公司的股东，还代表D公司。因此，应认定李某谋取了属于D公司的商业机会，给D公司造成了损失。尽管土地使用权应通过挂牌方式出让，但根据《合同书》、出让公告、挂牌交易时间等推断，该地块名义上是向社会公开挂牌竞拍700亩土地使用权，实际上只有引进了E公司的主体才能报名竞拍。关于第二个争议焦点。林某既可以依据公司法（2005年修订）第一百四十九条的规定，要求李某将其从该商业机会的所得归入D公司，也可以根据该法第一百五十条的规定要求李某向D公司承担赔偿损失的民事责任。当行使归入权后仍不能弥补损失时，对超出归入权的损失部分，林某仍可以主张赔偿。但诉讼中，林某对赔偿的诉请未举证，更未举证证明其损失大于行使归入权的收入，因此，对林某要求李某赔偿的诉请不予支持。关于李某在谋取该商业机会中的经济收入。李某在该商业机会中的获利主要体现在B公司的股权转让所得。推定B公司股权转让的金额为5040万元。至于承担责任的主体，因B公司的原股东系李某、涂某夫妇设立的A公司，A公司是B公司股权转让款的获利主体，故A公司对李某向D公司返还5040万元股权转让款应承担连带责任。

综上所述，判决：由被告李某向第三人D公司返还款项5040万元；被告A公司对上述还款承担连带责任；驳回原告林某的其他诉讼请求。

林某、李某均不服一审判决，提起上诉。

二审法院经审理认为，关于李某、涂某、A公司的行为是否构成单独或者共同侵权，剥夺了D公司的商业机会，进而损害了D公司的合法权益问题。首先，要审查案涉700亩土地使用权是否应当认定为专属于D公司的商业机会。无论是从D公司与南昌县某管理委员会约定的合同条件看，还是从南昌县国土资源局作为国有土地管理部门确定的挂牌出让方式、资质及交易条件看，案涉700亩土地使用权并非当然地专属于D公司的商业机会。其次，要审查D公司或者林某为获取该商业机会是否作出了实质性的努力。根据本案一审、二审查明的事实，林某、李某分别占有D公司50%的股份，该公司成立之目的即在江西成立E公司及设立房地产企业运营房地产项目。但在林某、李某设立E公司之后，双方的合作并不融洽，甚至因D公司投入E公司的投资款去向问题产生了严重分歧和矛盾。事实上，在林某明确要求保本撤资的情况下，D公司已不可能如约履行投资及设立房地产企业等义务，更无可能为获得本属于D公司的700亩土地使用权这一商业机会而作出任何实质性的努力。因此，应当认定林某在本案中没有积极履行股东、董事义务，D公司也未能积极履行投资、设立房地产企业等义务。本案中，B公司最终满足700亩土地使用权的合同约定条件及挂牌交易条件，是李某、涂某、A公司共同合作和努力的结果，不仅与林某没有关联，而且与D公司无关。尽管李某等在报送相关材料过程中借用了D公司的名义，但显然不能将李某、涂某、A公司为满足700亩土地使用权的约定交易条件和挂牌交易条件所进行的一系列行为，简单地等同于D公司的行为，更不应认定林某有权享有这些行为所带来的任何利益。最后，要审查李某、涂某、A公司在本案中是否实施了剥夺或者谋取D公司商业机会的行为。本案中，要构成剥夺或者谋取D公司的商业机会，李某、涂某或者A公司应当单独或者共同采取欺骗、隐瞒或者威胁等不正当手段，使林某或者D公司在不知情的情况下放弃该商业机会，或者在知情的情况下不得不放弃该商业机会。但综观本案事实，林某在获知该商业机会之后不仅没有采取积极行动为D公司获取该商业机会创造条件，反而要求李某退还林某已投入D公司并通过D公司转投E公司注册资金的投资款。因此，李某、涂某、A公司在本案中的行为，不但不应被认定为侵权行为，反而应当定性为为避免D公司违约而采取的合法补救行为，更是各方为维护自身权益而采取的正当经营或者交易行为。林某没有提供充分证据证明李某、涂某、A公司单独或者共同采取了欺骗、隐瞒或者威胁等不正当手段剥夺或者谋取了本属于D公司的商业机会，故其有关李某、涂某、A公司构成共同侵权，损害D公司合法权益的诉讼请求依法不能成立，二审法院不予支持。

关于D公司的损失问题。既然李某、涂某及A公司在本案中的行为不构成对D公司的单独或者共同侵权，则D公司即便存在任何损失，也无须李某、涂某或者A公司承担。

综上所述，一审判决遗漏部分事实，认定李某、A公司侵权不当，适用法律错误，二审法院依法予以纠正。判决：撤销一审判决；驳回林某的全部诉讼请求。

案例评析：公司的归入权是指在公司董事、高级管理人员违反忠实义务的情况下，请求将其违反忠实义务的收入（包括商业机会等）归入公司的权利。关于本案所涉700亩土地使用权是否由于李某采用故意隐瞒等手段使D公司丧失，而李某利用职务之便谋取了D公司的商业机会问题，一审法院认定，李某谋取了D公司的商业机会。二审法院经审理认定，该700亩土地使用权依照双方合同约定出让给D公司需要满足投资设立E公司等条件。本案中没有证据证明D公司满足了上述条件。而在案涉700亩土地项目挂牌交易中，竞买人不仅要具备房地产开发资格，还要缴纳6000万元保证金，依据公告要求，其他企业如能满足上述条件，均可竞买该700亩土地使用权。原告林某作为D公司股东对这一事实是明知的，李某并未隐瞒这一事实，林某也未采取措施配合李某使D公司取得这一项目，而是要求李某退还林某投入D公司并通过D公司转入E公司的投资款。李某为使D公司继续履行合同，与涂某、A公司合作获取这一项目，不应认定为侵权行为，故二审法院判决：撤销一审法院判决，驳回林某的诉讼请求。综上所述，公司股东行使归入权的前提是归入公司的标的必须是公司应得但由于董事、高级管理人员采取不正当手段被其占为己有的收入。此时，公司、股东有权请求将该收入归入公司。

4. 公司高级管理人员超越职权损害公司利益应当赔偿损失[①]

上诉人（一审原告）：甲公司。

被上诉人（一审被告）：高某、乙公司。

2009年5月20日，甲公司与乙公司签订了一份《建设工程施工合同》。2009年8月18日，乙公司向甲公司发出催款函，要求甲公司按合同约定支付工程进度款。之后，乙公司多次通过函件的方式要求甲公司支付工程进度款，甲公司的工作人员均予以签收。2010年1月11日，双方又签订了一份《协议书》，约定了款项支付及清场事宜。甲公司向乙公司分别支付了100万元、300万元、50万元三笔工程款。

甲公司认为，高某在担任甲公司总经理职务期间，私自与乙公司签订了《建设工程施工合同》，在明知项目土地尚未支付完毕土地出让金，未取得国有土地使用证及未取得建设用地规划许可证、建设工程规划许可证、商品房销售（预售）许可证等情况下允许乙公司施工，并与乙公司恶意串通，擅自将甲公司的450万元作为工程款汇入乙公司的账户，造成了甲公司资金流失。为此甲公司诉至一审法院，请求法院判令高某赔偿450万元，乙公司在高某赔偿范围内承担连带责任。

一审法院认为，本案系损害公司利益责任纠纷。关于本案争议的第一个焦点即高某与乙公司是否存在恶意串通的问题。甲公司与乙公司签订的《建设工程施工合同》不但有高某作为甲公司法定代表人的签名，而且加盖有甲公司的公章。在签订合同时乙公司虽然不具有相关报批手续，但不能就此认定高某与乙公司有恶意串通的行为。甲公司在该案中主张乙公司与甲公司的工作人员存在恶意串通的行为，但又未能提供证据予以证实，对此不予采信。关于本案争议的第二个焦点即甲公司支付给乙公司的450万元工程款是否存在恶意串通的问题。甲公司支付给乙公司的450万元工程款是在生效判决认定甲公司已付工程款564.13万元的范围内，甲公司没有证据证明其支付给乙公司的450万元

---

① 详见广西壮族自治区北海市中级人民法院（2014）北民二终字第15号民事判决书。

案例中二审法院引用的公司法（2013年修正）第一百四十七条、第一百四十九条现为公司法（2023年修订）第一百八十条、第一百八十八条。

工程款存在高某与乙公司恶意串通的行为，因此，甲公司主张高某与乙公司恶意串通，高某擅自将甲公司的450万元作为工程款汇入乙公司的账户，缺乏事实依据，不予支持。据此判决：驳回甲公司对高某的诉讼请求；驳回甲公司对乙公司的诉讼请求。

甲公司不服一审判决，提起上诉。

二审法院认为：第一，被上诉人高某是上诉人甲公司原总经理即甲公司的高级管理人员，其可在职权范围内代表甲公司进行一定的民事活动。本案中，甲公司主张高某在未经董事会决议和授权、未按法律规定进行招投标的情况下与被上诉人乙公司签订《建设工程施工合同》，并向乙公司支付450万元工程款，存在与乙公司恶意串通、造成甲公司资金损失的行为，并提交2008年9月25日的《授权书》用以证明高某对外签订工程承包合同超越了职责范围，却在2009年5月20日高某作为签约代表与乙公司签订的《建设工程施工合同》上加盖甲公司公章认可。由于甲公司未能提交证据证实其对上述《建设工程施工合同》以及高某代表甲公司签约的事实不知情，故甲公司主张高某超越权限与乙公司签订《建设工程施工合同》，缺乏事实依据，二审法院不予采信。第二，依据公司法（2013年修正）第一百四十七条第一款“董事、监事、高级管理人员应当遵守法律、行政法规和公司章程，对公司负有忠实义务和勤勉义务”的规定，高某作为甲公司的高级管理人员，应依法履行职责。虽然甲公司提交的《授权书》证明了高某的部分职责范围，但并未提交其他证据证实高某在担任总经理职务期间应当履行的其他具体职责以及权限、甲公司对外支付工程款的具体审批程序、高某在履行总经理职务过程中违反了忠实义务和勤勉义务、高某擅自对外支付工程款属于违法或者违反公司章程、高某与乙公司为谋取不法利益合谋实施有损甲公司利益等一系列行为，故甲公司主张高某与乙公司存在恶意串通损害甲公司利益的行为，缺乏事实依据，二审法院不予采信。第三，依据公司法（2013年修正）第一百四十九条的规定，高级管理人员执行公司职务违反有关规定应当承担赔偿责任的前提是给公司造成损失。本案中，虽然甲公司与乙公司签订的《建设工程施工合同》被广西壮族自治区高级人民法院（2011）桂民一终字第95号民事判决认定无效，但上述生效判决确认甲公司应向乙公司支付拖欠的工程款为679.65万元，甲公司已向乙公司支付了564.13万元的工程款。甲公司向乙公司支付450万元工程款，为生效判决项下确定的付款义务，高某审批后对外支付工程款的行为并未造成甲公司的经济损失，故高某无须向甲公司赔偿损失，乙公司亦无须承担相应的连带赔偿责任。综上所述，一审判决程序合法，认定事实清楚，适用法律正确，实体处理并无不当，二审法院予以维持。

案例评析：董事、高级管理人员超越授权对外签订合同，除对方知道或应当知道其超越权限外，该代表行为有效。在此情形下，公司不能对相对人主张合同无效，但可依照公司法的规定，向董事、高级管理人员提起损害赔偿诉讼。本案中甲公司总经理高某代表甲公司与乙公司签订了一份《建设工程施工合同》，甲公司也在该合同上加盖了公司公章。双方在履行合同过程中产生纠纷，甲公司诉至法院，认为总经理高某等人违反法律规定施工，有与施工方恶意串通行为。法院致函公安部门查证，后法院经审理查明，公安部门对公司总经理高某未立案侦查，甲公司已向乙公司支付工程款564.13万元，尚有115.52万元未支付。甲公司主张公司高级管理人员与施工方乙公司恶意串通的诉讼理由不能成立，故判决驳回甲公司的诉讼请求。

【风险防范】

为避免公司董事、监事、高级管理人员损害公司利益，首先是要做好公司董事、监事、推选、高级管理人员选拔任用工作，把德才兼备的人员选出来。同时，在公司章程中，应规定公司董事、监事、高级管理人员违反忠实义务、勤勉义务时的救济措施，特别是对于公司对外交易、对外担保、借款、关联交易、重大资产处置等，要有切实有效的监管制度，同时，可聘请专业法律咨询机构对公司章程进行检查完善。

【相关规定】

《中华人民共和国公司法》第五条、第二十二条、第一百二十九条、第一百六十条、第一百七十八条至第一百九十条、第二百一十六条

风险点 43

董事、监事、高级管理人员损害股东利益纠纷

【风险解读】

董事、监事、高级管理人员损害股东利益纠纷，是指公司的董事、监事、高级管理人员违反法律、法规或违反公司章程规定，损害股东利益的，应当对股东承担赔偿责任的纠纷。该类纠纷主要有以下三种类型：一是由于董事、监事、高级管理人员违反法律、法规或公司章程规定，损害股东利益，股东可向人民法院起诉，即股东直接诉讼制度；二是在股东不能依法罢免公司的董事、监事、高级管理人员，董事会又未依法提出罢免议案的情况下，股东可向人民法院提起罢免董事、监事、高级管理人员的诉讼；三是股东为行使股权，需要董事、监事、高级管理人员提供真实信息，如果上述人员披露信息存在虚假记载、误导性陈述或者重大遗漏，致使股东利益遭受损失的，负有责任的董事、监事、高级管理人员应与公司承担连带责任。股东可以就此提起损害赔偿诉讼。

【典型案例】

公司高级管理人员滥用职权损害股东利益的应赔偿损失 [①]

抗诉机关：海南省人民检察院。

申诉人（一审原告、二审被上诉人）：刘某珠。

申诉人（一审原告、二审被上诉人）：宝某公司。

被申诉人（一审被告、二审上诉人）：彭某、王某昌。

一审第三人：恒某公司。

恒某公司股东为宝某公司、刘某珠、王某昌等，公司法定代表人为王某昌。2002 年，恒某公司在与海南某公司合资经营中产生纠纷，经法院调解执

① 详见海南省高级人民法院（2012）琼民抗字第 10 号民事判决书。

案例中二审法院引用的公司法（2005 年修订）第一百二十二条现为公司法（2023 年修订）第一百三十五条。

行将海南某公司位于海口市王兰路某住宅小区联排别墅5、17、18、19、24幢和独立别墅26幢抵偿给恒某公司。2002年，王某昌以恒某公司名义与本案一审被告、再审被申请人彭某签订一份合资经营合同，又以恒某公司名义与彭某签订协议书，将恒某公司案涉联排别墅17幢过户至彭某名下，作价355万元抵偿其出资款。恒某公司为彭某缴纳过户契税款10万元。2005年，恒某公司又与案外人陈某柳签订房屋买卖合同，将恒某公司案涉联排别墅19幢以269万元出售，彭某依王某昌授意收取陈某柳房屋定金30万元，彭某将20万元付给王某昌。彭某先后收取陈某柳房款共计150万元。2009年，恒某公司召开监事会就案涉联排别墅17、19幢售楼款去向作出说明。恒某公司股东宝某公司、刘某珠起诉王某昌、彭某，要求确认王某昌以恒某公司名义与彭某及第三人签订合同无效，返还房款并赔偿损失。

一审法院认为，法定代表人以公司名义对外实施行为不能超出法人机关意志，依据公司法规定，公司重大经营决定应通过公司股东会决议，并应经出席会议的股东所持表决权的三分之二以上通过，而王某昌与彭某及第三人签订两份合同均未经公司股东会同意，事后未经股东会追认，应属无效，两被告损害公司股东利益，应赔偿损失。

彭某、王某昌不服判决提起上诉。二审法院认为，王某昌代表恒某公司与彭某等签订两份合同，有公司盖章及法定代表人签字，法律并未规定公司对外签订合同必须经股东会议同意，本案不适用公司法（2005年修订）第一百二十二条规定，合同应为有效。二审驳回宝某公司、刘某珠诉讼请求。

二审生效后，宝某公司、刘某珠向海南省人民检察院提出申诉。海南省人民检察院以原判适用法律错误为由，提出抗诉。海南省高级人民法院再审认为，王某昌以恒某公司名义无偿给付彭某500万余元资产权益，损害了公司股东利益，应当承担赔偿责任。彭某与王某昌因合同取得的利益应予返还。原二审判决认为两份合同均加盖公司公章，无须公司股东会决议，其未认识到公司实际控制人与公司之间在行为和意志上存在控制与反控制之关系，公司实际控制人的民事行为可能损害公司及其他股东利益，原判认定合同有效属适用法律错误。故再审撤销二审判决，维持一审判决。

案例评析：本案经法院一审、二审后，检察院抗诉又再审。本案涉诉时，恒某公司的股东为宝某公司、刘某珠、王某昌等。原告刘某珠及宝某公司认为，恒某公司法定代表人王某昌以恒某公司名义与彭某签订合资经营合同及协议书，将公司资产转移，直接影响公司的经营。一审法院经审理认为，公司法定代表人行使职权不能超越公司法人机构的意志，对于公司的重大交易行为，应当属于公司股东会的意志范畴，应经出席股东会议的股东所持表决权的三分之二以上通过。以上两项合同将恒某公司资产变现转移，属于对重大资产的处置，其未经董事会表决通过，更未经股东会同意，事后也未得到股东会追认，而彭某和王某昌也无证据证明彭某实际出资兑现上述两份合同确定的投资，但彭某已实际取得用于抵偿出资额的房产利益。这实际是王某昌滥用法定代表人职权，以损害恒某公司利益为代价，向彭某支付的其多次为王某昌个人服务的补偿和酬劳。两人恶意串通，擅自处置恒某公司资产利益，损害了恒某公司和股东的利益，两份合同均无效，取得的财产应予返还。

一审判决后，彭某、王某昌不服，提起上诉。二审法院认为，王某昌的行为是履行法定代表人职权的经营行为；同时，原告刘某珠对公司经营应当了解，本案发生在2002年至2005年，至2008年已过两年诉讼时效，故二审撤销一审判决，驳回刘某珠、宝某公司的诉讼请求。

二审终审后，检察院依法提起抗诉。法院再审认为，关于合资经营合同与协议书是否合法有效，关键在于彭某是否实际出资，其取得恒某公司资产是否构成对恒某公司及其股东利益的侵害。本案合同确认的彭某对恒某公司的投入，实际上是王某昌借公司法定代表人职权对彭某个人多次追随其的奖励和补偿。王某昌作为公司法定代表人和实际控制人，通过虚构彭某出资事实，进行无偿的公司资产转移，侵害了公司和股东权益，对彭某投资公司的重大交易行为，不是以公司董事会、股东会决议形式作出，而是利用职权侵害公司利益，两份合同均应无效，两被告应予返还取得的利益。在公司高级管理人员刻意隐瞒以上事实的情况下，股东未能及时了解真实信息，未能及时行使股东权利，不能由此推定股东应当知道公司实际控制人与第三人恶意串通无偿转移公司资产的事实，从而认定已过两年诉讼时效。事实是 2009 年 10 月在恒某公司股东会上公司的实际控制人王某昌才披露了以上事实，两原告督促监事会向人民法院起诉公司无果后，才向人民法院直接诉讼，故两原告起诉并未超过诉讼时效。据此，再审撤销二审判决，维持一审判决。

【风险防范】

对公司董事、监事、高级管理人员进行监管并制定一套有效制度，是从根本上防范上述人员侵害公司、股东利益的根本措施。特别是对于公司重大决策事项如对外投资、担保、借款，应有严格的监督程序。同时，为防范董事、监事、高级管理人员损害公司、股东及债权人利益，应对董事、监事、高级管理人员权限进行限制。董事、监事、高级管理人员必须坚持依据法律法规和公司章程规定，根据股东会决议，在公司授权范围内行使职权。

【相关规定】

《中华人民共和国公司法》第二十二条、第一百八十一条、第一百九十条

风险点 44

董事、监事、高级管理人员损害债权人利益纠纷

【风险解读】

公司的董事、监事、高级管理人员为了自己的利益或为了股东的利益，利用公司的人格欺诈或逃避债务的，债权人可以向董事、监事、高级管理人员提起损害赔偿诉讼。此时，董事、监事、高级管理人员与公司对债权人承担连带赔偿责任。

【典型案例】

股东或实际控制人滥用公司人格损害公司债权人利益构成要件的认定[①]

上诉人（一审原告）：实某公司。

被上诉人（一审被告）：伟某达公司。

本案原告实某公司与被告伟某达公司为合作开发某花园57号楼项目，共同成立伟某房地产开发有限公司（以下简称伟某公司），双方签订了《合作协议书》，约定实某公司将案涉57号楼项目转让给伟某公司，为此双方签订了《项目转让合同》《合作协议补偿条款》，约定伟某公司在项目完成后补偿实某公司案涉项目首层、二层实际建筑面积9000平方米。在合同履行中，伟某公司经营实际由伟某达公司控制，但其未按约定补偿实某公司9000平方米建筑面积，后实某公司将伟某公司诉至法院。法院判决伟某公司交付实某公司案涉57号楼首层、二层及七套房产，并支付面积补足款8648312元。但在履行过程中，由于伟某公司在向农业银行贷款中将案涉项目抵押给银行，故未能履行。之后，实某公司将伟某达公司诉至法院要求伟某达公司对债务承担连带责任。实某公司诉求的主要理由是伟某达公司作为伟某公司的股东和实际控制人，滥用公司人格，转移伟某公司资产，伟某达公司与伟某公司人员、财务、场所混同，财务不清，伟某公司法定代表人也是由伟某达公司委任，受其控制，导致伟某公司资产不断减少，而伟某达公司资产不断增加。请求法院依照公司法（2005年修订）第二十条第三款规定，判决伟某达公司对伟某公司债务承担连带清偿责任。

一审法院审理认为，公司法（2005年修订）第二十条第三款规定："公司股东滥用公司法人独立地位和股东有限责任，逃避债务，严重损害公司债权人利益的，应当对公司债务承担连带责任。"上述规定确立了公司法人格否认制度，系在特定的法律关系中对公司法人资格及股东有限责任加以否定，以制止

---

① 详见北京市石景山区人民法院（2012）石民初字第4565号民事判决书。

案例中一审法院引用的公司法（2005年修订）第二十条第三款现为公司法（2023年修订）第二十三条。

股东滥用公司法人资格及股东有限责任，从而保护公司债权人利益。所谓特定的法律关系是指关联公司的人员、业务、财务等方面交叉或混同，导致各自财产无法区分，丧失独立人格，构成人格混同。本案中，实某公司认为伟某达公司与伟某公司人员、财务、业务混同，但法院经审理查明的事实表明，伟某达公司与伟某公司营业范围并不相同。在公司财务方面，实某公司提交的伟某达公司的损益表、资产负债表等，均未体现出伟某公司向伟某达公司转移有关财产及两公司存在财产混同的情况。实某公司提出的伟某达公司通过伟某公司股东在向银行贷款，以及伟某公司在住所变更后未及时通知其他股东等，均不构成公司法（2005 年修订）第二十条第三款关于股东滥用公司人格侵害其他股东利益及损害公司债权人利益的情形，故驳回原告实某公司的诉讼请求。二审维持了一审法院的判决。

案例评析：从本案可以看出，认定公司股东滥用公司人格和有限责任损害其他股东及债权人利益必须符合以下三个条件：一是公司合法有效取得了法人资格；二是公司股东滥用了公司人格，表现为公司资本显著不足，过度控制导致人格混同；三是严重侵害了股东及债权人利益。因此，对于公司法（2005 年修订）第二十条第三款规定的适用应慎重，不能轻易否定公司法人人格和股东有限责任。原因在于，公司的法人人格和股东有限责任是现代法人制度的核心和基石，只有在有充足事实和证据证明公司股东滥用了公司法人人格和股东有限责任而逃避债务，进而损害其他股东利益的情况下才能适用。

【相关规定】

《中华人民共和国公司法》第三条第一款、第四条第一款、第二十三条、第一百八十八条

风险点 45

公司损害高级管理人员利益纠纷

【风险解读】

高级管理人员任职期间，股东会或董事会不得无故或随意解除其职务，否则，高级管理人员可提起损害赔偿诉讼。这类纠纷有以下几种：一是股东会决议解除董事职务的效力确认之诉；二是董事为了谋取其代表的股东利益而形成的董事会决议违反法律法规并损害其他股东利益，其他董事以公司为被告提起的董事会决议无效或撤销之诉；三是监事因履行对董事、高级管理人员的监督职权受到股东会、董事会或高级管理人员限制，向公司提起的侵权之诉；四是高级管理人员由于辞职、复职而引发的与公司间的诉讼。

【典型案例】

股东会、董事会决议违反公司法及公司章程规定应认定为无效[①]

原告（反诉被告）：张某泼、陈某尚、王某峰、肖某祺、刘某静。

被告（反诉原告）：郑某辉。

原告张某泼、陈某尚等五人及被告郑某辉及案外人郑某娟等十人为厦门某会计师事务所有限公司股东，前五人为公司董事、发起人，郑某辉担任主任会计师、董事长、法定代表人，陈某华为公司监事。

2001 年 6 月 25 日上午，郑某辉召集公司全体股东召开股东会，讨论刘某添辞去董事职务、转所，以及增选王某峰、刘某静为公司董事、发起人事宜。会议中，原告张某泼等五人临时提议增选肖某祺为董事，郑某辉及郑某娟两位董事提出异议，要求另行择日讨论。在双方分歧无法调和的情况下，郑某辉中途退出会场。原告张某泼等五人于会后制作两份股东会决议，内容分别为同意刘某添辞去董事、发起人及转让所有股份并转所和增选王某峰、刘某静为发起人，增选肖某祺、王某峰、刘某静为公司董事，两份决议分别有原告张某泼等

① 详见福建省厦门市集美区人民法院（2001）厦集民初字第 566 号民事判决书。

五人和监事陈某华的签名。该股东会未对所议事项的决定作成会议记录，也未经所有出席大会人员签名认可。同日上午，股东会结束后，原告张某泼等五人推选陈某尚为代表召集、主持当日下午的临时董事会，陈某尚于同日中午电话通知郑某辉参加下午的董事会，未告知议题。当日下午2时30分，原告张某泼等五人于公司住所召开董事会，会议未指定人员形成会议记录，与会人员未签名，未通知监事列席。会议通过决议，免去郑某辉主任会计师、董事长、法定代表人职务，选举原告张某泼为主任会计师、董事长、法定代表人。

一审法院认为，股东会是依照法定职权决议公司重要事务的最高权力机关，其应按照法定的方式和程序进行议决。股东有权对股东会的召开及形成的决议是否符合法律或章程的规定予以监督，只有这样，才能充分代表和体现全体股东的真实意思表示，使股东能够充分参与公司重要事务的决策管理，维护其权益。原告无足够证据证明2001年6月25日的股东会已于十五日前通知全体股东参加，并对会议所议事项作成记录，由出席会议的股东在会议记录上签名，致使股东之间发生争议时无法查明会议的真实情况，无法判断会议内容的真实性，因此，股东会上表决通过的增选王某峰、刘某静为发起人、董事和增选肖某祺为董事的决议的真实性也无法确认，得不到确认的股东会决议不能产生决议所期望发生的法律后果，2001年6月25日公司股东会增选王某峰、刘某静为发起人、董事和增选肖某祺为董事的决议无效。

董事会系公司依照公司法的规定设立的由全体董事参加的法定常设业务执行机关，应依照公司法及公司章程规定的方式和程序议决公司日常重要事项，充分代表和体现全体董事的意志。原告主张以公司习惯方式，即以电话或口头通知相关董事，也不需要时间上的提前量，只要大多数董事同意就可以召开临时董事会，违背了公司法关于召开董事会应当于会议召开十日前通知全体董事的强制性规定，导致董事缺乏足够时间去充分表达其真实意志，损害了董事的合法权益。另外，参加董事会的王某峰、刘某静、肖某祺不具备合法的董事资格。会议未对会议所议事项作成记录，并由出席会议的董事在会议记录上签名，致使董事之间发生争议时无法查明会议的真实情况，无法判断会议内容的真实性。因此，2001年6月25日召开的董事会会议程序违法，不能充分代表公司全体董事的真实意思表示，该董事会作出的罢免郑某辉主任会计师、董事长及法定代表人职务，并选举张某泼为主任会计师、董事长及法定代表人的决议无效。

故一审法院判决：驳回原告（反诉被告）张某泼、陈某尚、王某峰、肖某祺、刘某静的诉讼请求；厦门某会计师事务所有限公司于2001年6月25日股东会作出的增选发起人、董事的决议无效；厦门某会计师事务所有限公司于2001年6月25日董事会作出的变更主任会计师、董事长及法定代表人的决议无效。

案例评析：本案涉及的争议焦点是厦门某会计师事务所有限公司于2001年6月25日股东会作出的增选发起人、董事的决议及董事会变更主任会计师、董事长及法定代表人的决议是否有效。

股东会（在本案中为出资人大会）是由有限责任公司的全体股东所组成的公司议事机关和最高权力机关。股东会会议上的各项决议必须严格按照程序和议事规则，在充分保障股东权利的基础上作出，才能具有法律效力。一审认定股东会决议无效的理由有以下几点。

1. 股东会召集程序违反法律或章程。根据公司法和案涉公司章程第二十六条的规定，选举和更换董事、股东退让出资额等事项必须通过股东会决议；召开出资人大会，应当于会议召开十五日前通知全体股东；在通知形式上，一般都要求采用足以到达应受通知股东的方式，如书面直接呈送、邮寄通知或公告通知等。本案中，公司董事长郑某辉根据惯例，以电话通知股东召开股东会会议的时间、地点，股东会也于2001年6月25日上午召开，十名股东实到九名，应当认定董事会召集股东会的通知义务已经履行，但董事会并未提前通知“增选肖某祺为董事”的决议事项，而是临时决定增选，可能影响股东作出正确判断或决定。

2. 股东会决议方法违反法律或章程。根据公司法和案涉公司章程规定，股东会（出资人大会）应当对所议事项的决定作成会议记录，出席会议的股东应当在会议记录上签名；会议由董事长召集并主持，董事长因特殊原因不能履行职务时，由董事长指定其他董事主持。本案中，由于股东之间就是否增选董事的问题发生重大分歧，董事长郑某辉中途退出股东会会议，未指定其他董事继续主持，张某泼等五名股东于会后自行制作了两份股东会决议，该决议已经严重侵犯了董事长作为股东的表决权，因此，该决议方法已经违反了法定程序和公司章程规定的议事规则。

3. 决议内容本身存在重大瑕疵。案涉公司股东会在张某泼等五名股东的操作下作出了增选董事、发起人的决议，已经侵犯了其他股东的固有权，违反股东平等原则，该决议无法产生决议所期望发生的法律后果。

综上所述，法院认为，关于增选王某峰、刘某静为发起人、董事和增选肖某祺为董事的股东会决议未按照法定的方式和程序进行议决，未能充分代表和体现全体股东的真实意思表示，侵犯了股东参与公司重要事务的决策管理权，其真实性无法确认，该决议应属无效。

另外，基于 2001 年 6 月 25 日上午股东会决议，于当日下午召集的董事会中，王某峰、刘某静和肖某祺作为董事参与决议，作出的相关人事变动的决议也不符合法律的规定。董事会系公司依照公司法的规定设立的由全体董事参加的法定常设业务执行机关。根据公司法的规定，召开董事会应当于会议召开十日前通知全体董事。本案中，原告（反诉被告）提出已电话通知郑某辉等两名董事参加董事会，但并无证据证明已充分尽到通知义务。另外，王某峰、刘某静和肖某祺不具备合法的董事资格。董事会也未对会议所议事项作成记录，并由出席会议的董事在会议记录上签名。因此，法院对该份董事会决议作出无效认定是正确的。

【风险防范】

公司法对高级管理人员对公司的义务及损害赔偿责任作出了规定，但对公司损害高级管理人员的责任未作规定。为防范公司损害高级管理人员利益纠纷的发生，公司应在章程中对股东会、董事会侵害高级管理人员权益的救济途径作相应规定，同时，规定高级管理人员责任的减免、补充等，以保障公司高级管理人员的正当合法权益。

【相关规定】

《中华人民共和国公司法》第六十三条、第七十二条、第一百一十四条、第一百二十三条

风险点 46

公司损害债权人利益纠纷

【风险解读】

公司具有侵权行为能力，如果公司在其经营范围内活动，侵害了公司债权人利益，应当对侵权行为承担赔偿责任。公司损害债权人利益纠纷有以下几种类型：一是公司在发行股票、债券及订立合同过程中，由于自身过错导致合同无效或被撤销，而给股票、债券持有人造成损失而产生的纠纷；二是承担资产评估、验资或者验证机构出具评估、验资或者验证报告不实，出资人应在其出资不实范围内先对公司承担责任，中介机构在其评估或者证明不实金额范围内承担补充责任产生的纠纷；三是公司董事、高级管理人员越权或无权代表给公司造成损害，行为人对公司承担赔偿责任，公司在法定条件下对第三人承担责任产生的纠纷；四是公司的分公司在其经营活动中不能清偿债权人债务时，公司在其分公司不能清偿的范围内承担责任产生的纠纷；五是公司减资损害债权人利益产生的纠纷；六是一人公司利用公司法人资格损害债权人利益产生的纠纷。

【典型案例】

1. 公司股东滥用公司人格损害公司债权人利益责任的承担[①]

上诉人（一审原告）：喜某公司。

上诉人（一审被告）：林某。

被上诉人（一审被告）：陈某河、赖某明、某评估公司、某会计师事务所。

蓝某紫公司注册资本为 100 万元。股东情况为：林某出资 80 万元，出资比例为 80%，陈某河出资 20 万元，出资比例为 20%，出资方式为实物作价出资。蓝某紫公司营业执照于 2008 年 5 月 19 日被吊销。2008 年 6 月 1 日、2008 年 9 月 23 日、2008 年 11 月 20 日、2009 年 2 月 9 日，喜某公司与蓝某紫公司

① 详见广东省广州市中级人民法院（2013）穗中法民二终字第 1577 号民事判决书。

签订供气委托合同，由喜某公司向第三方供气，由蓝某紫公司负责支付货款。喜某公司曾向法院起诉蓝某紫公司、林某、陈某河、赖某明（蓝某紫公司的隐名股东），认为蓝某紫公司拖欠喜某公司货款，林某、陈某河、赖某明故意隐瞒蓝某紫公司经营期满及营业执照被吊销的事实，其行为已违反法律相关规定，要求：蓝某紫公司向喜某公司偿付货款并支付相应利息；蓝某紫公司返还借用的钢瓶或赔偿相应对价；判令林某、陈某河、赖某明承担连带清偿责任。2012年3月5日，该法院裁定准许喜某公司撤回对林某、陈某河、赖某明的起诉。同日，出具民事调解书，当事人就偿付货款并支付相应利息、返还钢瓶等事宜达成协议。

一审法院认为，本案是股东损害公司债权人利益责任纠纷，主要焦点是公司股东的范围及股东是否应对公司债权人承担责任问题。林某、陈某河作为蓝某紫公司的股东，在公司被吊销营业执照后，仍继续以蓝某紫公司名义对外经营，导致大量货款经法院调处后仍未得到履行，其行为构成对公司独立人格的滥用，严重损害喜某公司作为债权人的利益，应对民事调解书中认定的债务承担连带赔偿责任。故法院判决：林某、陈某河就民事调解书中确定的蓝某紫公司的债务承担连带赔偿责任；驳回喜某公司的其他诉讼请求。

判后，喜某公司、林某不服一审判决，向法院提起上诉。

经二审审理查明，林某提出对蓝某紫公司强制清算的申请并未被受理，故法院对其主张蓝某紫公司已被强制清算的事实不予认定。二审法院查明的其他事实与一审法院查明的事实一致，二审法院予以认定。

二审法院认为，本案二审期间的焦点为：一是在审理股东损害公司债权人利益责任纠纷中，是否可以同时审理会计师事务所的审计侵权赔偿责任纠纷；二是赖某明是否为蓝某紫公司的股东；三是蓝某紫公司的股东是否应对蓝某紫公司的债务承担赔偿责任。

首先，关于在审理股东损害公司债权人利益责任纠纷中，是否可以同时审理会计师事务所的审计侵权赔偿责任纠纷的问题。法院认为，债权人喜某公司在本案中请求蓝某紫公司的股东承担损害公司债权人利益责任及请求某评估公司、某会计师事务所承担审计侵权赔偿责任，属于两个不同性质的请求，而该两个请求涉及的系两个不同的法律关系，该两个法律关系依法不能在同一件案件中调处。本案一审已经确定本案的案由为股东损害公司债权人利益责任纠纷，本案处理的应当是蓝某紫公司股东是否应对公司债权人承担责任问题，因此，上诉人喜某公司在本案中请求某评估公司、某会计师事务所承担审计侵权赔偿责任无法律依据，法院不予支持。关于某评估公司、某会计师事务所是否须承担审计侵权赔偿责任的问题，喜某公司可另行提起诉讼由另案进行处理，本案不予调处。

其次，关于赖某明是否为蓝某紫公司的股东问题。根据工商登记资料，蓝某紫公司的股东为林某和陈某河，现无其他证据证明赖某明为蓝某紫公司的股东。虽然证人郭某、张某指证赖某明在蓝某紫公司日常经营中有行使经营决策权行为，但因陈某河确认赖某明参与蓝某紫公司的日常经营属于履行其授权的代理行为，因此，林某上诉请求认定赖某明为蓝某紫公司股东的主张依据不足，法院不予采信。

最后，关于蓝某紫公司的股东是否应对蓝某紫公司的债务承担赔偿责任问题。林某上诉主张喜某公司并没有穷尽应有的法律救济手段，没有申请法院强制执行，应当以蓝某紫公司的财产清偿债务，林某已经向人民法院申请对蓝某紫公司强制清算，在尚不能确定蓝某紫公司对本案的货款是否具有履行能力前，不应判令公司股东对公司的债务承担连带赔偿责任。根据已经查明的事实，蓝某紫公司在2008年5月19日被吊销营业执照后，仍继续以该公司名义与喜某公司签订供气委托合同，导致该合同项下义务无法得到履行，其行为构成对公司独立人格的滥用，严重损害喜某公司的利益，因此，蓝某紫公司的股东应对上述合同项下的义务承担连带赔偿责任。因喜某公司与蓝某紫公司就上述合同项下的义务，已经由另案民事调解书予以确定，因此，一审法院判令蓝某紫公司的股东就民事调解书中确定的蓝某紫公司的债务承担连带赔偿责任并无不当，法院依法予以维持。

综上所述，一审判决认定事实清楚，适用法律正确，处理恰当，法院予以维持。判决：驳回上诉，维持原判。

案例评析：本案争议焦点是当公司股东滥用公司法人人格而损害债权人利益时，股东是否要承担连带清偿责任。一审法院查明，蓝某紫公司在

2008年5月19日被吊销营业执照后，仍以该公司名义与喜某公司签订供气委托合同，导致该合同项下的义务无法得到履行，其行为构成对公司法人独立人格的滥用，严重侵害了喜某公司的利益。因此，蓝某紫公司的股东应对上述合同项下的义务承担连带赔偿责任。股东林某提出应由公司隐名股东赖某明承担责任，但公司登记股东没有赖某明，林某与赖某明间的合伙协议也体现不出赖某明实际出资事实，故赖某明也不构成隐名股东情形，故法院判决公司股东林某、陈某河承担连带清偿责任。

2. 公司、股东人格混同损害债权人利益应承担连带责任①

上诉人（一审被告）：严某。

被上诉人（一审原告）：麦某公司。

世某公司于2009年3月9日成立，为一人有限责任公司，其股东和法定代表人均为严某。2012年1月18日，严某将其在世某公司的全部股权转让给了冯某平，冯某平现为世某公司的股东和法定代表人。世某公司股东及法定代表人变更后即停止经营，所有工人解散，主要负责人下落不明。

麦某公司与世某公司自2009年初至2011年12月发生业务往来，由麦某公司供应世某公司服装辅料，双方经对账确认世某公司尚欠麦某公司货款。

2012年3月19日，因世某公司未支付麦某公司货款，麦某公司向法院起诉，法院经审理后，判决世某公司支付麦某公司货款。判决生效后，世某公司未履行付款义务，麦某公司向法院申请执行，法院强制执行后，麦某公司尚有余款至今未获清偿。2012年12月21日，法院作出裁定，以被执行人世某公司原投资人严某恶意逃避债务，利用一人有限责任公司规避执行为由，追加严某为被执行人。严某向法院提出书面异议，该院进行听证后，撤销了上述裁定，并告知麦某公司可通过另行起诉主张权利。

---

① 详见江苏省常州市中级人民法院（2013）常商终字第437号民事判决书。

案例中一审法院引用的公司法（2005年修订）第六十三条现为公司法（2023年修订）第二百零八条。

案例中一审法院引用的公司法（2005年修订）第六十四条现为公司法（2023年修订）第二十三条。

一审法院认为，一人有限责任公司单一股东的人格是与公司的人格相互分离的，但由于一人有限责任公司的公司治理结构与一般有限责任公司不同，关于其监督制度有特别的规定。公司法（2005 年修订）第六十三条规定：“一人有限责任公司应当在每一会计年度终了时编制财务会计报告，并经会计师事务所审计。”由于一人有限责任公司中单一股东对企业享有控制权，同时又缺乏有效的监督制约机制，公司法（2005 年修订）第六十四条规定：“一人有限责任公司的股东不能证明公司财产独立于股东自己的财产的，应当对公司债务承担连带责任。”本案中，麦某公司与严某的争议焦点为：严某在作为世某公司唯一自然人股东期间公司财产是否独立于严某的个人财产。第一，从严某提供的世某公司财务资料来看，在严某作为世某公司法定代表人和唯一股东期间，其与世某公司之间存在频繁和大额的款项往来，其中部分是通过严某亲属或世某公司财务人员发生，且不论款项往来的用途是货款还是往来款，世某公司均以借款和还款的名义记在严某名下。在世某公司 2009 年度审计报告中确认的对他人的应付款，在 2010 年竟调整为对严某的应付款项，显属严某作为世某公司唯一股东，不遵循法定形式和程序经营，使常人无从区分世某公司与其股东的利益和人格。第二，在严某作为世某公司唯一股东的 2010 年和 2011 年，世某公司并未按照公司法的规定编制财务会计报告，并经会计师事务所审计。因此，严某所举证据不足以证明世某公司的财产独立于其个人的财产，其个人财产与世某公司财产存在混同的情形。由于麦某公司的债权形成于严某作为世某公司唯一股东期间，严某理应承担连带责任。麦某公司的诉讼请求事实清楚、理由正当，法院予以支持；对于严某提出在股权转让后其已非世某公司股东，麦某公司应先确认股权转让无效，使世某公司恢复到原来状态，才能要求严某承担相应责任的观点，因股权转让的行为并不能否定严某自世某公司成立至股权转让期间作为世某公司唯一股东的事实，故对严某的此项主张法院不予采纳。据此，判决：严某对世某公司应支付麦某公司的款项承担连带清偿责任。

严某不服一审判决，提出上诉。

二审法院认为，本案争议焦点为：严某作为世某公司股东期间，其个人财产是否独立于世某公司财产。首先，由于严某作为世某公司的唯一股东，未依法治理公司，且在诉讼中，无法证明其个人财产独立于世某公司财产，因此，严某应当对世某公司债务依法承担连带责任。其次，上诉人严某作为世某公司的唯一股东，在诉讼中，应当举证证明其个人财产独立于公司的财产。本案中，严某虽在二审期间提供了某会计师事务所出具的关于世某公司与严某资金往来事项的审计说明一份，但由于该专项审计报告并非法定的公司年度审计报告，且报告所依据的世某公司总账、明细账、记账凭证、汇款凭证、收据等财务资料为严某单方提供，无法确认资料的真实性、准确性和完整性，因此，对上诉人在二审中提交的相关证据，法院依法不予采信。最后，关于上诉人严某提出在一审起诉时其已经不是世某公司的股东，如果要求其承担责任，应当首先请求法院确认股权转让合同无效的主张，法院认为，股权转让的行为，并不能否定严某自世某公司成立至股权转让期间作为世某公司唯一股东的事实，而且本案所涉债权债务关系，发生在严某作为世某公司的唯一股东期间，严某应当对该期间世某公司的债务承担连带责任。因此，对上诉人严某的该项主张，法院依法不予采信。综上所述，一审法院认定事实清楚，适用法律正确，判决并无不当，判决：驳回上诉，维持原判。

案例评析：本案争议焦点是严某作为世某公司的股东，其个人财产是否独立于世某公司财产。法院经审理认为，一人有限责任公司是一种特殊的有限责任公司，为保护公司股东及公司债权人利益，公司法对一人有限责任公司的设立、公司设立后的管理及股东责任承担等都作出了规定。公司法（2005 年修订）第六十三条规定，一人有限责任公司应当在每一会计年度终了时编制财务会计报告，并经会计师事务所审计。本案中，世某公司虽提交了 2010 年和 2011 年的审计报告，但报告并非在每一会计年度终了时编制。而严某本人与公司之间存在频繁且大额的款项往来，其中部分是通过严某亲属或世某公司财务人员发生，且不论款项往来的用途是货款还是往来款，世某公司均以借款和还款的名义记在严某名下。严某作为世某公司唯一股东，常人无法区分世某公司与严某个人的人格和利益。公司法（2005 年修订）第六十四条规定，一人有限责任公司的股东不能证明公司财产独立于股东自己的财产的，应当对公司债务承担连带责任。故二审法院驳回严某上诉，维持一审判决。本案表明，一人有限责任公司如果不按公司法规定，将公司财产与股东自己的财产区分开来，那么股东要对公司债务承担连带责任。

【风险防范】

由于公司具有独立的民事权利能力和民事行为能力，依法享有民事权利，承担民事义务。作为一个独立法人，公司必须依法成立并有必要的财产，能独立承担民事责任。但有限责任公司和股份有限公司只以自己的财产承担民事责任，对债权人不承担无限清偿责任，这可能导致出现滥用公司法人人格损害公司债权人利益的纠纷。为防止此类纠纷的发生，公司在设立时，股东应如实出资，不得抽逃出资；在发行股票、债券时，不得弄虚作假损害股票、债券持有人利益。

【相关规定】

《中华人民共和国公司法》第三条第一款、第四条第一款、第二十一条、第二十三条、第二百零八条

《全国法院民商事审判工作会议纪要》（法〔2019〕254号）第10条至第13条

【诉讼指导】

公司管理层权益纠纷共分五大类型，主要涉及公司董事、监事、高级管理人员与公司、公司股东、公司债权人之间的侵权纠纷。此类诉讼与公司其他诉讼不同，在诉讼时效、法院管辖、诉讼主体、举证责任承担等方面有其特殊性。现结合审判实践提出以下指导意见。

1. 诉讼时效。由于本章论述的纠纷基本属于侵权之诉，故适用侵权之诉的时效规定，即被侵权人从知道或应当知道权利受到损害以及义务人之日起，三年内主张自己的权利。

2. 诉讼主体。在公司董事、监事、高级管理人员侵害公司、股东权益之诉中，原告可以是公司、股东，二者也可以作为共同原告，被告则是实施侵权行为的公司董事、监事和高级管理人员，有时还存在与董事、监事和高级管理人

员串通共同侵权的第三人。在公司董事、监事、高级管理人员损害公司以外债权人权益纠纷中，受到侵害的债权人是原告，公司董事、监事和高级管理人员及公司是被告。在公司损害高级管理人员利益诉讼中，公司是被告，受到侵害的高级管理人员是原告；公司通过股东会或董事会解除高级管理人员职务或作出其他处分的，公司股东及部分高级管理人员可能被列为共同被告。在公司损害公司以外债权人利益诉讼中，受到侵害的债权人是原告，公司及公司股东是被告。

3. 管辖法院。由于本章涉及的纠纷基本上是侵权之诉，依照民事诉讼法第二十九条的规定，因侵权行为提起的诉讼，由侵权行为地或被告住所地人民法院管辖。侵权行为地包括侵权行为实施地、侵权结果发生地。

4. 举证责任。由于本章涉及的是侵权之诉，但又与几种特殊的侵权诉讼不同，故不适用特殊侵权情形下的举证责任分配的规定。对于一般侵权民事责任，必须同时具备以下四个要件：（1）损害事实客观存在；（2）侵权行为与损害事实存在因果关系；（3）行为具有违法性，（4）行为人有过错。在上述四个要件中，前两个要件由原告负举证责任，第三个要件原告不需要另行证明，因为侵害他人的事实得到证明后，除非被告能证明其行为是合法的，其行为违法性也随之确定。关于第四个要件的举证责任承担，我国民法一般理论认为，在侵权诉讼中，除无过错责任外，被侵权人不仅要证明受害事实，而且要证明造成损害的侵权人是有过错的。然而，过错属于侵权人的心理状态，受害人难以直接证明，所以，不少国家采取过错推定原则。但事实推定并不是举证责任转移，故我们主张，由被告对自己行为无过错举证更为合理。被告应举证证明自己行为具有合法性，损害是被侵权人自己过错或不可抗力造成的。

第六章

公司债券发行、转让纠纷

DI LIU ZHANG

GONGSI ZHAIQUAN FAXING ZHUANRANG JIUFEN

依据公司法相关规定，公司债券是指公司依照法定程序发行，约定在一定期限内还本付息的有价证券。公司债券是受我国证券法调整的证券。公司债券的发行应当符合我国证券法规定的条件。公司债券发行后，还存在公司债券按约定期限兑付、债券转让、债券转换、债券销售、债券托管等一系列行为，在这个过程中不可避免会产生各种纠纷。本章对公司债券的发行、转让、销售、兑付等纠纷结合典型案例分别阐述。

风险点 47

公司债券发行、销售、兑付纠纷

【风险解读】

公司债券发行过程大致分为三个阶段：第一阶段是符合债券发行条件的公司制订债券发行方案和办法，并按规定报有关部门批准；第二阶段是具有资质的承销机构销售公司债券；第三阶段是债券到期后债券发行公司向债券持有人兑付债券本息。

第一阶段，公司债券发行阶段。证券法第九条规定：公开发行证券，必须符合法律、行政法规规定的条件，并依法报经国务院证券监督管理机构或者国务院授权的部门注册。未经依法注册，任何单位和个人不得公开发行证券。证券发行注册制的具体范围、实施步骤，由国务院规定。有下列情形之一的，为公开发行：（1）向不特定对象发行证券；（2）向特定对象发行证券累计超过 200 人，但依法实施员工持股计划的员工人数不计算在内；（3）法律、行政法规规定的其他发行行为。非公开发行证券，不得采用广告、公开劝诱和变相公开方式。

证券法第十二条规定，公司首次公开发行新股，应当符合下列条件：（1）具备健全且运行良好的组织机构；（2）具有持续经营能力；（3）最近三年财务会计报告被出具无保留意见审计报告；（4）发行人及其控股股东、实际控制人最近三年不存在贪污、贿赂、侵占财产、挪用财产或者破坏社会主义市场经济秩序的刑事犯罪；（5）经国务院批准的国务院证券监督管理机构规定的其他条件。上市公司发行新股，应当符合经国务院批准的国务院证券监督管理机构规定的条件，具体管理办法由国务院证券监督管理机构规定。公开发行存托凭证的，应当符合首次公开发行新股的条件以及国务院证券监督管理机构规定的其他条件。

第二阶段，公司债券销售阶段。证券法第二十六条规定：发行人向不特定对象发行的证券，法律、行政法规规定应当由证券公司承销的，发行人应当同证券公司签订承销协议。证券承销业务采取代销或者包销方式。证券代销是指证券公司代发行人发售证券，在承销期结束时，将未售出的证券全部退还给发行人的承销方式。证券包销是指证券公司将发行人的证券按照协议全部购入或者在承销期结束时将售后剩余证券全部自行购入的承销方式。证券法第二十七条规定：公开发行证券的发行人有权依法自主选择承销的证券公司。证券法第二十八条规定，证券公司承销证券，应当同发行人签订代销或者包销协议，载明下列事项：（1）当事人的名称、住所及法定代表人姓名；（2）代销、包销证券的种类、数量、金额及发行价格；（3）代销、包销的期限及起止日期；（4）代销、包销的付款方式及日期；（5）代销、包销的费用和结算办法；（6）违约责任；（7）国务院证券监督管理机构规定的其他事项。

第三阶段，公司债券兑付阶段。在债券兑付过程中，发行人与债券持有人及债券承销机构之间可能会产生各种纠纷。一般情况下，债券持有人应向债券发行人主张权利，但有时基于合同约定，债券持有人也可向债券承销机构主张权利，而且债券常常由债券承销机构代为兑付，导致纠纷涉及发行人、债券承销机构和债券持有人三方。

债券纠纷主要发生在债券销售阶段和兑付阶段，分为两大类：一类是债券发行人与承销机构的销售纠纷；另一类是债券发行人与债券持有人之间的兑付纠纷。这两类纠纷有时交叉在一起。

【典型案例】

1. 企业债券到期，应由发行人还是承销人兑付[①]

上诉人（一审被告）：农行某分行。

被上诉人（一审原告）：李某英。

---

① 详见山东省东营市东营区人民法院（2010）东商初字第490号民事判决书、山东省东营市中级人民法院（2011）东商终字第47号民事判决书。

案例中一审法院引用的合同法第一百零七条现为民法典第五百七十七条。

案例中一审法院引用的民事诉讼法（2007年修正）第六十四条现为民事诉讼法（2023年修正）第六十七条。

案例中二审法院引用的民法通则（2009年修正）第八十九条第一项现为民法典第六百八十八条第一款、第七百条。

案例中二审法院引用的民事诉讼法（2007年修正）第一百五十三条第一款第二项现为民事诉讼法（2023年修正）第一百七十七条第一款第二项。

被上诉人（一审被告）：某化工厂。

1993 年农行某分行代理发行某化工厂企业债券 200 万元。同年 2 月，某农信社向某化工厂汇款 96.2 万元，购买 100 万元债券。2004 年 5 月，某农信社与李某英签订债券转让协议，将其持有的债券及利息转让给李某英。债券到期后，被告农行某分行、某化工厂以各种理由不予兑付，故原告诉请二被告偿付债券本息。

一审法院认为，农行某分行提交的银行转账凭证，虽然证据表面记载某农信社将 96.2 万元直接付给了某化工厂，但农行某分行对其当时代理发行的 200 万元企业债券，除由其下属的某支行代理部分外，不能举证证实具体的发行对象；结合各方当事人的陈述，能够确认某农信社购买农行某分行代理发行的某化工厂 100 万元企业债券，某农信社又将其购买的上述债券转让给李某英的事实。债务人自收到法院应诉通知之日起，应当知道债权转让的事实，因此，债券转让协议对债务人发生法律效力，李某英要求某化工厂支付债券本金 100 万元，符合有关法律规定，予以支持。根据本案诉争债券记载的内容及李某英的主张，自 1993 年 3 月 15 日起的三年应按年利率 10% 计算利息为 30 万元，期满后应按同期银行贷款利率计算利息。案涉企业债券所记载的"债券偿还期限到期时，由代理发行单位负责兑付本息"内容，应视为农行某分行对发行人履行义务的保证，其应与某化工厂承担连带清偿责任。依照合同法第一百零七条、民事诉讼法（2007 年修正）第六十四条之规定，判决：某化工厂于判决生效之日起十日内向李某英支付债券本金 100 万元、利息 30 万元及自 1996 年 3 月 15 日至 2010 年 3 月 14 日的利息 912970 元（按银行同期贷款利率计算）；农行某分行对上述债务承担连带清偿责任；驳回李某英的其他诉讼请求。

一审宣判后，农行某分行不服提出上诉称：第一，案涉债券由某农信社直接向某化工厂购买，债券上没有上诉人农行某分行签章及经办人签字，上诉人不是案涉债券的代理发行方。第二，案涉债券应由发行单位某化工厂承担兑付责任，一审法院判令农行某分行承担连带责任没有法律依据。第三，债券转让没有经中国人民银行批准，没有在经批准的债券交易场所进行，违背法律强制性规定。第四，农行某分行与某化工厂共同承担企业债券期满后的利息损失没有法律依据。

被上诉人李某英的答辩意见与起诉理由相同。

被上诉人某化工厂答辩除坚持一审意见外，主张案涉债券转让无效。

二审法院另查明：中国人民银行某分行于1992年作出《关于某化工厂发行企业债券的批复》，同意被上诉人某化工厂于1993年1月15日至3月15日发行企业债券200万元，期限三年，年利率10%，由农行某分行总包销包兑。

二审法院认为，本案有两个争议焦点问题：一是被上诉人李某英持有的企业债券是否由农行某分行代理发行；二是上诉人农行某分行是否应向被上诉人李某英承担兑付案涉债券本息及债券到期后利息的民事责任。

关于第一个焦点问题。综合中国人民银行批复文件及上诉人农行某分行提交的盖有其下属某支行印章的债券，可以认定农行某分行以包销方式代理发行了某化工厂200万元企业债券的事实。虽然债券发行人、代理发行人均不能提供债券承销协议等相关文件，不能确定具体包销方式，但无论采取何种方式，债券在发行期内应当全部在代理发行人的监控之下。上诉人一审中提交的银行信汇凭证及二审中法院调取的农行同城票据交换收入汇总表相互印证，能够证明某农信社在债券发行期内购买了某化工厂的企业债券。在没有证据表明某化工厂在该期间内还发行过其他债券的情况下，可以认定某农信社购买的债券为农行某分行代理发行的200万元企业债券中的一部分。由于各方均未提交债券发行的文件资料，上诉人农行某分行不能举证证明在债券上签章及经办人签字是必需的条件，实践中，银行代理发行企业债券也有不加盖任何戳记的例证，而且上诉人农行某分行认可由其代理发行的债券上只有其下属某支行的印章，并没有上诉人的签章，因此，上诉人农行某分行以案涉债券上没有其签章及经办人签字为由，称其不是案涉债券代理发行方的上诉理由不能成立，被上诉人李某英从某农信社受让的企业债券确由农行某分行代理发行。

关于第二个焦点问题。上诉人农行某分行一审中提交的银行信汇凭证显示，某农信社在债券发行期内通过农行某分行下属的某支行向某化工厂汇款96.2万元，用途栏注明为“购买债券”。虽然该证据表面显示购买人某农信社没有将款项支付给代理发行人，但作为包销代理发行人，农行某分行通过自己的营业系统为购买人某农信社购进债券提供专业服务，且债券票面载明“债券偿还期限到期时，由代理发行单位负责兑付本息”，由此可以认定，农行某分行同意为某农信社购买的债券承担兑付责任。某农信社将上述债券转让给李某英，虽然没有证据表明该转让经由中国人民银行同意并在经批准的债券交易场所进行，但并不影响转让行为的民事法律效力，李某英可以作为债券持有人向兑付义务人主张权利。结合中国人民银行的批复文件中关于债券到期“由农行某分行总包销包兑”的表述和“债券偿还期限到期时，由代理发行单位负责兑付本息”的票面记载，可以认定农行某分行在代理发行债券时有向发行对象承担保证义务的意思表示，一审判决农行某分行与债券发行人某化工厂承担连带清偿责任，并无不当。因为案涉债券为无记名债券，购买人、持有人均没有证据证明债券到期后曾向兑付义务人主张过权利，所以，一审判决农行某分行与某化工厂向债券持有人按银行同期贷款利率支付利息不当，应予纠正。债券到期后债券发行人和代理发行人均没有采取积极措施及时履行相应义务，也没有提存兑付款，债券本金基于此事实产生的利息应按银行同期存款利率计算。

综上所述，依照民法通则第八十九条第一项、民事诉讼法（2007 年修正）第一百五十三条第一款第二项之规定，判决：撤销一审法院判决；改判被上诉人某化工厂于本判决生效之日起十日内支付被上诉人李某英债券本金 100 万元、利息 30 万元及以债券本金为基数自 1996 年 3 月 15 日至 2010 年 3 月 14 日的银行同期存款利息；上诉人农行某分行对上述债务承担连带清偿责任；驳回被上诉人李某英的其他诉讼请求。

案例评析：本案争议焦点有以下两个。

一是原告李某英持有的企业债券是否由被告农行某分行代理发行。案涉债券未加盖农行某分行的印章；李某英的前手某农信社购买债券的银行信汇凭证显示，购券款没有支付给代理发行单位农行某分行，而是直接汇入发行人某化工厂的账户；汇款金额为 96.2 万元，不是债券发行价 100 万元。根据发行企业债券的相关规定及行业一般操作规范，这些都存在明显瑕疵。由于债券发行距离原告起诉已有十七年之久，机构改革、单位变迁造成债券发行时的很多档案资料已无从查找，所以，只能依据现有证据进行事实推断。中国人民银行的批复文件与被告农行某分行认可的由其下属某支行售出的债券相互印证，可以证实农行某分行确实代理发行过某化工厂的企业债券。中国人民银行的批复明确，债券由农行某分行“总包销包兑”。包销的方式有两种：其一，承销方将发行人的债券全部购入后再对外销售；其二，承销方首先将债券对外销售，承销期结束后再将售后剩余的债券全部购入。本案中，虽然债券发行人、代理发行人均不能提供债券承销协议等相关文件，不能确定具体包销方式，但无论采取上述何种方式，债券在承销期内应当全部在代理发行人的监控之下。因此，尽管汇款凭证显示，债券购买人没有将购券款支付给代理发行人，但其在承销期内购得的债券应是由代理发行人代理发行的，至于购券款支付给谁，支付的数额是多少，均不能否认代理发行人的兑付责任，在没有其他证据证明债券权利发生变化的情况下，案涉债券的兑付额应依据票面金额确定。案涉债券没有加盖农行某分行的印章，是否可以否定其代理发行责任？根据金融业签章主义原则，银行对外出具权利凭证，应予签章。但是企业债券是一个例外，在20世纪90年代，很多银行代理发行企业债券并不加盖银行戳记。本案中，被告农行某分行承认由其代理发行的债券也没有加盖自己原有的印章，只有其下属支行的印章，因此，在农行某分行没有证据证明其代理发行的200万元债券已全部兑付完毕的情况下，其不能以案涉债券没有签章为由拒绝承担兑付责任。

本案中，虽然原告提交的证据存在多处瑕疵，但综合各方提交及法院调取的证据，从债券发行审批，到实际代理发行、购买人认购，再到债券转让，形成了一条完整的证据链，且各证据对主要案件事实相互印证，对瑕疵证据起到了很大补强作用。在被告没有有力证据予以反驳的情况下，可以综合全案有效证据，排除被告主观推测的种种怀疑，以盖然性证据规范确立的优势证据原则确认代理发行人的兑付责任，这样做并不违反“谁主张，谁举证”的基本原则。

二是代理发行债券的农行某分行对债券到期兑付应否承担责任。企业债券兑付本息有两种方式：一种是持券人依据债券募集说明书直接请求发债企业兑付；另一种是持券人根据代理发行协议等约定，要求代理发行人（主要是金融证券机构）承担兑付责任。本案中，持券人诉请发债企业与代理发行人连带承担兑付责任，似乎与债券兑付的通行做法不符。由于案涉债券历时较长，各方均不能提供债券发行时的相关资料，无法判定具体的兑付约定，在债券发行尚不规范的情况下，根据现有证据对权利人施以救济是唯一可行的办法。发债企业作为债券兑付的最终责任承担者，要求其承担兑付责任并无不妥。根据中国人民银行的批复文件，案涉债券由农行某分行“总包销包兑”。“包兑”一词含有保证债券到期能够得到及时兑付的意思，虽然这只是中国人民银行的文件要求，并不能直接表明代理发行人为债券兑付提供保证的真实意思表示，但由被告农行某分行认可的债券载明的内容“债券偿还期限到期时，由代理发行单位负责兑付本息”，可以间接表明其遵从了上级主管部门的要求。因此，以该文件作为推断当事人意思表示的证据，判定由代理发行人与发债企业承担债券兑付连带责任，符合案件事实。

【风险防范】

在公司债券发行过程中应注意以下几个问题：（1）在公司债券准备发行阶段，主要应自查公司是否符合公司法和国务院关于债券发行的有关规定，并应依据公司法第一百九十五条规定，制作公司债券募集办法，同时，应经国务院证券监督管理机构注册，否则，会对债券销售、兑付、转让产生影响。（2）在公司债券销售阶段，债券承销协议应明确承销方式，是代销还是包销，是否包括代理兑付，佣金支付比例和方式，明确债券销售风险责任承担，从而避免与承销机构产生纠纷，并减少因纠纷造成的损失。（3）公司债券的发行人，是债券到期还本付息的第一责任人，但发行人可以在债券销售阶段与承销人约定债券到期由承销人代为兑付，承销人兑付后可向发行人追偿。

【相关规定】

《中华人民共和国公司法》第一百九十四条、第一百九十五条

《中华人民共和国证券法》第二十六条至第二十八条

风险点 48

公司债券转让纠纷

【风险解读】

依据公司法第一百九十七条的规定，公司债券应当为记名债券。该条删除了 2018 年修正公司法中“也可以为无记名债券”的规定。依据公司法第一百九十八条的规定，公司发行公司债券应当置备公司债券持有人名册。债券持有人名册中应当载明债券持有人的姓名或者名称、住所、取得债券的日期、债券的编号、债券总额等内容。记名债券是指券面上记载有公司债券持有人的姓名或者名称的债券。由于记名债券记载了债券持有人的姓名或名称，所以，记名债券能够有效地保障债券持有人的所有权，当债券被盗、遗失或者灭失时，债券持有人可依照民事诉讼法规定的公示催告程序请求人民法院宣告其失效，依法进行补救。

公司法第二百条第一款规定，公司债券可以转让，转让价格由转让人与受让人约定。关于公司债券转让的方式，依据公司法第二百零一条的规定，公司债券由债券持有人以背书方式或者法律、行政法规规定的其他方式转让，转让后由公司将受让人的姓名或名称及住所地记载于公司债券持有人名册。由此可知，公司债券转让必须符合两个要件：一是债券持有人以背书方式转让，二是必须通知公司作变更登记，变更登记是对抗第三人的要件。对于法律、法规规定的其他方式，按照证券法第三十七条第一款的规定，公开发行的债券应当在依法设立的证券交易所上市交易或者在国务院批准的其他全国性证券交易场所交易。

【典型案例】

公司债券的发行人与持有人之间的债券兑付纠纷[①]

原告：某信托股份有限公司。

被告：新郑市某公司。

2018年3月16日，新郑市某公司发布的《新郑市某公司2018年度第二期超短期融资券募集说明书》显示，新郑市某公司于2018年3月22日至2018年3月23日发行2018年度第二期超短期融资券10亿元，超短期融资券面值为100元，超短期融资券期限为270日，起息日为2018年3月26日，兑付日为2018年12月21日，利率按照簿记建档结果确定。主承销商为某银行股份有限公司，联席主承销为某证券股份有限公司，登记托管机构为银行间市场清算所股份有限公司。关于违约责任约定：发行人延期支付本金和利息的，除进行本金利息支付外，还需按照延期支付金额以日利率0.21‰计算向债权人支付的违约金。发行人到期未能偿还本期超短期融资券，投资者可依法提起诉讼。

2018年12月21日，新郑市某公司发布《新郑市某公司2018年度第二期超短期融资券未按期兑付本息的公告》，主要内容为：新郑市某公司2018年度第二期超短期融资券，债券为记名债券，应于2018年12月21日一次性还本付息。截至2018年12月21日营业终了，新郑市某公司未能按照约定将案涉债券兑付资金按时足额划至托管结构，已构成实质违约。现将有关事宜公告如下："一、本期债券基本情况。债券期限：270日；发行总额：10亿元；本计息期债券利率：7.50%；本息支付日：2018年12月21日。……"

2020年8月28日，主承销商某银行股份有限公司联合联席主承销商某证券股份有限公司共同发布《主承销商关于新郑市某公司2018年度第二期超短期融资券违约后续工作进展情况的公布》，主要内容为：新郑市某公司2018年度第二期超短期融资券于2018年3月22日发行，发行金额10亿元，债券

① 案例中一审法院引用的合同法第一百零七条、第一百一十四条现为民法典第五百七十七条、第五百八十五条。

案例中一审法院引用的民事诉讼法（2021年修正）第一百四十七条现为民事诉讼法（2023年修正）第一百五十条。

期限 270 日，票面利率 7.5%，到期日为 2018 年 12 月 21 日。由某银行股份有限公司担任主承销商、某证券股份有限公司担任联席主承销商。截至 2018 年 12 月 21 日营业终了，发行人未将足额本息兑付资金划付至银行间市场清算所股份有限公司，构成实质违约。

《新郑市某公司 2021 年半年度报告》显示，因公司资金紧张，新郑市某公司 2018 年度第二期超短期融资券未偿还余额为 10 亿元。拟证明新郑市某公司已确认新郑市某公司 2018 年度第二期超短期融资券发生违约。

2022 年 3 月 24 日，某信托股份有限公司向新郑市某公司出具催款函，主要内容为，截至本函出具之日，新郑市某公司应偿还债券本金 1900 万元、利息 5696095.89 元、违约金 6166368.18 元以及相关协议约定项下的其他应付款项，相应利息、违约金及其他应付款项持续计算至新郑市某公司实际履行完毕全部给付义务为止。

银行间市场清算所股份有限公司出具的《银行间市场清算所股份有限公司指定债券持有明细查询表》显示：截至 2022 年 4 月 14 日，某信托股份有限公司持有的案涉债券面额为 1900 万元。截至一审法庭辩论终结，新郑市某公司仍未向某信托股份有限公司兑付本金或支付利息。

一审法院认为，根据《最高人民法院关于适用〈中华人民共和国民法典〉时间效力的若干规定》，民法典施行前的法律事实引起的民事纠纷案件，适用当时的法律、司法解释的规定，但是法律、司法解释另有规定的除外。本案的法律事实发生在民法典施行前，应适用当时的法律、司法解释的规定。

本案系公司债券的发行人与持有人之间的债券兑付纠纷。《新郑市某公司 2018 年度第二期超短期融资券募集说明书》由被告新郑市某公司公开发布，对被告具有法律约束力，同时按照该募集说明书的提示，认购债券的原告视同受该募集说明书的约束。新郑市某公司 2018 年 12 月 21 日发布的《新郑市某公司 2018 年度第二期超短期融资券未按期兑付本息的公告》及主承销商某银行股份有限公司联合联席主承销商某证券股份有限公司共同发布《主承销商关于新郑市某公司 2018 年度第二期超短期融资券违约后续工作进展情况的公布》均可以认定，该期债券新郑市某公司已实质违约，按照募集说明书中违约责任中关于发行人延期支付本金及利息的约定内容，新郑市某公司除支付本金利息外，还需按照延期支付金额以日利率0.21‰的标准计算向债权人支付的违约金，故某信托股份有限公司请求新郑市某公司偿还债券本金1900万元及支付自2018年3月26日起按照年利率7.5%的标准至债券本金全部还清之日止的利息，支付自债券到期日之次日即2018年12月22日起按日利率0.21‰的标准支付至债券本金全部还清之日止的违约金的诉讼请求，不违反法律规定，一审法院予以支持。

被告新郑市某公司经一审法院合法传唤，无正当理由拒不到庭应诉，视为其放弃了答辩和质证的权利，不影响一审法院根据现有证据及查明的事实依法作出裁判。

综上所述，依照合同法第一百零七条、第一百一十四条、民事诉讼法（2021年修正）第一百四十七条之规定，判决：被告新郑市某公司应于本判决生效后十日内向原告某信托股份有限公司偿还债券本金1900万元及利息（利息以1900万元为基数，按照年利率7.5%的标准自2018年3月26日起计算至实际付清之日止）；被告新郑市某公司应于本判决生效后十日内向原告某信托股份有限公司支付违约金，违约金以1900万元为基数，按照日利率0.21‰的标准自2018年12月22日起付至债券本金全部还清之日止。

案例评析：本案系公司债券的发行人未能如期兑付到期债券构成违约，债券持有人据此要求发行人清偿债券本金、利息及违约金的债券兑付纠纷。关于违约金或逾期利息的计算基数，一般认为，合同有明确约定的，按照合同约定计算，一般为未偿付的本金与利息之和。对于其中比较常见的违约金按日利率计算的，如未明确约定计算基数，一般以未偿付的本金与利息之和计算。此外，双方对于利息计算标准的约定不能豁免违约责任的承担。

【风险防范】

依照公司法规定发行债券，是公司为经营活动进行融资的行为。在债券发行、转让过程中，不可避免会产生一些纠纷。为减少纠纷和损失，应注意以下事项：一是依据公司法第一百九十五条的规定，公开发行公司债券，应当经国务院证券监督管理机构注册，公告公司债券募集办法；二是发行记名债券应按规定在券面上载明债券持有人的姓名或者名称及住所等；三是记名债券以背书方式或者法律、行政法规规定的其他方式转让；四是公司应与承销商明确约定公司债券承销是包销还是代销。

【相关规定】

《中华人民共和国公司法》第二百条、第二百零一条

风险点 49

可转换公司债券发行、转换纠纷

【风险解读】

依据公司法第二百零二条第一款的规定，股份有限公司经股东会决议，或者经公司章程、股东会授权由董事会决议，可以发行可转换为股票的公司债券，并规定具体的转换办法。上市公司发行可转换为股票的公司债券，应当经国务院证券监督管理机构注册。发行可转换为股票的公司债券，应当在债券上标明可转换公司债券字样，并在公司债券持有人名册上载明可转换公司债券的数额。2023 年修订公司法相较于 2018 修正公司法，扩大了发行可转换债券的发行人范围，只要是股份有限公司就可以发行可转债，不局限于上市公司。不过，如果是公开发行可转换公司债券，发行人显然还应该是上市公司。

可转换公司债券是一种特殊的公司债券。其与普通的公司债券的区别是，普通公司债券在约定的债券期限届满时，发行债券的公司必须兑现债券，向债权人还本付息，解除债权债务关系。可转换债券虽约定债券期限，但在期限届满时，公司不向债权人还本付息，而是由债券持有人按照事先约定的转换办法，请求公司将其所持债券转变为公司股票。相应地，该债券持有人由公司的债权人转变为公司的出资人或股东。对公司而言，这样可以筹集到较多且能长久留存在公司的资金，对维持公司资本实力有重要作用。

公司法第二百零三条规定，发行可转换为股票的公司债券的，公司应当按照其转换办法向债券持有人换发股票，但债券持有人对转换股票或不转换股票

有选择权。法律、行政法规另有规定的除外。也就是说，股份有限公司发行可转换债券，有义务按照公司债券募集办法中约定的转换办法，向债券持有人换发股票。债券持有人在债券期限届满时，既可以请求公司将债券转换成股票，也可请求公司还本付息。

【典型案例】

中国宝某企业（集团）股份有限公司发行可转换债券案

中国宝某企业（集团）股份有限公司（以下简称宝某公司）是一个以房地产业为龙头、工业为基础、商业贸易为支柱的综合性股份制企业集团，为解决业务发展所需要的资金，1992 年底向社会发行 5 亿元可转换债券，并于 1993 年 2 月 10 日在深圳证券交易所挂牌交易。宝某可转换债券是我国资本市场第一张 A 股上市可转换债券。

宝某可转换债券的主要发行条件是：发行总额为 5 亿元人民币，按债券面值每张 5000 元发行，期限是三年（1992 年 12 月至 1995 年 12 月），票面利率为年息 3%，每年付息一次。债券载明两项限制性条款，其中，可转换条款规定：债券持有人自 1993 年 6 月 1 日起至债券到期日前可选择以每股 25 元的转换价格转换为宝某公司的人民币普通股 1 股。推迟可赎回条款规定：宝某公司有权利但没有义务在可转换债券到期前半年内以每张 5150 元的赎回价格赎回可转换债券。债券同时规定，若在 1993 年 6 月 1 日前该公司增加新的人民币普通股股本，按下列公式调整转换价格：[（调整前转换价格—股息）× 原股本 + 新股发行价格 × 新增股本] / 增股后人民币普通股总股本。

宝某可转换债券发行时的有关情况是：中国人民银行规定的三年期银行储蓄存款利率为 8.28%，三年期企业债券利率为 9.94%，1992 年发行的三年期国库券的票面利率为 9.5%，并享有规定的保值贴补。根据发行说明书，可转换债券所募集的 5 亿元资金主要用于房地产开发和工业投资项目，支付购买某机场及其附近工地 270 平方米土地款及平整土地费，开发兴建高中档商品住宅楼；购买某金融贸易区土地 1.28 万平方米，兴建某综合某大厦；开发、生产专用集成电路，建设生物工程基地；等等。

宝某可转换债券上述设计特点，应该说归因于当时股票市场持续的大牛市行情和高涨的房地产项目开发的热潮以及宝某可转换债券设计者对转股形势和公司经营业绩乐观的估计。从1993年下半年和1994年起，由于宏观经济紧缩，大规模的股市扩容及由此引发的长时间低迷行情、房地产业进入调整阶段等一系列的形势变化，宝某公司的可转换债券在转股中遇到困难。

宝某可转换债券从上市到摘牌，转换为股票的共计1350.75万股。按每股19.392元的转换价格计算，转换为宝某A股691584股，实现转换部分占发行总额的2.7%。

转换失败以及由此带来的巨额资金的偿还对宝某公司经营的压力和负面影响是不言而喻的。宝某公司最终经受住了考验，顺利完成了可转换债券的还本付息工作，按期将现金兑付给了宝某可转换债券的持有人，避免了债务违约纠纷。

案例评析：宝某集团发行可转换债券是我国上市公司首例，未转换成功是由于当时股票市场持续低迷和房地产业进入调整期，加之其发行债券票面利率较低，期限短，未规定股价合理调整时间，故最终转股的债券仅占发行总额的2.7%。可转换债券转换失败给企业经营造成很大被动，准备发行可转换债券的公司应吸取该案的经验和教训。

【相关规定】

《中华人民共和国公司法》第二百零二条、第二百零三条

风险点50

公司债券承销合同纠纷

【风险解读】

公司债券承销合同是指债券发行人与证券公司签订的由证券公司包销或代销债券，并依照法律规定和合同约定收取一定比例佣金的合同。债券承销合同内容包括债券的数量、发行价格、承销期限、包销或代销的费用和结算方式

等。在承销关系中，债券发行人不直接与投资人发生关系，而是委托证券公司发行债券。债券承销涉及发行人、证券公司与投资人各方关系。依照我国证券法第二十六条的规定，承销包括代销和包销两种方式。在代销关系中，发行人与证券公司之间是一种委托代理关系，证券公司不承担债券未售出的风险，只是根据发行人的委托价销售债券后收取佣金。在包销关系中，证券公司是未售出债券的独立购买人，合同成立后证券公司承担债券不能售出的风险，发行成功后，证券公司根据发行筹资总额收取佣金。在债券承销过程中，发行人、证券公司及投资人不可避免就合同订立、合同履行等产生各种纠纷。

【典型案例】

天某证券公司诉赛某公司等债券兑付分销协议案

上诉人（一审被告）：赛某公司。

被上诉人（一审原告）：天某证券公司。

被上诉人（一审被告）：海某银行。

原告天某证券公司向一审法院起诉称，清某公司经批准发行企业债券，由富某公司代理发行。1992年9月2日，天某证券公司与富某公司签订《分销协议》，分销由富某公司代理发行的总额为1200万元的清某公司债券；1992年10月22日，天某证券公司与赛某公司签订《协议书》，分销总额为980万元的清某公司债券。天某证券公司依约分别向两公司支付了分销款。债券于1995年9月10日到期后，富某公司分期向天某证券公司兑付债券和票面利息共计1542万元。此后，富某公司又分期代赛某公司兑付债券本息1238.327万元。天某证券公司为赛某公司分销980万元债券后，赛某公司迄今仍有债券本金和票面利息共209455元未兑付。该债券由富某公司代理发行并担保兑付本息。在债券兑付期间，富某公司并入海某银行（后富某公司改组为海某发展银行海口分行）。请求判令两被告依约向天某证券公司支付企业债券款209455元，支付全部逾期款之罚息，按每日0.5‰计息，自债券到期日起至给付之日止。

被告赛某公司答辩称，赛某公司与原告的《协议书》说明赛某公司是分销代理商，没有向原告兑付债券的义务。本案中，原告已向赛某公司支付债券款，赛某公司已向富某公司支付该笔债券款，原告与赛某公司已没有任何关系。富某公司是为发行债券单位清某公司作担保，不是为赛某公司作担保。赛某公司不应作被告，应追加清某公司为被告。

被告海某发展银行清算组答辩称，原告起诉清算组没有事实依据。富某公司与原告签订的《分销协议》已履行完毕，双方不存在任何关系。富某公司对赛某公司的债务不承担担保责任，富某公司对清某公司承担担保义务。原告依据与赛某公司签订的《协议书》起诉富某公司，而没有起诉清某公司，所以没有权利要求富某公司承担义务。

一审法院审理认为，清某公司经批准发行企业债券，为合法发行。富某公司、赛某公司与原告天某证券公司订立的《分销协议》《协议书》，反映了签约当事人的真实意思表示，内容合法，均为有效协议。原告与富某公司已全面履行《分销协议》，双方在该协议中的权利、义务归于消灭。赛某公司未按与原告签订的《协议书》的约定支付债券兑付资金给原告，属违约行为，应承担迟延划款的违约责任。富某公司是清某公司债券的代理发行人，赛某公司将原告给付的980万元债券分销款付给富某公司，说明原告分销的这980万元债券是赛某公司从富某公司得到的，赛某公司与富某公司对这980万元债券也存在分销关系。《协议书》约定，1995年9月9日赛某公司将兑付资金划入原告账户，由原告代兑付。该条款中的兑付资金来源，从富某公司是债券发行人、保兑人及富某公司与赛某公司存在分销债券关系来看，应是由富某公司划款给赛某公司。因此，1995年9月21日至12月11日，富某公司已兑付债券兑付款1045万元给原告；1996年1月17日至1997年3月28日，海某银行已兑付债券兑付款193.327万元给原告，应视为代赛某公司向原告付款。根据《协议书》，980万元债券到期本息为1259.3万元，赛某公司已付债券兑付款1238.327万元，尚有20.973万元未付。原告要求赛某公司支付债券兑付款209455元及逾期付款罚息有理，应予支持。富某公司担保兑付债券本息，被担保人是债券发行人清某公司，富某公司对原告与被告赛某公司《协议书》中约定的赛某公司支付债券兑付款给原告没有担保义务。原告要求海某发展银行清算组对赛某公司支付债券兑付款承担担保责任，没有事实和法律依据，法院不予支持。判决：被告赛某公司给付原告天某证券公司债券兑付金209455元及逾期付款违约金；驳回原告天某证券公司的其他诉讼请求。

宣判后，被告赛某公司不服，提出上诉。

二审法院认为，上诉人赛某公司为代理发行清某公司债券而与被上诉人天某证券公司签订的《协议书》，系基于双方真实意思表示，内容合法，为有效协议。被上诉人依约履行了为上诉人分销980万元债券的义务，但上诉人未按协议约定于债券到期日将兑付资金划入被上诉人账户，上诉人该行为属于违约行为，应承担违约责任。一审判决认定被上诉人从1995年9月21日起至1997年3月28日止，先后从该债券的代理发行人及保兑人富某公司和海某银行（后富某公司改组为海某发展银行海口分行）取得为上诉人分销债券的兑付款合计1238.327万元，应视为富某公司及海某发展银行代上诉人向被上诉人付款，并无不当。按被上诉人为上诉人分销980万元债券到期本息为1259.3万元计算，富某公司及海某发展银行已支付的兑付款应从上诉人按协议约定应支付的兑付款额中扣减，扣减后上诉人依约尚未付债券兑付款20.973万元，上诉人应对自己未按协议履行义务而造成被上诉人至今不能依约收回20.973万元兑付债券款，承担给付该款项和逾期付款违约金的责任。上诉人履行给付义务后，有权对因债券发行人、保兑人的过错致使其逾期不能向被上诉人支付兑付款的款额，向债券的发行人、保兑人追偿，即最终由债券的发行人、保兑人承担债券的兑付义务。故一审判决认定事实清楚，适用法律正确，应予维护。上诉人辩称被上诉人的诉讼请求已超过诉讼时效和自己不应承担债券兑付义务的主张，理由不能成立，法院不予采纳。判决：驳回上诉，维持原判。

案例评析：本案争议的焦点有两个。

一是分销商赛某公司是否应承担债券兑付款责任。企业债券是指企业依照法定程序发行，约定在一定期限内还本付息的有价证券。依据《企业债券管理条例》第七条规定的规定，“企业债券持有人有权按照约定期限取得利息、收回本金”。清某公司企业债券章程规定：“本债券由富某公司代理发行并担保兑付本息，本债券兑付地点为富某公司。”应该说，最终应由债券的发行人、保兑人承担债券的兑付义务。但是，本案中，则应先由赛某公司向天某证券公司承担兑付责任。理由是：第一，赛某公司为代理发行清某公司债券而与天某证券公司签订的《协议书》系签约当事人的真实意思表示，内容合法，应为有效协议。该协议规定："债券到期日后由赛某公司将兑付资金划入天某证券公司账户，由天某证券公司代兑付。"可见，赛某公司不仅分销债券，而且有将债券兑付款偿付给天某证券公司的义务。其与天某证券公司不仅有分销债券的关系，而且有偿还兑付债券款的关系。第二，赛某公司在履行给付义务后，有权向债券的发行人、保兑人追偿，最终由债券的发行人、保兑人承担债券的兑付义务。

二是债券的保兑人在本案中是否应承担担保责任。富某公司担保兑付债券本息，被担保人是债券的发行人清某公司。而在赛某公司与天某证券公司签订的《协议书》中，并没有约定富某公司对赛某公司支付债券兑付款给天某证券公司承担担保义务，因此，保兑人富某公司只能在债券持有人向债券发行人追偿债券兑付款时，承担担保义务。

认定赛某公司和富某公司（在案件中为海某发展银行清算组）对天某证券公司请求的偿还债券兑付款欠款是否应承担责任，不仅与该三方当事人在此企业债券发行中各自所处的地位及其相互之间成立的法律关系有关，也与原告的诉讼请求的指向即其请求权的定性有关。

依据案件事实，富某公司是案涉企业债券的代理发行人和到期兑付本息的担保人（保兑人），赛某公司和天某证券公司分别是分销人和到期向持券人兑付债券本息的直接（第一）付款人，天某证券公司在兑付债券后成为持券人，取得向债券发行人和保兑人兑付债券本息的权利。也就是说，赛某公司与富某公司和天某证券公司，成立双重法律关系——分销合同关系和债券持有兑付关系，因而产生双重的请求权——合同权利请求权和债券兑付请求权，因两种请求权都是为了实现同一给付目的，故一请求权实现，则另一请求权归于消灭，发生请求权竞合的问题，权利人可选择行使之。

赛某公司作为富某公司的分销人，又与天某证券公司订立协议，由天某证券公司为赛某公司分销 980 万元的同一债券，协议中约定赛某公司应于 1995 年 9 月 9 日将 980 万元债券的兑付资金划入天某证券公司账户，由天某证券公司代兑付；划款每迟延一日支付每日 0.5‰的罚息。该事实说明天某证券公司与赛某公司成立了债券分销合同关系，确立的是分销债券上的权利义务内容，而没有债券上的权利义务内容，双方之间不存在双重法律关系。赛某公司未在约定日期向天某证券公司划款，是违反合同约定的违约行为，应依照合同约定的违约条款承担违约责任。这种行为和责任显然不属于债券权利义务内容，天某证券公司对赛某公司没有债券关系的请求权。赛某公司对天某证券公司违约后，天某证券公司对其仅享有合同违约请求权；天某证券公司与富某公司因《分销协议》如约履行完毕而不存在分销合同请求权，仅因富某公司的发行人和保兑人的身份，天某证券公司作为持券人对富某公司享有债券兑付请求权。分销合同请求权内容是追究违约责任，由赛某公司给付欠付款及违约金；债券兑付请求权内容是到期的债券本息，其数额是确定的，不发生从债券到期日至实际兑付日另负担利息的问题。同时，两种请求权的时效期间也是不同的。合同违约适用的时效为诉讼时效，一般适用三年诉讼时效，即从请求权产生之日起开始计算，并适用中止、中断的规定。而债券兑付的时效因具体情况不同而有所不同：如明确约定了兑付期且义务人表明逾期不予兑付，该兑付期则为除斥期间的，则兑付期满产生除权效果；如明确约定了兑付期但义务人未表明逾期不予兑付的，则持券人只要持有债券，随时可要求兑付，只有在被拒绝兑付时，才从被拒绝之日起产生诉讼时效的问题。两种请求权各自对应的法律关系及对方主体均不相同，适用时应予注意。

从天某证券公司的诉讼请求内容来看，其对赛某公司提出的是合同请求权，并且要求追究其违约责任；其对富某公司（海某发展银行清算组）提出的是基于其保兑人身份应对赛某公司的违约行为承担连带责任。天某证券公司对赛某公司提出的请求权正确，对富某公司提出的请求权不正确。正如一审判决认定的，富某公司担保兑付债券本息的被担保人是债券发行人清某公司，并未对赛某公司与天某证券公司的合同关系提供担保。富某公司的担保是债券发行兑付担保，属债券兑付责任，不是天某证券公司与赛某公司分销协议的合同担保人，没有该合同上的担保义务。因此，天某证券公司对富某公司的主张错误，应予驳回。天某证券公司作为持券人，对富某公司仅享有兑付请求权，但基于广义的请求权竞合的理论，天某证券公司不能在同一案中对该两公司提出不同的诉讼请求，如果天某证券公司同时提出了这样的诉讼请求，则其对富某公司的诉讼请求在本案中也是应当被驳回的。赛某公司和富某公司与天某证券公司之间类似于不真正连带债务的关系。富某公司在赛某公司对天某证券公司违约后，其履行了 980 万元债券的部分兑付行为，主要应当解释为是对作为持券人的天某证券公司的债券兑付行为，但因该行为具有消灭同一给付内容的他人债务的性质，且不具有向赛某公司追偿的权利，故其类似于不真正连带债务。不真正连带债务的特征一般认为是赋予债权人选择权，由债权人择一请求权向相对债务人提起诉讼，而该请求权的相对债务人有全部给付的义务。

【相关规定】

《中华人民共和国证券法》第二十六条、第二十七条、第二十八条、第二十九条、第三十三条、第三十七条、第三十八条

【诉讼指导】

本章涉及公司债券发行、销售、转换、转让共四大类型纠纷，对于在诉讼中涉及的诉讼时效、管辖法院、诉讼主体、举证责任、适用法律原则等问题，现结合审判实践提出以下指导意见。

1. 诉讼时效。由于本章所涉债券认购协议、债券承销合同、债券转让合同等均属买卖合同，适用合同纠纷诉讼时效的相关规定。

2. 诉讼主体。在公司债券发行纠纷中，诉讼主体是债券发行人、债券承销商、债券认购人。债券发行人和承销商不按认购协议及承销办法履行义务产生纠纷的，债券认购人为原告，被告则是债券发行人及承销商。债券发行失败，发行人不依法律规定及双方约定按发行价加银行存款利息返还购买人产生纠纷的，认购人为原告，被告为债券发行人或承销商。在公司债券转让纠纷中，诉讼主体是公司债券的持有人和受让人。一方不按转让协议履行义务的，另一方可作为原告起诉。在公司可转换债券发行、转换及转让纠纷中，诉讼主体是可转换债券发行人、债券认购人和持有人。可转换债券在发行中产生纠纷的，不履行合同义务一方是被告，请求对方履行义务一方是原告。在可转换债券期限届满转换为股票过程中产生纠纷的，如债券发行人不转换或认购人不愿转换，

则认购人是原告，债券发行人是被告。在公司债券销售合同纠纷中，诉讼主体是债券发行人和债券承销商，请求对方履行合同义务的一方为原告，负有履行合同义务的一方是被告。

3. 举证责任。依照民事诉讼法第六十七条的规定，当事人对自己提出的主张，有责任提供证据，即“谁主张，谁举证”。《最高人民法院关于适用〈中华人民共和国民事诉讼法〉的解释》第九十条第一款规定：“当事人对自己提出的诉讼请求所依据的事实或者反驳对方的诉讼请求所依据的事实，应当提出证据加以证明，但法律另有规定的除外。”但在审理合同纠纷时，应区分不同情况分配举证责任。例如，主张合同关系成立并生效的一方当事人对合同订立和生效的事实承担举证责任；主张合同关系变更、解除、终止、撤销的一方当事人对合同关系的变动事实承担举证责任；对合同是否履行产生争议的，由负有履行义务的一方承担举证责任。本章所涉均是债券认购、销售、转换、转让合同纠纷，所以，当事人应按以上合同纠纷中举证责任分配规则承担各自的举证责任。

4. 适用法律。本章所涉公司债券发行、转换、转让、销售纠纷主要适用的法律有：一是民法典关于合同订立、生效、履行、变更、撤销、解除等规定；二是公司法关于公司债券发行、转换、转让、销售的相关规定；三是证券法关于证券发行、认购、销售、转让、交易的相关规定。

第七章

公司证券纠纷

DI QI ZHANG

GONGSI ZHENGQUAN JIUFEN

证券纠纷，是指证券活动主体在证券的发行、上市、交易或管理过程中发生的各种纠纷。证券活动主体，主要指证券发行人、证券经营机构、证券中介服务机构、证券交易所、证券管理机构和广大投资者等。关于公司债券发行、转让纠纷本书第六章进行了专门论述。本章主要探讨公司证券上市保荐合同纠纷、证券衍生品种交易纠纷、证券投资基金交易纠纷、证券虚假陈述赔偿纠纷。

风险点 51

证券上市保荐合同纠纷

【风险解读】

保荐制度，是指经证券主管机关批准具有法定资格的证券公司（保荐人）按照法律规定为上市公司申请上市承担推荐职责，并为上市公司规定时间内的信息披露等持续上市行为向投资者、交易所和证券监管机构承担保证与推荐义务的制度。我国证券法确立保荐制度的目的在于规范我国的证券发行市场，提高证券发行上市质量，通过保荐人监督，防止虚假陈述、内幕交易、表决权买卖、不公平交易等一系列侵害投资者合法权益的违法行为的发生。

证券上市保荐合同，是指证券发行人就聘请具有保荐资格的证券公司为其证券上市担任保荐人而签订的合同。我国证券法和有关法规对保荐人的义务和保荐责任作了明确规定。证券上市保荐合同作为民事合同，其主要是约定履行保荐职责的相关费用、保荐协议终止等事项，以及双方在证券发行上市期间和上市之后一系列行为中的权利义务和内部责任承担问题。证券法对保荐人对外承担的法律责任作了规定，而保荐人与发行人、上市公司、承销商、评估机构、评级机构之间的内部责任的分担则属于另一法律关系。保荐人与发行人之间因上市保荐发生的纠纷，主要根据证券上市保荐合同的约定和有关法律规定解决。

【风险防范】

为了使上市公司在证券上市后的管理与经营行为合法合规，《证券发行上市保荐业务管理办法》对保荐人在公司上市后对发行人持续督导作出规定，即首次公开发行股票并在主板上市的，持续督导的期间为证券上市当年剩余时间及其后两个完整会计年度；主板上市公司发行新股、可转换公司债券的，持续督导的期间为证券上市当年剩余时间及其后一个完整会计年度。持续督导的期间自证券上市之日起计算。但从我国证券市场的实践来看，在上述期限结束之后仍出现许多上市公司虚假、未及时进行信息披露的违法违规行为。这种较短的保荐人持续督导期间的规定，不仅不利于监督发行人建立严格的信息披露制度及完善的法人治理机构，也不利于防止保荐人投机行为，促使其充分履行职责。同时，对于第三人（投资者）来说，持续督导期限过短也会造成其对证券市场信心大打折扣。有鉴于此，笔者认为，结合我国证券市场的具体情况，我国可以借鉴英国的做法（保荐人任期终身制），适当延长保荐人持续督导期限，或者时机成熟时实行终身保荐人制度。

【相关规定】

《中华人民共和国证券法》第十条、第十一条、第十三条、第十六条、第二十四条

风险点 52

证券衍生品种交易纠纷

【风险解读】

证券衍生品种分为契约型证券衍生品种和证券型证券衍生品种。契约型证券衍生品种，是以证券交易场所设计的标准化、规格化的合约形式存在，而不是以证券的形式存在，其以股票、债券等资本证券或者资本证券的整体价值衡量（如股票指数）为基础，包括股指期货、股指期权、国债期货、股票期权等证券衍生品种。契约型证券衍生品种不具备融资功能，主要是作为一种风险管理工具而存在，没有发行人，交易的方式为期货交易，实行保证金、持仓限制、逐日盯市等交易风险控制措施。证券型证券衍生品种，是股票等基础证券与一个权利合约相结合，并将其中的权利以证券的形式表现出来，形成的一种新的证券品种。代表性的证券型证券衍生品种为认股权证和可转换公司债券。

【典型案例】

银行支行是否有权办理金融衍生产品交易业务[①]

上诉人（一审原告）：李某佳。

被上诉人（一审被告）：某银行股份有限公司信息路支行（以下简称信息路支行）。

2010年2月4日，李某佳在信息路支行营业所购买了黄金期权产品（80盎司的一周A黄金看涨期权，期权费为970.4美元；80盎司的一周C黄金看涨期权，期权费为869.6美元）。当日，李某佳向信息路支行支付了全部1840美元期权费。其后，李某佳上述两笔期权交易业务全部亏损。

根据信息路支行官方网站对黄金期权的定义，信息路支行所提供的黄金期权业务，是客户根据自己对国际黄金价格未来变动的判断，向银行支付一定金额的期权费后买入相应面值、期限和协定黄金价格的期权（看涨期权或看跌期权），在期权到期日，如果汇率变动对客户有利，则客户通过执行期权可获得较高收益，如果汇率变动对客户不利，则客户可选择不执行期权。

李某佳认为信息路支行不是期货交易所，无权制定黄金期权合约，其提供的黄金期权合约根本不是期权合约，其出售黄金期权合约给客户的行为是一种以非期权合约冒充期权合约的欺诈行为。李某佳认为其于2010年2月4日在信息路支行购买黄金期权产品的合同因信息路支行的欺诈行为而无效，信息路支行应当赔偿自己因此所受到的损失。2011年4月6日，李某佳以信息路支行的黄金期权业务对其存在欺诈为由，诉至一审法院，要求信息路支行赔偿自己上述两笔黄金期权交易业务损失12047.77元（按照起诉当日某银行官方网站公布的汇率100美元=654.77元人民币，将1840美元换算成人民币而得出），并由信息路支行承担案件诉讼费。

信息路支行答辩称，根据《中国银行业监督管理委员会关于某银行开办衍

① 案例中一审法院引用的银行业监督管理法（2006年修正）未作修改。

案例中一审法院引用的商业银行法（2003年修正）第三条第一款第十四项现为商业银行法（2015年修正）第三条第一款第十四项，内容未作修改。

案例中二审法院引用的民事诉讼法（2007年修正）第一百五十三条第一款第一项现为民事诉讼法（2023年修正）第一百七十七条第一款第一项。

生产品交易业务有关问题的批复》，中国银行业监督管理委员会（以下简称银监会）已批准信息路支行开办金融衍生产品交易业务。信息路支行作为商业银行，已经取得银监会关于办理期权业务的资格，有权开办黄金期权交易业务，其与李某佳之间的黄金期权交易业务合法有效。请求法院驳回李某佳的全部诉讼请求，维护信息路支行的利益，保障金融市场的交易秩序。

一审人民法院经审理认为，作为国务院银行业监督管理机构，银监会于2004年7月15日作出了《关于某银行开办衍生产品交易业务有关问题的批复》，信息路支行作为某银行的分支结构，已经获得了关于办理期权业务的资格，有权开办黄金期权交易业务，其与李某佳之间的黄金期权交易业务合法有效。李某佳主张信息路支行提供的黄金期权合约不是期权合约，信息路支行出售黄金期权合约给客户的行为是一种以非期权合约冒充期权合约的欺诈行为，双方的期权交易关系无效，并要求信息路支行赔偿其损失12047.77元，缺乏法律依据，不予支持。依照银行业监督管理法（2006年修正）第二条第一款、第二款及第十六条，商业银行法（2003年修正，下同）第三条第一款第十四项的规定，法院判决：驳回李某佳全部诉讼请求。

李某佳不服一审判决，以一审判决对信息路支行提交的证据理解错误，信息路支行未经合法审批无权开展黄金期权业务，提供的黄金期权业务明显缺乏公开性和公平性，未按照《金融机构衍生产品交易业务管理暂行办法》相关规定对李某佳进行风险评估、揭示交易风险，以及一审法院对案件没有管辖权等为由，向二审法院提起上诉，请求确认一审判决无效。

二审法院经审理认为，本案争议的焦点是李某佳与信息路支行进行的黄金期权业务的法律关系性质的认定。根据商业银行法和《金融机构衍生产品交易业务管理暂行办法》（2004年）等相关规定，银监会作为国务院银行业监督管理机构，于2004年7月15日作出《关于某银行开办衍生产品交易业务有关问题的批复》，信息路支行作为某银行的分支机构，有权开办黄金期权交易业务。李某佳与信息路支行之间的法律关系的性质为金融衍生品种交易纠纷。根据《民事案件案由规定》《最高人民法院关于审理期货纠纷案件若干问题的规定》等相关规定，一审法院拥有管辖权。

二审人民法院认为，李某佳作为具有完全民事行为能力的主体，应当对其从事黄金期权业务所面临的风险具有清醒认识。法院经审理查明：李某佳一共做过四笔（信息路支行三笔、月坛支行一笔）黄金期权业务，除本案涉及的在信息路支行开展的两笔黄金期权业务之外，之前，李某佳在信息路支行的另外一笔黄金期权业务盈利1100余元，这表明李某佳理解黄金期权交易所能带来的盈利并且享受了相应的利益。李某佳以信息路支行未对其进行风险评估、揭示交易风险，也没有要求其提供声明和确认函作为抗辩，明显违背诚信原则，不予采信。关于信息路支行提供的黄金期权业务缺乏公开性和公平性的上诉理由，因李某佳未提交证据予以证明，不予采信。

综上所述，二审法院认为一审法院认定事实清楚，适用法律正确，论理不当之处予以调整，但处理结果并无不当，应予维持。依照民事诉讼法（2007年修正）第一百五十三条第一款第一项之规定，二审法院判决驳回上诉，维持原判。

案例评析：本案中，原告、被告双方的争议主要体现以下方面。

一、金融衍生产品交易法律关系的性质认定

本案中，原告李某佳诉称，根据《期货交易管理条例》的相关规定，信息路支行并非期货交易所，无权制定黄金期权合约。李某佳称只有经过批准从事黄金期货交易业务的上海期货交易所才有权制定黄金期权合约，进而认为信息路支行提供的黄金期权合约根本不是期权合约，其出售黄金期权合约给客户的行为是一种以非期权合约冒充期权合约的欺诈行为。本案被告信息路支行答辩称，根据银监会2004年7月15日作出的《关于某银行开办衍生产品交易业务有关问题的批复》，银监会已批准某银行开办衍生产品交易业务。根据2004年银监会发布的《金融机构衍生产品交易业务管理暂行办法》第三条的规定，衍生产品的种类包括远期、期货、掉期（互换）和期权以及具有远期、期货、掉期（互换）和期权中一种或多种特征的结构化金融工具。因此，信息路支行作为某银行的分支机构，已经取得了关于办理期权业务的批准，有权开办黄金期权交易业务，其与李某佳之间的黄金期权交易业务合法有效。

笔者认为，要解决本案争议焦点，必须明确两个问题：一是原告、被告双方黄金期权交易法律关系的性质，二是被告信息路支行是否有权开展黄金期权交易业务。

1. 原告、被告双方黄金期权交易法律关系的性质。

2007 年《期货交易管理条例》第八十五条第二项规定："期权合约，是指由期货交易所统一制定的、规定买方有权在将来某一时间以特定价格买入或者卖出约定标的物（包括期货合约）的标准化合约。"本案涉及的黄金期权并非由期货交易所统一制定的标准化合约。2007 年《期货交易管理条例》第九十条规定："不属于期货交易的商品或者金融产品的其他交易活动，由国家有关部门监督管理，不适用本条例。"本案所涉黄金期权交易并非由期货交易所统一制定的标准化合约的期货交易，故本案所涉黄金期权交易不受《期货交易管理条例》调整。

本案所涉黄金期权交易不属于由期货交易所统一制定的标准化合约的期货交易，其性质为何？2007 年修正《金融机构衍生产品交易业务管理暂行办法》第三条规定："本办法所称衍生产品是一种金融合约，其价值取决于一种或多种基础资产或指数，合约的基本种类包括远期、期货、掉期（互换）和期权。衍生产品还包括具有远期、期货、掉期（互换）和期权中一种或多种特征的结构化金融工具。"该办法第四条规定，金融机构衍生产品交易业务可分为两大类，即"金融机构为规避自有资产、负债的风险或为获利进行衍生产品交易"和"金融机构向客户（包括金融机构）提供衍生产品交易服务"。根据上述两条规定，本案所涉黄金期权交易属于受《金融机构衍生产品交易业务管理暂行办法》调整的金融衍生产品交易。该办法第五条第一款规定："中国银行业监督管理委员会是金融机构从事衍生产品交易业务的监管机构。金融机构开办衍生产品交易业务，应经某银行业监督管理委员会审批，接受中国银行业监督管理委员会的监督与检查。"由此可见，本案所涉黄金期权交易应受《金融机构衍生产品交易业务管理暂行办法》调整，接受国务院银行业监督管理机构的监管。

笔者的上述观点与二审法院的观点是一致的，即"李某佳与信息路支行进行的黄金期权业务的法律关系的性质为金融衍生品种交易纠纷"。

2. 信息路支行是否有权开办黄金期权交易业务。

根据银行业监督管理法（2006 年修正）的规定，银监会负责全国银行业金融机构及其业务活动的监管工作。该法第十六条规定:“国务院银行业监督管理机构依照法律、行政法规规定的条件和程序,审查批准银行业金融机构的设立、变更、终止以及业务范围。”商业银行法(2003年修正)第三条第一款第十四项规定,商业银行可以经营“经国务院银行业监督管理机构批准的其他业务”。《金融机构衍生产品交易业务管理暂行办法》第五条第一款规定:“某银行业监督管理委员会是金融机构从事衍生产品交易业务的监管机构。金融机构开办衍生产品交易业务,应经某银行业监督管理委员会审批,接受某银行业监督管理委员会的监督与检查。”从上述规定可以看出,银行等金融机构开办衍生产品交易业务,须经国务院银行业监督管理机构审批并接受其监管。

本案中,银监会作为国务院银行业监督管理机构,于2004年7月15日作出《关于某银行开办衍生产品交易业务有关问题的批复》,要求某银行开办金融衍生产品交易业务应严格遵守《金融机构衍生产品交易业务管理暂行办法》的规定,未经银监会批准,不得开办自营商品类衍生产品交易业务(贵金属除外);同意某银行开办代客商品类衍生产品交易业务。根据《金融机构衍生产品交易业务管理暂行办法》第三条的规定,衍生产品的种类包括远期、期货、掉期(互换)和期权以及包括具有远期、期货、掉期(互换)和期权中一种或多种特征的结构化金融工具。因此,信息路支行作为某银行的分支结构,有权开办黄金期权交易业务。

综上所述,既然信息路支行有权开办黄金期权交易业务,则本案中原告李某佳诉称信息路支行出售黄金期权合约给客户的行为是一种以非期权合约冒充期权合约的欺诈行为、双方的黄金期权交易无效的主张不成立。

二、金融衍生品种交易纠纷诉讼管辖权以及本案交易的公开性和公平性

本案中,李某佳上诉称,根据《最高人民法院关于审理期货纠纷案件若干问题的规定》第七条关于期货纠纷案件由中级人民法院管辖的规定,一审人民法院对本案没有管辖权,其作出的判决应属无效。

最高人民法院发布实施的《民事案件案由规定》(法发〔2011〕42号)

第八部分“与公司、证券、保险、票据等有关的民事纠纷”之“二十四、证券纠纷”单独规定了“288、金融衍生品种交易纠纷”。与此同时，《民事案件案由规定》第八部分之“二十五、期货交易纠纷”明确规定，期货交易纠纷包含期货经纪合同纠纷、期货透支交易纠纷、期货强行平仓纠纷、期货实物交割纠纷、期货保证合约纠纷、期货交易代理合同纠纷、侵占期货交易保证金纠纷、期货欺诈责任纠纷、操纵期货交易市场责任纠纷、期货内幕交易责任纠纷、期货虚假信息责任纠纷。以上规定说明金融衍生品种交易纠纷是不同于期货交易纠纷的一类案由。

正如上文所分析，本案李某佳与信息路支行之间的黄金期权交易纠纷的性质为金融衍生品种交易纠纷，不属于期货交易纠纷，所以本案并不适用《最高人民法院关于审理期货纠纷案件若干问题的规定》第七条关于期货纠纷案件由中级人民法院管辖的规定。而对于金融衍生品种交易纠纷，我国法律及最高人民法院的相关司法解释均未规定其一审管辖法院为中级人民法院。民事诉讼法（2007 年修正）第十八条规定，基层人民法院管辖第一审民事案件，该法第二十二条规定，对法人或者其他组织提起的民事诉讼由被告住所地人民法院管辖。本案中，作为基层人民法院的一审法院对于本案拥有管辖权，原告李某佳认为本案应由中级人民法院管辖，一审法院对本案没有管辖权的上诉主张自然也就不成立。

本案中，李某佳上诉称，信息路支行提供的黄金期权业务明显缺乏公开性和公平性，损害客户利益。在其进行交易前，信息路支行未按照《金融机构衍生产品交易业务管理暂行办法》相关规定对其进行风险评估、揭示交易风险，也没有要求其提供声明和确认函。关于李某佳的上述主张，笔者赞同二审法院的意见，李某佳作为具有完全民事行为能力的主体应当对其从事黄金期权业务所面临的风险具有清醒的认识。而且二审法院在审理中查明，李某佳一共做过四笔（信息路支行三笔、月坛支行一笔）黄金期权业务，除了本案涉及的在信息路支行开展的两笔黄金期权业务之外，之前，李某佳在信息路支行的另外一笔黄金期权业务盈利 1100 余元。这说明，李某佳进行黄金期权投资并非第一次，其应该了解黄金期权投资的盈利性与风险性。李某佳在第一次与信息路支行进行黄金期权交易时，并未对信息路支行黄金期权业务的公平性和公开性提出疑问，笔者认为，可以视为李某佳对信息路支行黄金期权业务的公平性和公开性予以了认可。而且，根据民事诉讼法（2007 年修正）第六十四条的规定，“当事人对自己提出的主张，有责任提供证据”。简言之，即“谁主张，谁举证”。如果李某佳认为信息路支行提供的黄金期权业务缺乏公开性和公平性，就应当对此提供证据予以证明，但本案中其并未提交证据对“信息路支行提供的黄金期权业务缺乏公开性和公平性”这一主张予以证明。因此，对于李某佳“信息路支行提供的黄金期权业务缺乏公开性和公平性”这一主张应不予采信。

综上所述，通过对本案案情、争议焦点以及相关法律法规的分析，不难看出，金融机构衍生产品交易与标准化合约的期货交易是两类既相互关联但又具有不同法律关系性质的交易，二者在交易场所、交易业务经营主体、监管机构以及适用的法律法规等方面并不相同。金融衍生产品是一种金融合约，其价值取决于一种或多种基础资产或指数，合约的种类包括远期、期货、掉期（互换）和期权以及具有远期、期货、掉期（互换）和期权中一种或多种特征的结构化金融工具。国务院银行业监督管理机构是金融机构从事衍生产品交易业务的监管机构，金融衍生产品交易主要受《金融机构衍生产品交易业务管理暂行办法》[①] 的调整。银行等金融机构开办衍生产品交易业务，须经国务院银行业监督管理机构审批，并接受其监督与检查。期货交易则是指由期货交易所统一制定的标准化合约交易，包括商品期货合约交易、金融期货合约交易和期权合约交易，主要由《期货交易管理条例》调整。期货交易应当在依法设立的期货交易所或者国务院期货监督管理机构批准的其他交易场所进行，期货业务经营主体主要是期货公司。国务院期货监督管理机构对期货交易与期货市场实行集中统一的监督管理。目前，我国的期货监管机构是证监会及其派出机构，证监会下设期货监管司负责期货交易与期货市场的监管工作。

概言之，金融衍生产品交易与期货交易是两类不同法律性质的交易，

① 经 2011 年第二次修订，修改为《银行业金融机构衍生产品交易业务管理暂行办法》。

两类交易纠纷引发的诉讼应适用不同的案由，由不同层级的法院管辖，适用不同的法律规范。因此，准确区分两类交易纠纷的法律关系性质，是准确适用法律、正确进行裁判的关键之所在。

风险点 53

证券投资基金交易纠纷

【风险解读】

证券投资基金，是指一种利益共享、风险共担的集合证券投资方式，即通过发行基金份额募集资金形成独立的基金财产，由基金管理人管理，基金托管人托管，基金份额持有人按其所持份额享受收益和承担风险，专业从事资本投资的资本集合体。证券投资基金根据基金受益单位是否可以随时申购或者赎回，分为开放型基金和封闭型基金；根据基金投资对象的不同，分为货币基金、债券基金、股票基金等。证券投资基金交易纠纷总体而言主要集中于投资者与作为管理人的证券公司之间产生的纠纷。

我国的证券市场经过多年发展已经取得了长足发展，尤其是证券投资基金在证券市场中的地位更是举足轻重，然而基金黑幕、老鼠仓、熔断等诸多问题也带来了大量纠纷亟待解决。

【典型案例】

理财产品代理合同中的投资风险由谁承担[①]

上诉人（一审原告）：刘某华。

被上诉人（一审被告）：兴某银行股份有限公司上海武宁支行（以下简称

① 详见上海市静安区人民法院（2009）静民二（商）初字第 38 号民事判决书、上海市第二中级人民法院（2009）沪二中民三（商）终字第 428 号民事判决书。

案例中一审法院引用的合同法第三十九条、第四十一条、第三百九十六条现为民法典第四百九十六条、第四百九十八条、第九百一十九条。

武宁支行）、兴某银行股份有限公司（以下简称兴某银行）。

2007年9月21日，原告与被告武宁支行签订《兴某银行2007年第七期万某宝——“兴某基金宝”人民币理财协议书》约定，原告参加被告兴某银行该期理财计划，接受被告兴某银行提供的投资理财服务。同日，原告按约定将8.5万元存到指定账户。2008年10月10日，原告提取理财本金64315.41元（含利息），存在较大损失。

原告诉称，被告武宁支行工作人员向原告推荐理财产品时夸大预期年收益率。原告基于对银行的信任，未细研协议文字内涵而与被告武宁支行签订了协议书。协议到期后，被告武宁支行才告知理财产品存在亏损。一年中，被告武宁支行未采取任何方式让原告知悉真实情况，未告知风险，也未按约支付投资收益，致使原告投资遭受重大经济损失。故要求被告武宁支行赔偿理财本金损失20684.59元、利息（按年利率25%计算）21250元；赔偿精神损失2万元；诉讼费由被告武宁支行承担。原告向法院提供了理财协议书、资产管理报告以及历史明细等证据支持其诉请。

二被告辩称，原告应当认真阅读理财产品协议的有关条款，应当认识投资风险，知晓理财产品投资是非保本的。被告武宁支行在签订协议过程中也明确告知了投资的风险、后果，原告的诉讼请求缺乏依据，应予驳回。

原告起诉时仅列一位被告即武宁支行，审理过程中，一审法院认为兴某银行与本案存在利害关系，故追加其为被告参加诉讼。

一审法院认为，本案被告兴某银行与武宁支行之间为委托代理关系，被告兴某银行为发行人，被告武宁支行代为销售。因为原告与被告兴某银行签订的《兴某银行2007年第七期万某宝——“兴某基金宝”人民币理财协议书》中，明确表明合同一方为被告兴某银行。此外，被告兴某银行与华某证券有限责任公司签订的《定向资产管理合同》也证明了被告兴某银行发行人的身份，二被告之间为委托代理关系。因此，因该理财产品产生纠纷而需对外承担民事责任的主体应为被告兴某银行。在原、被告签订的协议中，有风险提示的内容：“本产品为非保本浮动收益型投资产品。投资风险，可能导致客户收益甚至本金遭受损失。本理财计划有投资风险，预期收益率并不代表您一定获得的保证收益，您应仔细阅读本理财协议条款，充分认识投资风险，谨慎投资。”此段文字以书面形式清晰明确地提示合同相对人应注意投资风险。原告作为一名具有完全民事行为能力的自然人，应对自身的行为负责，其在购买理财产品时对相关投资风险应有基本的认识。而原告没有仔细阅读协议内容，对协议没有充分的认识和理解，应视为其个人放弃知情权，由此产生的后果，应由原告自行承担。故法院依照合同法第三十九条第一款、第四十一条、第三百九十六条之规定，于2009年5月22日判决：原告刘某华的诉讼请求，不予支持。案件受理费人民币848.4元，由原告刘某华负担。

一审宣判后，原告不服提起上诉认为，首先，武宁支行与其签订的系争理财协议以及在签订该协议过程中的销售行为，均违反了银监会相关规定。协议签订后，武宁支行又未按协议及银监会相关规定履行。其次，其在南京取款时查询发现该理财产品的当期余额为0（实际当时应为8.5万元），而到期入账时交易摘要显示为“代发工资”，与实际不符，违反了我国会计法的相关规定。同时，被上诉人存在变相高息揽储及账外运作的经营活动。再次，一审法院对案由确定有误，增加一审被告有误。最后，系争理财协议中无本人合法签字或授权确认签字的手续，一审判决中所谓上诉人作为具有完全民事行为能力的自然人未仔细阅读协议内容应视为放弃知情权，缺乏事实和法律依据。综上所述，请求撤销一审判决，改判支持其一审诉请。

二审法院经审理认定，一审法院确认的事实属实。另查明，一审审理过程中作为证据提交的两份资产管理报告（一份报告期间为2007年9月26日至2008年9月30日，一份报告期间为2007年9月26日至2008年8月29日）中列出的中国中铁、中国南车、中国铁建、九阳股份等股票均于2007年9月25日后发行上市。二审法院认为，本案系一起因个人委托银行理财而引发的商事纠纷。就双方当事人存在的主要争议焦点分析如下。

关于系争协议签订是否存在欺诈的问题。鉴于双方当事人对协议签订时的具体情形存在争议，且均无直接证据可还原争议情境，故法院根据现有证据所反映的协议签订时的客观要件和主观要件进行判断。（1）从客观要件分析，被告兴某银行推出2007年第7期万某宝——“兴某基金宝”理财产品，事前曾向银行业监管部门备案。协议系列文本中格式条款的各主要部分，文字表述并无歧义，可以达到投资者理解的程度；系争协议中对投资方向、投资收益的计算方式等内容，约定明确，更无免除受托人过错责任和主要义务的违法条款。因此，在客观要件方面，系争协议在形式上、内容上均未有隐瞒风险和其他相关重要内容之情形。（2）从主观要件分析，一方面，投资者对于金融理财产品的投资风险相较于银行储蓄更高本应有相当的估计，对于特定投资产品的盈亏预期，也应作出合理的判断；另一方面，银行不得利用优势地位订立不公平的格式条款，同时还应履行必要的告知义务。本案中，二被告已在系争协议中进行了风险提示，产品描述中更明确表明为“非保本”产品。虽然文字表述与监管部门的相关指引未能完全一致，但实质内容是相同的，且原告已在系争协议上签名，应视为原告在缔约时已认识到该委托理财产品存在一定的商业风险。同时，原告基于投资盈利目的购买系争非保本理财产品“兴某基金宝”，其所从事的是投资行为，应当承担较一般民事行为中民事主体更高的审慎注意义务。现原告称其未细研文字内容就在协议上签字，显然不符合原告作为投资者应有的谨慎态度，因此，在主观要件方面，原告所称的二被告存在欺诈的理由，同样难以成立。综上所述，系争理财产品协议的签订和履行系双方当事人的真实意思表示，该协议不违反法律法规的强制性规定，当属合法有效。至于原告所称被告武宁支行推销系争理财产品的环境和服务不到位等，均不足以影响系争协议的效力。

关于二被告是否构成违约的问题。（1）系争协议合法有效，双方当事人均应恪守。被告兴某银行已履行了主要义务，即按系争协议约定将资金交由案外人华某证券有限责任公司作为投资管理人进行实际投资操作，到期后将余款返还原告，现因投资期间（2007 年 9 月至 2008 年 9 月）沪深股票市场出现大幅下跌，甚至新股亦跌破发行价，由此产生的损失理应由原告按协议约定自行承担。（2）关于原告所称的定期披露信息、售后理财服务等问题，系争协议中并未作出特别约定，原告在庭审陈述中亦表示未要求二被告提供相关服务或对协议进行补充修改，故二被告不存在原告所称的违约行为。即使二被告存在原告所称售后服务不到位、未安排理财顾问、没有定期披露相关信息、未告知金融市场动荡对理财产品的影响等情形，亦与原告因购买相关理财产品所遭受的经济损失之间没有必然的因果关系。（3）原告亦无证据证明二被告将资金变更投向或挪作他用。据此，原告认为二被告违约应赔偿相应损失的请求，缺乏事实和法律依据，法院不予支持。

至于原告提出的其他问题，如协议主体、会计账目处理有误等，一审判决已作详述，二审法院予以认同，不再赘述。

原告认为二被告有制作假账、高息揽储、泄露存款人秘密等其他违规行为，不属本案审理范围，原告可向相关监管部门反映。

综上所述，一审判决并无不当，应予维持。判决驳回上诉，维持原判。

案例评析：本案作为上海市首例证券投资基金交易纠纷，具有一定的典型性。本案的审理难点主要集中于理财产品协议主体、风险提示义务履行两个问题，以下将从这两方面对本案进行更深一步的评析。

1. 确定理财产品协议主体时，应区分发行与代销。本案被告兴某银行与武宁支行之间为委托代理关系，被告兴某银行为发行人，被告武宁支行代为销售。因为原告与被告武宁支行签订的《兴某银行2007年第七期万某宝——“兴某基金宝”人民币理财协议书》明确表明合同一方为被告兴某银行。此外，被告兴某银行与华某证券有限责任公司签订的《定向资产管理合同》也证明了被告兴某银行发行人的身份，二被告之间为委托代理关系。因此，因该理财产品产生纠纷而需对外承担民事责任的主体应为被告兴某银行。此外，被告武宁支行作为代理方在协议上代为盖章确认，就应视为委托人被告兴某银行对协议的确认。

2. 对风险提示义务履行的认定应进行形式审查。在原告与被告武宁支行签订的协议中，有体现风险提示内容：“本产品为非保本浮动收益型投资产品。投资风险，可能导致客户收益甚至本金遭受损失。本理财计划有投资风险，预期收益率并不代表您一定获得的保证收益，您应仔细阅读本理财协议条款，充分认识投资风险，谨慎投资。”此段文字以书面的形式清晰明确地提示合同相对人应注意投资风险。另外，协议中还用醒目的黑体字注明：“甲方声明：本人已知晓本协议书所述风险，并明确本理财计划为委托代理性质，同意接受本理财计划的投资方案与资产运作方式，愿意承担投资风险，并授权乙方根据该方案进行投资。”相反，原告并无证据证明被告武宁支行在代为销售过程中未尽到对客户的风险提示义务。

原告作为一名具有完全民事行为能力的自然人，应对自身的行为负责，其在购买理财产品时对相关投资风险应有基本的认识。原告没有仔细阅读协议内容，对协议没有充分的认识和理解，应视为其放弃知情权，由此产生的后果，应由原告自行承担。

《兴某银行2007年第七期万某宝——“兴某基金宝”人民币理财协议书》是原告与被告双方在平等、自愿的基础上签订的，是双方的真实意思表示，且该协议不违反法律规定，因此是合法有效的，双方当事人均应恪守。

风险点54

证券虚假陈述赔偿纠纷

【风险解读】

证券虚假陈述赔偿纠纷，是指证券市场上证券信息披露义务人违反证券法规定的信息披露义务，在提交或者公布的信息披露文件中作出违背事实真相的陈述或者记载，侵犯了投资者合法权益而发生的民事侵权赔偿纠纷。虚假陈述行为的表现方式主要是虚假记载、误导性陈述、重大遗漏和不正当披露。根据《最高人民法院关于审理证券市场虚假陈述侵权民事赔偿案件的若干规定》的规定，信息披露义务人违反法律、行政法规、监管部门制定的规章和规范性文件关于信息披露的规定，在披露的信息中存在虚假记载、误导性陈述或者重大遗漏的，人民法院应当认定为虚假陈述。虚假记载，是指信息披露义务人披露的信息中对相关财务数据进行重大不实记载，或者对其他重要信息作出与真实情况不符的描述。误导性陈述，是指信息披露义务人披露的信息隐瞒了与之相关的部分重要事实，或者未及时披露相关更正、确认信息，致使已经披露的信息因不完整、不准确而具有误导性。重大遗漏，是指信息披露义务人违反关于信息披露的规定，对重大事件或者重要事项等应当披露的信息未予披露。

【典型案例】

上市公司的何种行为构成虚假陈述

上诉人（一审原告）：展某大。

被上诉人（一审被告）：华某传媒投资集团股份有限公司（以下简称华某传媒）。

2007年7月4日至9月26日，财政部驻海南省财政监察专员办事处（以下简称专员办）根据新会计准则执行标准对华某传媒2007年度会计信息质量进行检查，发现其存在重大的会计问题。2008年10月31日，专员办对其作出了检查结论和处理决定。

2009年3月3日，华某传媒按照检查结论和处理决定中的要求，在证监会指定的信息披露网站等媒体上发布公告，对2007年度的财务报表中相关数据作出调整（略）。该信息一经披露，华某传媒的股价迅速下跌，导致不少股民遭受重大财产损失。展某大是遭受华某传媒财务造假损害的众多投资者之一，其自2007年4月19日开始购买华某传媒的股票，到2009年3月3日，展某大陆续买入、卖出或持有该股。华某传媒的相关公告作出后，展某大意识到自己的投资受到了华某传媒虚假财务信息的严重侵害，便依法以华某传媒虚假陈述为由提起诉讼，要求华某传媒赔偿其在2007年4月19日至2009年3月3日买入、在2009年3月3日以后持续持有或卖出该股票而遭受的损失。

一审法院审理后认为，检查结论和处理决定是针对华某传媒2007年度会计核算中存在的问题所作出的检查结论及处理决定。该行政处罚文件并未认定华某传媒进行了虚假陈述；2007年度会计核算受处罚不等于2007年度会计报告受处罚。无法认定虚假陈述实施日为2007年4月19日，即2006年度会计报告及2007年第一季度报告公布日。与此同时，被告于2009年3月3日公告的信息系其主动对2008年度报表中按照检查结论和处理决定进行整改后的信息反馈，并不是“被公开”，故不存在所谓的“揭露日”。同时，更正公告发布后，华某传媒的股票并没有停牌，不符合“更正日”之规定，故不存在“更正日”。另外，公告发布后华某传媒的股价不跌反升。因此，展某大索赔的损失缺乏合法依据。法院遂判定展某大所主张的损失系证券市场系统风险和其他因素所致，与华某传媒披露的信息无关，以展某大的诉讼请求缺乏事实和法律依据为由，予以驳回。

原告不服一审判决，上诉至二审法院。二审法院审理后认为，华某传媒信息披露的行为不构成虚假陈述。大盘急跌属证券市场系统风险。2007 年，上证指数高达 6124.04 点，深证成指高达 19600.03 点，之后大盘指数一路狂跌。2008 年时，上证指数一度跌至 1664.93 点，深证成指亦曾跌至 5577.23 点。华某传媒的股票受大盘影响，从 2007 年最高股价 16.29 元跌至 2008 年最低股价 2.6 元。展某大所主张的损失系由证券市场系统风险等其他因素导致的，与华某传媒公司的会计错误没有关联，二者不存在因果关系。二审法院据此判决：驳回上诉，维持原判。

案例评析：证券法第七十九条规定，公司的财务会计报告、年度报告属应当进行披露的信息。财务会计报告中有对重大事件的虚假记载的，即可认定为虚假陈述。至于信息披露义务人是过失还是故意则在所不问。只要虚假记载的信息对投资者的决策产生影响，就构成虚假陈述。本案中，由于被告没有执行新会计准则，导致其会计核算以及财务管理上出现问题，相关数据势必会反映到财务会计报告和年度报告当中，导致财务会计报告和年度报告所披露的信息失实。但是要认定是否为虚假陈述，还要进一步判断该不实记载的对象是否关涉“重大事件”，是否符合虚假陈述的重大性标准。在我国，认定重大性的标准主要是理性投资人标准和价格敏感标准。在判断重大性时，法院一般着重考虑市场的反应——股价异常波动，而并不关注披露的不实信息对投资人决策是否产生重大影响。

【风险防范】

关于虚假陈述揭露日的认定，不仅要考虑其三个外在特征（时间性，即首次；公开性，即公开披露；广泛性，即全国范围），还应该考虑其本质特征。认定虚假陈述揭露日应当注意：在全国范围首次被公开揭露的，该公开揭露日为虚假陈述揭露日；若存在多次被揭露的，以证券价格发生明显变动之日为虚假陈述揭露日。根据《最高人民法院关于审理证券市场虚假陈述侵权民事赔偿案件的若干规定》第八条第三款、第四款的规定，除当事人有相反证据足以反驳外，下列日期应当认定为揭露日：（1）监管部门以涉嫌信息披露违法为由对信息披露义务人立案调查的信息公开之日；（2）证券交易场所等自律管理组织因虚假陈述对信息披露义务人等责任主体采取自律管理措施的信息公布之日。信息披露义务人实施的虚假陈述呈连续状态的，以首次被公开揭露并为证券市场知悉之日为揭露日。信息披露义务人实施多个相互独立的虚假陈述的，人民法院应当分别认定其揭露日。

【相关规定】

《中华人民共和国证券法》第五十六条、第一百九十三条

《最高人民法院关于审理证券市场虚假陈述侵权民事赔偿案件的若干规定》

第八章

公司职工权益纠纷

DI BA ZHANG

GONGSI ZHIGONG QUANYI JIUFEN

严格意义上讲，公司职工权益纠纷并不属于公司诉讼的范畴，但公司用工是否规范、劳动制度是否健全、是否切实尊重和保护职工利益、能否合法妥善解决劳动纠纷，是决定职工能否找到归属感、为公司发展贡献力量的重要因素。本章选取了实践中常见的几类公司职工权益纠纷，为公司管理者提供参考。

风险点 55

劳动关系确认纠纷

【风险解读】

劳动关系是指由劳动法律制度调整的，劳动者与用人单位在实现劳动过程中建立的社会经济关系，即用人单位招用劳动者为其成员，劳动者在用人单位的管理下提供有报酬的劳动而产生的权利义务关系。劳动关系包括两方主体，即用人单位和劳动者。

劳动者与用人单位是否建立劳动关系是以劳动者是否为用人单位提供劳动，以及用人单位是否向劳动者支付劳动报酬为标志的。我国劳动合同法第七条规定“用人单位自用工之日起即与劳动者建立劳动关系”。

我国劳动法明确要求用人单位与劳动者“建立劳动关系应当订立劳动合同”，如果劳动者与用人单位订有劳动合同，则其与用人单位自然不会就是否存在劳动关系产生分歧。但现实中有不少用人单位存在认识误区，错误地认为劳动合同是认定劳动关系的唯一依据，只要不与劳动者签订劳动合同，就不必承担劳动法规定的义务和责任，就可以不为劳动者缴纳社会保险，可以随意解雇劳动者且不需要支付经济补偿金。这种错误的认识和做法产生了大量事实劳动关系，并引发了劳动关系确认纠纷。

事实劳动关系是指劳动者与用人单位之间已经具有从属性，但不具备书面劳动合同要件的劳动关系。实践中，事实劳动关系主要表现为以下几种情形：一是劳动者与用人单位从未签订过书面劳动合同而形成的事实劳动关系；二是劳动者与用人单位签订的书面劳动合同期限届满后未续签，劳动者仍在原单位工作而形成的事实劳动关系；三是劳动合同被确认为无效后形成的事实劳动关系。

2005 年《劳动和社会保障部关于确立劳动关系有关事项的通知》（劳社部发〔2005〕12 号）明确规定了认定事实劳动关系的要件，即用人单位招用劳动者未订立书面劳动合同，但只要同时具备以下三种情形，劳动关系即成立：（1）用人单位和劳动者符合法律、法规规定的主体资格；（2）用人单位依法制定的各种劳动规章制度适用于劳动者，劳动者受用人单位的劳动管理，从事用人单位安排的有报酬的劳动；（3）劳动者提供的劳动是用人单位业务的组成部分。该通知同时规定，用人单位未与劳动者签订劳动合同，认定双方存在劳动关系时可参照下列凭证：（1）工资支付凭证或记录（职工工资发放花名册）、缴纳各项社会保险费的记录；（2）用人单位向劳动者发放的工作证、服务证等能够证明身份的证件；（3）劳动者填写的用人单位招工招聘登记表、报名表等招用记录；（4）考勤记录；（5）其他劳动者的证言等。

需要注意的是，劳动合同仅是劳动关系建立的书面证据，而非劳动关系建立的唯一表现形式，更非唯一认定依据。因此，无论先签订劳动合同再用工，还是用工后再签订劳动合同，甚至用工后始终未签订劳动合同，劳动者与用人单位之间的劳动关系均自用工之日起建立。

【典型案例】

劳动关系中从属关系的认定[①]

再审申请人（一审被告，二审上诉人）：北京某文化有限公司。

被申请人（一审原告，二审被上诉人）：聂某兰。

2016年4月8日，聂某兰（乙方）与北京某文化有限公司（甲方，以下简称某文化公司）签订了《合作设立茶叶经营项目的协议》，内容为："第一条：双方约定，甲方出资进行茶叶项目投资，聘任乙方为茶叶经营项目经理，乙方负责公司的管理与经营。第二条：待项目启动后，双方视情共同设立公司，乙方可享有管理股份。第三条：关于利益分配。在公司设立之前，乙方按基本工资加业绩方式取酬。公司设立之后，按双方的持股比例进行分配。乙方负责管理和经营，取酬方式为基本工资＋业绩、奖励＋股份分红。第四条：双方在运营过程中，未尽事宜由双方友好协商解决。第五条：本合同正本一式两份，公司股东各执一份。"

---

① 详见北京市高级人民法（2019）京民申986号审查与审判监督民事裁定书。

案例中再审法院引用的《最高人民法院关于民事诉讼证据的若干规定》（法释〔2001〕33号）第六条已被删除。

协议签订后，聂某兰到该项目上工作，工作内容为负责某茶社的经营管理，主要负责接待、茶叶销售等工作。某文化公司的法定代表人林某汤按照每月基本工资10000元的标准，每月15日通过银行转账向聂某兰发放上一自然月工资。聂某兰请假需经林某汤批准，且实际出勤天数影响工资的实发数额。2017年5月6日，某文化公司通知聂某兰终止合作协议。聂某兰实际工作至2017年5月8日。

聂某兰申请劳动仲裁，认为双方系劳动关系并要求某文化公司支付未签订书面劳动合同二倍工资差额，某文化公司主张双方系合作关系。某劳动人事争议仲裁委员会作出裁决：驳回聂某兰的全部仲裁请求。聂某兰不服仲裁裁决，于法定期限内向一审法院提起诉讼。

一审法院于2018年4月17日作出判决：（1）确认某文化公司与聂某兰于2016年4月8日至2017年5月8日期间存在劳动关系；（2）某文化公司于判决生效后七日内支付聂某兰2017年3月1日至2017年5月8日期间工资22758.62元；（3）某文化公司于判决生效后七日内支付聂某兰2016年5月8日至2017年4月7日期间未签订劳动合同二倍工资差额103144.9元；（4）某文化公司于判决生效后七日内支付聂某兰违法解除劳动关系赔偿金27711.51元；（5）驳回聂某兰的其他诉讼请求。某文化公司不服一审判决，提出上诉。二审法院于2018年9月26日作出判决：（1）维持一审法院判决第一项、第二项、第四项；（2）撤销一审法院判决第三项、第五项；（3）驳回聂某兰的其他诉讼请求。某文化公司不服二审判决，向再审法院申请再审。再审法院于2019年4月30日作出裁定：驳回某文化公司的再审申请。

法院生效裁判认为，申请人某文化公司与被申请人聂某兰签订的《合作设立茶叶经营项目的协议》系自愿签订，不违反强制性法律、法规规定，属有效合同。对于合同性质的认定，应当根据合同内容所涉及的法律关系，即合同双方所设立的权利义务来进行认定。双方签订的协议第一条明确约定聘任聂某兰为茶叶经营项目经理，“聘任”一词一般表明当事人有雇用劳动者为其提供劳动之意；协议第三条约定了聂某兰的取酬方式，无论在双方设定的目标公司成立之前还是之后，聂某兰均可获得“基本工资”“业绩”等报酬，与合作经营中的收益分配明显不符。合作经营合同的典型特征是共同出资，共担风险，本案合作协议中既未约定聂某兰出资比例，也未约定共担风险，与合作经营合同不符。从本案相关证据上看，聂某兰接受某文化公司的管理，按月汇报员工的考勤、款项分配、开支、销售、工作计划、备用金的申请等情况，且所发工资与出勤天数密切相关。双方在履行合作协议过程中形成的关系，符合劳动合同中人格从属性和经济从属性的双重特征。故原判认定申请人与被申请人之间存在劳动关系并无不当。双方签订的合作协议还可视为书面劳动合同，虽缺少一些必备条款，但并不影响已约定的条款及效力，仍可起到固定双方劳动关系、权利义务的作用，二审法院据此依法改判是正确的。某文化公司于2017年5月6日向聂某兰出具了《终止合作协议通知》，告知聂某兰终止双方的合作，具有解除双方之间劳动关系的意思表示，根据《最高人民法院关于民事诉讼证据的若干规定》第六条的规定，在劳动争议纠纷案件中，因用人单位作出的开除、除名、辞退、解除劳动合同等决定而发生的劳动争议，由用人单位负举证责任，某文化公司未能提供解除劳动关系原因的相关证据，应当承担不利后果。二审法院根据本案具体情况和相关证据所作的判决，并无不当。

案例评析：案例中，某文化公司与聂某兰的主体资格均符合法律法规的规定。双方签订的合作协议虽非劳动合同，但合同履行过程中，聂某兰接受某文化公司的管理，某文化公司根据其出勤天数发放工资，符合劳动合同中人格从属性和经济从属性的双重特征，构成事实上的劳动关系。实践中，用人单位与劳动者之间可能不签订书面劳动合同，或者以“合作”等其他名义签订合同，但对于双方关系的定性，不能简单以是否存在合同或合同名称来判断，而是应当从劳动关系的构成要件入手，通过证据进行具体分析。

【风险防范】

1. 应及时与劳动者签订劳动合同，尽量避免先用工再签合同。劳动合同法第十条第一款、第二款规定：“建立劳动关系，应当订立书面劳动合同。已建立劳动关系，未同时订立书面劳动合同的，应当自用工之日起一个月内订立书面劳动合同。”可见，用人单位在招用劳动者时，应当及时与其订立书面劳动合同，至迟应当在用工之日起一个月内订立，否则，将承担以下法律责任：（1）支付二倍工资。用人单位应当自用工之日起满一个月的次日，至补订书面劳动合同的前一日，向劳动者每月支付二倍工资；自用工之日起满一年未与劳动者订立书面劳动合同的，应当自用工之日起满一个月的次日至满一年的前一日，向劳动者每月支付二倍工资，即二倍工资最多支付十一个月。（2）超过一年不签订书面劳动合同的，视为自用工之日起满一年的当日已经与劳动者订立无固定期限劳动合同，应当立即与劳动者补订书面劳动合同。（3）依法缴纳社会保险费。为劳动者缴纳社会保险费是用人单位的法定义务，事实劳动关系的存在并没有免除用人单位的此项义务。

2. 应尽量避免先签合同后用工。劳动合同法第十条第三款规定："用人单位与劳动者在用工前订立劳动合同的，劳动关系自用工之日起建立。"虽然这一规定是非常明确的，但毕竟先签合同后用工的情形使劳动合同订立与用工之间存在时间差，在此期间，劳动合同已成立，但没有建立劳动关系，容易产生纠纷。例如，用人单位与劳动者签订劳动合同，约定两周后劳动者开始上班，若一周后劳动者突发疾病，其是否能够享受医疗保险待遇？再如，用人单位在实际用工前另外找到了更合适的人选，提出解除劳动合同，劳动者能否要求经济补偿？对此，法律并没有明确规定，笔者认为，既然劳动关系自用工之日建立，那么在实际用工即劳动关系建立之前，劳动者与用人单位之间的关系尚不受劳动法调整，自然也不能适用劳动法的相关规定。但从实践角度出发，为避免纠纷，用人单位应注意尽量避免先签合同后用工的情况出现，如必须为之，则应在劳动合同中对订立合同后用工前双方的权利义务进行约定，并留存好劳动者用工起始日的相关证据材料，如考勤记录、工资单等。

3. 劳动者不与用人单位订立书面劳动合同的处理。实践中存在劳动者拒绝与用人单位订立书面劳动合同的情形，此时用人单位应当积极应对。用人单位提出订立书面合同的时间不同，后果亦不同。自用工之日起一个月内，经用人单位书面通知后，劳动者仍不与用人单位订立书面劳动合同的，用人单位应当书面通知劳动者终止劳动关系，无须向劳动者支付经济补偿，但是应当依法向其支付实际工作时间的劳动报酬；自用工之日起超过一个月不满一年未订立书面劳动合同，经用人单位书面通知后，劳动者仍不订立劳动合同的，用人单位应当向劳动者每月支付二倍工资，书面通知劳动者终止劳动关系，并向其支付经济补偿。

【相关规定】

《中华人民共和国劳动合同法》第七条、第十条、第十四条

《中华人民共和国劳动合同法实施条例》第五条、第六条、第七条

《劳动和社会保障部关于确立劳动关系有关事项的通知》（劳社部发〔2005〕12号）

风险点 56

追索劳动报酬纠纷

【风险解读】

劳动报酬（工资），是劳动者在用人单位付出体力或者脑力劳动后所得的对价，体现了劳动者创造的社会价值。获取相应的劳动报酬是劳动者进行劳动的基本目的，是每个劳动者都关注的问题。追索劳动报酬纠纷也是实践中常见的职工权益纠纷之一。

一、工资的概念及构成

工资是指用人单位依据劳动合同的规定，以各种形式支付给劳动者的劳动报酬。关于工资的范围，有些用人单位存在认识上的误区，错误地认为工资即基本工资或者正常工作时间的工资。《国家统计局关于工资总额组成的规定》对工资进行了明确规定，即“工资总额是指各单位在一定时期内直接支付给本单位全部职工的劳动报酬总额”，其由以下六部分组成。

1. 计时工资。计时工资是指按照劳动者的技术、业务等级水平，或者劳动者所在工作岗位、职位的劳动等级预先规定的相应工资标准及劳动者实际有效工作时间计付的工资。由于计时工资是以劳动时间计算报酬，便于计算，所以其适用范围很广。

计时工资按计算时间的单位不同，一般分为小时工资制、日工资制、月工

资制和年薪制。实践中，年薪制一般适用于企业高级管理人员，常见的计时工资有月工资制、日工资制、小时工资制。

月工资制是指按照劳动者的岗位、等级工资制的工资标准计发工资。劳动者如果出满勤，就按月工资标准支付工资；缺勤则按实际缺勤天数或小时数减发工资。根据《劳动和社会保障部关于职工全年月平均工作时间和工资折算问题的通知》的规定，职工全年月平均制度工作天数调整为 20.83 天 / 月。

日工资制是指根据劳动者的日工资标准和实际工作日数计算工资。日工资 = 月工资收入 ÷ 月计薪天数（21.75 天）。

小时工资制是指按照小时工资标准和实际工作的小时数计算工资。小时工资 = 月工资收入 ÷［月计薪天数（21.75 天）× 8 小时］。

2. 计件工资。计件工资是指对已做工作按计件单价支付的劳动报酬，包括：实行超额累进计件、直接无限计件、限额计件、超定额计件等工资制，按劳动行政部门或主管部门批准的定额和计件单价支付给劳动者的工资；按工作任务包干方法支付给劳动者的工资；按营业额提成或利润提成办法支付给劳动者的工资。

3. 奖金。奖金是指支付给劳动者的超额劳动报酬和增收节支的劳动报酬，包括生产奖、节约奖、劳动竞赛奖以及机关、事业单位的奖励工资及其他奖金。基本工资是定额内劳动的报酬，不能充分反映职工的劳动差别。而多种多样的奖金则是超额劳动的报酬，能较灵活地反映职工的实际劳动差别。奖金作为基本工资的补充，在整个工资结构中应处于次要或从属地位。

4. 津贴和补贴。津贴和补贴是指为了补偿劳动者特殊或额外的劳动消耗和因其他特殊原因支付给劳动者的津贴，以及为了保证劳动者工资水平不受物价影响支付给劳动者的物价补贴。津贴包括补偿劳动者特殊或额外劳动消耗的津贴（如高温津贴）、保健性津贴（如卫生防疫津贴）、技术性津贴（如科研津贴）、年功性津贴（如工龄津贴）及其他津贴。物价补贴包括为保证劳动者工资水平不受物价上涨或变动影响而支付的各种补贴。

5. 加班加点工资。加班加点工资是指按规定支付的加班工资和加点工资。用人单位在劳动者完成劳动定额或规定的工作任务后，根据实际需要安排劳动者在法定标准工作时间以外工作的，应当按照规定向劳动者支付工资。

6. 特殊情况下支付的工资。特殊情况下支付的工资包括：（1）根据国家法律、法规和政策规定，因病、工伤、产假、婚丧假、事假、探亲假、定期休假、停工学习、执行国家或社会义务等原因按计时工资标准或计时工资标准的一定比例支付的工资；（2）附加工资、保留工资。

下列项目不属于工资总额的范围：（1）根据国务院发布的有关规定颁发的发明创造奖、自然科学奖、科学技术进步奖和支付的合理化建议和技术改进奖以及支付给运动员、教练员的奖金；（2）有关劳动保险和职工福利方面的各项费用；（3）有关离休、退休、退职人员待遇的各项支出；（4）劳动保护的各项支出；（5）稿费、讲课费及其他专门工作报酬；（6）出差伙食补助费、误餐补助、调动工作的旅费和安家费；（7）对自带工具、牲畜来企业工作劳动者所支付的工具、牲畜等的补偿费用；（8）实行租赁经营单位的承租人的风险性补偿收入；（9）对购买本企业股票和债券的职工所支付的股息（包括股金分红）和利息；（10）劳动合同制职工解除劳动合同时由企业支付的医疗补助费、生活补助费等；（11）因录用临时工而在工资以外向提供劳动力单位支付的手续费或管理费；（12）支付给家庭工人的加工费和按加工订货办法支付给承包单位的发包费用；（13）支付给参加企业劳动的在校学生的补贴；（14）计划生育独生子女补贴。

二、用人单位必须履行向劳动者支付工资的义务

用人单位应当按照劳动合同约定和法律规定，向劳动者及时、足额支付工资。

1. 工资支付形式。工资应当以法定货币支付，不得以实物及有价证券替代货币支付。

2. 工资支付对象。用人单位应将工资支付给劳动者本人。劳动者本人因故不能领取工资时，可由其亲属或委托的他人代领。用人单位可委托银行代发工资。用人单位在支付工资时应向劳动者提供一份其个人的工资清单。

3. 工资支付时间。工资必须在用人单位与劳动者约定的日期支付。如遇节假日或休息日，则应提前在最近的工作日支付。工资至少每月支付一次，实行周、日、小时工资制的，可按周、日、小时支付工资。对完成一次性临时劳动或某项具体工作的劳动者，用人单位应按有关协议或合同规定在其完成劳动任务后即支付工资。劳动关系双方依法解除或终止劳动合同的，用人单位应在解除或终止劳动合同时一次付清劳动者工资。

用人单位应及时向劳动者支付工资，不得无故拖欠，以下情形除外：（1）用人单位遇到非人力所能抗拒的自然灾害、战争等原因、无法按时支付工资；（2）用人单位确因生产经营困难、资金周转受到影响，在征得本单位工会同意后，可暂时延期支付劳动者工资，延期时间的最长限制可由各省、自治区、直辖市劳动行政部门根据各地情况确定。

4. 工资支付水平。用人单位应当与劳动者在劳动合同中约定工资数额，工资数额可以根据劳动者所在岗位或所从事的工作确定，实行同工同酬。国家实行最低工资保障制度，劳动者在法定工作时间或依法签订的劳动合同中约定的工作时间内提供了正常劳动的，用人单位支付劳动者的工资不得低于当地最低工资标准。劳动者在试用期的工资不得低于本单位相同岗位最低档工资的80%或者不得低于劳动合同约定工资的80%，并不得低于用人单位所在地的最低工资标准。

用人单位应当向劳动者足额支付工资，不得克扣。但不包括以下减发工资的情况：（1）国家的法律、法规中有明确规定的；（2）依法签订的劳动合同中有明确规定的；（3）用人单位依法制定并经职工代表大会批准的规章制度中有明确规定的；（4）企业工资总额与经济效益相联系，经济效益下浮时，工资亦应下浮的（但支付给劳动者的工资不得低于当地最低工资标准）；（5）因劳动者请事假等相应减发工资等。

下列费用用人单位可以在劳动者工资中扣除：（1）用人单位代扣代缴的个人所得税；（2）用人单位代扣代缴的应由劳动者个人负担的各项社会保险费用；（3）法院判决、裁定中要求代扣的扶养费、赡养费；（4）法律、法规规定可以从劳动者工资中扣除的其他费用。

因劳动者本人原因给用人单位造成经济损失的，用人单位可按照劳动合同的约定要求其赔偿经济损失。经济损失的赔偿，可从劳动者本人的工资中扣除，但每月扣除的部分不得超过劳动者当月工资的20%，若扣除后的剩余工资部分低于当地月最低工资标准，则按最低工资标准支付。

5. 特殊工资支付。劳动者参加正常社会活动的，用人单位应支付工资。劳动者在法定工作时间内依法参加社会活动期间，用人单位应视同其提供了正常劳动而支付工资。社会活动包括：（1）依法行使选举权或被选举权；（2）当选代表出席乡（镇）、区以上政府、党派、工会、青年团、妇女联合会等组织召开的会议；（3）出庭作证；（4）出席劳动模范、先进工作者大会；（5）工会法规定的不脱产工会基层委员会委员因工会活动占用的生产或工作时间；（6）其他依法参加的社会活动。

法定节假日应支付工资。劳动者依法享受年休假、探亲假、婚假、丧假期间，用人单位应按劳动合同规定的标准支付劳动者工资。

非劳动者原因停产、停工期间应支付工资。非因劳动者原因造成单位停工、停产在一个工资支付周期内的，用人单位应按劳动合同规定的标准支付劳动者工资。超过一个工资支付周期的，若劳动者提供了正常劳动，则支付给劳动者的劳动报酬不得低于当地的最低工资标准；若劳动者没有提供正常劳动，应按国家有关规定办理。

加班加点期间应支付工资。用人单位安排加班的，应当按照国家有关规定向劳动者支付加班费。加班费的计算标准为：用人单位依法安排劳动者在日法定标准工作时间以外延长工作时间的，按照不低于劳动合同规定的劳动者本人小时工资标准的150%支付劳动者工资；用人单位依法安排劳动者在休息日工作，而又不能安排补休的，按照不低于劳动合同规定的劳动者本人日或小时工资标准的200%支付劳动者工资；用人单位依法安排劳动者在法定休假节日工作的，按照不低于劳动合同规定的劳动者本人日或小时工资标准的300%支付劳动者工资。实行计件工资的劳动者，在完成计件定额任务后，由用人单位安排延长工作时间的，应根据上述规定的原则，分别按照不低于其本人法定工作时间计件单价的150%、200%、300%支付其工资。经劳动行政部门批准实行综合计算工时工作制的，其综合计算工作时间超过法定标准工作时间的部分，应视为延长工作时间，并应按《工资支付暂行规定》支付劳动者延长工作时间的工资。实行不定时工时制度的劳动者，不执行此规定。

用人单位破产时应支付工资。用人单位依法破产的，劳动者有权获得其工资。在破产清偿中用人单位应按企业破产法规定的清偿顺序，首先支付欠付本单位劳动者的工资。

三、用人单位未按规定支付工资的法律责任

用人单位向劳动者支付工资应当按照规定日期足额支付，不得克扣或者无故拖欠，亦不得随意扣除。否则，将承担相应法律责任。

1.用人单位未按规定支付工资的民事责任。用人单位拖欠或者未足额支付工资的，劳动者可以依法向当地人民法院申请支付令，也可以依法向劳动行政部门投诉，用人单位依法应当承担以下民事责任：（1）支付拖欠工资并加付赔偿金。用人单位未按照劳动合同的约定或者国家规定及时足额支付劳动者劳动报酬，或安排劳动者加班不支付加班费的，应当向劳动者支付工资或加班费；用人单位向劳动者支付的工资低于当地最低工资标准的，应当支付其差额部分；同时，用人单位还需按应付金额50%以上100%以下的标准向劳动者加付赔偿金。（2）劳动者单方解除劳动合同时向劳动者支付经济补偿。用人单位未及时足额支付劳动报酬的，劳动者有权单方解除劳动合同，用人单位应向劳动者支付所欠工资及经济补偿。

2.用人单位未按规定支付工资的刑事责任。为了充分保护劳动者的合法权益，加大对一些严重损害劳动者利益的行为惩处力度，我国刑法修正案（八）将部分拒不支付劳动报酬的行为纳入了刑法的调整范围，规定了拒不支付劳动报酬罪。修正后的刑法第二百七十六条之一第一款、第二款规定："以转移财产、逃匿等方法逃避支付劳动者的劳动报酬或者有能力支付而不支付劳动者的劳动报酬，数额较大，经政府有关部门责令支付仍不支付的，处三年以下有期徒刑或者拘役，并处或者单处罚金；造成严重后果的，处三年以上七年以下有期徒刑，并处罚金。单位犯前款罪的，对单位判处罚金，并对其直接负责的主管人员和其他直接责任人员，依照前款的规定处罚。"

"以转移财产、逃匿等方法逃避支付劳动者的劳动报酬"包括下列情形：（1）隐匿财产、恶意清偿、虚构债务、虚假破产、虚假倒闭或者以其他方法转移、处分财产的；（2）逃跑、藏匿的；（3）隐匿、销毁或者篡改账目、职工名册、工资支付记录、考勤记录等与劳动报酬相关的材料的；（4）以其他方法逃避支付劳动报酬的。

"数额较大"是指拒不支付一名劳动者三个月以上的劳动报酬且数额在5000元至2万元以上，或者拒不支付十名以上劳动者的劳动报酬且数额累计

在3万元至10万元以上。“经政府有关部门责令支付仍不支付”是指经人力资源社会保障部门或者政府其他有关部门依法以限期整改指令书、行政处理决定书等文书责令支付劳动者的劳动报酬后，在指定的期限内仍不支付的，但有证据证明行为人有正当理由未知悉责令支付或者未及时支付劳动报酬的除外。行为人逃匿，无法将责令支付文书送交其本人、同住成年家属或者所在单位负责收件的人的，如果有关部门已通过在行为人的住所地、生产经营场所等地张贴责令支付文书等方式责令支付，并采用拍照、录像等方式记录的，应当视为“经政府有关部门责令支付”。

拒不支付劳动者的劳动报酬，“造成严重后果”是指不支付劳动报酬数额较大，并同时具有下列情形之一：（1）造成劳动者或者其被赡养人、被扶养人、被抚养人的基本生活受到严重影响、重大疾病无法及时医治或者失学的；（2）对要求支付劳动报酬的劳动者使用暴力或者进行暴力威胁的；（3）造成其他严重后果的。用人单位有拒不支付劳动者的劳动报酬的行为但尚未造成严重后果，在提起公诉前支付劳动者的劳动报酬，并依法承担相应赔偿责任的，可以减轻或者免除处罚。

【典型案例】

用人单位规定劳动者在完成一定绩效后可以获得奖金的，不得无正当理由拒绝履行审批义务[①]

上诉人（一审原告）：彭某翔。

被上诉人（一审被告）：某市城市建设开发（集团）有限责任公司。

某市城市建设开发（集团）有限责任公司（以下简称城开公司）于2016年8月制定《某市城开集团关于引进投资项目的奖励暂行办法》（以下简称《奖励办法》），规定成功引进商品房项目的，城开公司将综合考虑项目规模、年化平均利润值合并表等综合因素，以项目审定的预期利润或收益为奖励基数，按照0.1%至0.5%确定奖励总额。该奖励由投资开发部拟定各部门或其他人员的具体奖励构成后提出申请，经集团领导审议、审批后发放。2017年2

① 详见江苏省南京市中级人民法院（2018）苏01民终10066号民事判决书。

月，彭某翔入职城开公司担任投资开发部经理。2017年6月，投资开发部形成《会议纪要》，确定部门内部的奖励分配方案为总经理占部门奖金的75%，其余项目参与人员占部门奖金的25%。

彭某翔履职期间，其所主导的投资开发部成功引进六个项目，后针对上述六个项目投资开发部先后向城开公司提交了六份奖励申请。直至彭某翔自城开公司离职，城开公司未发放上述奖励。彭某翔经劳动仲裁程序后，于法定期限内诉至法院，要求城开公司支付奖励1689083元。

案件审理过程中，城开公司认可案涉六个项目初步符合《奖励办法》规定的受奖条件，但以三个项目的奖励总额虽经审批但具体的奖金分配明细未经审批，以及其余三个项目的奖励申请未经审批为由，主张彭某翔要求其支付奖金的请求不能成立。对于法院"如彭某翔现阶段就上述项目继续提出奖励申请，城开公司是否启动审核程序"的询问，城开公司明确表示拒绝，并表示此后也不会再启动案涉六个项目的审批程序。此外，城开公司还主张，彭某翔在两个项目中存在严重失职行为，且该两个项目存在严重亏损，城开公司已就拿地业绩突出向彭某翔发放过奖励，但均未提交充分的证据予以证明。

一审法院于2018年9月11日作出判决：驳回彭某翔的诉讼请求。彭某翔不服，提起上诉。二审法院于2020年1月3日作出判决：（1）撤销一审法院判决；（2）城开公司于本判决生效之日起十五日内支付彭某翔奖励1259564.4元。

二审法院生效判决认为：本案争议焦点为城开公司应否依据《奖励办法》向彭某翔所在的投资开发部发放案涉六个项目的奖励。

第一，从《奖励办法》设置的奖励对象来看，投资开发部以引进项目为主要职责，且在城开公司引进各类项目中起主导作用，故其系该办法适格的被奖主体；从《奖励办法》设置的奖励条件来看，投资开发部已成功为城开公司引进符合城开公司战略发展目标的案涉六个项目，符合该办法规定的受奖条件。故就案涉六个项目而言，彭某翔所在的投资开发部形式上已满足用人单位规定的奖励申领条件。城开公司不同意发放相应的奖励，应当说明理由并对此举证证明。但本案中城开公司无法证明其中两个项目存在亏损，也不能证明彭某翔在该两个项目中确实存在失职行为，其关于彭某翔不应重复获奖的主张亦因欠缺相应依据而无法成立。故而，城开公司主张彭某翔所在的投资开发部实质不符合依据《奖励办法》获得奖励的理由法院不予采纳。

第二，案涉六个项目奖励申请未经审核或审批程序尚未完成，不能成为城开公司拒绝向彭某翔支付项目奖金的理由。城开公司作为奖金的设立者，有权设定相应的考核标准、考核或审批流程。其中，考核标准系员工能否获奖的实质性评价因素，考核流程则属于城开公司为实现其考核权所设置的程序性流程。在无特殊规定的前提下，因流程本身并不涉及奖励评判标准，故而是否经过审批流程不能成为员工能否获得奖金的实质评价要素。城开公司也不应以案涉六个项目的审批流程未启动或未完成为由，试图阻却彭某翔获取奖金的实体权利的实现。

此外，对劳动者的奖励申请进行实体审批，不仅是用人单位的权利，也是用人单位的义务。本案中，《奖励办法》所设立的奖励系城开公司为鼓励员工进行创造性劳动所承诺给员工的超额劳动报酬，其性质上属于《国家统计局关于工资总额组成的规定》第七条规定中的“其他奖金”，此时《奖励办法》不仅应视为城开公司基于用工自主权而对员工行使的单方激励行为，还应视为城开公司与包括彭某翔在内的不特定员工就该项奖励的获取形成的约定。现彭某翔通过努力达到《奖励办法》所设奖励的获取条件，其向城开公司提出申请要求兑现该超额劳动报酬，无论是基于诚信原则，还是基于按劳取酬原则，城开公司皆有义务启动审核程序对该奖励申请进行核查，以确定彭某翔关于奖金的权利能否实现。如城开公司拒绝审核，应说明合理理由。本案中，城开公司关于彭某翔存在失职行为及案涉项目存在亏损的主张因欠缺事实依据不能成立，该公司也不能对不予审核的行为作出合理解释，其拒绝履行审核义务的行为已损害彭某翔的合法权益，对此应承担相应的不利后果。

综上所述，二审法院认定案涉六个项目奖励的条件成就，城开公司应当依据《奖励办法》向彭某翔所在的投资开发部发放奖励。

案例评析：实践中，普遍认为，追索劳动报酬纠纷是劳动者向用人单位追索工资，但根据《国家统计局关于工资总额组成的规定》的规定，劳动报酬中还包括支付给职工的超额劳动报酬和增收节支的劳动报酬，即奖金。奖金能够较灵活地反映职工的实际劳动差别。本案中，城开公司通过内部文件规定劳动者在完成一定绩效后可以获得奖金，当彭某翔通过自己的努力达到奖励标准时，城开公司以奖励申请未经审批、拒绝审批为由拒绝发放奖金，既违反了法律规定，也违反了诚信原则。

【风险防范】

劳动报酬纠纷是劳动者与用人单位之间的常见纠纷。实践中，用人单位与劳动者在工资支付项目、工资支付形式、工资支付对象、工资支付时间、工资支付水平等方面可能产生纠纷。对此，用人单位应当给予高度重视，依法进行薪酬管理，既避免法律风险的发生，又切实保护劳动者的合法权利。

1. 依照法定程序制定科学有效的工资支付制度。依据《工资支付暂行规定》第十七条的规定，用人单位应通过与职工大会、职工代表大会或者其他形式协商制定内部的工资支付制度，并告知本单位全体劳动者，同时抄报当地劳动行政部门备案。依据劳动合同法第四条第二款的规定，用人单位在制定、修改或者决定有关劳动报酬等直接涉及劳动者切身利益的规章制度或者重大事项时，应当经职工代表大会或者全体职工讨论，提出方案和意见，与工会或者职工代表平等协商确定。因此，用人单位在工资支付制度的制定、修改、调整等过程中，应依法履行民主程序，即与员工协商、讨论通过、公示或告知员工。

2. 与劳动者约定明确的工资数额，实行同工同酬。工资是劳动者最关心的内容之一，也是劳动合同的必备条款。用人单位在与劳动者签订书面劳动合同时，应当明确约定劳动者的工资数额，避免出现因工资数额约定不明而产生纠纷。用人单位应在劳动合同中明确约定劳动者的工作岗位及工作内容，制作岗位说明书并严格考核工作业绩，实行同工同酬。

3. 采用货币形式发放工资。工资支付形式具有法定性，以实物或有价证券等代替工资向劳动者发放工资为违法行为，即使经劳动者同意，仍属克扣和无故拖欠劳动者工资的行为，将导致补发工资并支付赔偿金的法律后果。

4. 向劳动者本人发放工资。工资必须向劳动者本人发放，如确需由他人代领的，应要求劳动者出具书面授权委托书并提供代领人身份证明。实践中，大多数用人单位向劳动者发放工资都是委托银行代发，这种方法能够很好地避免风险，但应当注意保存劳动者个人银行账号信息及转账记录。

5. 及时发放工资。用人单位应当在与劳动者约定的日期向其支付工资，只可提前不可拖后，否则，将面临因无故拖欠工资而须支付赔偿金的风险。

6. 足额发放工资。（1）用人单位发放的工资应当包括计时工资或计件工资、奖金、津贴和补贴、加班费及特殊情况下支付的工资等全部内容，不得克扣。（2）在劳动者提供正常劳动的情况下，用人单位支付给劳动者的工资在剔除相关项目后，不得低于当地最低工资标准。剔除项目包括：延长工作时间工资；中班、夜班、高温、低温、井下、有毒有害等特殊工作环境、条件下的津贴；法律、法规和国家规定的劳动者福利待遇等。实行计件工资或提成工资等工资形式的用人单位，在科学合理的劳动定额基础上，其支付劳动者的工资不得低于相应的最低工资标准。（3）用人单位向试用期劳动者发放的工资不得低于本单位相同岗位最低档工资的80%或者不得低于劳动合同约定工资的80%，并不得低于用人单位所在地的最低工资标准。（4）因劳动者本人原因给用人单位造成经济损失，用人单位按照劳动合同的约定从其工资中扣除赔偿的，每月扣除的部分不得超过劳动者当月工资的20%，若扣除后的剩余工资部分低于当地月最低工资标准，则按最低工资标准支付。

7. 制作薪资确认单并要求劳动者签字确认。《工资支付暂行规定》赋予了劳动者工资支付知情权，即劳动者可要求用人单位在支付工资时应向其提供一份其个人的工资清单。因此，用人单位在支付工资时，应向劳动者提供一份薪资确认单。薪资确认单是指记载员工每月工资具体数额和构成等内容的单据，在实务中主要体现为工资单、工资条和工资表等。薪资确认单主要应当包括以下内容：员工的姓名；职务；工资发放期间；工资的构成及具体数额，包括基本工资、奖金、绩效工资、补贴、津贴、岗位工资和加班加点工资等；代扣代缴的项目和具体数额，包括劳动者应当缴纳的个人所得税、社会保险费、旷工期间的工资以及其他应当代扣代缴的费用；应发工资数额；实发工资数额。薪资确认单可以有效证明用人单位每月向劳动者发放的实际工资数额，劳动者每月的工作和绩效情况、纳税情况及应缴纳的社会保险费缴费基数与数额，用人单位有无拖延发放工资的情况。此外，若用人单位与劳动者解除劳动合同，该薪资确认单上记载的每月的工资数额将作为计算经济补偿金的依据。

【相关规定】

《中华人民共和国劳动合同法》第四条、第八条、第十一条、第十七条、第十八条、第二十二条、第二十八条、第三十条、第三十八条、第五十一条、第五十五条、第五十八条、第六十条、第六十一条、第六十二条、第六十三条、第七十二条、第七十四条、第八十五条

《中华人民共和国刑法》第二百七十六条之一

《最高人民法院关于审理拒不支付劳动报酬刑事案件适用法律若干问题的解释》

《劳务派遣暂行规定》第七条、第八条

《工资支付暂行规定》第四条、第六条、第十二条、第十三条

《国家统计局关于工资总额组成的规定》第四条、第五条、第七条

《劳动和社会保障部关于职工全年月平均工作时间和工资折算问题的通知》（劳社部发〔2008〕3号）

《最低工资规定》第五条、第十二条

风险点 57

劳务派遣纠纷

【风险解读】

一、劳务派遣的概念

劳务派遣是劳动合同法规定的一种特殊用工制度，是指劳务派遣单位根据与用工单位签订的劳务派遣协议，按照用工单位的要求将与自己签订劳动合同的劳动者派遣到用工单位，劳动者在用工单位的组织、监督和管理下进行劳动的用工制度。在劳务派遣用工方式中，涉及劳动者、劳务派遣单位（用人单位）及用工单位三方主体，法律关系较为复杂，即劳务派遣单位与劳动者之间存在劳动关系，劳务派遣单位与用工单位之间存在劳务派遣合同关系，劳动者与用工单位之间存在劳务关系（见图 8–1）。

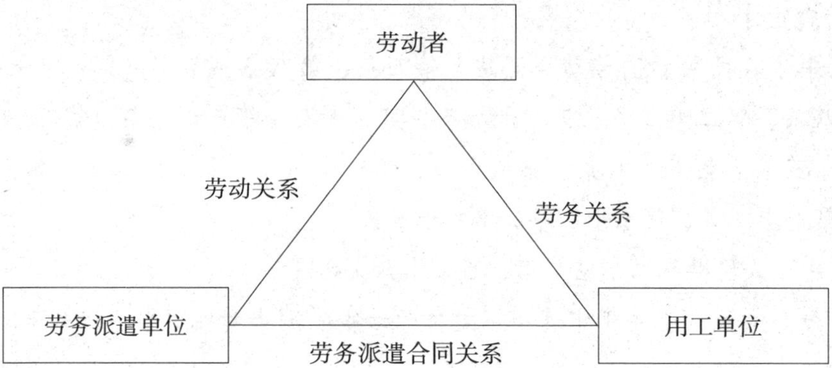

图 8–1　劳务派遣各方法律关系

适用劳务派遣时需要满足以下条件。

1. 劳务派遣单位必须符合法定条件。申请经营劳务派遣业务应当具备下列条件：注册资本不得少于人民币 200 万元；有与开展业务相适应的固定的经营场所和设施；有符合法律、行政法规规定的劳务派遣管理制度；法律、行政法规规定的其他条件。经营劳务派遣业务，应当向所在地有许可管辖权的人力资源社会保障行政部门依法申请行政许可；经许可的，依法办理相应的公司登记。未经许可，任何单位和个人不得经营劳务派遣业务。

2. 适用劳务派遣的岗位和数量必须符合法定要求。劳务派遣只能在临时性、辅助性或者替代性的工作岗位上实施，使用的被派遣劳动者数量不得超过用工单位用工总量的 10%。具体而言，临时性工作岗位是指存续时间不超过六个月的岗位；辅助性工作岗位是指为主营业务岗位提供服务的非主营业务岗位；替代性工作岗位是指用工单位的劳动者因脱产学习、休假等原因无法工作的一定期间内，可以由其他劳动者替代工作的岗位。其中，用工单位决定使用被派遣劳动者的辅助性岗位，应当经职工代表大会或者全体职工讨论，提出方案和意见，与工会或者职工代表平等协商确定，并在用工单位内公示。用工总量是指用工单位订立劳动合同人数与使用的被派遣劳动者人数之和。计算劳务派遣用工比例的用工单位是指依照劳动合同法和《劳动合同法实施条例》可以与劳动者订立劳动合同的用人单位。

3. 用人单位不得设立劳务派遣单位向本单位或者所属单位派遣劳动者。

二、劳务派遣法律关系中的权利义务

前已述及，劳务派遣中存在三方主体和三类法律关系，即劳务派遣单位与用工单位之间存在劳务派遣合同关系，劳务派遣单位与劳动者之间存在劳动关系，用工单位与劳动者之间存在劳务关系。

1. 劳动者的权利义务。在劳务派遣关系中，劳动者的权利不应受到任何限制，按照劳动法以及劳动合同法的规定，劳动者同样享有普通劳动关系中的其他权利。这些权利包括劳动权、休息权、劳动报酬权、劳动保护权、社会保险和福利权、提请劳动争议处理权、参加企业民主管理权等。此外，劳务派遣中的劳动者还享有一些特殊权利。

（1）请求签订二年以上的固定期限劳动合同的权利。劳务派遣单位应当依法与被派遣劳动者订立二年以上的固定期限书面劳动合同；劳务派遣单位可以依法与被派遣劳动者约定试用期，但劳务派遣单位与同一被派遣劳动者只能约定一次试用期。这主要是为了防止派遣单位根据实际用工单位的需要来招聘，一旦实际用工单位不需要劳动者，派遣单位也与劳动者解除劳动合同，使劳务派遣成为一种用工单位规避法律风险的工具。

（2）知悉劳务派遣协议内容的权利。劳务派遣单位应当将劳务派遣协议的内容告知被派遣劳动者。劳务派遣协议应当载明下列内容：派遣的工作岗位名称和岗位性质；工作地点；派遣人员数量和派遣期限；按照同工同酬原则确定的劳动报酬数额和支付方式；社会保险费的数额和支付方式；工作时间和休息休假事项；被派遣劳动者工伤、生育或者患病期间的相关待遇；劳动安全卫生以及培训事项；经济补偿等费用；劳务派遣协议期限；劳务派遣服务费的支付方式和标准；违反劳务派遣协议的责任；法律、法规、规章规定应当纳入劳务派遣协议的其他事项。这在一定程度上有利于保障劳动者维护自己的权利，防止劳务派遣单位与用工单位串通损害劳动者的利益。

（3）获得劳动报酬的权利。由于在劳务派遣关系中，劳动报酬是由劳务派遣单位而非实际用工单位发放，为切实保障劳动者获得劳动报酬的权利，劳动合同法作了更加详细的规定和限制。首先，劳务派遣单位应当按月支付劳动报酬；被派遣劳动者在无工作期间，劳务派遣单位应当按照所在地人民政府规定的最低工资标准，向其按月支付报酬。其次，劳务派遣单位跨地区派遣劳动者的，被派遣劳动者享有的劳动报酬和劳动条件，按照用工单位所在地的标准执行。最后，用工单位应当按照同工同酬原则，对被派遣劳动者与本单位同类岗位的劳动者实行相同的劳动报酬分配办法，并发放与工作岗位相关的福利待遇；用工单位无同类岗位劳动者的，参照用工单位所在地相同或者相近岗位劳动者的劳动报酬确定。

（4）参加工会组织的权利。在劳务派遣中，劳动者与实际用工单位虽然不是劳动关系，但是参加工会是劳动者的法定权利，任何单位或者个人都不能剥夺。被派遣劳动者有权在劳务派遣单位或者用工单位依法参加或者组织工会，维护自身的合法权益。

在劳务派遣中，劳动者的义务同普通劳动关系中的劳动者义务相同，并没有其他特殊义务。主要有劳动的义务、提高职业技能的义务、遵守劳动纪律和企业内部劳动章程的义务、遵守职业道德的义务以及法律规定的其他义务等。

2. 劳务派遣单位的权利义务。在劳务派遣中，劳务派遣单位是用人单位，享有用人单位的权利并承担用人单位的义务。但由于其具有并不实际用工这一特殊性，劳动合同法对劳务派遣单位的规制主要是限制其权利同时并使其负担更多的义务。

（1）劳务派遣单位作为一般用人单位的权利义务。其主要包括与劳动者订立书面劳动合同、支付劳动报酬、提供生产和工作条件、建立和健全各项规章制度、支付各种社会保险以及福利待遇、对劳动者进行培训、保障职工参加民主管理等。

（2）劳务派遣单位特殊的权利义务。其主要有：与用工单位签订劳务派遣协议；如实告知被派遣劳动者劳动合同法第八条规定的事项、应遵守的规章制度以及劳务派遣协议的内容；建立培训制度，对被派遣劳动者进行上岗知识、安全教育培训；按照国家规定和劳务派遣协议约定，依法支付被派遣劳动者的劳动报酬和相关待遇；按照国家规定和劳务派遣协议约定，依法为被派遣劳动者缴纳社会保险费，并办理社会保险相关手续；督促用工单位依法为被派遣劳动者提供劳动保护和劳动安全卫生条件；依法出具解除或者终止劳动合同的证明；协助处理被派遣劳动者与用工单位的纠纷；等等。

3. 用工单位的权利义务。用工单位作为劳动力的实际使用者，有权对被派遣劳动者进行劳动组织、管理和监督，并享有劳务派遣协议约定的权利。用工单位除了应当履行劳务派遣协议约定的义务外，还承担法律规定的特殊义务，主要有：执行国家劳动标准，提供相应的劳动条件和劳动保护；告知被派遣劳动者的工作要求和劳动报酬；向被派遣劳动者支付加班费、绩效奖金，提供与工作岗位相关的福利待遇，不得歧视被派遣劳动者；对在岗被派遣劳动者进行工作岗位所必需的培训；连续用工的，实行正常的工资调整机制；不得将被派遣劳动者再派遣到其他用人单位；协助劳动者工伤认定的调查核实工作；在被派遣劳动者申请进行职业病诊断、鉴定时，负责处理职业病诊断、鉴定事宜，并如实提供职业病诊断、鉴定所需的劳动者职业史和职业危害接触史、工作场所职业病危害因素检测结果等资料。

三、劳务派遣纠纷的常见类型

由于劳务派遣中存在三方主体，因此纠纷也必然会涉及三方中的某两方甚至三方。其中，劳务派遣单位与用工单位订有劳务派遣协议，二者之间是普通民事合同关系。双方在履行劳务派遣协议过程中发生争议的，应当按照民法典合同编及协议约定的内容进行处理，严格意义上来讲不属于劳务派遣纠纷，不在本章讨论范围内。

由于劳务派遣中劳动者与用工单位之间不存在劳动合同关系，因此实践中有很多用工单位片面地认为劳务派遣可以规避劳动用工风险。但劳动法出于保护劳动者这一弱势群体的立法目的，在很多方面都规定劳务派遣单位与用工单位任何一方违法侵害劳动者的合法权益，二者都要承担连带责任。因此，绝大部分劳务派遣纠纷存在于劳动者与劳务派遣单位、用工单位之间，主要表现为以下几种类型。

1. 劳务派遣无效所产生的纠纷。根据劳动合同法及《劳务派遣行政许可实施办法》的规定，劳务派遣单位在具备法定条件，取得人力资源社会保障行政部门的许可并领取劳务派遣经营许可证后，方可经营劳务派遣业务。劳务派遣经营许可证有效期为三年，有效期届满前，劳务派遣单位应当向人力资源社会保障行政部门申请换发新的劳务派遣经营许可证。用工单位与不具备资质的劳务派遣单位签订劳务派遣协议的，该协议将被确认为无效，并视为劳动者通过中介机构直接向用工单位提供劳动，人民法院会根据实际情况确定劳动者与用工单位之间存在劳务关系或者劳动关系，如果确定双方存在劳动关系，则用工单位实际上成为用人单位，应当承担用人单位的所有责任。

2. 用工单位超比例或不当使用劳务派遣产生的纠纷。用工单位只能在临时性、辅助性或者替代性的工作岗位上使用被派遣劳动者，其中用工单位决定使用被派遣劳动者的辅助性岗位，应当经职工代表大会或者全体职工讨论，提出方案和意见，与工会或者职工代表平等协商确定，并在用工单位内公示；同时，用工单位所使用的被派遣劳动者数量不得超过其用工总量的 10%。用工单位在使用劳务派遣时，必须严格遵守上述规定，否则，将由人力资源社会保障行政部门责令限期改正；逾期不改正的，以每人 5000 元以上 1 万元以下的标准处以罚款；用工单位给被派遣劳动者造成损害的，劳务派遣单位与用工单位承担连带赔偿责任。用工单位未经法定程序确定辅助性岗位就使用劳务派遣的，由人力资源社会保障行政部门责令改正，给予警告；给被派遣劳动者造成损害的，依法承担赔偿责任。

3. 用工单位同工不同酬所产生的纠纷。实践中，用工单位使用劳务派遣往往存在被派遣劳动者与用工单位的劳动者虽然在同一环境甚至同一岗位工作，但工资、福利待遇相差甚远的情况。劳动合同法第六十三条规定："被派遣劳动者享有与用工单位的劳动者同工同酬的权利。用工单位应当按照同工同酬原则，对被派遣劳动者与本单位同类岗位的劳动者实行相同的劳动报酬分配办法。用工单位无同类岗位劳动者的，参照用工单位所在地相同或者相近岗位劳动者的劳动报酬确定。"一旦因同工不同酬发生争议，用工单位可能承担败诉的法律后果。

4. 因用工单位的违法行为所产生的纠纷。根据劳动合同法第九十二条的规定，用工单位违反有关劳务派遣的规定，给被派遣劳动者造成损害的，劳务派遣单位与用工单位承担连带赔偿责任。

【典型案例】

用工单位存在违法行为给劳动者造成损害的，劳务派遣单位与其承担连带赔偿责任[①]

上诉人（一审原告）：李某。

上诉人（一审被告）：甲公司、乙公司。

2009年2月1日，甲公司与乙公司签订劳务派遣协议，就甲公司向乙公司派遣员工等相关事宜作了约定。2011年7月25日，李某与甲公司签订自当日起的无固定期限劳动合同，约定甲公司根据与乙公司签订的劳务派遣协议的约定，派遣李某到乙公司工作，工作内容为生产专员，试用期为六个月，每月工资为12000元，双方还对其他事项作了约定。2012年7月，李某每月工资调整为12936元。2013年2月22日，甲公司以李某违反乙公司规章制度为由，解除双方劳动合同。李某实际工作至2013年2月22日，工资结算至2013年2月28日。

乙公司员工手册第3.4条规定："奖金是基于公司经济效益和员工工作表现基础上的公司决定行为，具体的计算与发放标准，参照B集团的政策执行。a.销售人员：根据公司规定的销售人员激励政策计发销售奖金，在员工通过试用期后可以享受激励政策。此激励政策的具体内容将随公司的销售运营情况不定期更新。b.薪资级别员工：根据年度考核结果和企业效益，员工的绩效考核奖为：当年零至三个月税前工资。税前工资指本考核年度的基本工资的平均值。……"一审庭审中，乙公司与李某均确认李某属于薪资级别员工。

2013年5月20日，某劳动人事争议仲裁委员会受理李某诉甲公司、乙公司劳动争议一案。李某要求甲公司与乙公司支付2012年奖金40638元，仲裁庭审中，李某增加请求，要求甲公司与乙公司支付2011年奖金15000元及赔偿拖欠奖金的经济补偿金13909.5元。2013年7月24日，该仲裁委员会作出裁决：对李某的申诉请求不予支持。李某不服该裁决，遂向一审法院提起诉讼。

一审庭审中，李某提供了绩效评估表。李某表示，2012年12月，上级领导谭某某作为第一评估人与李某面谈，当面将绩效评估表交给其，谭某某的评

① 详见上海市第一中级人民法院（2013）沪一中民三（民）终字第1781号民事判决书。

估结果显示李某符合奖金发放的条件。乙公司对该绩效评估表的真实性无异议，但表示除了第一评估人外，还有第二评估人，绩效评估成绩最终以第二评估人的评估结果为准。甲公司的质证意见同乙公司。

法院生效判决认为，李某和乙公司均确认李某属于薪资级别员工，乙公司员工手册规定，薪资级别员工的奖金根据年度考核结果和企业效益加以确定。乙公司提供的绩效评估表和奖金计算表格显示，第二评估人对李某作出的评估结果不符合奖金发放的条件，奖金建议栏中第一评估人和第二评估人处均载明为“0”，故李某的该项请求，因缺乏事实依据，不予支持。关于李某 2011 年奖金，如上所述，乙公司员工手册规定，薪资级别员工的奖金根据年度考核结果和企业效益加以确定，金额为当年零至三个月税前工资。乙公司辩称，因李某 2011 年尚处于试用期，不符合奖金发放条件。为此，乙公司提供了绩效评估系统介绍予以证明，证明员工在试用期满三个月之后才有资格参加绩效评估。因李某对绩效评估系统介绍的真实性不予认可，乙公司亦未提供证据证明李某知晓该绩效评估系统介绍，故该证据材料无法作为本案证据使用。除此之外，乙公司未提供任何证据证明在试用期内公司对薪资级别员工不进行绩效评估，故该公司未对李某 2011 年进行绩效评估的责任应由其自行承担。此外，乙公司亦未提供证据证明该公司就试用期不发放奖金与李某作出过约定。综上所述，应当根据李某 2011 年的实际工作天数、按照三个月税前工资的标准计算李某 2011 年的奖金，乙公司应向李某支付 2011 年奖金 15000 元。按照相关规定，对用工单位给被派遣劳动者造成损害的，劳务派遣单位与用工单位承担连带赔偿责任。甲公司应当依法对乙公司的上述给付义务承担连带责任。

案例评析：在劳务派遣关系中，虽然被派遣劳动者与用工单位之间不存在劳动合同关系，但用工单位实际接受劳动者的劳动，有权要求劳动者遵守本单位的各项规章制度；同时，用工单位不得歧视劳动者，应当对劳动者同工同酬，并按照本单位的相关制度向劳动者支付加班费、福利待遇和绩效奖金。用工单位违反规定给劳动者造成损害的，劳务派遣单位与用工单位承担连带赔偿责任。

本案中，李某是由甲公司派遣至乙公司工作的，乙公司应当按照公司员工手册中关于奖金的计算方法和标准向李某发放奖金。乙公司拒不发放奖金的行为给李某造成的损失，按照劳动合同法第九十二条的规定，劳务派遣单位甲公司与用工单位乙公司承担连带赔偿责任。

【风险防范】

第一，用工单位应认真审核劳务派遣单位的资质，并优先选择资金与实力较强的公司。

第二，完善劳务派遣协议内容，将用工单位与劳务派遣单位的权利义务、违约责任等进行明确约定，为可能发生的纠纷提供依据。

第三，用工单位接收被派遣劳动者时，应要求其在书面确认函上签字，以确认其已明确知道自己与用工单位之间不存在劳动关系，以使劳动者从用工开始就了解其劳动关系的归属，避免因劳动者误解而产生纠纷。

第四，用工单位应将其应支付的工资、福利及社会保险费用等一并支付给劳务派遣单位，由劳务派遣单位向劳动者发放并向社保机构缴纳，避免劳动者对其与用工单位存在事实劳动关系产生错误认识。

【相关规定】

《中华人民共和国劳动合同法》第五十七条至第六十七条

《中华人民共和国劳动合同法实施条例》第二十八条至第三十二条

《劳务派遣行政许可实施办法》

《劳务派遣暂行规定》

风险点 58

离职争议纠纷

【风险解读】

离职阶段是用人单位与劳动者结束劳动关系的最终阶段，也是劳动争议的高发期。根据我国劳动法律的规定，劳动者离职的原因包括劳动合同解除和劳动合同终止两类。劳动合同解除是指劳动合同订立后、全部履行前，由于某种原因导致劳动合同一方或双方当事人提前消灭劳动关系的法律行为。劳动合同终止是指劳动合同的双方当事人已经完全履行合同约定的义务，且任何一方当事人均未提出继续维持劳动关系，或者因法定事由出现导致劳动关系提前终结的法律行为。劳动者离职原因见图 8-2。

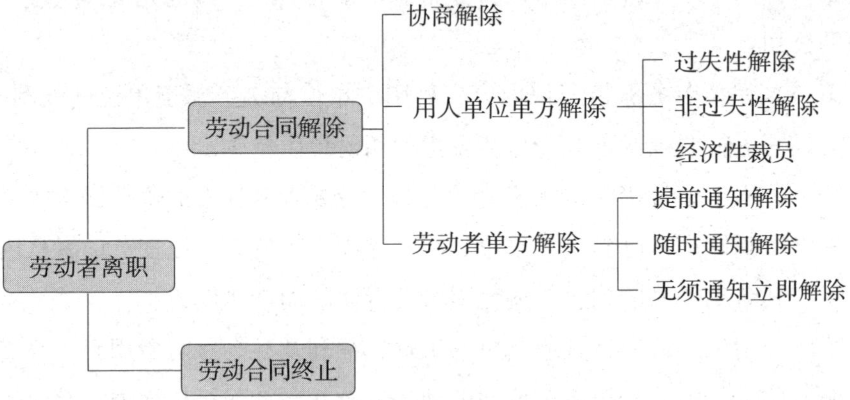

图 8-2　劳动者离职原因

一、协商解除劳动合同

协商解除是用人单位与劳动者在平等自愿的基础上协商一致，达成协议解除劳动关系。劳动合同法第三十六条规定："用人单位与劳动者协商一致，可以解除劳动合同。"

协商解除具有三个特点：一是劳动合同双方具有平等的解除合同请求权，劳动者或用人单位都可主动向对方提出终止劳动合同关系的请求；二是必须经双方平等自愿协商一致而达成协议，才可解除合同，任何一方不能将自己的意志强加于对方；三是协议解除不受任何条件的约束，只要不违反法律规定，不损害他人利益即可。

如果是用人单位提出解除劳动合同，根据劳动合同法第四十六条之规定，应当向劳动者支付经济补偿；如果是劳动者提出解除劳动合同，用人单位则无须支付经济补偿。协商解除是用人单位与劳动者双方意思自治、协商一致的结果，可以避免产生对立情绪，因此，较少产生争议。

二、用人单位单方解除劳动合同

用人单位单方解除劳动合同，即用人单位单方面提出与劳动者解除劳动合同即发生解除劳动合同的后果。根据用人单位解除劳动合同原因的不同，其又可分为三种。

（一）过失性解除

过失性解除，是指因劳动者存在过失行为，用人单位无须向其预告就可以随时通知劳动者解除劳动合同的方式。根据劳动合同法第三十九条的规定，过失性解除的理由包括以下几种。

1. 劳动者在试用期间被证明不符合录用条件。首先，“录用条件”必须明确，用人单位应对劳动者“不符合录用条件”承担举证责任；其次，不符合的情形必须发生在试用期间；最后，用人单位必须在试用期届满前提出解除，逾期不得再以劳动者试用期间不符合录用条件为由辞退劳动者。

2. 劳动者严重违反用人单位的规章制度。适用该解除理由，但应当注意以下两方面。

（1）用人单位的规章制度应当合法。依据劳动合同法第四条的规定，用人单位在制定、修改或者决定有关劳动报酬、工作时间、休息休假、劳动安全卫生、保险福利、职工培训、劳动纪律以及劳动定额管理等直接涉及劳动者切身利益的规章制度或者重大事项时，必须经过民主征求意见程序和公示程序，否则，该规章制度对劳动者不产生约束力。

（2）劳动者违反用人单位的规章制度必须达到严重的程度。劳动者的轻微违规行为不足以构成用人单位解除合同的理由，因此，用人单位应当事先明确属于严重违反规章制度的情形。

3. 劳动者严重失职，营私舞弊，给用人单位造成重大损害。适用该解除理由须同时具备以下两个条件。

（1）劳动者存在严重失职或者营私舞弊的行为。严重失职，是指劳动者在履行劳动合同期间，违反忠于职守、维护和增进用人单位利益的义务，有未尽职责的严重过失行为。营私舞弊，是指劳动者在履行劳动合同期间，存在利用职务之便谋取私利的故意行为。

（2）劳动者严重失职或者营私舞弊的行为给用人单位造成了重大损害。关于何为重大损害，劳动法、劳动合同法等均未作出明确规定，不同行业、不同地区、不同规模的用人单位对重大损害可能有不同的界定标准。用人单位可以在劳动合同、规章制度中对重大损害的认定标准作出规定。没有规定的，待发生争议时，可以请求劳动争议仲裁机构或者人民法院对损害程度进行认定。

劳动者存在上述情形的，用人单位不仅能够随时与其解除劳动合同，而且能够要求其赔偿因其行为给用人单位造成的损失。

4. 劳动者同时与其他用人单位建立劳动关系，对完成本单位的工作任务造成严重影响，或者经用人单位提出，劳动者拒不改正。

（1）劳动者同时与其他用人单位建立劳动关系，即通常所称的“兼职”。需要注意的是，这里的“兼职”应作狭义理解，即劳动者存在双重劳动关系或者多重劳动关系，劳动者利用业余时间兼职的，不应认定属此情形。

（2）不是只要劳动者兼职就一律可以解除劳动合同，还必须具备法定后果，即劳动者的兼职对其完成本单位的工作任务造成严重影响，或者用人单位对其兼职行为提出异议而劳动者拒不改正。需要指出的是，用人单位应当在规章制度中对“严重影响”的情形作出明确规定，否则，发生争议后，只能交由司法部门裁决。

5. 劳动者以欺诈、胁迫的手段或者乘人之危，使用人单位在违背真实意思的情况下订立或者变更劳动合同，致使劳动合同无效。适用该理由，应满足以下条件。

（1）劳动者存在致使劳动合同无效的法定情形，即欺诈、胁迫、乘人之危。

（2）上述情形仅发生在劳动合同订立或者变更阶段。

（3）劳动合同的无效须经劳动争议仲裁机构或者人民法院确认。当然，如果用人单位与劳动者双方对劳动合同无效无异议，则无须经过相关机构的确认。

6. 劳动者被依法追究刑事责任。该种情形是指劳动者被人民法院认定犯罪并判处刑罚，或者被人民法院认定有罪但免予刑事处罚的情形。用人单位可以根据人民法院的裁判文书作出解除劳动合同的决定。需要指出的是，这里的法律责任仅限于刑事责任，劳动者被追究行政责任或者被刑事拘留的，用人单位不得单方解除劳动合同。

（二）非过失性解除

非过失性解除又称预告性解除，是指劳动者不存在过错，但基于某些外部环境或者自身的客观原因，用人单位在提前通知或者支付一定代通知金后，单方解除劳动合同的方式。

1. 解除的情形。劳动合同法第四十条规定了用人单位非过失性解除劳动合同的三种情形。

（1）劳动者患病或者非因工负伤，在规定的医疗期满后不能从事原工作，也不能从事由用人单位另行安排的工作。用人单位适用此情形与劳动者解除劳动合同时，必须同时具备以下条件：首先，劳动者患病与工作无关。劳动者在本单位患职业病或者因工负伤并被确认丧失或部分丧失劳动能力的，用人单位不得解除劳动合同。其次，劳动者的医疗期已经届满。用人单位在医疗期内不得解除劳动合同。这里的医疗期是指劳动者患病或非因工负伤需要停止工作接受治疗的法定期间。医疗期的长短根据劳动者实际参加工作年限和在本单位工作年限来确定，具体见表8-1。最后，劳动者既无法从事原工作，也无法从事用人单位另行安排的工作。劳动者在规定的医疗期满后不能从事原工作的，用人单位必须为其安排其他的工作，只有当劳动者仍不能从事用人单位另行安排的工作或者不服从新工作的安排时，用人单位方能与其解除劳动合同。

表8-1　劳动者法定医疗期

实际工作年限（X）（单位：年）	在本单位工作年限（Y）（单位：年）	医疗期（单位：月）
X < 10	Y < 5	3
	Y > 5	6
X > 10	Y < 5	6
	5 < Y < 10	9
	10 < Y < 15	12
	15 < Y < 20	18
	Y > 20	24

备注：一月为30天，包括国家的法定节假日和休息日。

（2）劳动者不能胜任工作，经过培训或者调整工作岗位，仍不能胜任工作。此情形涉及劳动者的工作能力是否符合用人单位的要求，在实践中经常引发争议。用人单位适用此情形与劳动者解除劳动合同时，应当同时具备以下几个条件。第一，劳动者不能胜任工作。“不能胜任工作”是一个比较模糊的概念，法律没有细化的规定。为了便于操作，避免纠纷，用人单位可以在规章制度或者劳动合同中对“胜任工作”的标准进行规定，如可以针对不同岗位规定岗位目标和业务考核标准等。“胜任工作”的标准应适当，不能故意提高标准使劳动者无法完成。同时，应当制定考核制度，对劳动者的工作能力进行客观评价。第二，当劳动者不能胜任工作时，用人单位应当对其进行培训或者根据其能力情况调整工作岗位，而不能直接解除劳动合同。只有劳动者经过培训或者调整工作岗位后仍然不能胜任工作的，用人单位才可以解除劳动合同。

（3）劳动合同订立时所依据的客观情况发生重大变化，致使劳动合同无法履行，经用人单位与劳动者协商，未能就变更劳动合同内容达成协议。“客观情况发生变化”，是指发生不可抗力或出现企业迁移、被兼并、被上级主管部门撤销等致使劳动合同无法履行或无法完全履行的情况。“客观情况发生重大变化，致使劳动合同无法履行”后，用人单位必须首先与劳动者协商变更劳动合同内容，协商不成的，用人单位才能解除劳动合同。

2. 用人单位不得适用非过失性解除的情形。劳动者有下列情形之一的，用人单位不得适用非过失性解除：第一，从事接触职业病危害作业的劳动者未进行离岗前职业健康检查，或者疑似职业病病人在诊断或者医学观察期间的；第二，在本单位患职业病或者因工负伤并被确认丧失或者部分丧失劳动能力的；第三，患病或者非因工负伤，在规定的医疗期内的；第四，女职工在孕期、产期、哺乳期的；第五，在本单位连续工作满十五年，且距法定退休年龄不足五年的；第六，法律、行政法规规定的其他情形。

3. 解除的法定手续。用人单位非因劳动者过失而与其解除劳动合同的，应当履行法定手续。一种是用人单位提前三十日以书面形式通知劳动者本人。以口头形式通知或通知劳动者近亲属等其他人的，均不产生解除劳动合同的法律效力。另一种是按照劳动者上一个月的工资标准额外向劳动者支付代通知金。支付代通知金后，劳动合同即可解除。以上两种方式各有利弊。提前通知的，在最后三十日内，劳动者仍然要为用人单位工作，有利于工作平稳过渡，其弊端在于如果劳动者存在抵触心理，可能会给工作带来不良影响。如果劳动者在劳动合同解除前患病的，用人单位还需要给予其法定的医疗期。如果使用代通知金方式，则劳动者虽然没有为用人单位工作，用人单位仍需要多支付一个月工资，成本略有增加，但其优点在于劳动合同立即解除，不会产生后续纠纷。

4. 解除的法律后果。用人单位提前通知劳动者或者向劳动者支付代通知金解除劳动合同后，还应当向劳动者支付经济补偿。

（三）经济性裁员

经济性裁员是指由于企业生产经营发生困难，为摆脱困境而较大规模裁减员工的行为。

1. 裁员的数量标准。用人单位需要裁减人员二十人以上，或者裁减人员虽不足二十人但占企业职工总数的 10% 以上。

2. 裁员的理由。一是用人单位依照企业破产法规定进行重整；二是用人单位生产经营发生严重困难；三是用人单位转产、重大技术革新或者经营方式调整，经变更劳动合同后，仍需裁减人员；四是其他因劳动合同订立时所依据的客观经济情况发生重大变化，致使劳动合同无法履行。

3. 裁员的程序。用人单位出现需要裁员的情形时，应当提前三十日向工会或者全体职工说明情况，听取工会或者职工的意见后并将裁减人员方案向劳动行政部门报告后，方可实施裁员。

4. 裁员的保护。用人单位裁减人员时，应当优先留用下列人员：一是与本单位订立较长期限的固定期限劳动合同的人员；二是与本单位订立无固定期限劳动合同的人员；三是家庭无其他就业人员，有需要扶养的老人或者未成年人的人员。用人单位裁员后，在六个月内重新招用人员的，应当通知被裁减的人员，并在同等条件下优先招用被裁减的人员。

5. 裁员的后果。用人单位实施经济性裁员后，应当向被裁减人员支付经济补偿。

三、劳动者单方解除劳动合同

劳动者单方解除劳动合同，即员工辞职，是指劳动者在具备法定情形的条件下，无须征得用人单位同意而单方面解除劳动合同的方式。根据劳动者提出解除的时间进行划分，劳动者单方解除劳动合同又可分为三类。

（一）提前通知解除

提前通知解除是指劳动者无须任何理由，只要提前一定期限通知用人单位即可解除劳动合同的方式。

1. 通知期限。试用期内的劳动者应当提前三日通知用人单位；非试用期内的劳动者应当提前三十日通知用人单位。

2. 通知方式。非试用期内的劳动者应当以书面形式通知用人单位；试用期内劳动者的通知形式不限，可以以书面形式通知，也可以以口头形式通知，但应注意保存已通知的证据。

（二）随时通知解除

随时通知解除是指用人单位具有法定的过错行为时，劳动者可以随时通知其解除劳动合同。

1. 解除理由。一是用人单位未按照劳动合同约定提供劳动保护或者劳动条件；二是用人单位未及时足额支付劳动报酬；三是用人单位未依法为劳动者缴纳社会保险费；四是用人单位的规章制度违反法律、法规的规定，损害劳动者权益；五是用人单位以欺诈、胁迫的手段或者乘人之危，使劳动者在违背真实意思的情况下订立或者变更劳动合同；六是法律、行政法规规定的其他情形。

2. 解除方式。当用人单位具有上述六种情形之一时，劳动者可以随时通知用人单位解除劳动合同。需要注意的是，劳动者在这种情形下没有通知时间的限制，但仍需履行通知手续而不能“不辞而别”，否则，可能构成违法解除。

3. 解除后果。劳动者因用人单位存在过错行为而解除劳动合同后，用人单位应当向劳动者支付经济补偿。

（三）无须通知立即解除

无须通知立即解除是指用人单位存在特别严重的违法行为时，劳动者可以不事先通知用人单位而直接解除劳动合同。

1. 解除理由。一是用人单位以暴力、威胁或者非法限制人身自由的手段强迫劳动者劳动；二是用人单位违章指挥、强令冒险作业危及劳动者人身安全。

2. 解除方式。此类解除情形中用人单位存在特别严重的违法行为，危及劳动者的生命和人身安全，因此，劳动者可以立即解除劳动合同，而无须事先通知用人单位。

3. 解除后果。劳动者因用人单位存在特别严重违法行为而解除劳动合同后，用人单位应当向劳动者支付经济补偿。

四、劳动合同终止

根据劳动合同法的规定，劳动合同终止是指法定终止，即出现法定情形时，劳动者与用人单位之间劳动合同的法律效力消灭。根据劳动合同法第四十四条和《劳动合同法实施条例》第二十一条的规定，劳动合同终止的法定情形有以下几种。

（一）劳动合同期满

劳动合同约定的期限届满的，双方当事人的权利和义务已经履行完毕，劳动合同自行终止，其中以完成一定工作任务为期限的劳动合同，因任务完成而终止。

劳动合同期满，劳动者具有下列情形之一的，劳动合同应当续延至相应的情形消失时终止：（1）从事接触职业病危害作业的劳动者未进行离岗前职业健康检查，或者疑似职业病病人在诊断或者医学观察期间的；（2）在本单位患职业病或者因工负伤并被确认丧失或者部分丧失劳动能力的；（3）患病或者非因工负伤，在规定的医疗期内的；（4）女职工在孕期、产期、哺乳期的；（5）在本单位连续工作满十五年，且距法定退休年龄不足五年的；（6）法律、行政法规规定的其他情形。

劳动合同因期满而终止的，用人单位在两种情形下应当向劳动者支付经济补偿：一是劳动者与用人单位签订的固定期限劳动合同期满而终止，但用人单位维持或者提高劳动合同约定条件续订劳动合同、劳动者不同意续订的除外；二是以完成一定工作任务为期限的劳动合同因任务完成而终止。

（二）劳动者开始依法享受基本养老保险待遇

劳动者达到享受基本养老保险待遇的年龄和条件的，劳动合同自行终止。如果劳动者还愿意留在用人单位继续工作，用人单位也同意的，应当及时签订书面协议，明确约定聘用期内的工作内容、报酬、社会保险待遇等权利和义务，双方形成劳务关系。

（三）劳动者死亡，或者被人民法院宣告死亡或者宣告失踪

作为劳动合同一方当事人的劳动者死亡或者被人民法院宣告死亡，致使劳动合同规定的义务无法继续履行，劳动合同即行终止。劳动者被人民法院宣告失踪的，虽然其法律效果与自然死亡的效果不同，但就劳动合同履行这一点来说，宣告失踪的效果与自然死亡是一样的，即都致使劳动者无法履行劳动合同规定的义务，因此劳动合同也即行终止。

（四）用人单位被依法宣告破产

根据企业破产法的规定，用人单位一旦被依法宣告破产，就进入破产清算程序，用人单位的主体资格即将归于消灭，因此，用人单位一旦进入被依法宣告破产的阶段，便意味着劳动合同一方主体资格必然消灭，劳动合同归于终止。因此种情形致使劳动合同终止的，用人单位应当向劳动者支付经济补偿。

（五）用人单位被吊销营业执照、责令关闭、撤销或者用人单位决定提前解散

此情形亦会导致用人单位的主体资格归于消灭，从而使劳动合同归于终止。因此种情形致使劳动合同终止的，用人单位应当向劳动者支付经济补偿。

（六）法律、行政法规规定的其他情形

《劳动合同法实施条例》第二十一条规定："劳动者达到法定退休年龄的，劳动合同终止。"

五、劳动合同解除或者终止后双方的义务

1. 劳动者的义务。劳动合同解除或者终止后，劳动者应当按照双方约定，与用人单位办理工作交接、交回工作用品等。

2. 用人单位的义务。（1）出具离职证明。用人单位应当在解除或者终止劳动合同时出具解除或者终止劳动合同的证明。（2）办理档案和社会保险关系转移手续。用人单位应当在解除或者终止劳动合同之日起十五日内为劳动者办理档案和社会保险关系转移手续。（3）支付经济补偿。劳动合同解除或者终止后，依法需要支付经济补偿的，用人单位应当在劳动者办结工作交接时足额向劳动者支付。（4）妥善保存劳动合同。用人单位对已经解除或者终止的劳动合同的文本，应当至少保存二年备查。

六、违法解除或者终止劳动合同

用人单位只有在具备法律规定的情形下才能与劳动者解除或者终止劳动合同，否则，将构成违法，应当承担相应责任。

用人单位违法解除或者终止劳动合同时，因其存在过错，故法律授予劳动者选择权：一是可以要求继续履行劳动合同，此时，用人单位应当继续履行；二是不要求继续履行劳动合同，此时，用人单位应当向劳动者支付赔偿金，赔偿金数额为经济补偿标准的二倍。劳动合同不能继续履行的，用人单位也应当向劳动者支付赔偿金，赔偿金数额为经济补偿标准的二倍。

【典型案例】

人民法院在判断用人单位单方解除劳动合同行为的合法性时，应以用人单位向劳动者发出的解除通知的内容为认定依据[①]

上诉人（一审被告）：某人力资源开发有限公司。

被上诉人（一审原告）：孙某锋。

2016年7月1日，孙某锋（乙方）与某人力资源开发有限公司（以下简称某公司）（甲方）签订劳动合同，约定：劳动合同期限为自2016年7月1日起至2019年6月30日止；乙方工作地点为连云港，从事邮件收派与司机岗位工作；乙方严重违反甲方的劳动纪律、规章制度的，甲方可以立即解除本合同且不承担任何经济补偿；甲方违约解除或者终止劳动合同的，应当按照法律规定和本合同约定向乙方支付经济补偿金或赔偿金；甲方依法制定并通过公示的各项规章制度，如《员工手册》《奖励与处罚管理规定》《员工考勤管理规定》等文件作为本合同的附件，与本合同具有同等效力。之后，孙某锋根据某公司安排，负责某区域的快递收派邮件工作。某公司自2016年8月25日起每月向孙某锋银行账户结算工资，截至2017年9月25日，孙某锋前十二个月的平均工资为6329.82元。2017年9月12日、10月3日、10月16日，孙某锋先后存在工作时间未穿工作服、代他人刷考勤卡、在单位公共平台留言辱骂公司主管等违纪行为。事后，某公司依据《奖励与处罚管理规定》，由用人部门负责

① 详见江苏省连云港市中级人民法院（2019）苏07民终658号民事判决书。

人、建议部门负责人、工会负责人、人力资源部负责人共同签署确认，对孙某锋上述违纪行为分别给予扣2分、扣10分、扣10分处罚，但具体扣分处罚时间难以认定。

2017年10月17日，孙某锋被所在单位用人部门以其未及时上交履职期间的营业款项为由安排停工。次日，孙某锋至所在单位刷卡考勤，显示刷卡信息无法录入。10月25日，某公司出具离职证明，载明孙某锋自2017年10月21日从某公司正式离职，已办理完毕手续，即日起与某公司无任何劳动关系。10月30日，某公司又出具解除劳动合同通知书，载明孙某锋在未履行请假手续也未经任何领导批准情况下，自2017年10月20日起无故旷工三天以上，依据国家的相关法律法规及单位规章制度，经单位研究决定自2017年10月20日起与孙某锋解除劳动关系，限于2017年11月15日前办理相关手续，逾期未办理，后果自负。之后，孙某锋向劳动人事争议仲裁委员会申请仲裁，仲裁裁决后孙某锋不服，遂诉至法院，要求某公司支付违法解除劳动合同赔偿金共计68500元。

某公司在案件审理过程中提出，孙某锋在职期间存在未按规定穿工作服、代他人刷考勤卡、谩骂公司主管以及未按照公司规章制度及时上交营业款项等违纪行为，严重违反用人单位规章制度；自2017年10月20日起，孙某锋在未履行请假手续且未经批准的情况下无故旷工多日，依法自2017年10月20日起与孙某锋解除劳动关系，符合法律规定。

一审法院于2018年11月15日作出判决：（1）被告某公司于本判决发生法律效力之日起十日内支付原告孙某锋经济赔偿金18989.46元。（2）驳回原告孙某锋的其他诉讼请求。某公司不服，提起上诉。二审法院于2019年4月22日作出判决：驳回上诉，维持原判。

法院生效裁判认为，用人单位单方解除劳动合同是根据劳动者存在违法违纪、违反劳动合同的行为，对其合法性的评价也应以作出解除劳动合同决定时的事实、证据和相关法律规定为依据。用人单位向劳动者送达的解除劳动合同通知书，是用人单位向劳动者作出解除劳动合同的意思表示，对用人单位具有法律约束力。解除劳动合同通知书明确载明解除劳动合同的依据及事由，人民法院审理解除劳动合同纠纷案件时应以该决定作出时的事实、证据和法律为标准进行审查，不宜超出解除劳动合同通知书所载明的内容和范围。否则，将偏离劳资双方所争议的解除劳动合同行为的合法性审查内容，导致法院裁判与当事人诉讼请求以及争议焦点不一致；同时，也违背民事主体从事民事活动所应当秉持的诚实信用这一基本原则，造成劳资双方权益保障的失衡。

本案中，孙某锋与某公司签订的劳动合同系双方真实意思表示，合法有效。劳动合同附件《奖励与处罚管理规定》作为用人单位的管理规章制度，不违反法律、行政法规的强制性规定，合法有效，对双方当事人均具有约束力。根据《奖励与处罚管理规定》，员工连续旷工三天（含）以上的，公司有权对其处以第五类处罚责任，即解除合同、永不录用。某公司向孙某锋送达的解除劳动合同通知书明确载明解除劳动合同的事由为孙某锋无故旷工达三天以上，孙某锋诉请法院审查的内容也是某公司以其无故旷工达三天以上而解除劳动合行为的合法性，故法院对某公司解除劳动合同的合法性审查也应以解除劳动合同通知书载明的内容为限，而不能超越该诉争范围。虽然某公司在庭审中另提出孙某锋在工作期间存在不及时上交营业款项、未穿工服、代他人刷考勤卡、在单位公共平台留言辱骂公司主管等其他违纪行为，也是严重违反用人单位规章制度，公司仍有权解除劳动合同，但是根据在案证据及某公司的陈述，某公司在已知孙某锋存在上述行为的情况下，没有提出解除劳动合同，而是主动提出重新安排孙某锋从事其他工作，在向孙某锋出具解除劳动合同通知书时也没有将上述行为作为解除劳动合同的理由。对于某公司在诉讼期间提出的上述主张，法院不予支持。

某公司以孙某锋无故旷工达三天以上为由解除劳动合同，应对孙某锋无故旷工达三天以上的事实承担举证证明责任。但某公司仅提供了本单位出具的员工考勤表为证，该考勤表未经孙某锋签字确认，孙某锋对此亦不予认可，认为是单位领导安排停工并提供刷卡失败视频为证。因孙某锋在工作期间被安排停工，某公司之后是否通知孙某锋到公司报到、如何通知、通知时间等事实，某公司均没有提供证据加以证明，故孙某锋无故旷工三天以上的事实不清，某公司应对此承担举证不能的不利后果，其以孙某锋旷工违反公司规章制度为由解除劳动合同，缺少事实依据，属于违法解除劳动合同。

案例评析： 用人单位以劳动者存在过失性行为为由与其解除劳动合同是实践中常见的情形，也是纠纷发生率较高的情形。劳动合同法明确规定了用人单位实施过失性解除劳动合同的具体理由，包括：劳动者在试用期间被证明不符合录用条件；劳动者严重违反用人单位的规章制度；劳动者严重失职，营私舞弊，给用人单位造成重大损失；劳动者同时与其他用人单位建立劳动关系，对完成本单位的工作任务造成严重影响，或者经用人单位提出，劳动者拒不改正；劳动者以欺诈、胁迫的手段或者乘人之危，使用人单位在违背真实意思的情况下订立或者变更劳动合同，致使劳动合同无效；劳动者被依法追究刑事责任。用人单位依据上述理由与劳动者解除劳动合同的，应当明确解除事由，并对事实的存在承担举证责任。本案中，某公司向孙某锋送达的解除劳动合同通知书中载明的解除事由为孙某锋无故旷工达三天以上，但其所举证据不足以证明这一事实。虽然在庭审中，某公司又提出孙某锋存在的其他违反公司规章制度的情形，但该事实并不是其作出解除劳动合同通知书的理由，不能证明该解除通知的合法性。

【风险防范】

一、依法确定离职原因

（一）依法确定劳动合同解除原因

劳动合同解除是实践中最常见的离职方式，也最容易产生纠纷。用人单位应当充分评估解除劳动合同的法律风险，依法进行劳动合同解除，保护劳动者和自身的合法利益。

1. 双方协商解除劳动合同时应签订书面解除协议，并明确谁先提出解除意向。用人单位提出解除劳动合同时，需要向劳动者支付经济补偿，而劳动者提出解除时，用人单位则不需要支付经济补偿。因此，用人单位应当与劳动者签订书面协议，并在协议中明确提出解除劳动合同的一方，避免将来就经济补偿的支付问题产生争议。

2. 用人单位辞退劳动者时应保存相关证据。对于用人单位单方解除劳动合同，法律设立了严格的条件，用人单位解除时应当根据所掌握的证据进行充分评估。对于证据不足的，不宜采用单方解除的方式。具体而言，用人单位应当注意以下几点。

第一，录用员工时详细规定录用条件，并确保员工知晓。如果录用条件不明，或者员工对录用条件不了解，则不能以劳动者“在试用期间被证明不符合录用条件”为由解除劳动合同。

第二，依照法定程序制定规章制度，明确严重违反规章制度的情形、重大损失的标准、劳动者兼职给完成工作任务造成影响的严重程度、岗位目标和业务考核标准等内容，并将规章制度告知劳动者。用人单位的规章制度因制定程序违法而无效、规章制度内容对相关内容规定不明确的，不得约束劳动者，用人单位更不能据此与劳动者解除劳动合同。

第三，客观记录劳动者的工作表现。对于劳动者存在工作中严重失职或者营私舞弊，同时与其他用人单位建立劳动关系，劳动者订立或变更劳动合同时使用欺诈、胁迫手段或存在乘人之危的情形，不能胜任工作等事项，用人单位欲据此解除劳动合同的，应当提供相应证据。其中，因劳动者医疗期满而解除劳动合同的，用人单位应当先另行安排其从事其他工作；因劳动者不能胜任工作而解除劳动合同的，用人单位应当先对其进行培训或者调整工作岗位，并对其后续工作表现进行记录。

3. 保留劳动者辞职的书面文件。劳动者主动提出解除劳动关系的，用人单位不需要支付经济补偿，因此，法律风险较小。此时，用人单位应当注意保留劳动者的书面辞职文件，以避免辞职转化为辞退。

（二）依法确定劳动合同终止原因

劳动合同期满后，用人单位不欲继续雇用劳动者的，应当及时为劳动者办理离职手续，并不再安排劳动者工作。用人单位不与劳动者办理相关手续，劳动者继续在原单位工作的，形成事实劳动关系。劳动合同期满后，用人单位欲继续雇用劳动者的，应当及时与劳动者协商。在用人单位维持或者提高劳动合同约定条件续签劳动合同的情况下，劳动者不同意续签的，用人单位应当要求劳动者递交或签署有关声明或拒绝续签通知，并注明以下信息：第一，用人单位愿意续订劳动合同；第二，用人单位提供的劳动合同中劳动条件与原劳动合同相比没有降低；第三，劳动者因本人原因不愿续签。

二、依法办理离职手续

1.用人单位单方解除劳动合同或者劳动合同终止时，应当向劳动者发送书面解除或者终止通知，并要求劳动者本人签收；劳动者本人拒绝签收的，应当保存相应证据。

2.用人单位依法应当支付经济补偿时，应当详细计算经济补偿的数额，要求劳动者签字确认，并及时足额向劳动者发放。

3.用人单位应及时办理档案和社会保险转移手续。劳动合同解除或者终止后，用人单位应当在十五日内为劳动者办理档案和社会保险转移手续，该十五日为法定期限，与是否办理完毕工作交接无关。用人单位逾期未办理的，劳动者可以向劳动行政部门举报投诉，劳动行政部门有权责令用人单位限期办理，并按每一名劳动者500元以上2000元以下的标准处以罚款；对劳动者造成损害的，用人单位应当承担赔偿责任。

4.用人单位应及时出具离职证明。离职证明是用于办理法定退工手续的文件，关系劳动者的失业保险待遇和再次就业。用人单位未依照规定向劳动者出具解除或者终止劳动合同书面证明的，可以由劳动行政部门予以劳动监察，责令用人单位改正；对劳动者造成损害的，用人单位应当承担赔偿责任。

【相关规定】

《中华人民共和国劳动合同法》第三十六条至第五十条

《中华人民共和国劳动合同法实施条例》第十八条至第二十七条

《中华人民共和国劳动争议调解仲裁法》

【诉讼指导】

用人单位与劳动者发生的劳动争议主要包括：（1）因确认劳动关系发生的争议；（2）因订立、履行、变更、解除和终止劳动合同发生的争议；（2）因除名、辞退和辞职、离职发生的争议；（4）因工作时间、休息休假、社会保险、福利、培训以及劳动保护发生的争议；（5）因劳动报酬、工伤医疗费、经济补偿或者赔偿金等发生的争议；（6）法律、法规规定的其他劳动争议。

1. 劳动争议的解决途径。

（1）和解。发生劳动争议，劳动者可以与用人单位协商，也可以请工会或者第三方共同与用人单位协商，达成和解协议。

（2）劳动仲裁。发生劳动争议，当事人不愿协商、协商不成或者达成和解协议后不履行的，可以向调解组织申请调解；不愿调解、调解不成或者达成调解协议后不履行的，可以向劳动争议仲裁委员会申请仲裁。

（3）诉讼。用人单位或劳动者对仲裁裁决不服的，除劳动法另有规定的外，可以向人民法院提起诉讼。这里需要强调的是，劳动仲裁是诉讼的前提和必经程序，只有经过劳动仲裁，且当事人一方对仲裁裁决不服的，才可以向人民法院起诉。

2. 劳动仲裁和诉讼管辖的确定。劳动争议由劳动合同履行地或者用人单位所在地的劳动争议仲裁委员会管辖。双方当事人分别向劳动合同履行地和用人单位所在地的劳动争议仲裁委员会申请仲裁的，由劳动合同履行地的劳动争议仲裁委员会管辖。劳动争议案件由用人单位所在地或者劳动合同履行地的基层人民法院管辖。

3. 劳动仲裁和诉讼当事人的确定。

（1）发生劳动争议的劳动者和用人单位为劳动争议案件的双方当事人。

（2）劳务派遣单位或者用工单位与劳动者发生劳动争议的，劳务派遣单位和用工单位为共同当事人。

（3）劳动者与未办理营业执照、营业执照被吊销或者营业期限届满仍继续经营的用人单位发生争议的，应当将用人单位或者其出资人列为当事人。未办理营业执照、营业执照被吊销或者营业期限届满仍继续经营的用人单位，以挂靠等方式借用他人营业执照经营的，应当将用人单位和营业执照出借方列为当事人。

（4）劳动者与起有字号的个体工商户间的劳动争议诉讼，人民法院应当以营业执照上登记的字号为当事人，但应同时注明该字号业主的自然人情况。

（5）用人单位与其他单位合并的，合并前发生的劳动争议，以合并后的单位为当事人；用人单位分立为若干单位的，其分立前发生的劳动争议，以分立后的实际用人单位为当事人。

（6）用人单位招用尚未解除劳动合同的劳动者，原用人单位与劳动者发生的劳动争议，可以列新的用人单位为第三人。原用人单位以新的用人单位侵权为由向人民法院起诉的，可以列劳动者为第三人。原用人单位以新的用人单位和劳动者共同侵权为由向人民法院起诉的，列新的用人单位和劳动者为共同被告。

（7）劳动者在用人单位与其他平等主体之间的承包经营期间，与发包方和承包方双方或者一方发生劳动争议，依法向人民法院起诉的，应当列承包方和发包方为当事人。

4. 劳动仲裁与诉讼的衔接。

（1）终局仲裁裁决与诉讼的衔接。除法律另有规定外，下列劳动争议的仲裁裁决为终局裁决，裁决书自作出之日起发生法律效力：一是追索劳动报酬、工伤医疗费、经济补偿或者赔偿金，不超过当地月最低工资标准十二个月金额的争议；二是因执行国家的劳动标准在工作时间、休息休假、社会保险等方面发生的争议。劳动者对终局仲裁裁决不服的，可以自收到仲裁裁决书之日起十五日内向人民法院提起诉讼。用人单位有证据证明终局仲裁裁决有下列情形之一，可以自收到仲裁裁决书之日起三十日内向劳动争议仲裁委员会所在地的中级人民法院申请撤销裁决：一是适用法律、法规确有错误的；二是劳动争议仲裁委员会无管辖权的；三是违反法定程序的；四是裁决所根据的证据是伪造的；五是对方当事人隐瞒了足以影响公正裁决的证据的；六是仲裁员在仲裁该案时有索贿受贿、徇私舞弊、枉法裁决行为的。仲裁裁决被人民法院裁定撤销的，当事人可以自收到裁定书之日起十五日内就该劳动争议事项向人民法院提起诉讼。

（2）非终局仲裁裁决与诉讼的衔接。当事人对终局仲裁裁决以外的其他劳动争议案件的仲裁裁决不服的，可以自收到仲裁裁决书之日起十五日内向人民法院提起诉讼；期满不起诉的，裁决书发生法律效力。

5. 支付令。因支付拖欠劳动报酬、工伤医疗费、经济补偿或者赔偿金事项达成调解协议，用人单位在协议约定期限内不履行的，劳动者可以持调解协议书依法向人民法院申请支付令。人民法院应当依法发出支付令。

第九章

公司变更、解散以及清算纠纷

DI JIU ZHANG

GONGSI BIANGENG JIESAN YIJI QINGSUAN JIUFEN

风险点 59

公司合并纠纷

【风险解读】

根据我国公司法有关公司合并的规定，所谓公司合并，是指两个或两个以上的公司依照法定程序归并为其中的一个公司或创设另一个新的公司的法律行为。公司合并有吸收合并和新设合并两种。吸收合并是指两个或两个以上的公司合并后，其中有一个公司（吸收方）存续，而其余公司（被吸收方）均归于消灭；新设合并又称创设合并，是指两个或两个以上的公司合并后，参与合并的公司均归于消灭。公司合并有四个特征：（1）除在吸收合并中吸收公司存续外，其他公司均归于消灭；（2）合并后消灭的公司的股东自然成为合并后存续公司或新设公司的股东；（3）因合并而消灭的公司的资产及债权债务，一并转移至合并后存在的公司或新设的公司，无须经过清算程序；（4）合并是参与合并的公司之间的一种契约行为，不是股东之间的契约行为。合并是在各方平等自愿的基础上进行的，是一种市场行为。

从实践来看，因公司合并引起的纠纷，主要表现为以下几种形式：一是合并后的公司与原公司的债权人或债务人之间形成的纠纷；二是公司合并应报国家相关监管部门批准而未报批而引起的纠纷。

【典型案例】

1. 合并后的公司是否应承担原公司的债务 ①

上诉人（一审被告）：济南某集团有限公司（以下简称某集团公司）。

被上诉人（一审原告）：某高新技术产业开发区管理委员会国有资产监督

① 案例中一审法院引用的公司法（2005年修订）第三十一条、第一百七十四条现为公司法（2023年修订）第五十条、第二百二十条。

案例中一审法院引用的《最高人民法院关于适用〈中华人民共和国公司法〉若干问题的规定（三）》（法释〔2011〕3号）第十三条现为《最高人民法院关于适用〈中华人民共和国公司法〉若干问题的规定（三）》（2020年修正）第十三条，内容未作修改。

管理委员会办公室（以下简称高新国资委）、科某投资担保有限公司（以下简称科某公司）。

一审被告：山东某医院控股管理集团有限公司（以下简称某医院）、山东某房地产开发有限公司（以下简称某房地产公司）、某市经济技术投资公司（以下简称经济技术投资公司）。

原告高新国资委、科某公司共同诉称，2009 年 5 月 27 日，高新国资委与山东丰某投资担保股份有限公司（以下简称丰某公司）签订《吸收合并暨增资扩股协议》，该协议约定由高新国资委下属的科某担保服务中心（以下简称科某担保中心）吸收合并丰某公司，同时增资扩股设立科某公司。该协议同时对新公司设立、双方业务承继及债权债务承担作出了明确约定，其中，第四条约定“本次吸收合并完成后，新公司承继丰某公司的全部债权债务以对丰某公司的（2009）第 1193 号审计报告载明的债权债务为准”；第十条第二款第三项约定“因本次合并交割完成前丰某公司的担保业务、其他业务及丰某公司本身存在的债务、风险、责任以及或有负债等造成新公司损失的，由丰某公司股东连带赔偿新公司损失”，丰某公司及其各股东均对上述约定予以确认。

2012 年 6 月 19 日，科某公司收到某环境管理中心有限公司（该公司系山东嘉某集团有限公司变更名称而来，以下简称某环境公司）的起诉材料。在该案件审理中，科某公司了解到，该案系因丰某公司在吸收合并前为某医院的债务提供连带责任担保所致，但该业务并未体现在（2009）第 1193 号审计报告中。该案件先后经济南市中级人民法院、山东省高级人民法院审理，分别作出（2012）济商初字第 73 号和（2013）鲁商终字第 67 号民事判决，判令科某公司对某医院的欠款本金、利息、违约金等承担连带清偿责任。2013 年 5 月 27 日，济南市中级人民法院依据上述判决扣划原告账户内部分资金。同时，科某公司在此两次诉讼中还支付诉讼费用、律师代理费等其他费用，给原告造成极大经济损失。另外，丰某公司吸收合并前的股东分别为某医院、某房地产公司、某集团公司、经济技术投资公司，即本案四被告。原告认为，因吸收合并前丰某公司的业务给原告科某公司造成重大经济损失，根据《吸收合并暨增资扩股协议》的约定，丰某公司的原股东应对上述损失承担连带赔偿责任。为此，特诉至法院，请依法判令：各被告连带赔偿原告经济损失计 12545070.75

元；各被告连带赔偿原告利息损失（以12545070.75元为基数，按中国人民银行同期贷款利率自2013年5月27日计算至判决生效之日）；本案诉讼费用、律师代理费由各被告承担。经法院释明，原告高新国资委明确，其所主张的上述损失及利息由各被告向另一原告科某公司支付。

被告某医院辩称，（1）科某公司作为原告主体不适格，公司合并造成损失是投资主体的损失，故科某公司不应当是原告；（2）原告起诉的是法院划扣的部分款项，该部分包括了扩大的损失，因为2012年12月7日济南市中级人民法院就作出一审判决并且二审维持该判决，也就是说如果原告按照一审判决履行义务的话其造成的损失要远远小于本次起诉金额，扩大的损失恰恰是因为原告的不适格造成的，所以原告应自行承担责任；（3）原告要求律师代理费由被告承担没有法律依据，不予认可；（4）协议第二条吸收合并增资扩股的内容约定了丰某公司的解散，全部资产负债和权益由合并后的公司承继，合并后的公司既然接受了丰某公司的资产也应相应承担市场风险和经营风险，损失是在合理范围内的，故应当驳回原告的诉讼请求。

被告某房地产公司辩称，（1）原告高新国资委不是本案适格的原告，原告的诉求是判令被告连带赔偿经济损失，其前提是原告确有上述损失，但本案原告高新国资委并未直接受损，故不是本案适格的原告。（2）《吸收合并暨增资扩股协议》对被告某房地产公司不具有约束力，本案某房地产公司作为吸收合并时丰某公司的股东并未直接签署《吸收合并暨增资扩股协议》，而是于2009年5月26日出具授权委托书，授权丰某公司董事长范某军代表丰某公司及各股东与原告高新国资委签订该协议，而2009年5月27日《吸收合并暨增资扩股协议》的签订主体是原告高新国资委与丰某公司，范某军只代表丰某公司在该协议上签字而并未代表某房地产公司进行签字，故《吸收合并暨增资扩股协议》对某房地产公司不具有约束力。（3）退一步讲，假设增资协议对某房地产公司具有约束力，某房地产公司也不应承担受让股权前丰某公司为某医院债务担保所造成的损失。2008年11月6日，丰某公司为某医院提供担保，某房地产公司于2009年3月23日从丰某公司原股东山东某重工科技集团有限公司以1000万元的价格受让丰某公司20%的股权。丰某公司向某房地产公司提供了丰某公司截至2008年12月31日的审计报告［（2009）第046号］，该报告第五项明确说明，截至2008年12月31日，丰某公司无对外应披露而未披露的事项，某房地产公司对该笔债务不知晓。丰某公司2008年11月6日为某医院提供担保时，范某军为丰某公司的法定代表人，且范某军在本案吸收合并时已经告知科某担保中心该笔担保业务，丰某公司被吸收合并后范某军又担任科某公司的总经理，应视为其已经就该笔担保向科某公司进行了披露。另外，根据山东省高级人民法院（2013）鲁商终字第67号生效判决确认的事实，2010年8月18日、2011年6月2日某环境公司两次向原告科某公司催收债务，均由范某军签收，且并未向某房地产公司提出异议，足以证明科某公司对该业务是知晓的，某房地产公司不应当承担相应责任。

被告某集团公司辩称，原告依据《吸收合并暨增资扩股协议》要求丰某公司原股东承担责任，假设法院判令原股东承担责任，那么原股东代替丰某公司承担了责任后，也就有权向丰某公司追偿，而丰某公司吸收合并后原股东也就有权向科某公司进行主张，这样双方之间的债务就抵销了，因为合并后的公司承接被合并公司的债权债务，因此，原告的诉讼请求不能支持。

被告经济技术投资公司辩称，原告主体不适格;《吸收合并暨增资扩股协议》的当事人是原告高新国资委，经济技术投资公司并不是该协议的当事人，因此该协议的条款对经济技术投资公司不具有约束力，原告依据该协议要求其承担责任不应当得到支持，应予以驳回。

一审法院查明的事实：1. 关于《吸收合并暨增资扩股协议》签订的有关事实。2009年5月27日，甲方高新国资委与乙方丰某公司签订《吸收合并暨增资扩股协议》。协议约定：鉴于甲方所属的科某担保中心与乙方丰某公司于2008年11月7日签署了合作意向书，科某担保中心吸收合并丰某公司、增资扩股后变更设立科某公司事宜达成了初步意向，双方经友好协商，就吸收合并暨增资扩股事宜一致达成协议。其中，第二条第一款约定，各方同意，科某担保中心以本协议约定的条件和方式吸收合并丰某公司，合并完成后科某担保中心存续，丰某公司解散，丰某公司的全部资产、负债和权益由合并后公司承继。该条第二款约定，科某担保中心在吸收合并丰某公司的同时增资扩股，改制设立科某公司。该条第三款约定，各方同意，作为本次吸收合并的对价，丰某公司股东持有的丰某公司股权转换为其各自对新公司的股权，转换完成后各方持有新公司的股权比例分别为：高新国资委占51%、某医院占34.30%、某房地产公司占9.80%、某集团公司占2.94%、经济技术投资公司占1.96%。第四条第一款约定，本次吸收合并完成后，新公司承继丰某公司的全部担保业务；第二款约定，本次吸收合并完成后，新公司承继丰某公司的全部债权债务［以对丰某公司的（2009）第1193号审计报告载明的债权债务为准］。丰某公司共同承诺并保证：截至合并交割日，上述1193号审计报告载明的丰某公司全部应收账款和其他债权、上述1193号审计报告基准日至本协议签署日新发生的应收账款和债权全部收回，并保证自上述1193号审计报告基准日至合并交割完成前不再产生新的债务。第十条第二款第三项约定，因本次合并交割完成前丰某公司的担保业务、其他业务及丰某公司本身所存在的债务、风险、责任以及或有负债等造成新公司损失的，由丰某公司股东连带赔偿新公司损失。该协议另有五个附件，其中，附件二为（2009）第1193号审计报告，附件四为丰某公司股东会决议，附件五为丰某公司股东授权委托书。该协议由甲方高新国资委盖章、授权代表人李某照签字，乙方由丰某公司盖章、授权代表人范某军签字。以上事实由《吸收合并暨增资扩股协议》予以证实。

2. 关于股东会决议的事实。丰某公司于2009年5月26日召开股东大会，全体股东均派员出席了本次股东大会，代表股份100%，一致通过了如下决议：一致同意丰某公司被科某担保中心吸收合并，吸收合并同时科某担保中心增资扩股变更设立科某公司；一致同意授权公司董事长范某军代表本公司及各股东与高新国资委签署《吸收合并暨增资扩股协议》，并一致同意和认可范某军代表签署的上述协议的内容。以上事实由《吸收合并暨增资扩股协议》附件四股东会决议予以证实。

3. 授权范某军签署协议的事实。2009年5月27日，丰某公司及四被告授权范某军代表丰某公司及四被告与高新国资委签署《吸收合并暨增资扩股协议》。以上事实由《吸收合并暨增资扩股协议》附件五丰某公司股东授权委托书予以证实。

4. 关于丰某公司注销及科某公司设立的事实。上述协议签订后，2009年8月24日，丰某公司向工商行政管理部门申请注销登记。2009年8月18日，科某担保中心向工商行政管理部门提交非公司企业法人改制申请，由本案原告高新国资委与四被告作为公司发起人，以科某担保中心改制的方式，设立科某公司。以上事实由科某公司提供的工商登记资料予以证实。

5. 关于因丰某公司吸收合并前为某医院的债务提供担保，导致科某公司被某环境公司起诉并被判决承担连带清偿责任的事实。济南市中级人民法院于2012年12月17日作出的（2012）济商初字第73号民事判决书证实：某环境公司（出租方）与某医院（承租方）签订的医疗设备租赁合同到期后，因某医院没有依约支付租赁费，某环境公司与某医院、济南某健康管理中心（以下简称某健康中心）、丰某公司签订协议约定了租赁费的还款数额、期限及逾期还款的违约责任，某健康中心、丰某公司对还款提供连带清偿责任。该还款协议系各方当事人之间的真实意思表示，合法有效。协议约定的还款期限届满后，某医院没有及时偿还欠款，应当承担逾期还款的违约责任。某环境公司要求某医院偿还欠款本金及违约金的诉讼请求，予以支持。某环境公司要求某健康中心、丰某公司依约承担连带清偿责任的主张合法，依法应当支持。综上所述，判决某医院偿还某环境中心欠款本金818.4万元，违约金13.68万元（违约金计至2010年3月31日，此后至判决生效之日，以818.4万元为基数，按照协议约定的每日万分之四另行计算），某健康中心、科某公司对上述债务承担连带清偿责任。该判决作出后，科某公司不服该判决提起上诉，山东省高级人民法院作出（2013）鲁商终字第67号维持了一审判决。2013年5月27日，该案件经济南市中级人民法院强制执行，科某公司账户资金被扣划。

6. 关于科某公司因某环境公司追索租赁费案及本案支出律师代理费及诉讼费用的事实。科某公司因某环境公司追索租赁费一案支出上诉费95699元，该事实由山东省非税收入收款收据予以证实。科某公司因某环境公司追索租赁费一案支出律师代理费10万元，该事实由原告提供的委托代理合同、发票及银行转账凭证予以证实。科某公司因本案支出律师代理费28.7万元，该事实由原告提供的委托代理合同、发票及银行转账凭证予以证实。

7. 关于科某担保中心对于丰某公司为某医院提供担保是否知情及丰某公司净资产额的计算范围。某房地产公司在其答辩中虽称对于丰某公司为某医院提供担保科某担保中心是知情的，但证据不足以证实，故对于该事实，该院不予认定。丰某公司的审计报告可以证实，丰某公司为某医院提供担保及可能承担责任未列入审计范围。

一审法院认为，本案争议的焦点有五个：一是《吸收合并暨增资扩股协议》对各被告是否有约束力；二是高新国资委作为本案原告是否适格；三是科某公司作为本案原告是否适格；四是某房地产公司以某医院提供担保在先其从案外人处受让股权在后为由主张免责能否成立；五是原告所主张的各被告应承担的损失数额能否成立。

关于焦点一。一审法院认为，依照公司法（2005年修订）第一百七十四条之规定，公司合并是参与合并的两个公司之间发生的民事法律行为，故本案所涉合并协议由丰某公司与高新国资委签署符合法律规定。但由于该协议第十条第二款第三项系为丰某公司股东设定义务之行为，故该条款的内容超出了普通公司合并的范畴，应由丰某公司的各股东即本案各被告同意方对各被告具有法律效力，否则，订立合同双方不能为第三人创设合同义务。本案所涉《吸收合并暨增资扩股协议》虽然未以各股东的名义签署，但各被告均授权范某军代表丰某公司及各被告与高新国资委签订合并协议，范某军也作为授权人在该协议上签字。同时，本案四被告作为丰某公司的股东于2009年5月26日作出股东会决议，决议一致同意和认可范某军代表签署的《吸收合并暨增资扩股协议》的内容。虽然股东会决议载明的时间为2009年5月26日，较《吸收合并暨增资扩股协议》签署时间早一天，但由于《吸收合并暨增资扩股协议》第十六条第三款表明丰某公司股东（本案各被告）亦各持有《吸收合并暨增资扩股协议》一份，故被告关于范某军并未代表各被告签署合同，各被告对于承担赔偿责任的条款不知情、《吸收合并暨增资扩股协议》第十条第二款第三项对于各被告没有拘束力的抗辩不能成立。综上所述，《吸收合并暨增资扩股协议》第十条第二款第三项是基于四被告的授权而签署的，且各被告均作出意思表示认可范某军代表签署的《吸收合并暨增资扩股协议》的内容，故该条款对四被告具有约束力，四被告应按照约定承担赔偿责任。

关于焦点二。一审法院认为，本案所涉科某公司系由科某担保中心与丰某公司吸收合并设立而成，本案原告高新国资委系科某担保中心的出资人，本案四被告系丰某公司的股东。依据双方所签订的《吸收合并暨增资扩股协议》第二条第三款之规定，丰某公司的原股东，即本案四被告，通过股权置换的方式变更为新设的科某公司的股东。且依据该协议第三条第二款第一项之规定，四被告经置换所持有的新公司的股权系依据丰某公司净资本总额（4998万元）确定总体持股比例（49%），并在此基础上分别确定各自的持股比例。因此，四被告持股比例系由丰某公司的净资本总额决定的。由于丰某公司对于其为某医院提供担保的事实在公司合并过程中未进行披露，该笔债务并未纳入审计范围，由此导致科某公司承继丰某公司的债务并实际向债权人支付后丰某公司净资本总额的减少。在《吸收合并暨增资扩股协议》约定的持股比例不变的情况下，因丰某公司净资本总额的减少，显然损害了高新国资委的利益，《吸收合并暨增资扩股协议》第十条第二款第三项正是当事人为解决上述情形所约定的救济手段，故高新国资委属于与本案有利害关系的主体，为本案适格之原告，有权依据该条款提起本案诉讼。

关于焦点三。一审法院认为，由于公司合并是公司设立的一种特殊形式，故新设公司的股东也要履行出资义务，所不同的是其对新设公司的出资系由其原来对被合并公司的出资转化而来。本案四被告对科某公司的股权即依据审计报告所确定的丰某公司的净资产额转化而来，因此，只有审计报告所确定的丰某公司的净资产额与丰某公司的实际净资产额一致时，四被告才适当地履行了对于科某公司的出资义务。但是，由于丰某公司对某医院的担保债务未纳入审计范畴，科某公司实际承担了丰某公司的债务后，本质上相当于丰某公司的原股东（四被告）未完全履行对科某公司的出资义务，故参照《最高人民法院关于适用〈中华人民共和国公司法〉若干问题的规定（三）》（法释〔2011〕3号）第十三条第一款、第三款之规定，科某公司也有权要求四被告向科某公司履行其出资义务，且可以请求公司的发起人与被告股东承担连带责任，也即连带赔偿因其履行丰某公司的债务给其造成的损失。由于四被告向科某公司赔偿损失，在性质上相当于公司要求股东补足出资，故科某公司作为原告提起诉讼也无不当，某医院关于科某公司诉讼主体不适格的主张不能成立。本案中，高新国资委与科某公司基于不同的请求权基础可以分别向四被告主张权利，但由于高新国资委并不要求四被告向其支付赔偿金，而是主张四被告应向科某公司承担赔偿责任，故高新国资委与科某公司作为本案的共同原告不矛盾。由于四被告所承担的责任是出资瑕疵股东对公司的资本充实责任，并非担保责任，四被告向科某公司赔偿以后并不享有向科某公司的追偿权，故某集团公司以其享有追偿权对原告的抗辩不能成立。

关于焦点四。一审法院认为，案外人向某房地产公司转让丰某公司股权时，是否向某房地产公司披露丰某公司存在担保债务，属于股权转让是否存在瑕疵的问题。某房地产公司与案外人股权转让瑕疵与本案不是同一法律关系，基于合同的相对性原理，某房地产公司以其对抗前手的理由对抗后手不能成立，故对于某房地产公司的此项抗辩，法院不予采纳。

关于焦点五。一审法院认为，由于双方所签订的《吸收合并暨增资扩股协议》中并没有对因该协议的履行所发生争议时支出律师代理费的赔偿问题进行明确约定，故原告要求四被告向其赔付因某环境公司追索租赁费一案及本案所支出的律师代理费于法无据，该院不予支持。某环境公司追索租赁费一案一审判决后，科某公司提起上诉系基于自身对该判决的认识而启动的维护自身利益的行为，由此导致诉讼周期延长进而所承担责任数额的扩大不属于扩大损失的范畴，故某医院主张因科某公司的上诉行为导致损失扩大的抗辩不能成立。

综上所述，四被告应赔偿给科某公司的损失数额为科某公司所承担执行款及执行费，合计 12× × ×71.75 元。因本案诉争资金被强制执行必然给科某公司造成损失，在无其他证据证明具体损失的情形下，该损失为利息损失，故原告主张自该资金被划扣之日（2013 年 5 月 27 日）起计至判决生效之日，按照人民银行同期贷款利率支付利息，该院予以支持。

一审法院判决：被告某医院、被告某房地产公司、被告某集团公司、被告经济技术投资公司于本判决生效后十日内连带赔偿原告科某公司 12× × ×71.75 元及利息（以 12× × ×71.75 元为基数，自 2013 年 5 月 27 日计至本判决生效之日止，按人民银行同期贷款利率计算）；驳回原告高新国资委的其他诉讼请求；驳回原告科某公司的其他诉讼请求。案件受理费 97070 元，财产保全费 5000 元，共计 102070 元，由被告某医院、被告某房地产公司、被告某集团公司、被告经济技术投资公司共同承担。

某集团公司不服一审判决，提起上诉。

二审法院查明的事实与一审法院查明的事实一致。

二审法院认为，上诉人与被上诉人争议的焦点问题是：一是被上诉人高新国资委和科某公司是否为本案适格的原告；二是《吸收合并暨增资扩股协议》对上诉人某集团公司是否有拘束力；三是一审法院适用法律是否正确。

关于第一个焦点问题。根据已经查明的事实，2009年8月18日，科某担保中心向工商行政管理部门提交非公司企业法人改制申请，由高新国资委与某集团公司及一审被告作为公司发起人，以科某担保中心改制的方式，设立科某公司。高新国资委与上诉人某集团公司及一审被告都是科某公司的发起人和股东，在山东省高级人民法院作出（2013）鲁商终字第67号判决，科某公司承担了丰某公司的债务后，科某公司净资产总额相应减少，在原来持股比例不变的情况下，高新国资委在科某公司的权益随之相应减少，显然损害了高新国资委的利益。因此，高新国资委是本案适格的原告。在科某公司承担了本来应由丰某公司承担的债务后，科某公司的净资产额相应减少的情况下，科某公司的股东及上诉人及一审被告通过置换所持有的科某公司的股权，是依据丰某公司净资本总额确定的总的持股比例，在此基础上分别确定原丰某公司各个股东的持股比例。因此，上诉人及一审被告的持股比例系由丰某公司的净资本总额决定的。在科某公司的净资产额减少、各个股东持股比例不变的情况下，应认定丰某公司的原股东包括上诉人某集团公司需要履行对新设公司科某公司的补足出资义务，科某公司有权要求上诉人某集团公司及一审被告赔偿损失，因此其也是本案适格的原告。

关于第二个焦点问题。丰某公司的股东会决议及授权委托书，证实包括上诉人某集团公司及一审被告在内的四股东均授权范某军签署《吸收合并暨增资扩股协议》，范某军也在该协议上签了字，该协议已经签署生效并实际履行，上诉人某集团公司及一审被告已经成为科某公司的股东。因此，上诉人某集团公司关于范某军并未代表各被告签署合同、《吸收合并暨增资扩股协议》第十条第二款第三项对其没有拘束力的主张不能成立。按照该协议，上诉人某集团公司应该承担赔偿责任。无论公司以何种方式设立，公司的股东都要履行出资义务。本案的上诉人某集团公司通过股权置换的方式持有科某公司的股权，也是在确定丰某公司净资本额的基础上，分别确定各自的持股比例，本质上还是以出资确定股权。因此，上诉人某集团公司和一审被告承担的是出资瑕疵股东对公司的资本充实责任，不是担保责任，一审对此认定并无不当。因此，上诉人某集团公司承担赔偿责任后，无权向科某公司进行追偿。

关于第三个焦点问题。根据高新国资委和科某公司的诉讼请求及查明的事实，一审法院正确认定了《吸收合并暨增资扩股协议》第十条第二款第三项约定的性质，进而参照公司法（2005 年修订）第三十一条、《最高人民法院关于适用〈中华人民共和国公司法〉若干问题的规定（三)》第十三条之规定，处理本案并无不妥。

二审判决：驳回上诉，维持原判。

2. 合并协议签订后，双方均未全面履行，也未办理新公司设立登记，但已实际经营，合并是否完成

原告：某木业有限公司。

被告：某制板有限公司。

原告诉称，2007 年 1 月 7 日，原、被告签订合资合并协议一份，双方约定各自以原有的机器设备、办公用具、房屋、车辆以及流动资金出资，共同经营，共负盈亏。其中，原告占股 60%，被告占股 40%，以原告公司的名义经营，违约方应向守约方赔偿合并公司总资产 20% 的违约金。双方签订协议后，原、被告依照约定合资经营。但在双方合资经营期间，被告擅自将投入的厂房及经营场地于 2008 年 2 月 1 日租赁给他人使用，导致合资合并协议无法继续履行，生产经营被迫停止。被告擅自毁约的行为给原告造成了巨大的经济损失，为维护合法权益，遂诉至法院请求判令：与被告解除合资合并协议，返还原告所投入的所有资产；判令原、被告双方依协议约定的比例分割合并期间新增加的财产，其中，固定资产价值 603986 元，现金 61137 元。原告应分得 316822 元；赔偿原告被损坏的烘干机（价值 66000 元）、预压机（又名冷压机，价值 90000 元）；被告支付违约金 524170 元。

被告辩称，第一，原、被告签订的合资合并协议为无效合同。签订协议时双方均未召开公司股东大会，也未经工商行政管理部门注册登记，也没有通知原公司债权人合并事宜。假定合资合并协议为有效合同，被告无违约行为，不应当承担违约责任。在合同签订后一年内，双方均未能提供符合工商登记的相

关手续，不能办理公司合并后的新公司注册登记，致使公司合并的目的不能实现。被告于2007年12月28日作出解除合资合并协议通知，并送达原告。

第二，原合资合并协议已解除。被告于2008年2月1日将其所有的场地对外出租，不构成违约。原告在接到解除协议通知书后已将其存放在被告处的全部财物运走，原告要求返还其所投入资产的请求无事实根据。双方在实际经营期间连续亏损，无收益可供分配，原告要求分割合资经营期间的收益没有依据。关于双方实际经营期间新增固定资产的分配问题，应当在组织清算后，剩余部分财产按照双方实际出资情况予以分配。原告要求被告赔偿其设备损失，因被告没有实施侵权行为，原告也没有证据证明被告损坏了该设备，被告不应承担赔偿责任。

一审法院认定事实：2006年12月31日，原、被告签订了合资合并协议。双方就合资合并的方式、范围、财务管理、原有债权债务、刑事及民事责任的归属、公司管理及干部的任免、权利和义务、违约责任、协议终止及不可抗力、争议的解决作出了约定。协议中虽然标注有附件一至附件五，但当时并没有制作附件。双方签订合资合并协议后，原告原厂址不再使用，以被告原来使用的厂院为合并公司所在地，双方将原公司财产并入合并企业，在生产中使用。原告累计投入资金716340元，其中包括原材料计价332350元，被告累计投资482480元，其中包括原材料计价27480元。除原材料外，其他机器设备未登记造册，未将机器设备作价作为投资资金记入账册。两公司合并后开始生产，未办理工商变更登记手续。后合并企业在生产过程中连续亏损。2007年12月28日，被告代表将解除合同通知书送到原告财务办公室，又委托原某木业有限公司员工刘某章给原告负责人陈某华送达解除合同通知书，但陈某华未收到解除合同通知书。双方负责人一直未协商公司解散的相关事宜，未组织财务清算。2008年2月1日，被告与仝某贤签订租赁协议，将其参与合并企业使用的厂院租给仝某贤。2008年3月，仝某贤在使用厂地时，经被告同意将原告并入企业财产中的双层35米卧式蒸汽烘干机一台拆除，将四缸框架式人造板预压机一台从车间搬运至厂院内（现两台机器及相关配件仍在厂院内）。现原、被告已将各自并入企业的财产大部分处理，原生产场地剩余机器设备双方无异议且属共有的财产有涂胶机一台、刨切机一台（含刨切刀一个）、磨刀机一台、科技木锯一套、电机两台；原告的财产有冷压机一台、烘干机的相关零配件、美的分体空调一台、不锈钢染色笼八个、染色网若干、涂胶机一台；被告的财产有染色笼四个。

一审法院认为，原、被告虽然签订了合资合并协议，协议对合并资产、企业管理等方面都作了规定，但在实际生产经营中，双方却未严格按照协议执行，且对该协议内容也未进行完善，对与协议内容一体的附件等内容亦未制作。现合并企业已停止生产经营，原、被告也已将各自大部分财产处理，原、被告共同经营的目的已不能实现，故原告要求解除合资合并协议，法院予以支持。原告要求被告按财产清单即附件二中所列财产予以返还，因清单中所列的部分财产原告自认已自行处理，对原告已自行处理的应予以扣除。被告对冷压机一台、烘干机的配件、分体式空调一台应属原告所有且在原厂内无异议，故被告应予以返还。原告所依据的财产清单（附件二）系原告单方制作，被告虽然不予认可，但有评估报告可以证明在双方合并期间确有原告主张的部分财产，被告虽然称原告已将全部财产拉走，但原告的财产确实是在属于被告管理的场地内，被告对此应负举证责任，被告未提供证据证明原告已将其所主张的财产全部处理，故对该部分财产被告应负返还义务。结合原告所列清单、评估报告及原告所制作的附件与评估报告资产对照表，可以认定被告需返还的财产如下：冷压机一台、烘干机的相关零配件、美的分体式空调一台、不锈钢保温管一组、双层铁床十五张、摇臂钻一台、染池行吊一套、高压管四十米、不锈钢染色笼八个、涂胶机一台、染色网若干个。原、被告均认可合并企业在生产经营中一直处于亏损状态，并无收益。原告要求按合同约定的比例分割合并期间新增加的财产，且以 2008 年 1 月的一张报表为基准。经查 2008 年 1 月的报表为固定资产及在建工程支付项目表，上面记载固定资产即一些机器设备价值 404076 元，在建工程各项支出为 199911 元。双方均认可固定资产系公司合并后新增，应按双方约定分割，且原、被告均同意在双方协商一致的基础上将机器设备共同变卖处理，所得金额由原、被告按 6∶4 分割。原告要求分割在建工程，而在建工程中一部分标注的系支付的工资、运费、电费等费用，无法进行分割。其中一部分附着在机器设备上的应由设备的所有者按双方约定的比例支付对方，即由原告支付被告 7511.6 元。其中属于基础厂房建设且后期已被拆除的，因是由于被告的原因造成的损失，且基础设施由被告方占有、使用、收益，应由被告按约定支付给原告，即被告支付原告63556.8元。故原告要求分割新增固定资产199911元，法院予以部分支持。因合并公司一直处于亏损状态，现有财产仅余新增机器设备及账上现金余额，故可就以上财产予以分割。原告要求被告赔偿被损坏的机器设备冷压机、烘干机之诉请，因原告未提供证据证明机器设备已被损坏，故原告该项诉讼请求法院不予支持，但被告应将原告的机器设备予以返还。公司生产经营过程中出现的亏损状况，原、被告均负有责任，同时，负责人应积极处理企业在生产过程中出现的问题，共同协商是继续生产还是停止合作。从被告提供的证据可以看出被告虽然明确提出了解除合同，但并未以有效方式通知原告。被告方在处理生产经营活动及解除合同时，未按照合同约定协商解决或通过司法程序解决，显系违约，按合同约定被告应按总资产20%支付违约金。因原、被告对会计2009年7月制作的资产负债表无异议，可以该表中资产数额为基数计算违约金数额。

一审法院判决：解除原、被告之间的合资合并协议；被告于本判决生效之日起十日内，将原告的冷压机一台、烘干机的相关零配件、美的分体式空调一台、不锈钢保温管一组、双层铁床十五张、摇臂钻一台、染池行吊一套、高压管四十米、不锈钢笼八个、涂胶机一台、染色网（以厂院现存的为准）返还给原告；涂胶机一台、刨切机一台（含刨切刀一个）、磨刀机一台、科技木锯一支、电机两台及现金61137元，由原、被告按6:4的比例分割；被告于本判决生效之日起十日内支付原告在建工程损失56045.2元及违约金137196.2元，共计193241.4元；驳回原告其他诉讼请求。

案例评析：本案中，原告、被告两个公司虽然已签订合资合并协议，均以资产出资合并设立新的公司一起经营，且签订协议后也实际把双方的部分生产设备、原料合并到一起，以实现合资合并协议约定的目的，但在履行合资合并协议长达一年多的时间内，双方并未到工商行政管理部门办理相关登记，未依照法定程序完成公司的合并。

本案中的焦点问题有两个：一是原告、被告公司均未召开股东会，未形成有效的决议，两个公司就开始履行合资合并协议，合资合并协议是否有效。虽然原告、被告公司未召开股东会、未形成有效的股东会决议，存在程序上的瑕疵，但自双方签订合资合并协议后，双方都积极地履行合资合并协议，且在相当长的一段时间内也没有股东提出异议，由此推定，此合资合并协议是有效的。二是原告、被告双方签订合资合并协议，且已实际履行了该协议，但相关内容并未在工商行政管理部门登记，此事实如何认定。根据我国公司法的相关规定，公司是否完成合并，是否合并设立了新公司，均以工商行政部门的登记事项为准。本案中，一方面，原告、被告双方虽然约定了设立新的公司，且也部分履行了合资合并协议，但是公司变更未经工商行政管理部门公示登记，不能认定新公司已设立；另一方面，合并双方均为独立的法人，签订的合资合并协议合法有效，双方应该受其约束，对于因双方原因导致合资合并协议无法履行造成的损失，双方要根据各自的过错程度承担相应的责任。

【风险防范】

1. 签订合并协议时要审核对方的授权人是否具备授权资格，是否已履行了相关手续，避免因签订协议主体资格不适格而导致合并协议无效或者效力待定。

2. 对于合并事项需审批的应经相关部门批准。对于属于国有资产或者集体资产的，或者其他原因导致公司的合并事项需报相关主管部门审批的，签订合并协议前应先经过相关主管部门的审批。实践中，一些公司在签订协议前未经相关主管部门的批准，当合并协议因双方原因无法履行时，便以签订合并协议时未经相关主管部门审批为由主张协议无效，进而要求另一方返还因履行合并协议而投入的资本。为避免此类情形出现，公司在合并时若存在需主管部门审批的情形，应取得相关部门的批准文件。

3. 履行协议时，以资产出资的，应将相关资产移交至合并后的公司，完成产权的转移，需办理登记手续的办理登记手续；在资产合并前，对于实物资产应完成资产的评估，核实出资额，避免因出资问题引发争议。

4. 依据合并协议设立的公司要依法办理工商行政变更登记。因公司合并而设立的新公司应及时办理相关工商登记手续，对合并各方的出资及身份予以认定，保护各自的利益。

【相关规定】

《中华人民共和国公司法》第二百一十八条、第二百一十九条、第二百二十条、第二百二十一条

《中华人民共和国证券法》

《中华人民共和国市场主体登记管理条例》第二十八条

《最高人民法院关于审理与企业改制相关的民事纠纷案件若干问题的规定》

风险点 60

公司分立纠纷

【风险解读】

公司分立指一个公司依照公司法有关规定，通过股东会决议分成两个以上的公司。公司分立是公司形态发展演变的一种形式。公司分立的初衷各不相同，有些公司为了分离主营业务范围而分立，有些公司为了摆脱公司债务而分立，有些公司因为股东之间长期存在矛盾以致公司不能正常运营而分立。在我国，公司分立以原有公司法人资格是否消灭为标准，可分为新设分立和派生分立两种。新设分立是原公司不存在，而成立两个以上的新公司；派生分立是原公司依然存在，使分立出原公司的部分财产及业务板块成立新公司。公司分立作为一种法律行为，必然要引起一系列的法律后果，主要有：（1）公司主体的变化，涉及公司的解散、变更和新设；（2）股东身份及持股份额的变化；（3）债权债务的变化。

我国法律对公司分立规定得不够详细，实践中，因公司分立主要产生三种类型的纠纷：一是分立公司之间因财产、业务经营范围分立而导致的纠纷；二是分立公司与分立前债权人、债务人之间的债权债务纠纷；三是分立公司与分立前公司在员工管理等方面产生的用工纠纷。妥善解决各类纠纷是公司正常运营及高效管理的有效手段。

【典型案例】

1. 公司分立前产生的债权债务关系的处理

上诉人（一审原告）：上海甲会计师事务所有限公司（以下简称会计师事务所）。

被上诉人（一审被告）：上海乙工程造价有限公司（以下简称工程造价公司）。

一审法院查明，1992年10月21日，会计师事务所经工商行政管理机关注册登记成立，依据工商登记资料显示，股东为俞某某、张某某等十七人，现法定代表人为俞某某，原法定代表人为张某某。2006年10月26日，工程造价公司经工商行政管理机关注册登记成立，依据工商登记资料显示，股东为张某某、俞某某等九人，法定代表人为张某某。2006年至2008年间，张某某同时担任会计师事务所、工程造价公司的法定代表人，会计师事务所、工程造价公司虽分别记账，但在同一地点办公，仅有一套经营管理机构。2009年1月24日，会计师事务所、工程造价公司的全体股东共同召开股东会，并作出决议，选举俞某某、沈某某、项某、陈某、李某某为新一届董事会成员，俞某某当选新一届董事长。2009年2月，工程造价公司搬离原办公地点。2007年10月19日、22日，会计师事务所两次共计划款300万元给工程造价公司。2009年2月至7月，会计师事务所为张某某发放了离职前的部分工资、缴纳了离职前的部分社会保险费用。2009年6月1日，工商行政管理部门作出行政处罚决定书，针对工程造价公司股东的虚假出资行为作出处罚，责令改正并罚款5万元。2009年7月13日，工程造价公司缴纳罚款5万元。2009年9月21日，工程造价公司通知股东俞某某等人补足出资。2009年9月23日，工程造价公司股东张某某等人以现金方式补足了认缴出资。

一审法院认为，按照法律的规定，依法成立的一个公司可以依法分立为两个公司，公司分立的，应当进行财产分割。依据会计师事务所的举证，会计师事务所、工程造价公司均系依法注册登记设立的独立法人，双方只是有部分股东是一致的，并非所有股东都是一致的，双方各自建立财务账册，并非建立单一财务账册，只是双方股东共同选举一个董事会作为管理机构。因此，会计师事务所主张双方虽名为两个独立公司，但实质为一个公司，与事实不符。双方之间只是独立经营，并非公司法规定的公司分立，双方之间并不存在共同财产分割，只是存在各自财产按权属关系理顺并重新明确的问题。第一，关于会计师事务所主张的所有者权益分割、返还的问题。首先，就所有者权益的含义而言，它是公司股东因投资而产生的利益，真正的权利人是股东而非公司；其次，就所有者权益的性质而言，它属于财务记账的概念，是由公司的资产与负债相抵而产生的，所有者权益越多，说明公司资产越多；最后，就所有者权益的最终实现而言，它只有在公司解散并清算终结后，才能最终实现，才能体现为以金钱表达的真正权利。所有者权益，在公司正常运营期间，是随着经营状况的变化而变化的，其并非真实的债权债务，更何况会计师事务所、工程造价公司系两个独立的企业法人，二者并不存在共同的所有者权益。因此，会计师事务所主张工程造价公司返还所有者权益2700027.39元，缺乏事实和法律依据，不能支持。第二，关于会计师事务所主张的固定资产占用费的问题。会计师事务所虽然就此提交了相应的证据，但这些证据只能证明其中涉及的资产确实为会计师事务所所有，并不能证明这些资产已为工程造价公司实际占用。因此，会计师事务所要求工程造价公司归还固定资产占用费369823.11元，证据不足。第三，关于会计师事务所要求工程造价公司归还借款300万元及相应利息的问题。依据会计师事务所的举证，会计师事务所确实曾划款300万元。工程造价公司对此并无异议，只是认为其性质并非借款，并已经归还了部分款项，但依据工程造价公司的举证，并不能证明已经归还会计师事务所部分款项的事实，且工程造价公司在调解过程中曾多次表示300万元可以予以归还。至于该300万元的性质，虽然在会计师事务所划款时并未明确其性质，但在当时双方之间并无其他债权债务的前提下，会计师事务所主张该款项为借款，可以成立。会计师事务所现要求工程造价公司归还，并无不当，应予支持。双方均系非从事金融业务的企业法人，双方之间的借款行为违反了我国金融法规的相关规定，是无效法律行为，不受法律保护，会计师事务所无论是主张工程造价公司支付利息，还是支付赔偿金，都不能支持。第四，关于会计师事务所主张的代付款归还的问题。依据会计师事务所的举证，会计师事务所为工程造价公司法定代表人张某某支付工资和社会保险费用，受益人为张某某，会计师事务所并未举证证明系工程造价公司要求会计师事务所代为付款，故只能说明会计师事务所所述代付款项发生在会计师事务所与工程造价公司法定代表人个人之间，因此，会计师事务所要求工程造价公司归还代付款35289元，缺乏法律依据，不能支持。第五，关于会计师事务所主张的品牌补偿款的问题。会计师事务所为此提交了协议书一份，但该协议书并没有经双方签字盖章确认，故该协议书并不具有证据效力，当然就不具有证明效力。因此，会计师事务所据此要求工程造价公司支付补偿款200万元，证据明显不足，不能支持。

一审法院判决：工程造价公司应于判决生效后十日内返还会计师事务所借款300万元；驳回会计师事务所其他诉讼请求。案件受理费70425元，由会计师事务所负担39625元，工程造价公司负担30800元。

会计师事务所不服一审判决提起上诉。

二审法院查明的事实与一审查明的事实一致。

二审法院认为，本案中会计师事务所提出其诉讼请求依据的基础事实是，工程造价公司系从会计师事务所分立设立，工程造价公司对应的所有者权益原属会计师事务所，故应当予以返还；同时，会计师事务所被工程造价公司占用的有关资产、代工程造价公司向其法定代表人支付的工资、被转走的工程造价资质补偿、被占用资金的补偿，均应由工程造价公司折价返还或支付。对此，法院注意到，会计师事务所的上述诉求涉及几个请求权基础，本应分别提起诉讼，然而考虑到双方之间的历史渊源，以及为避免过多的讼累等因素，将会计师事务所的上述诉求置于同一案件中处理，更有利于双方之间整体纠纷的解决。二审法院就会计师事务所的诉求逐一评析如下。

关于会计师事务所与工程造价公司之间的渊源问题，二审法院充分审核了相关材料，注意到双方之间确有部分股东是同一的，但该事实并不能当然认定双方原系同一公司，工程造价公司系从会计师事务所分立设立。对此，会计师事务所称，其与工程造价公司原是“一套班子、两块牌子”经营办公，两个公司只有一套管理机构，会计师事务所股东共同分取两公司红利。然而，在实际经营中，双方的财务是分离的，也即双方各自拥有独立的财务系统，单独设置财务账册，没有充分证据可以证明双方之间的资产和负债是共同的。鉴于会计师事务所主张的所有者权益为资产与负债相抵之结果，故而在无法证明工程造价公司的设立资产系从会计师事务所处取得的情况下，会计师事务所要求工程造价公司返还所有者权益的主张不能成立。况且，所有者权益并非可以随时、任意从公司中分离，诚如一审法院所述“就所有者权益的最终实现而言，其只有在公司解散并清算终结后，才能最终实现，才能体现为以金钱表达的真正权利”。换言之，可以主张所有者权益的应是公司的股东，且应经公司解散、清算程序才能进行。综合以上分析，会计师事务所要求工程造价公司返还分割的所有者权益的主张，没有事实和法律依据，二审法院不予采信。

会计师事务所另提出，其被工程造价公司占用的有关资产、代工程造价公司向其法定代表人支付的工资、被转走的工程造价资质补偿、被占用资金的补偿，均应由工程造价公司折价返还或支付。对此，二审法院亦同意一审法院的相关认定，认为会计师事务所并未提供充分证据以证明工程造价公司实际已经占用会计师事务所主张的资产，其该主张依据不足。关于会计师事务所主张的其代付的工程造价公司法定代表人的工资等支出，可以另行向工程造价公司法定代表人个人主张。至于工程造价资质补偿款，也因没有充分证据证明工程造价公司曾作出过愿意补偿相应款项的意思表示，二审法院难以采信会计师事务所的主张。

此外，有关300万元资金占用补偿款的问题，二审法院认为，会计师事务所在本案中主张的款项性质是借款，故而应严格按照国家有关企业间借贷的规定予以判断处理，会计师事务所主张的所谓补偿实系利息，理应不予支持。

二审法院判决：驳回上诉，维持原判。

案例评析：本案从证据方面分析，无法证明工程造价公司的设立资产系从会计师事务所处取得，不符合公司分立的特征。会计师事务所与工程造价公司虽然只有一套管理机构，且股东共同分取两个公司的红利，但在实际经营中，双方独立设账，亦独立经营，无法证明二者之间的资产与负债是共同的，且未体现双方在资产使用方面的约定，故会计师事务所要求工程造价公司支付所有者权益、资金占用补偿、工程造价资质补偿等无法律依据。

2. 分立公司与债权人之间纠纷的解决[①]

上诉人（一审被告）：宏某机动车检测有限公司（以下简称宏某检测公司）、华某运输集团某运输有限公司（以下简称华某运输公司）。

被上诉人（一审原告）：银某小额贷款有限责任公司（以下简称银某公司）。

一审被告：宏某运输有限责任公司（以下简称宏某运输公司）、宏某机动车驾驶员培训学校有限公司（以下简称宏某培训学校）。

银某公司一审诉称，2011年4月22日，原宏某运输有限责任公司（以下简称原宏某运输公司）向银某公司借款220万元用于公司经营，原宏某运输公司的法定代表人于某平与时任公司经理谷某为银某公司出具了借据，并约定月利息3分，银某公司当日支付了该笔借款。2012年3月，原宏某运输公司开始运作分立。2012年12月，原宏某运输公司分立为宏某运输公司、华某运输公司、宏某检测公司、宏某培训学校，相关分立手续已全部办理完毕，其分立行为经公证处公证。2013年4月19日，银某公司向于某平索要该笔借款，于某平为银某公司重新出具了220万元借款借据，并出具了一张90万元的利息借据（期限为自2011年4月22日起至2013年4月19日止），两份借据盖有宏某运输公司公章。后发现原宏某运输公司已向银某公司支付了自借款之日起至2011年12月29日的利息。现银某公司诉至法院，要求宏某运输公司、华某运输公司、宏某检测公司、宏某培训学校连带偿还银某公司借款本金220万元，并按月利息3分连带支付自2011年12月30日起至法院判决确定的给付

① 案例中一审法院引用的民法通则第四十三条、第九十条已废止。

案例中一审法院引用的合同法第六十条第一款现为民法典第五百零九条第一款。

案例中一审法院引用的公司法（2005年修订）第一百七十七条现为公司法（2023年修订）第二百二十三条。

案例中一审法院引用的《最高人民法院关于人民法院审理借贷案件的若干意见》已被《最高人民法院关于审理民间借贷案件适用法律若干问题的规定》（法释〔2015〕18号）废止。

案例中一审法院引用的民事诉讼法（2007年修正）第六十四条第一款现为民事诉讼法（2023年修订）第六十七条第一款。

案例中一审法院引用的《最高人民法院关于民事诉讼证据的若干规定》（法释〔2001〕33号）第二条被《最高人民法院关于民事诉讼证据的若干规定》（2019年修正）废止。

期限届满时止的利息。

宏某运输公司、宏某培训学校一审辩称，同意连带偿还银某公司借款本金220万元，并按照月利息3分支付利息。银某公司所述借款事实存在，该笔借款已经入账，当时由谷某负责。2011年，于某平时任原宏某运输公司法定代表人，谷某时任公司经理。原宏某运输公司已偿还银某公司利息80万元。2012年3月，原宏某运输公司开始运作分立，2012年12月正式分立，手续已办理完毕，该分立行为经公证处公证。银某公司起诉的债务不在公证书和明细表之内，故应当由宏某运输公司、华某运输公司、宏某检测公司、宏某培训学校连带偿还。

华某运输公司、宏某检测公司一审辩称，2011年4月22日，银某公司借出220万元，借款人处有于某平、谷某签名，于某平时任原宏某运输公司法定代表人，谷某时任公司经理。2012年3月，原宏某运输公司开始运作分立，2012年12月正式分立为宏某运输公司、宏某培训学校、华某运输公司、宏某检测公司，相关分立手续已全部办理完毕，其分立行为经公证处公证。2013年4月19日，宏某运输公司为银某公司出具了数额为220万元的借据和一份数额为90万元的借据，两份借据均有于某平的签字并加盖了宏某运输公司公章。华某运输公司、宏某检测公司不同意偿还该笔借款，理由：（1）华某运输公司、宏某检测公司均未借过该笔借款，不知道借款事宜，亦未使用过该笔借款。（2）银某公司提交的证据不能证明该笔借款系原宏某运输公司借款，故不应由公司承担偿还义务。即使法人之债成立，根据原宏某运输公司与华某运输公司、宏某检测公司之间签订的分立协议的约定，分立前的债务，应由宏某运输公司自行承担，华某运输公司、宏某检测公司没有偿还义务。（3）根据法律规定，民间借贷如果没有约定利息，则视为没有利息，华某运输公司、宏某检测公司认为不应当支付利息。（4）2013年4月19日，宏某运输公司出具借据时，宏某运输公司与华某运输公司、宏某检测公司已经分立，该出具借据行为与华某运输公司、宏某检测公司无关。综上所述，该笔借款与华某运输公司、宏某检测公司无关。

一审法院查明事实：2011年4月22日，银某公司借出220万元，借款人处有于某平、谷某签名，于某平时任原宏某运输公司法定代表人，谷某时任公司经理。该笔借款用于原宏某运输公司经营，并约定月利息3分。2012年3月，原宏某运输公司开始运作分立；2012年12月，原宏某运输公司正式分立为宏某运输公司、宏某培训学校、华某运输公司、宏某检测公司，相关分立手续已全部办理完毕，其分立行为经公证处公证。该笔借款并未在原宏某运输公司分立时约定的明细表中。2013年4月19日，宏某运输公司为银某公司出具了数额为220万元和90万元的借据，两份借据均有于某平的签名及宏某运输公司的盖章。该笔借款至诉讼时尚未偿还。

一审法院认为，本案是小额借款合同纠纷。民法通则第九十条规定："合法的借贷关系受法律保护。"合同法第六十条第一款规定："当事人应当按照约定全面履行自己的义务。"原宏某运输公司向银某公司借款用于公司发展，该借款已到期，应予偿还。公司法（2005年修订）第一百七十七条规定："公司分立前的债务由分立后的公司承担连带责任。但是，公司在分立前与债权人就债务清偿达成书面协议另有约定的除外。"原宏某运输公司于2012年12月正式分立为宏某运输公司、宏某培训学校、华某运输公司、宏某检测公司，该四家公司对于2011年4月22日的借款应当承担连带偿还责任。华某运输公司、宏某检测公司主张与宏某运输公司达成约定由宏某运输公司偿还该笔借款的主张不符合上述法律规定，不予支持。对银某公司要求宏某运输公司、华某运输公司、宏某检测公司、宏某培训学校连带偿还借款本金220万元的诉讼请求，予以支持。《最高人民法院关于人民法院审理借贷案件的若干意见》第六条规定："民间借贷的利率可以适当高于银行的利率，各地人民法院可根据本地区的实际情况具体掌握，但最高不得超过银行同类贷款利率的四倍（包含利率本数）。超出此限度的，超出部分的利息不予保护。"2011年4月22日，中国人民银行一年至三年期贷款基准年利率为6.4%，四倍之后月利率约为2.13%。银某公司与原宏某运输公司约定利息为3分，超过上述利率，超出部分利息不予保护，故宏某运输公司、华某运输公司、宏某检测公司、宏某培训学校应当按照月利率2.13%向银某公司支付利息。宏某运输公司主张已偿还银某公司利息80万元，但无证据相佐证。依据民事诉讼法（2007年修正）第六十四条第一款"当事人对自己提出的主张，有责任提供证据"以及《最高人民法院关于民事诉讼证据的若干规定》（法释〔2001〕33号）第二条"当事人对自己提出的诉讼请求所依据的事实或反驳对方的诉讼请求所依据的事实有责任提供证据加以证明。没有证据或证据不足以证明当事人的事实主张的，由负有举证责任的一方当事人承担不利后果”的规定，不予支持。因银某公司主张2011年12月29日之前的利息已支付，故宏某运输公司、华某运输公司、宏某检测公司、宏某培训学校应当向银某公司支付自2011年12月30日起至判决生效之日止的利息。

一审法院判决：宏某运输公司、华某运输公司、宏某检测公司、宏某培训学校在本判决生效后返还银某公司借款本金220万元，并按照月利率2.13%向银某公司支付自2011年12月30日至判决生效之日止的利息；驳回银某公司的其他诉讼请求。

华某运输公司、宏某检测公司不服一审判决，提起上诉。

二审法院审理查明，华某运输公司成立于2006年7月17日，宏某检测公司成立于2006年8月14日，均为有限责任公司，其人员由原宏某运输公司管理。2012年11月，原宏某运输公司与华某运输公司、宏某检测公司分别签订分立协议书，约定华某运输公司向原宏某运输公司缴纳340万元，宏某检测公司向原宏某运输公司缴纳100万元，公司分立后，各自独立自主经营，公司名称、场地、经营范围等与原宏某运输公司无任何关系，不再是隶属关系。

二审法院查明的其他事实与一审法院查明的事实一致。

二审法院认为，银某公司提供的借据上有原宏某运输公司法定代表人于某平、公司经理谷某的签名，根据民法通则第四十三条“企业法人对它的法定代表人和其他工作人员的经营活动，承担民事责任”的规定，原宏某运输公司应当对于某平、谷某对外借款的行为承担责任。2012年12月，原宏某运输公司分立为宏某运输公司、华某运输公司、宏某检测公司、宏某培训学校，虽然华某运输公司、宏某检测公司均为成立于2006年的独立法人，但公司分立协议书可证明其与原宏某运输公司存在隶属关系，公司在分立前未与银某公司达成书面还款协议，因此，公司分立前的债务应由分立后的四家公司承担连带责任。华某运输公司、宏某检测公司主张该笔借款系于某平、谷某的个人借款，未用于公司扩大经营，但未提供证据予以证明，法院不予采信。该笔借款是否记载于公司账目及分立协议债务明细表中是原宏某运输公司的内部管理问题，不能以此否认原宏某运输公司向银某公司借款的事实。分立协议中约定的债权、债务分配方式仅对宏某运输公司、华某运输公司、宏某检测公司、宏某培训学校发生法律效力，无法约束债权人银某公司，最终清偿债务的公司可根据分立协议进行追偿。

二审法院判决：驳回上诉，维持原判。

案例评析：根据我国公司法的相关规定，对于分立前公司与债权人之间的债务，分立后的各公司对其承担连带责任。对于可能产生纠纷的债权债务，原公司在作出公司分立的决议后，原公司的各债权人可以与公司达成协议，明确约定由分立后的某个或者某几个公司偿还原债务。如此，不仅可以使原债权债务得到有效确认，还可以使债权债务关系更加明确，避免诉讼中的举证困难及债务人推诿的现象。

3. 分立公司与原公司劳动者之间纠纷的处理 ①

上诉人（一审原告）：张某智。

被上诉人（一审被告）：重庆市亚某集团变压器有限公司（以下简称亚某公司）。

张某智诉称，原告于1983年12月1日到原四川省某变压器厂工作。1995年12月27日，双方签订无固定期限劳动合同，原告的岗位是变压器总装焊工。2013年6月3日，亚某公司在公告栏上张贴公告，将亚某公司分立成为两个公司，一个是亚某公司，一个是重庆博某变压器有限公司（以下简称博某公司）。2013年7月29日，亚某公司在公告栏上张贴《劳动关系转移三方协议》，要求原告解除与亚某公司签订的无固定期限劳动合同后再与博某公司签订劳动合同。原告认为亚某公司没有召开职工大会就通过股东会强行将公司分立成两个公司，违反了劳动合同法第四条的规定。博某公司是在2012年5月25日成立的，但职工在2013年6月3日通过公告才知情。原告被迫于2013年7月29日进入博某公司上班，与博某公司形成了事实劳动关系，但原告一直在申请劳

① 案例中一审法院引用的劳动合同法第三十四条未作修改。

动仲裁，并申请到亚某公司上班。请求人民法院判决亚某公司继续履行双方签订的无固定期限劳动合同。

亚某公司辩称，博某公司于2012年5月25日成立。之后，张某智分流到该公司上班。亚某公司与张某智于1995年12月27日签订的劳动合同现已由博某公司承接，张某智已经与博某公司建立了劳动关系。因此，张某智要求与亚某公司继续履行劳动合同，不符合法律规定。张某智于2012年5月25日博某公司成立后就一直在该公司上班，但其于2013年9月11日才申请劳动仲裁，已经超过仲裁时效。请求人民法院依法驳回张某智的诉讼请求。

一审法院查明的事实：张某智于1983年12月1日到原四川省某变压器厂从事钳工工作。1995年12月27日，张某智与原四川省某变压器厂签订无固定期限劳动合同。2006年1月4日，该劳动合同由亚某公司承接并继续履行，张某智从事变压器总装工作。2012年5月22日，亚某公司召开股东会议，决议亚某公司就电力变压器业务单独成立全资子公司博某公司，亚某公司与博某公司的人员以“人随业务走”的原则进行划分。2013年4月26日，亚某公司与博某公司签订人员分流协议，该协议将包括张某智在内的469名职工分流到博某公司。人员分流后，张某智在博某公司仍从事总装工作。2013年5月28日，博某公司发出《关于重新办理工资卡的通知》，该通知要求博某公司职工将从当年6月起单独发放工资，由某银行统一代付。2013年6月3日，亚某公司要求张某智与该公司和博某公司签订《劳动关系转移三方协议》，该协议的主要内容为：分流职工与博某公司签订劳动合同，与亚某公司解除劳动合同并终止劳动关系；亚某公司与分流职工的劳动合同权利义务转移到博某公司，亚某公司不支付经济补偿，分流职工在博某公司的工作年限以到亚某公司入职时间为起算点，连续计算。自2013年8月12日起，博某公司对包括张某智在内的职工实行指纹打卡上班。同年9月6日，张某智向亚某公司申请继续留在该公司工作。同年9月11日，张某智向重庆市某区劳动争议仲裁委员会申请仲裁，要求亚某公司继续履行其与张某智签订的劳动合同。2014年2月12日，该委作出仲裁裁决，驳回了张某智的仲裁请求。张某智不服该仲裁裁决，遂于2014年2月17日诉至一审法院。诉讼期间，张某智仍继续在博某公司工作。

一审法院认为，张某智与原四川省某变压器厂签订无固定期限劳动合同后，该劳动合同由亚某公司于2006年1月4日承接并继续履行。2012年5月22日，亚某公司根据公司法的规定召开股东会并形成决议后，将其电力变压器业务单独成立全资子公司博某公司，是符合法律规定的。

根据劳动合同法第三十四条的规定，用人单位发生合并或者分立等情况，原劳动合同继续有效，劳动合同由承接其权利义务的用人单位继续履行。博某公司依法成立后，亚某公司与博某公司就企业人员的分流达成了协议，并将张某智安排到博某公司工作。至此，张某智与亚某公司的劳动合同由承接其权利义务的博某公司继续履行。人员分流后，张某智仍从事总装工作，工资由博某公司发放，故可以认定博某公司已开始继续履行张某智与亚某公司签订的劳动合同。虽然张某智在博某公司上班期间要求回到亚某公司工作，但在未获得亚某公司同意的情况下，张某智仍继续在博某公司工作。因此，张某智要求亚某公司继续履行劳动合同的诉讼请求不符合法律规定，不予支持。

亚某公司与博某公司于2013年4月26日签订人员分流协议，张某智于2013年9月11日申请劳动仲裁，没有超过一年的仲裁时效，故亚某公司辩称本案已超过一年的仲裁时效的理由不能成立，不予采纳。

一审法院判决：驳回张某智的诉讼请求。张某智不服一审判决，向二审法院提起上诉。

二审法院查明的事实与一审法院查明的事实相同。

关于张某智提出的继续履行其与亚某公司签订的劳动合同的问题，二审法院认为，劳动合同法第三十四条规定："用人单位发生合并或者分立等情况，原劳动合同继续有效，劳动合同由承接其权利义务的用人单位继续履行。"亚某公司基于经营需要，设立全资子公司博某公司，单独经营电力变压器业务，并按照"人随业务走"的原则调整全体公司员工的劳动关系，符合法律规定。张某智在亚某公司从事变压器总装工作，亚某公司在博某公司成立后，安排其继续从事原工作，并按照"人随业务走"的原则，决定由博某公司履行亚某公司与张某智之间的劳动合同，符合劳动合同法的相关规定。亚某公司要求职工签订《劳动关系转移三方协议》，其目的是明确职工与亚某公司、博某公司之间在劳动合同主体发生变化后各自的权利义务关系，并不损害职工的合法权益。故亚某公司分立为两个公司后，张某智与亚某公司之间的劳动合同，应由新设立的博某公司继续履行。张某智要求继续由亚某公司履行劳动合同的上诉理由不能成立，法院不予支持。至于张某智提出的亚某公司低于当地最低工资标准支付其工资及亚某公司应当支付经济补偿的问题，因张某智在一审中未提出前述主张，法院对此不予审理。

二审法院判决：驳回上诉，维持原判。

案例评析：本案中，亚某公司决定成立博某公司分流业务时，已就公司员工拟订了人员分流协议，张某智与博某公司实际履行劳动合同后，应视为张某智同意了人员分流协议。博某公司与亚某公司作为两个独立的民事主体，具有同等的法律地位，张某智与博某公司建立劳动关系后，其与亚某公司的劳动关系自行终止，此后其再要求亚某公司继续履行劳动合同，于法无据。

【相关规定】

《中华人民共和国公司法》

《中华人民共和国民法典》第六十七条、第二百零八条、第二百二十五条、第五百四十五条、第五百四十七条、第五百四十八条、第五百四十九条、第五百五十三条、第五百五十四条

《中华人民共和国全民所有制工业企业法》第十八条

《中华人民共和国市场主体登记管理条例》

《全民所有制工业企业转换经营机制条例》第三十一条、第三十五条

《最高人民法院关于审理与企业改制相关的民事纠纷案件若干问题的规定》

风险点 61

公司承包经营纠纷

【风险解读】

公司承包经营，是指发包公司或公司股东通过订立承包合同授予承包人在

承包期间享有经营管理权，承包人对公司承包期间发生的全部债务承担清偿责任，股东对公司债务仍然承担有限责任的一种经营方式。公司承包经营直接影响公司的法人治理结构，涉及投资收益和亏损分配、对内决策权和对外代表权等权利义务安排。公司承包经营依主体的不同可分为公司股东以外的第三人承包经营和公司股东承包经营两类。公司股东承包经营又分为三种形式：公司与股东签订承包经营合同、股东以公司名义签订承包经营合同、股东与股东签订承包经营合同。

公司承包经营的基础法律文件是公司承包经营合同，在法律无明文规定的情况下，应如何认定公司承包经营合同的效力，在理论上大体有以下三种观点：一是无效说。持该观点者认为，公司承包经营将会破坏公司的法人治理结构，使“三权分立”的公司治理结构名存实亡；而且承包经营合同要求承包经营股东按约定对公司承担弥补亏损义务，令其实际承担无限责任，违背了股东有限责任原则。二是有效说。持该观点者认为，认定合同无效必须有法律和行政法规的明确规定，承包经营合同是私法自治原则的体现。公司承包经营仅是公司经营权的暂时让渡，并不会破坏公司的法人治理结构，故公司承包经营合同应为有效。三是折中说。持该观点者认为，公司承包经营合同的效力应根据合同内容判断，不应不加区分地认定公司承包经营合同无效。理由有三点：其一，公司是营利法人，我国营利法人是允许承包经营的。根据“法无禁止即自由”原则，应肯定公司承包经营合同的效力。其二，公司实行承包经营并不违反股东有限责任原则，承包经营股东弥补亏损责任虽然类似于无限责任，但这是其基于承包经营合同对公司的责任，并非对债权人的责任，承包经营股东与债权人之间并无直接的法律上的关系。其三，尽管承包经营不可避免地要将原本应由股东会、董事会行使的部分权利交给承包经营人行使，但这在法律上可视为股东会、董事会对承包经营人的概括性授权，而法律并未禁止该种授权行为。因此，公司承包经营合同原则上应为有效。但是，公司股东会与董事会职权中确实有部分权利是不能授予他人行使的，如修改公司章程，选举和更换董事，决定公司增加或减少注册资本，决定公司的合并、分立、解散、清算等权利，只能由股东会行使，承包经营合同中与此相抵触的约定，应当认定为无效。当该类约定是承包经营合同的主要条款时，还应认定合同无效。承包经营合同中无上述导致合同无效的约定的，承包经营人所行使的权利实际上相当于董事会的权利，这与公司法并不违背，应认定合同有效。

【典型案例】

公司与承包经营人之间承包经营纠纷的处理[①]

上诉人（一审原告）：李某奎。

被上诉人（一审被告）：某金属矿业有限责任公司（以下简称矿业公司）。

李某奎向一审法院起诉请求：依法判令被告返还原告投资的10kV高压输电线路投资款1528200元，依法判令被告支付原告7-6号矿井工程款556200元，依法判令被告支付原告掘井采矿费及设备投资费用2474929.4元，以上三项共计4559329.4元，减去原告欠被告的1861579.57元，实际数额为2697749.83元。

一审法院认定事实：2005年4月至2015年6月，原告李某奎与被告矿业公司签订《工程承包协议书》，被告将某采矿点间断性承包给原告进行施工。协议约定原告必须在被告划定的采掘工程范围内施工，严格按照被告制订的开采计划、采掘方案组织施工和采掘矿产品资源。每年度被告向包括原告在内的各施工队逐月下达生产计划、施工通知、工程验收单。2005年11月，为扩大生产规模，降低各承包队伍的采掘工程成本，被告决定架设10kV输电线路一条。被告与各矿点施工队负责人召开会议，形成会议决议：依据公司前期投资大电网的费用及各施工队所报用电量，按48个月分摊投资额，以每月每千瓦54元收取，待投资额分摊完后，资产归公司所有，以后发生的线路维护费和管理费等，以实际发生额按各矿点施工队所分配电量分摊。从2005年10月至2010年12月被告持续向原告收取电网投资费用1528200元。原告李某奎购买矿业公司家属楼某房屋一套支付房款113299.4元，支付装修费79615元，未办理房屋产权登记手续。被告矿业公司与施工人员周某康、操某太、朱某喜就

① 案例中二审法院引用的《最高人民法院关于适用〈中华人民共和国民事诉讼法〉的解释》（法释〔2015〕5号）第九十条现为《最高人民法院关于适用〈中华人民共和国民事诉讼法〉的解释》（2022年修正）第九十条。

8-3号矿井签订劳动合同，三名施工人员在工作期间发生工伤，原告李某奎支付周某康工伤医疗费用79000元，支付操某太工伤医疗费用78000元，支付朱某喜工伤医疗费用139872元。2015年6月，原告与被告解除承包关系，后经双方确认8-3号矿井矿石结算量为29706.82吨。2015年7月11日，原告将8-3号矿井所遗留的设备交由被告继续使用，设备折价后总额为412121.6元。

一审法院认为，对于原告提出的要求返还10kV高压线路投资款1528200元的诉求，因为有2005年11月22日双方达成的会议纪要，并且2005年10月至2010年12月被告在对原告承包的7-6号矿井与千米井采掘工程逐年结算中，均持续扣减原告投资的高压线路投资款，原告自2010年12月被告持续扣减原告投资的高压线路投资款共计1528200元起应知道其权益受到侵害，自此开始计算二年诉讼时效。对于被告提出的原告要求返还投资款的诉讼时效已过的答辩意见予以采纳，故对原告提出要求返还投资款1528200元的诉求，法院不予支持。对于原告提出的要求被告支付7-6号矿井工程款556200元的诉求，因原告提交的证据不足，法院不予支持。对于8-3号矿井所产29706.82吨矿石总价1422409.2元的诉求，法院予以支持。对于原告所遗留在8-3号矿井的设备，因被告确认签收并予以继续使用，对于原告提出的要求支付设备款483002元的诉求，经确认折旧后的设备款为412121.6元，法院予以支持。对于原告提出的8-3号矿井建井期间产生的零工费用共计116400元的诉求，法院予以支持。对于原告提出的要求退回购房款及装修款共计155299.4元的诉求，因不属于本案的受理范围，法院不予支持。对于原告提出的要求被告支付原告所垫付的周某康、操某太、朱某喜工伤赔偿费用共计296872元的诉求，根据2013年2月19日签订的《某采矿点7-4、7-6、8-3、8-4号矿井采掘工程协议书》第七条第四项的约定，原矿石结算价格中包含工伤医疗费用，所以对原告提出的要求被告支付其垫付的296872元工伤赔偿费用的诉求，法院不予支持。

一审法院判决：被告矿业公司支付原告李某奎8-3号矿井的工程费用及设备款共计1950930.8元；驳回原告李某奎要求被告矿业公司返还高压线路投资款1528200元的诉讼请求；驳回原告李某奎要求被告矿业公司支付7-6号矿井工程款556200元的诉讼请求；驳回原告李某奎的其他诉讼请求；以上款项

扣除原告李某奎所欠被告矿业公司的1861579.57元，剩余89351.23元，被告矿业公司于判决生效后十五日内支付给原告李某奎。如果被告矿业公司未按本判决指定的期间履行给付金钱义务，应当依照民事诉讼法（2012年修正）第二百五十三条之规定，加倍支付迟延履行期间的债务利息。本案诉讼费28382元（原告已预交），由原告、被告各承担14191元。

一审宣判后，李某奎不服一审判决，提起上诉。

二审法院查明事实如下：双方认可10kV高压输电线路投资款1528200元的最后一笔付款时间为2010年12月。

二审法院查明的其他事实与一审查明的其他事实一致。

二审法院认为：

第一，关于上诉人李某奎主张的10kV高压输电线路投资款1528200元是否超过诉讼时效的问题。被上诉人矿业公司2015年6月29日出具的《情况说明》只证实从2005年10月至2010年12月其持续收取电网投资费用1528200元，不能证实被上诉人矿业公司同意履行该笔费用，且双方当事人认可最后一笔投资款付款时间为2010年12月，而上诉人李某奎主张电网投资费用1528200元向法院起诉时间为2015年9月14日，已超过诉讼时效，上诉人李某奎的该项上诉理由不能成立，法院不予支持。

第二，关于被上诉人矿业公司应否支付上诉人李某奎7–6号矿井工程款556200元的问题。上诉人李某奎庭审中认可其主张的工程款556200元是根据其与周某富的结算单及其与被上诉人矿业公司的合同计算的数额，并无证据证实其与被上诉人矿业公司进行了7–6号矿井工程量的确认，根据《最高人民法院关于适用〈中华人民共和国民事诉讼法〉的解释》（法释〔2015〕5号）第九十条“当事人对自己提出的诉讼请求所依据的事实或者反驳对方诉讼请求所依据的事实，应当提供证据加以证明，但法律另有规定的除外。在作出判决前，当事人未能提供证据或者证据不足以证明其事实主张的，由负有举证证明责任的当事人承担不利的后果”的规定，其应当承担举证不能的不利后果，故上诉人李某奎的该项上诉理由，法院不予支持。

第三，关于上诉人李某奎支付的周某康、操某太、朱某喜工伤赔偿费用296872元应否由被上诉人矿业公司承担的问题。庭审中，上诉人李某奎认可周某康、操某太、朱某喜系其雇用，三人系与其达成赔偿协议，不能约束被上诉人矿业公司，故上诉人李某奎要求被上诉人矿业公司支付赔偿款的请求，法院不予支持。

第四，关于8-3号矿井工程费用及设备款是2022758元还是1950930.8元的问题。庭审中，上诉人李某奎认为8-3号矿井工程费用及设备款2022758元，包括29706.82吨的矿石款1422409.2元、设备折旧款412121.6元、零工费用116400元、倒矿费71827.2元，与一审认定的1950930.8元相差71827.2元，对于倒矿费71827.2元，李某奎认为由2015年7月13日的34227.2元、2015年8月11日的16000元、2015年7月1日的21600元构成，其中，34227.2元提交了《铲车明细》，对2015年8月11日的16000元及2015年7月1日的21600元并无证据证实，而《铲车明细》仅记录了用工时间并无费用情况，且上诉人李某奎认可是由其自行计算，无其他证据予以佐证，其应承担举证不能的不利后果，故上诉人李某奎的该项上诉理由不能成立，法院不予支持。

二审法院判决：驳回上诉，维持原判。

案例评析：关于公司承包经营合同的效力，理论界争议较大。司法实务中，法院大多倾向于根据意思自治原则，认定承包经营合同有效。笔者认为，对于公司承包经营合同，应从当事人各方签订承包经营合同的历史背景及目的出发，依据维护经济稳定及意思自由原则，确定合同的效力。在公司承包经营合同有效的前提下，应明确承包经营人可取得公司的部分管理权及经营权，但公司的股权仍由公司股东享有，承包经营人不得因取得承包经营权而违法行使股东权利或实施其他侵犯公司股东权益及公司权益的行为。

【诉讼指导】

实践中，法院在审理因公司承包经营合同产生的纠纷时，应参照民法典、公司法等相关法律进行审理，主要考察当事人的真实意思及是否违反其他强制性规定。所以，诉讼中，仍应参照本书前述章节中关于举证责任、诉讼时效等相关规定做好充足准备。

风险点 62

公司收购纠纷

【风险解读】

公司收购纠纷，是指收购方在购买公司股份以获得公司控制权的过程中与被收购方之间发生的纠纷。上市公司收购包括要约收购和协议收购。要约收购，是指收购方向被收购公司股东发出愿意按照要约条件购买被收购公司股东所持有的股份的要约，从而实现对上市公司的收购。协议收购，是指收购方依照法律法规的规定，以与被收购公司的股东签订协议的方式进行收购。除收购方与被收购方外，证券公司、会计师事务所、律师事务所、评估事务所等中介机构一般会参与收购的全过程，帮助收购方、被收购方核查法律、会计等方面的收购条件。

【典型案例】

中介机构与公司就聘请收购中介协议发生纠纷，应如何认定双方达成的收购意向

原告（反诉被告）：武汉神某轿车零部件股份有限公司。

被告（反诉原告）：某证券有限责任公司。

原告诉称，原告与被告于1998年2月11日签订了一份《聘请收购中介协议书》，协议约定，原告聘请被告作为财务顾问和服务中介收购上市公司，由被告推荐选择符合原告收购要求的目标公司且保证原告在1998年6月30日之前收购成功，并约定任何一方不履行协议则应支付另一方100万元风险责任金。协议签订后，原告依约向被告支付了20万元预付款，但被告直至协议约定期限届满，仍未能为原告选定可供收购的目标公司，致使这一收购业务失败。原告起诉，请求判令被告向原告支付100万元风险责任金、本案实际支出的费用，并承担本案诉讼费用。

被告辩称，原告与被告签订的《聘请收购中介协议书》属居间合同，被告在此协议中处于居间人地位，仅起居中介绍的作用。该协议中确定的通过被告

的中介作用促使目标公司的控股股东与原告签订股权收购协议则为收购成功即中介成功；中介不成功，被告不存在向原告赔付100万元风险损失补偿问题。被告严格按协议履行了自己应尽的义务，选择并推荐了符合协议要求的目标公司即银川市某百货商店股份有限公司（以下简称某百货商店），履行了提供中介服务应尽的义务。本次收购不成功也并非被告的责任，其原因在于政府的行为即不可抗力因素，并且原告对此次收购失败也有一定的责任。此外，被告在事后退还了原告预付的20万元中介费，但并不表明被告承认违约。有鉴于此，被告严格按照协议履行了中介义务，选择并推荐了符合协议条件的目标公司，提供了必要的中介服务，为此次收购进行了大量的协调公关工作。在此次中介活动中，被告共支出费用210280.94元。为此，被告提出反诉，请求法院判令原告向被告支付从事中介活动支出的必要费用210280.94元，并承担反诉费。

法院查明事实：1998年2月11日，原告与被告以此前由被告某证券有限责任公司投资银行部提供给原告的《关于神某实业股份有限公司买壳上市建议书》为基础，双方签订了一份《聘请收购中介协议书》，协议约定：被告通过中介服务，选择并推荐在1998年内原告控股后可实施配股且流通股占股本的比例达40%以上的上市公司，使原告取得目标公司的有效控制权，成功改组目标公司的董事会并取得更改目标公司名称的权利，并在1998年6月30日前收购成功。原告承诺聘请被告担任本次收购的独家财务顾问，在此次活动中充分与被告进行沟通、协商，并根据工作进展，适时成立专门的工作小组，配合被告开展工作，负责筹措本次收购所需的全部资金。如收购成功，原告承诺被告在1998年作为原告控股上市公司的配股主承销商和资产重组的财务顾问地位。协议约定：本次收购中介费用包括中介方支出的与本次收购有关的公关费用、差旅费，以委托人与目标公司的控股股东签署的正式股权收购协议金额的3%收取。原告分三期支付中介费用，在协议签订后一周内，预付20万元，余款的70%自收购成功之日起两周内支付，剩余款项在原告资产注入目标公司后两周内一次付清。关于协议的执行，双方还约定：在协议存续期间，如发生政治、经济、金融、法律或其他不可抗力事件，且该事件已经或可能对本次收购行动产生实质性影响，则双方可协商决定暂缓或终止协议的执行，并协商解决方案；如因非中介方原因、第三方或其他不可抗力因素而单方面终止协议的执行，则原告不得要求被告返还已付的收购中介费用，并需另付100万元作为对被告方的中介服务补偿；如非因以上因素导致本次收购不成功（包括超过约定时间），中介方应返还委托方已付的全部中介费，并赔付100万元作为对委托方的风险损失补偿。协议签订后，原告于1998年2月23日向被告预付了20万元中介费。被告为原告制作了一份《神某实业股份有限公司收购某百货商店国有股权的项目建议书》。依此建议书，确立了以某百货商店为目标公司并通过收购某百货商店的国有股权实现买壳上市洽谈计划，计划分四个阶段开展工作。被告先后两次赴银川进行收购洽谈。1998年3月13日，宁夏回族自治区经济体制改革委员会以某百货商店的国有股权的转让，应执行公司法（1999年修正）第一百四十七条第一款关于"发起人持有本公司的股份，自公司成立之日起三年内不得转让"的规定以及证监会1997年12月16日发布的《上市公司章程指引》第二十九条的规定为由，否定了某百货商店国有股权的转让，致使被告为原告制定的通过收购某百货商店国有股权的买壳上市计划落空。被告在约定的期限内未能促成原告与某百货商店达成任何有关收购国有股权的书面协议。合同期满后，经原告催促，被告于1998年7月7日将20万元预付中介费退还给原告。本案在审理过程中，被告对原告提出了反诉，法院连同本诉进行了合并审理。

另查明，根据武汉市经济体制改革委员会《关于同意神某实业股份有限公司名称变更的批复》，现武汉神某轿车零部件股份有限公司变更前为武汉神某实业股份有限公司，该批复的日期为1998年9月28日。法院认为，原告与被告之间签订的《聘请收购中介协议书》，是当事人双方自愿达成、协商一致的结果，体现了平等互利、协商一致的原则。在协议签订过程中，原、被告双方的地位是平等的，任何一方均未将己方的意志强加于对方，协议的内容没有违反国家的法律和行政法规，也没有损害国家、集体或第三人的利益，因此，该协议应认定为有效合同，对双方当事人具有法律约束力，当事人应当按照约定履行自己的义务。如当事人不履行义务或履行不符合约定，应当承担违约责任。本案中，根据协议的内容，双方约定被告必须促成目标公司的控股股东与原告签订股权收购协议，且不超过一定期限。被告在履行协议过程中，虽做了大量的工作，投入了一定的人力和物力，但最终未能按照合同的约定履行完自己的义务，致使原告的买壳上市计划落空。此外，被告所选择的目标公司即某百货商店也不符合协议关于目标公司的条件，根据公司法的规定，某百货商店控股股东的国有股权三年内是不能转让的。故被告在选择目标公司方面也存在过错。被告在答辩中认为，该合同是居间合同，被告在协议中仅起联系和媒介作用，但这一辩称显然与协议中约定的内容不符。协议虽名为中介协议，但其内容与居间合同的特征相悖，被告在协议中承担的义务不限于联系和介绍活动，而且承诺通过中介活动达成最终结果即促使原告与目标公司的控股股东达成股权转让协议，并为此制定了详细的工作日程表，约定了达成协议的最后期限和风险保证条款以及有关制约双方履行义务的条款。因此，从协议约定内容及协议签订后的一系列行为来看，被告在此协议中的地位不仅仅是居间人，被告以居间合同为由提出的抗辩和反诉均不能成立。被告没有遵从协议的约定履行义务，应承担违约责任，该协议中约定的风险损失补偿应认定为违约金。被告认为协议未能履行的主要原因在于政府行为，属不可抗力事由的抗辩，也不符合事实和法律。从本案事实来看，无论是买壳上市抑或收购控股股东的股权，均会牵涉上市公司和控股股东的政府主管部门及其上级机关的批准问题，因此，与政府有关部门协商的工作应视为被告在此协议中应尽的义务，被告提供给原告的上市建议书和购买股权建议书也表明被告在缔约前对这一工作难度和风险已有所预见；从法律关于不可抗力的界定来看，有关政府部门对某些交易的合法监管行为并不构成一方当事人的抗辩理由。

一审法院判决如下：被告某证券有限责任公司应在本判决发生法律效力后十日内向原告武汉神某轿车零部件股份有限公司支付违约金100万元；驳回被告某证券有限责任公司的反诉请求。

【相关规定】

《中华人民共和国证券法》第六十二条至第七十七条

《上市公司收购管理办法》

风险点 63

公司减资纠纷

【风险解读】

公司减资纠纷，是指公司注册资本减少过程中，因减资行为引起的民事纠纷。公司资本的减少，涉及股东的股权利益。同时，资本的减少缩小了公司的责任财产范围，直接影响公司债权人的利益。因此，减资违反法定程序或者损害债权人利益的，公司股东可以提起诉讼确认减资行为无效，或者撤销公司减资决议，债权人有权要求公司清偿债务或者提供担保。

根据相关理论及法律规定，公司减资可分为以下几类：（1）实质减资和形式减资；（2）同比例减资和不同比例减资；（3）自愿减资和非自愿减资；（4）弥补亏损型减资、返还资本型减资、免缴出资型减资和混合型减资。

无论是何种形式的减资，都势必导致公司的注册资本减少，或者是实质上将公司资产分配给公司股东，或者减弱公司的偿债能力，这都在很大程度上损害了债权人的利益。

【典型案例】

公司减资前的债权人应如何向减资后的公司及股东实现债权

上诉人（一审被告）：刘某杰。

被上诉人（一审原告）：上海某印刷有限公司（以下简称印刷公司）。

一审法院查明：2009 年 2 月 12 日，新疆某有限责任会计师事务所对新疆新某农产品物流股份有限公司（以下简称新某公司）审计后，出具审计报告。该审计报告中载明，新某公司账面对印刷公司有金额为 2871669.4 元的应付账款未予支付。2010 年 12 月 24 日，新某公司股东会作出减资决议，同意减少该公司注册资本（实收资本）1054.74 万元，其中刘某杰减资金额为 120.96 万元。次日，新某公司在报纸上刊登了减资公告。后印刷公司向新疆生产建设兵团农二师中级人民法院提起另案诉讼，要求新某公司支付货款 2871669.4 元及相应利息损失。

2012 年 6 月 18 日，该院作出（2012）农二民初字第 01 号民事判决，支持了印刷公司的诉讼请求。印刷公司持上述生效判决申请强制执行，2013 年 7 月 10 日，新疆生产建设兵团农二师中级人民法院作出执行裁定，以新某公司财产不足以偿还债权为由，裁定中止执行。

一审法院另查明，新某公司未就减资事项向印刷公司发出通知。

一审法院认为，印刷公司系新某公司减资时的已知债权人。刘某杰作为新某公司股东，通过决议减少该公司的注册资本，虽然刘某杰未直接抽回其注册资本，但新某公司的注册资本具有对债权人的担保功能。新某公司减资后，削弱了偿债能力，且新疆生产建设兵团农二师中级人民法院已明确作出裁定，确认新某公司财产不足以偿还印刷公司债权并裁定中止执行。因新某公司仅在报纸上刊登减资公告，而未对印刷公司履行通知义务，刘某杰的减资行为存在瑕疵，导致减资前形成的债务在减资后清偿不能，故刘某杰应在减资数额范围内对新某公司债务承担补充赔偿责任。如印刷公司通过新疆生产建设兵团农二师中级人民法院恢复执行获得清偿，则印刷公司的债权数额应予减少，刘某杰所承担的补充赔偿责任亦相应减少。

一审法院判决：刘某杰在减少出资的 120.96 万元范围内，对（2012）农二民初字第 01 号民事判决确定的新某公司的付款义务，承担补充赔偿责任；一审案件受理费 15686.4 元，由刘某杰负担。刘某杰不服一审判决提起上诉。

二审法院查明的事实与一审法院查明的事实一致。

二审法院认为，本案系公司减资纠纷。根据公司法之规定，公司减资时应依法履行法定的通知程序，确保公司债权人有机会在公司财产减少之前作出相应的权衡和行动。本案中，新某公司在减资时未通知已知债权人印刷公司，导致印刷公司无从得知其减资情况，也无法提前要求其清偿债务或提供担保，减资程序存在瑕疵。尽管公司法规定公司减资时的通知义务人是公司，但公司减资系股东会决议的结果，是否减资以及如何进行减资完全取决于股东的意志。包括刘某杰在内的新某公司股东在明知公司对外负有巨额债务且未清偿的情形下仍旧通过股东会决议减少公司的注册资本，主观上存在过错，客观上损害了新某公司的偿债能力，故减资股东的行为构成第三人侵害债权。具有程序瑕疵的减资，对已知债权人不发生法律效力，本质上造成同抽逃出资一样的后果，故一审法院认定刘某杰在减资范围内对新某公司的债务承担补充赔偿责任并无不当。刘某杰认为新某公司不存在资不抵债的情形、减资未损害新某公司的偿债能力，故其不应当承担责任。法院认为，瑕疵减资股东承担的补充赔偿责任是一种顺位责任，是在债权执行终结、债务人公司未能全面清偿情形下由减资股东承担责任，故在执行阶段新某公司能否清偿其债务、是否存在资不抵债与减资股东承担补充赔偿责任并不冲突。刘某杰主张其不应承担责任的主张于法无据，法院不予支持。

二审法院判决：驳回上诉，维持原判。

案例评析：公司减资是法律所允许的，但是不管以何种形式减少公司的注册资本，都需严格履行法律规定的减资程序，对于减资事项一定要通知公司债权人。本案中，新某公司未尽到合理通知的义务，虽然公司得以减资，但因损害了债权人的利益，因公司减资而获得利益的股东要在其获益的范围内承担补充清偿债务的责任。

【风险防范】

公司在减资时要形成有效的股东会决议、董事会决议等，对于存在债务的，更应该按照法定程序，履行通知债权人的义务，严格按照法律规定的各项减资程序办理减资事项，防止因减资而导致债权人主张债权等纠纷的发生。

【相关规定】

《中华人民共和国公司法》第二百二十四条

《中华人民共和国市场主体登记管理条例》

风险点 64

公司解散纠纷

【风险解读】

公司解散是指依法成立的公司出现规定事由依法结束其民事权利主体资格的行为。公司解散分为股东自愿解散和请求人民法院解散两种类型。根据我国公司法第二百二十九条的规定，公司解散的事由包括：（1）公司章程规定的营业期限届满或者公司章程规定的其他解散事由出现；（2）股东会决议解散；（3）因公司合并或者分立需要解散；（4）依法被吊销营业执照、责令关闭或者被撤销；（5）公司经营管理发生严重困难，继续存续会使股东利益受到重大损失，通过其他途径不能解决的，持有公司10%以上表决权的股东，可以请求人民法院解散公司。公司解散的前四种情形基本是基于股东的合议或者公司的运行不规范，因这几种情形发生的争议比较少。实践中，公司解散纠纷大多数是因公司经营困难，内部不能形成有效决议产生的。对于公司经营管理发生严重困难的认定等，《最高人民法院关于适用〈中华人民共和国公司法〉若干问题的规定（二）》第一条第一款作出了明确规定，“单独或者合计持有公司全部股东表决权百分之十以上的股东，以下列事由之一提起解散公司诉讼，并符合公司法第一百八十二条[①]规定的，人民法院应予受理：（一）公司持续两年以上无法召开股东会或者股东大会，公司经营管理发生严重困难的；（二）股东表决时无法达到法定或者公司章程规定的比例，持续两年以上不能做出有效的股东会或者股东大会决议，公司经营管理发生严重困难的；（三）公司董事长期冲突，且无法通过股东会或者股东大会解决，公司经营管理发生严重困难的；（四）经营管理发生其他严重困难，公司继续存续会使股东利益受到重大损失的情形”。

公司解散应当同时满足以下三个条件：一是公司经营管理发生严重困难，二是公司继续存续会使股东利益受到重大损失，三是通过其他途径不能解决。公司经营管理发生严重困难，是指因股东或管理人之间的利益冲突和矛盾导致公司运行失灵，公司事务处于瘫痪状态。

① 现为2023年修订公司法第二百三十一条。

【典型案例】

1. 公司股东提起解散公司应满足的条件[①]

上诉人（一审原告）：陈某力。

被上诉人（一审被告）：开封市亿某大型运输有限公司（以下简称亿某公司）。

一审第三人：单某钢。

陈某力起诉请求解散亿某公司。

一审法院查明事实：亿某公司于2009年8月27日注册登记成立，股东为陈某力、单某钢，注册资金为100万元，二人出资比例均为50%。单某钢担任公司的法定代表人。经营范围为大型物件运输。

2010年1月15日，亿某公司与开封空某集团有限公司签订运输合同，主要内容为：开封空某集团有限公司将其产品的运输工作批量委托亿某公司进行运输；合同自2010年1月15日起执行，至2010年12月31日终止。

2010年6月9日，亿某公司与金某公司签订合作协议，主要内容为：金某公司对亿某公司实行兼并，兼并后亿某公司向金某公司缴纳管理费6000元；金某公司同意向亿某公司提供资质及正规发票（开票费用由亿某公司按税率缴纳），仅在开封空某集团有限公司2010年度本次货物中标期间进行普通货物运输，下次招标金某公司不再提供有关手续，同时协议失效；金某公司有义务向亿某公司提供账号，协助亿某公司办理运费转账、结算业务，开具运输发票由单某钢本人办理。开封空某集团有限公司转入金某公司的所有运费三日内转入亿某公司的账户。

2010年6月10日，开封空某集团有限公司、亿某公司、金某公司三方签订协议，约定目前亿某公司被金某公司兼并，原开封空某集团有限公司与亿某公司所签运输合同内容不变，合同主体由亿某公司变更为金某公司，亿某公司的权利与义务由金某公司全部承继。

2010年7月8日，金某公司向开封空某集团有限公司出具证明，内容为

① 案例中一审法院引用的公司法（2005年修订）第一百八十三条现为公司法（2023年修订）第二百三十一条。

亿某公司被金某公司兼并后，开封空某集团有限公司货物运输由金某公司接管，因单某钢和陈某力为合伙人，现委托二人同时负责开封空某集团有限公司业务。

2010年8月23日，金某公司负责人胡某广以金某公司名义出具证明，内容为亿某公司被金某公司兼并后，由金某公司委托原亿某公司合伙人陈某力负责开封空某集团有限公司普通货物运输业务，从2010年5月1日起至2010年8月23日止所发生的运费（按运费票据实际数额计算），由金某公司负责解决。

2010年8月25日，金某公司出具委托书，内容为："开封空某集团有限公司运输处：亿某公司被金某公司兼并后，由于亿某公司内部原因，使金某公司的生产经营受到了一定的影响。根据公司法和相关规定，自2010年8月25日起，开封空某集团有限公司普通货物运输由单某钢全权负责，期限为两个月。自2010年10月25日起，由陈某力全权负责贵公司普通运输业务，并撤销前期所有委托。"

另查明，开封市顺河区人民法院（2012）顺民初字第13号民事判决认定：2010年8月24日，金某公司开始在开封空某集团有限公司开票挂账。

2010年8月25日，开封空某集团有限公司开始向金某公司支付运费；2010年、2011年，金某公司在开封空某集团有限公司开票挂账共计6649552.74元。2010年、2011年和2012年1月，开封空某集团有限公司向金某公司付款共计4782347.14元。现开封空某集团有限公司账上尚存金某公司挂账运费1867205.6元。2010年和2011年，经单某钢向金某公司出具亿某公司开具的收款收据领取运费902900元，经陈某力向金某公司出具署名收款人为陈某力的收条领取运费共计3194500元。单某钢认为陈某力领取运费300万余元的行为侵占了公司财产，涉嫌犯罪，为此向公安机关举报。

一审法院认为，公司法（2005年修订）第一百八十三条规定："公司经营管理发生严重困难，继续存续会使股东利益受到重大损失，通过其他途径不能解决的，持有公司全部股东表决权百分之十以上的股东，可以请求人民法院解散公司。"公司经营管理发生严重困难是指由于公司股东僵局而导致股东会无法召开或无法形成有效决议，公司运行失灵等情形。陈某力所诉股东权利无法实现，应当先行通过其他途径予以救济，而不能直接请求解散公司。当事人对自己的诉讼主张应当提供证据，不能提供的应当承担败诉后果。本案中，陈某力提供的证据虽然可以证明亿某公司的两个股东之间存在一定矛盾，但未能充分证明亿某公司发生经营管理严重困难且通过其他途径不能解决，已达到必须通过解散公司的方式维护股东权益的事实。因此，陈某力要求解散亿某公司，证据不足。

一审法院判决：驳回陈某力要求解散亿某公司的诉讼请求。

陈某力不服一审判决提起上诉。

二审法院查明的事实与一审法院查明的事实一致。

二审法院认为，按照公司法（2005 年修订）第一百八十三条之规定，公司经营管理发生严重困难，继续存续会使股东利益受到重大损失，通过其他途径不能解决的，持有公司全部股东表决权 10% 以上的股东，可以请求人民法院解散公司。陈某力所提供的证据证明两个股东之间存在一定的矛盾，但并没有证据证明在长达两年的时间内无法召开股东会，亿某公司经营管理并未达到严重困难的程度。本案两个股东之间的问题可通过其他途径予以救济，亿某公司并未达到通过其他途径不能解决、必须通过解散的方式维护股东权益的程度。因此，陈某力要求解散亿某公司的诉讼请求，证据不足，法院不予支持。

二审法院判决：驳回上诉，维持原判。

案例评析：股东举证证明公司长期不能形成有效决议，并且已经穷尽所有救济途径的，才可以请求法院解散公司。本案中陈某力所提供的证据证明两个股东之间存在一定的矛盾，但并未提供证据证明在长达两年的时间内亿某公司无法召开股东会，亿某公司经营管理并未达到严重困难的程度。本案两个股东之间的纠纷可通过其他途径予以解决，亿某公司并未达到通过其他途径不能解决、必须通过解散的方式维护股东权益的程度。

2. 公司符合解散僵局条件的认定[①]

上诉人（一审原告）：常某、王某。

被上诉人（一审被告）：宁波君某电子科技有限公司（以下简称君某公司）。

被上诉人（一审第三人）：宁波市捷某工贸实业有限公司（以下简称捷某公司）。

常某、王某于2014年4月24日向一审法院提起诉讼称，2008年1月3日，常某、王某与捷某公司共同出资200万元设立君某公司，其中，常某出资40万元，持有20%股权，王某出资40万元，持有20%股权，捷某公司出资120万元，持有60%股权。君某公司设立董事会，由莫某娣担任董事长，常某、王某担任董事。君某公司成立后，由捷某公司一手掌控，常某、王某未参与过君某公司的决策，也未担任过公司的领导职务，常某、王某作为公司的股东和董事，其股东权利和董事权利均被非法剥夺，无法了解和参与君某公司的经营管理，致使常某、王某投资目的无法实现。具体如下：（1）虽然常某、王某多次口头提议召开股东会和董事会，但除2010年11月2日、2011年9月10日、2011年9月26日三次会议外，君某公司未再召开过董事会和股东会；（2）自2010年10月起，常某、王某再未看过君某公司的任何一份财务报表；（3）捷某公司在未召开董事会，也未与常某、王某商量的情况下，擅自采购了包括45万元钻机、30万余元自动V割机以及其他小设备在内总价超过100万元的重大机器设备；（4）2010年8月至9月，君某公司固定资产增加280万元，捷某公司至诉讼时未向常某、王某解释；（5）君某公司的财务会计、出纳人员的安排、重要人事任免均由捷某公司一手操控。综上所述，君某公司的股东会和董事会形同虚设，股东会和董事会无法就君某公司的经营管理进行决策。鉴于君某公司机制状况，常某、王某于2010年11月提出召开股东会，商议常某、

---

① 案例中一审法院引用的公司法（2005年修订）第七十二条、第一百五十三条、第一百八十二条现为公司法（2023年修订）第八十四条、第一百九十条、第二百三十条。

案例中一审法院引用的《最高人民法院关于适用〈中华人民共和国公司法〉若干问题的规定（二）》（法释〔2008〕6号）第一条现为《最高人民法院关于适用〈中华人民共和国公司法〉若干问题的规定（二）》（2020年修正）第一条，内容未作修改。

王某的股权转让事宜，但股东会未能及时作出股权转让的决议，而是将常某、王某股权转让事宜无限期搁置。2011年8月16日，常某、王某再次书面提议，将其持有的君某公司40%股权作价180万元对外转让。2011年8月20日，捷某公司复函表示不同意其对外转让股权，并拟定于2011年9月召开君某公司董事会，商谈股权内部转让事宜。该董事会召开后，君某公司否定了常某、王某对外转让股权的提议，提出以审计价格收购常某、王某股权，遭常某、王某拒绝。此后，君某公司陷入董事长期矛盾冲突之中。常某、王某曾打算向股东以外的案外人王某余转让股权，但王某余以君某公司存在污染问题、前途不光明等原因，放弃了受让。君某公司持续两年无法召开股东会，不能作出有效的股东会决议，该公司经营管理发生严重困难，继续存续将使股东利益受到重大损失。君某公司上述状况已经符合《最高人民法院关于适用〈中华人民共和国公司法〉若干问题的规定（二）》（法释〔2008〕6号，下同）第一条中关于公司解散的情形的规定。常某、王某请求法院解散君某公司。

君某公司在一审庭审中口头答辩称，第一，常某、王某提起本案诉讼的根本原因是高价转让君某公司股权未果，意图通过本案诉讼继续向捷某公司施压，迫使捷某公司同意常某、王某提出的股权转让价格，常某、王某提起公司解散诉讼不符合受理条件。（1）君某公司注册资本为200万元，常某、王某各出资40万元，捷某公司出资120万元。莫某娣担任董事长，常某、王某担任公司董事，共同组成董事会。但实际上，君某公司自2008年1月3日成立至2010年10月，由常某、王某负责生产销售等经营管理。其间，常某、王某滥用股东及董事权利，造成君某公司财务混乱，亏损严重。2010年10月初，常某、王某离开君某公司，未再在君某公司担任职务，也未参与日常管理。2010年11月，捷某公司接手君某公司的经营管理，常某、王某不仅主观上怠于协助捷某公司改善君某公司经营困境，反而再三要求向捷某公司高价转让股权，甚至凭借与案外人签订的真伪不明的股权转让协议通过诉讼给捷某公司施压。因常某、王某与捷某公司对捷某公司收购常某、王某股权的价格悬殊，无法达成一致才导致本案诉讼。（2）常某、王某诉称其受大股东压迫、知情权受到损害、投资目的无法实现、股东间因股权转让不成存在矛盾，这些事由非公司解散诉讼的受理条件，根据《最高人民法院关于适用〈中华人民共和国公司法〉

若干问题的规定（二）》第一条第二款之规定，应裁定驳回起诉。第二，君某公司自 2010 年 11 月由捷某公司接手后一直正常经营管理。（1）捷某公司拥有君某公司 60% 股权，即使董事之间存在矛盾，也完全可以通过召开股东会更换董事，君某公司经营管理不会发生严重困难。（2）君某公司设置了完善的组织架构，聘任了日常经营管理所需的工作人员，在管理层有效领导下，君某公司有序开展业务。君某公司成立后，建立了董事会，由莫某娣担任董事长，常某、王某担任董事，并聘任陈某新为总经理。君某公司租赁了生产和办公用房，设置了生产部、财务部、采购部、行政部、商务部等部门，周密安排各项工作。君某公司还与某环境保护科学研究设计院签订《环保“三废”运行管理服务合同》，将公司环保“三废”运营管理工作委托该研究院负责。第三，君某公司继续存续有利于包括常某、王某在内的股东利益，没有解散的必要。君某公司经营范围包括印制电路板、电子元器件的研究、开发、制造、加工，这些都属于高耗能、高污染、易毒易害项目，君某公司经营项目通过环保等行政审批十分不易。君某公司设立至今，已投入数百万元用于购置保护环境、改善水质、净化空气等的设备设施，通过了当地环境保护部门对公司年产 12 万平方米单面、双面印制电路板项目的审查并取得同意生产批复意见。因君某公司在常某、王某经营管理期间品牌受损，亏损严重，现君某公司仍处于资不抵债状况。如判决解散君某公司，除常某、王某投资血本无归外，债权人等利害关系人的利益也将受损。第四，常某、王某未证明其已经穷尽其他救济途径，其诉请不应得到支持。（1）根据君某公司章程规定，三分之一以上的董事提议可召开股东会或董事会临时会议，但常某、王某从未提议要求解散君某公司。常某、王某作为君某公司股东和董事，在经营管理中未履行自身职责，其言行均围绕股权转让进行，本身存在过错。（2）常某、王某可以根据公司法（2005 年修订）第一百五十三条之规定，对董事、高级管理人员提起诉讼。通过该救济途径，个别股东利益受损可以转化为股东与董事、高级管理人员之间的纠纷，不会影响公司的存续。根据公司法（2005 年修订）第七十二条之规定，常某、王某也可以向股东以外的人转让股权，但常某、王某未进行这方面工作，只意图以真假不明的股权转让协议给捷某公司施加压力。股权转让应建立在常某、王某与捷某公司自愿协商基础之上，捷某公司是否愿意受让常某、王某股权与君某公司是否解散没有直接关联。综上所述，常某、王某的诉讼请求缺乏事实与法律依据，请求予以驳回。

捷某公司在一审庭审中口头答辩称：除与君某公司一致的答辩意见外，补充一点，常某、王某从未提议召开股东会，君某公司持续两年无法召开股东会的情况不存在。请求驳回常某、王某的诉讼请求。

一审法院认定事实：君某公司经营范围为印制电路板、电子元器件的研究、开发、制造和加工，已通过了当地环境保护部门对公司年产12万平方米单面、双面印制电路板项目的审查并取得同意生产批复意见。该公司注册资本200万元，常某、王某各出资40万元，各持股20%，捷某公司出资120万元，持股60%。君某公司组建了董事会，由莫某娣担任董事长，常某、王某担任董事。该公司章程载明：（1）股东之间可以互相转让其全部或部分出资，股东向股东以外的人转让其出资时，必须经过半数股东同意，不同意转让的股东应购买转让的出资，否则视为同意转让。（2）股东会会议一年召开一次。当公司出现重大问题时，代表四分之一以上有表决权的股东，三分之一以上的董事或监事可提议召开临时会议。（3）股东会行使下列职权：决定公司的经营方针和投资计划，对股东向股东以外的人转让出资作出决议，对公司合并、分立、变更公司形式、解散和清算等事项作出决议……（4）股东会会议由股东按照出资比例行使表决权。对解散或变更公司形式以及修改章程的决议，必须经代表三分之二以上有表决权的股东通过。（5）董事会会议每半年召开一次，全体董事参加……三分之一以上的董事可提议召开临时董事会会议。（6）公司有下列情况之一的，应予以解散：公司章程规定的营业期限届满；股东会决议解散的；因合并或分立需要解散的；公司违反法律、行政法规被依法责令关闭的；有其他法定事由需要解散的。2010年10月之前，常某、王某在君某公司担任生产销售相关的主管。2010年10月初，常某、王某离开君某公司，从该时间点起至诉讼时止，常某、王某未在君某公司担任职务，也未参与君某公司日常管理。2010年11月2日之前，常某、王某提出了股权转让申请；2010年11月2日，君某公司召开股东会兼董事会，莫某娣、王某、常某等人出席，并形成会议记录一份。记录载明：（1）会议主题为关于董事会股东退股问题；（2）君某公司董事长和捷某公司代表提议，无论是股东转让股份还是董事回收股份，大前提是先把账目清算好;(3)董事责任在于无论是投入、盈亏都要按照入股比例进行承担。2011年8月16日,常某、王某以书面形式正式提出股权转让申请,建议近期召开股东会,决定股权转让事宜,并认为常某、王某40%股权作价180万元,如其他股东不愿接受常某、王某的股权,常某、王某将向股东以外的人转让各自的股权。2011年8月20日,捷某公司回复常某、王某,称捷某公司董事会不同意常某、王某向股东以外的人转让君某公司股权,并决定召开董事会。2011年9月10日,君某公司召开股东会兼董事会,莫某娣、王某、陈某恩(常某的代理人)出席,并形成会议记录一份。记录载明:(1)会议主题为关于董事会股东退股问题;(2)2011年5月,常某提出股权转让,如大股东不收购,欲对外转让;(3)捷某公司不同意王某、常某对外转让股权,愿以审计后实际价格收购,并提出在本次会议结束后十个工作日启动审计程序;(4)陈某恩提出各选择一家审计单位,通过抽签产生审计单位,并表示该意见需经常某本人确认。2011年9月16日和9月18日,常某和王某分别致函捷某公司,表示不同意以审计价格转让其持有的股权,要求捷某公司分别以90万元价格收购,如若不然,常某、王某将向股东以外的人转让。2011年9月19日,捷某公司回复称不同意常某、王某上述函件的意见。2011年9月21日,捷某公司通知常某、王某于2011年9月26日下午召开审计单位的抽签会。2011年9月26日,君某公司召开股东会兼董事会,莫某娣、王某、陈某恩(常某的代理人)出席,并形成会议记录一份。记录载明:(1)会议主题为关于上届董事长提出资产审议问题;(2)捷某公司董事长提出按2011年9月10日股东会决议进行审计抽签,捷某公司坚持要求审计;(3)常某、王某不同意以审计价格转让股权;(4)陈某恩认为常某不同意审计,其没有表决权,并代表常某要求大股东在2011年10月10日前就以90万元转让股权作出决定。除2010年11月2日、2011年9月10日和2011年9月26日会议外,君某公司未再召开过董事会和股东会。2013年初,某区管理委员会组织常某、王某与捷某公司协调,未果。2013年2月26日,常某、王某二人的代理人张某潮律师致函捷某公司,告知捷某公司二人已与股东外的自然人商定,以180万元价格转让二人持有的君某公司40%的股份,并询问捷某公司是否行使优先购买权。2013年3月13日,捷某公司回函称,常某、王某应按审计价格向捷某公司转让股权，该公司委托的会计师事务所正在审计。2013年3月20日，常某、王某与案外人王某余签订股权转让协议一份，商定常某、王某将其持有的40%君某公司股权以180万元价格转让给王某余，款项在股权工商变更登记后三日内付清。2013年8月26日，常某、王某以捷某公司作为被告，君某公司和王某余作为第三人，另案提起诉讼。该案中，常某、王某要求确认其与王某余签订的股权转让协议有效。另案受理法院认为，常某、王某有权与王某余签订股权转让协议，该协议是否有效与捷某公司优先购买权无关，因此，捷某公司与该案不存在直接利害关系，非该案适格被告，遂裁定驳回常某、王某的起诉。常某、王某尚未与王某余办理股权变更登记。2014年4月3日，捷某公司和君某公司通知常某、王某于2014年4月30日参加君某公司股东会，讨论君某公司经营状况及今后的经营与发展问题，常某、王某拒绝参加，要求捷某公司直接告知解决方案。君某公司至今仍在经营，有大量的业务。君某公司向税务机关提供的材料表明：（1）2010年度，君某公司主营业务收入为12363019.31元，主营业务成本为12291904.56元，净利润为负1124892.3元；（2）2011年度，君某公司主营业务收入为16454088.59元，主营业务成本为16446450.88元，净利润为负2489328.16元；（3）2012年度，君某公司主营业务收入为17261992.98元，主营业务成本为16978792.97元，净利润为负2505027.61元；（4）2013年度，君某公司营业收入为14868294.14元，营业成本为15718336.24元，净利润为负3662766.74元。

一审法院审理认为，公司解散需要符合公司法（2005年修订）第一百八十二条和《最高人民法院关于适用〈中华人民共和国公司法〉若干问题的规定（二）》第一条之规定，本案情形与此并不相符。其一，常某、王某和捷某公司分别持有君某公司20%、20%和60%的股权，可以达到君某公司章程规定的表决比例。其二，虽然君某公司自成立起至诉讼时止仅召开过三次股东会和董事会，自最后一次股东会召开至今已有两年，但以常某、王某的持股比例和其均是君某公司董事的身份，完全可以根据章程约定提议召开董事会和股东会，但常某、王某并未提供证据证实其提出过相应提议，据此，君某公司自2011年9月27日起至诉讼时止未召开股东会和董事会只表明了一种事实状态，而非表明君某公司存在股东会和董事会无法召开的障碍和僵局。其三，现有证据表明，常某、王某和捷某公司在股权转让的价格上有重大分歧，但并无证据显示常某、王某和捷某公司在君某公司的经营方向、计划上有分歧，常某、王某也未提供证据证实其就与捷某公司在君某公司经营管理上的矛盾提议召开股东会和董事会，故无法认定常某、王某和捷某公司在公司经营上存在不可调和的矛盾。其四，从常某、王某具体列举的股东权利和董事权利被剥夺的情形看，二人未查阅过君某公司财务报表属于知情权方面的内容，不属于公司解散的事由。其五，君某公司现仍在继续经营，每年经营收入可观，且君某公司通过了当地环境保护部门对公司年产12万平方米单面、双面印制电路板项目的审查并取得同意生产批复意见，其继续存续并不一定会使常某、王某的股东利益受到重大损失。其六，另案中，法院认为，常某、王某有权与王某余签订股权转让协议，该协议是否有效与捷某公司的优先购买权无关。在此情况下，另案裁定并未阻碍常某、王某和王某余继续履行其股权转让协议。公司解散作为股东矛盾无法解决的最后手段，非必要不得轻易采取，从维护公司经营稳定的角度，亦不应在救济手段未穷尽之前径行采取。现有证据不能证明君某公司经营管理发生严重困难，继续存续会使股东利益受到重大损失，也不能证明常某、王某已经穷尽了途径仍无法解决常某、王某和捷某公司的矛盾，故对常某、王某的诉请不予支持。

一审法院判决：驳回常某、王某的诉讼请求。

常某、王某不服一审判决提起上诉。

二审法院查明的事实与一审查明的事实一致。

二审法院认为，本案争议焦点是君某公司是否符合解散条件。常某、王某各持有君某公司20%股权，捷某公司持有君某公司60%股权。君某公司章程规定：一般决议必须经代表半数以上有表决权的股东通过等。按照常某、王某、捷某公司持有君某公司的股权比例，在经营管理方面，不影响形成有效表决和股东会决议。常某、王某系君某公司董事，按照君某公司章程，也不影响其按照章程提议召开董事会和股东会。就君某公司目前经营状况而言，其虽处于亏损状态，但仍在正常经营，并具有一定经营规模和营业收入。常某、王某转让君某公司股权可能如其上诉所称系与捷某公司之间矛盾所引起，但双方提供的证据表明，君某公司自设立起至诉讼时止，仅召开过三次股东会和董事会，且讨论的是股权转让价格问题。而该问题可以根据法律及公司章程通过其他救济途径予以解决。君某公司尚不符合解散条件，一审法院驳回常某、王某要求解散君某公司的诉讼请求，并无不当。另经审查，一审法院审判程序并未违反法律规定。

二审法院判决：驳回上诉，维持原判。

案例评析：本案中，常某、王某各持有君某公司20%股权，捷某公司持有君某公司60%股权。君某公司章程规定：一般决议必须经代表半数以上有表决权的股东通过等。按照常某、王某、捷某公司持有君某公司的股权比例，在经营管理方面，不影响股东会形成有效表决和股东会决议。常某、王某系君某公司董事，按照君某公司章程，也不影响其按照章程提议召开董事会和股东会。就君某公司目前经营状况而言，其虽处于亏损状态，但仍在正常经营，并具一定经营规模和营业收入。常某、王某与君某公司间关于股权转让的纠纷可以根据法律及公司章程通过其他救济途径予以解决，不符合公司解散的条件。

3. 公司解散应满足的基本条件①

上诉人（一审被告）：金某园经贸有限责任公司（以下简称金某园公司）。

被上诉人（一审原告）：张某龙。

一审第三人：陈某新、段某平、袁某萍等人。

张某龙起诉要求解散金某园公司。

一审法院查明：2001年5月29日，金某园公司成立。公司成立之前，金某园公司制定了公司章程，选举陈某新为董事长，张某龙、段某平、袁某萍为

① 案例中一审法院引用的公司法（2005年修订）第三条、第四条、第二十条、第一百八十一条、第一百八十三条现为公司法（2023年修订）第三条、第四条、第二十一条、第二十三条、第二百二十九条、第二百三十一条。

案例中一审法院引用的《最高人民法院关于适用〈中华人民共和国公司法〉若干问题的规定（二）》（法释〔2008〕6号）第一条现为《最高人民法院关于适用〈中华人民共和国公司法〉若干问题的规定（二）》（2020年修正）第一条，内容未作修改。

董事，黄某为监事，约定公司存续期为二十年，自营业执照签发之日起计算。金某园公司的经营范围是建筑建材、装饰装潢材料、电器机械等，公司注册资本为 909.4 万元，股东出资额和出资比例分别为：陈某新出资 167.2 万元占 18.39%，张某龙出资 125 万元占 13.74%，段某平出资 39.1 万元占 4.3%，黄某出资 29.1 万元占 3.2%，袁某萍出资 9.5 万元占 1.045%，曾某出资 8 万元占 0.88% 等。张某龙认为，金某园公司自成立以来，没有按照公司章程召开股东会，管理混乱，亏损严重，损害了股东权利和利益。2012 年 6 月 2 日，张某龙提起诉讼，请求解散金某园公司。本案经多次调解，双方当事人未能达成协议。

一审法院认为，公司法（2005 年修订）第三条、第四条、第二十条、第一百八十一条、第一百八十三条以及《最高人民法院关于适用〈中华人民共和国公司法〉若干问题的规定（二）》（法释〔2008〕6 号）第一条的规定不仅是公司解散之诉的受理条件，也是判断公司是否达到解散的实质条件。本案中，张某龙主张金某园公司成立至今无法正常召开股东会议，无法形成有效的股东会决议，公司管理已达到极为混乱的程度。金某园公司否认该事实，并提交了金某园公司近年来作出股东会决议的情况欲以反驳张某龙的主张，但按照金某园公司章程第二十一条、第二十二条的规定，“股东会决议由股东按出资比例三分之二和三分之一以上的股东人数通过”。经审查，金某园公司提交的近年来作出的股东会决议情况，认定自 2009 年 4 月起，金某园公司所作出的股东会决议并未经出资比例达三分之二以上的股东同意，对金某园公司的抗辩主张，不予采信。张某龙在提起公司诉讼之前，已通过其他途径，试图化解与金某园公司的矛盾，经法院主持调解，双方仍无法对股权收购问题达成意见。长期以来，张某龙作为金某园公司的股东未能分配到公司利润，又无法通过合法的退出机制转让其股权，金某园公司又不愿按张某龙主张的股权金额收购其股权。因此，张某龙的起诉符合《最高人民法院关于适用〈中华人民共和国公司法〉若干问题的规定（二）》第一条第二项、第四项之规定。张某龙与金某园公司及一审第三人已不具备继续合作的基础，共同经营金某园公司的目的已不能实现。张某龙已无法正常行使股东权利。

一审法院判决：解散金某园公司。

金某园公司不服一审判决提起上诉。

二审法院查明的事实与一审法院查明的事实一致。

二审法院认为，经法院查明，金某园公司自成立起至今均能召开股东会会议，虽然有几次股东会会议没有达到出资比例达三分之二的股东参加，但事后出资比例达三分之二以上的股东均对决议予以追认，因此，金某园公司事实上可以作出有效决议，并未陷入公司僵局。一审法院认为自 2009 年 4 月起，金某园公司所作出的股东会决议并未经三分之二以上的股东同意与本案证据不符，二审法院予以纠正。而张某龙股权可以通过对外转让或由其他股东购买实现其股东权利，金某园公司继续存续并不会造成张某龙股东利益的重大损失。至于张某龙溢价转让股权无人接收，是市场交易的风险导致的而并不是金某园公司不接收其溢价造成的股东利益损失，因此，张某龙要求解散金某园公司的主张不能成立，二审法院不予支持。一审认定金某园公司不能形成股东会决议，张某龙又无法通过合法的退出机制转让其股权，与本案事实不相符合，二审法院予以纠正。

二审法院判决：撤销一审判决；驳回原告张某龙的诉讼请求。

案例评析：股东会会议能否形成有效决议，不能仅以公司在两年内是否形成有效的书面决议为评判标准，公司股东可通过事后追认的方式使公司摆脱无法形成有效决议的状态。本案中，金某园公司自成立时起至诉讼时均能召开股东会会议，虽然有几次股东会会议没有达到出资比例达三分之二以上的股东参加，但事后股东均对股东会决议进行了追认，因此，金某园公司事实上可以作出有效决议，并未陷入公司僵局，不能因此解散公司。

【相关规定】

《中华人民共和国公司法》第二百二十九条、第二百三十一条

《最高人民法院关于适用〈中华人民共和国公司法〉若干问题的规定（二）》第一条、第四条、第五条、第六条、第二十四条

【诉讼指导】

1. 原告应举证证明已穷尽其他救济途径仍不能使公司正常运行。我国相关

法律规定股东只有在穷尽所有手段仍不能使公司正常运行时才能请求法院解散公司。所以，根据“谁主张，谁举证”原则，原告需要举证证明已穷尽所有救济途径仍不能使公司有效运行。

2. 股东起诉时原、被告及第三人的列明。持有公司十分之一以上股权的股东有权请求解散公司，在诉讼时应将公司列为被告，将其他股东列为第三人。若原告执意将其他股东作为被告一并提起诉讼的，人民法院应当告知原告将其他股东变更为第三人；原告坚持不予变更的，人民法院应当驳回原告对其他股东的起诉。原告提起解散公司诉讼应当告知其他股东，或者由人民法院通知其他股东参加诉讼。其他股东或者利害关系人申请以共同原告或者第三人身份参加诉讼的，人民法院应予准许。

3. 无法形成有效决议以两年为限。与公司相关的法律法规以促进公司在公平正义、自由交易的市场经济制度下自由发展为导向，对于暂时陷入僵局的公司，法律允许其有一个自我调整的过程，在公司已出现僵局的两年内，法院一般不予受理股东的解散申请。

4. 公司僵局容易引发其他关联诉讼。陷入僵局的公司，除了有被解散的风险外，还可能因为公司僵局产生侵犯名誉纠纷、损害公司利益纠纷、返还原物纠纷等，股东及公司在诉讼中需注意公司僵局诉讼对其他诉讼可能产生的影响。

风险点 65

公司清算纠纷

【风险解读】

公司清算纠纷，是指公司因特定事由解散或被宣告破产，或者普通清算无法继续时，公司未在法定的期限内组成清算组开始清算，或者虽然成立了清算组但其故意拖延清算，或者有其他违法清算可能严重损害公司股东或债权人利益的，发生在公司股东、公司债权人与公司之间的争议。公司清算纠纷的类型主要有：（1）公司债权人与公司之间的纠纷；（2）公司股东之间的纠纷；（3）公司股东与公司之间的纠纷。

【典型案例】

公司清算条件的认定[①]

上诉人（一审申请人）：蔡某雄。

被上诉人（一审被申请人）：光某广告装饰工程有限公司（以下简称光某公司）。

蔡某雄起诉请求对光某公司进行清算。

一审法院查明：光某公司系于1994年11月3日登记成立的有限责任公司，股东为蔡某雄、吕某光、霍某荣、蒋某成。该公司因逾期未年检于2011年10月26日被吊销营业执照。

另外，广东佳某投资有限公司于2013年3月21日向一审法院申请强制清算光某公司，因光某公司已被吊销营业执照，一审法院未能获取其任何财产、账册及其他重要文件，光某公司的股东也没有向一审法院提供清算所需的资料。一审法院于2014年2月26日作出裁定书终结了对光某公司的强制清算程序。经询问蔡某雄，其也未能获得光某公司任何财产、账册等清算所需的资料。

一审法院认为，光某公司因债权人广东佳某投资有限公司的申请进入了清算程序，但因一审法院未能获取其任何财产、账册及其他重要文件，光某公司的股东也没有向一审法院提供清算所需的资料，光某公司无法进行清算，一审法院已经裁定终结了清算程序。蔡某雄在未能提供光某公司财产和账册等清算所需的资料的情况下再次申请启动清算程序，没有法律依据，一审法院不予受理。

一审法院裁定：不予受理蔡某雄对光某公司的清算申请。

蔡某雄不服一审裁定提起上诉。

二审法院对一审法院查明的事实予以确认。

---

① 详见广东省东莞市中级人民法院（2015）东中法民二撤终字第1号民事判决书。

案例中二审法院引用的公司法（2013年修正）第一百八十三条现为公司法（2023年修订）第二百三十二条、第二百三十三条。

案例中二审法院引用的《最高人民法院关于适用〈中华人民共和国公司法〉若干问题的规定（二）》（2014年修正）第七条现为《最高人民法院关于适用〈中华人民共和国公司法〉若干问题的规定（二）》（2020年修正）第七条，原第三款被删除。

二审法院认为，本案为申请公司清算纠纷。一方面，公司法（2013年修正）第一百八十三条规定债权人可以申请公司强制清算，而《最高人民法院关于适用〈中华人民共和国公司法〉若干问题的规定（二）》（2014年修正）第七条第三款规定只有在债权人未提起清算申请的情况下，公司股东才可以申请法院指定清算；另一方面，光某公司因债权人广东佳某投资有限公司的申请进入了清算程序，一审法院亦已进行了审理，因一审法院未能获取光某公司任何财产、账册及其他清算所需的重要文件，光某公司的股东也未能提交任何清算所需的材料，另案已经裁定终结清算程序，且蔡某雄在本案中亦未能提交任何清算所需的材料。据此，一审法院对蔡某雄的清算申请不予受理并无不当，二审法院对此予以维持。

二审法院裁定：驳回上诉，维持原裁定。

案例评析：公司能够顺利进行清算的前提是能够提供公司的资产信息以及经营的财务账册和其他重要文件，若均不能提供，则公司无法进行强制清算，不管是公司债权人、股东还是公司，启动清算程序已属不可能。

【相关规定】

《中华人民共和国民法典》第六十八条、第七十条、第七十二条

《中华人民共和国公司法》第二百二十九条、第二百三十二条至第二百四十二条

《中华人民共和国保险法》第八十九条、第九十条、第九十七条、第一百四十九条、第一百五十条、第一百五十四条

《中华人民共和国企业破产法》第七条、第二十四条、第七十条、第一百二十四条、第一百三十四条、第一百三十五条

《最高人民法院关于适用〈中华人民共和国公司法〉若干问题的规定（二）》第二条、第七条、第十五条至第二十二条

【诉讼指导】

1. 启动公司清算程序前，应掌握公司的财产信息、财务账簿资料及其他重

要信息，否则，公司清算程序无法进行。

2. 在公司陷入僵局时，公司股东可通过股东会决议的形式自行解散或清算公司；无法形成股东会决议的，公司股东也可向人民法院申请对公司进行强制清算。

3. 一旦公司陷入经营僵局，应尽快通过法律手段予以处理，股东不能再以公司的名义对外进行经营，否则，将造成其他股东无法掌握公司经营情况而导致股东权利名存实亡。

风险点 66

清算组成员责任纠纷

【风险解读】

清算组成员责任纠纷，是指清算组成员在清算期间，因故意或者重大过失给公司或者债权人造成损失的，应当承担赔偿责任的纠纷。公司清算期间，公司清算组是对内执行清算事务、对外代表公司处理债权债务的公司机关。如果清算组成员因故意或者重大过失给公司或者债权人造成损失的，公司的股东或者公司的债权人，均可请求清算组成员承担赔偿责任。

清算组在公司清算期间代表公司进行一系列民事活动，全权处理公司经营事务和民事诉讼活动。根据公司法的规定，清算组成员履行清算职责，负有忠实义务和勤勉义务。清算组成员怠于履行清算职责，给公司造成损失的，应当承担赔偿责任。实践中，因清算组成员故意或重大过失给债权人造成损失导致债权人向清算组成员主张侵权责任的纠纷经常发生。在审判过程中，通常以下列标准判断清算组成员是否应承担责任：（1）清算组成员是否恪尽职守行使清算职权；（2）清算组成员的过错行为是否造成被解散公司或债权人的实际损失；（3）清算组成员怠于履行清算职权的行为是否为造成公司或者债权人实际损失的直接原因，即行为与结果之间是否存在因果关系；（4）清算组成员主观上是否存在故意或者过失，即清算组成员对其侵权行为是否具有过错。

【典型案例】

清算组因过错造成债权人损失的应承担责任 [①]

上诉人（一审原告）：和某乳业有限责任公司（以下简称和某乳业）。

上诉人（一审被告）：孟某、孟某某。

一审法院查明：某奶浴有限责任公司（以下简称奶浴公司）于2002年7月11日注册成立，公司性质为有限责任公司，法定代表人为孟某，股东为孟某、孟某某。2012年6月14日，蚌埠市工商行政管理局向奶浴公司出具了备案通知书，备案内容为："经审查，提交的清算组备案申请，申请材料齐全，符合法定形式，我局予以备案。"同年6月15日，奶浴公司在《蚌埠广播电视报》发布注销公告，内容为："奶浴公司经股东会研究决定解散，拟向公司登记机关申请注销登记，现已组成清算组，清算组由孟某、孟某某两人组成，请债权人于公告之日起四十五日内向奶浴公司清算组申报债权。"2012年7月29日，奶浴公司向蚌埠市工商行政管理局申请注销。同年7月31日，清算组出具清算报告，内容为："税款已缴纳，债务清偿情况为零，剩余财产6722.47元，按股东出资比例退还股东。"当日，奶浴公司又作出股东会决议，一致确认清算组的清算报告，同意向公司登记机关申请办理注销手续。2012年8月3日，蚌埠市工商行政管理局出具受理通知书，内容为："经审查，提交的注销登记申请，申请材料齐全，符合法定形式，我局决定予以受理，并在三日内作出准予登记的决定。"同年8月6日，蚌埠市工商行政管理局作出准予注销登记通知书，内容为"经审查，提交的奶浴公司注销登记申请，申请材料齐全，符合法定形式，我局决定准予注销登记"，并在企业登记颁证及归档记录表中备注"印章已交回并销毁，孟某"。在奶浴公司注销过程中，原告和某乳业未收到关于申报债权的通知。

另查明：2012年6月28日，原告和某乳业因与奶浴公司之间存在房屋租

---

① 详见安徽省蚌埠市中级人民法院（2014）蚌民二终字第00213号民事判决书。

案例中二审法院引用的公司法（2013年修正）第一百八十五条现为公司法（2023年修订）第二百三十五条。

案例中二审法院引用的合同法第一百一十九条现为民法典第五百九十一条。

赁合同纠纷，将奶浴公司诉至安徽省蚌埠市蚌山区人民法院，要求奶浴公司支付拖欠的租金。同年7月28日，该法院作出（2012）蚌山民一初字第00797号民事判决书，判决：奶浴公司支付原告自2012年3月28日起至2012年7月28日止的房屋租金56664元，并支付案件受理费786元。该案审理期间，奶浴公司未告知法院其已向工商部门申请注销登记。宣判后，奶浴公司不服提起上诉，由于奶浴公司在交纳上诉费用之前已被注销，丧失了交纳上诉费用的主体资格，应视为其没有在法定期限内交纳上诉费用。2012年11月26日，该案二审法院作出裁定，该案按自动撤回上诉处理。一审判决生效后，原告向法院执行庭申请强制执行，法院经审查，以奶浴公司已注销，现未发现其有可供执行的财产为由，于2013年1月29日裁定终结该案执行程序。

还查明：奶浴公司曾于2012年8月15日向蚌埠市蚌山区人民法院起诉，并加盖了奶浴公司的公章，要求与和某乳业确认解除双方2011年2月25日签订的房屋租赁合同。同年9月14日，奶浴公司申请撤诉。

一审法院认为，奶浴公司与原告的房屋租赁合同纠纷经判决，奶浴公司应支付原告自2012年3月28日起至2012年7月28日止的房屋租金56664元，并支付案件受理费786元。奶浴公司在未履行生效法律文书的情况下，申请注销了公司，其行为应属恶意。被告孟某、孟某某作为清算组成员，明知奶浴公司尚有未清偿的债务，未按照法律规定履行通知义务，导致奶浴公司申请注销时，原告未及时申报债权而未获清偿，对于该损失，被告孟某、孟某某作为清算组成员存在过错，应当承担赔偿责任。故对原告要求二被告赔偿（2012）蚌山民一初字第00797号民事判决确认的房屋租金56664元和案件受理费786元的请求，予以支持。对原告诉请中自2012年7月29日起至2013年7月28日止的房屋租金169992元，应当是基于房屋租赁合同产生的，是另一种法律关系，且2012年7月29日奶浴公司已申请注销，同年7月31日清算组的清算报告已作出，对此后是否产生债权债务，以及是否有损失，与孟某、孟某某的清算责任无关。故对原告的该部分诉请，不予支持。

一审法院判决：被告孟某、孟某某共同赔偿原告和某乳业损失57450元，于判决生效后十日内付清；驳回原告和某乳业的其他诉讼请求。

和某乳业不服一审判决提起上诉。

二审法院查明的事实与一审法院查明的事实一致。

二审法院认为，公司法（2013年修正）第一百八十五条第一款规定，清算组应当自成立之日起十日内通知债权人，并于六十日内在报纸上公告。在奶浴公司清算期间，和某乳业与奶浴公司因房屋租赁一案已诉至蚌埠市蚌山区人民法院，虽然清算期间（2012）蚌山民一初字第00797号民事判决尚未生效，但和某乳业是公司的已知债权人，清算组应当通知和某乳业申报债权，并对相关债权的清偿进行预留。孟某、孟某某作为清算组成员未按照法律规定履行通知义务，导致和某乳业没有及时申报债权，进而债权未获清偿，对于该损失，孟某、孟某某在清算过程中存在过错，依法应当承担赔偿责任。根据清算报告，奶浴公司税款已缴纳，债务清偿情况为零，剩余财产6722.47元，在和某乳业收到清算通知申报了债权的情况下，其可获清偿范围的上限是奶浴公司剩余资产总额6722.47元，故该款应确定为孟某、孟某某未依法履行通知义务给和某乳业造成的损失。和某乳业的诉讼请求中超过6722.47元的部分，缺乏依据，不予支持。本案系因清算组成员履职不当引起的侵权责任之诉，而（2012）蚌山民一初字第00797号民事判决则是要求奶浴公司给付租金之诉，两案既不基于同一事实，也不基于同一法律关系，诉讼主体更不相同，故两案不存在违反“一事不再理”原则的情形，孟某、孟某某此节上诉理由不予采信。在（2012）蚌山民一初字第00797号民事诉讼中，奶浴公司已抗辩其于2012年3月不再租赁和某乳业的房屋，并将钥匙交还给和某乳业的有关工作人员，虽然该判决因上诉人未能提交房屋租赁合同解除的书面协议和钥匙交还的证据，判决奶浴公司支付乳业公司自2012年3月28日起至2012年7月28日止的房屋租金56664元，但此时和某乳业已知奶浴公司不可能再继续履行2012年7月28日后的剩余租赁合同，即应采取适当措施防止损失的扩大，在诉讼中要求解除双方租赁合同，但和某乳业并没有采取适当措施致使损失扩大。合同法第一百一十九条规定，当事人一方违约后，对方应当采取适当措施防止损失的扩大；没有采取适当措施致使损失扩大的，不得就扩大的损失要求赔偿，因此，和某乳业不得要求孟某、孟某某赔偿自2012年7月29日起至2013年2月23日止的租金损失。由于双方合同约定的履行期限至2013年2月23日止，和某乳业要求给付之后的租金更无事实依据。

二审法院判决：被告孟某、孟某某共同赔偿原告和某乳业损失6722.47元，于判决生效后十日内付清；驳回原告和某乳业其他诉讼请求。

案例评析：本案二审法院综合考量被解散公司的经营状况、股东解散公司的过错行为以及由此给债权人造成的损失、债权人对损失扩大的过错责任等因素进行裁判，并明确了三个处理原则：一是被解散公司的清算组成员仅以公司清算时财务报告中确定的剩余财产价值为限承担债权人的损失赔偿责任；二是清算组成员的过错行为与债权人损失之间有因果关系的，由清算组成员承担赔偿责任；三是对于债权人明知债务人已解散未采取有效措施防止损失继续扩大的部分不能由清算组成员承担赔偿责任。

【相关规定】

《中华人民共和国公司法》第二百三十八条

《最高人民法院关于适用〈中华人民共和国公司法〉若干问题的规定（二）》第八条、第九条、第十一条、第十二条、第十三条、第二十三条

第十章

公司破产纠纷

DI SHI ZHANG

GONGSI POCHAN JIUFEN

我国企业破产法第二条规定："企业法人不能清偿到期债务，并且资产不足以清偿全部债务或者明显缺乏清偿能力的，依照本法规定清理债务。企业法人有前款规定情形，或者有明显丧失清偿能力可能的，可以依照本法规定进行重整。"我国破产制度有实体和程序双重意义。实体意义上的破产，是指债务人不能清偿到期债务时所处的财产状况。这一状况既包括资不抵债，也包括债务人资产大于债务，但因资金周转不灵，以至于陷入停业整顿境地。程序意义上的破产，是指债务人不能清偿到期债务，为满足债权人正当合理要求，以债务人全部资产进行的以清算分配为目的的司法程序。

公司破产纠纷，是指债务人在不能清偿到期债务，并且资产不足以清偿全部债务或明显缺乏清偿能力时，依照企业破产法规定的程序清偿债务过程中产生的纠纷。破产管理人接管债务人的财产后，有关债务人财产的诉讼尚未结束，应当由破产管理人承受债务人在诉讼中的当事人地位，继续进行诉讼。破产管理人在履行职责期间，就破产债务人的财产或债权发生争议时，破产管理人可以提起诉讼，破产债务人的债务人或债权人也可以以破产管理人为被告提起诉讼，破产管理人提起诉讼时，应当征得法院批准或者经债权人会议的同意。权利人主张取回权、别除权、抵销权、撤销权、追回权等时，应当通过破产管理人行使权利。对于上述各项权利的行使或者主张，破产管理人有权予以承认或否认。公司破产纠纷大致有解除合同纠纷、履行合同纠纷等十几类，本章结合典型案例逐一分析讨论。

风险点 67

解除合同纠纷

【风险解读】

破产管理人接管债务人财产后，对债务人与合同对方当事人均未履行完毕的双务合同，有权选择解除或继续履行。决定解除合同或继续履行合同，是破产管理人的法定权利。破产管理人拒绝继续履行合同，合同相对人只能选择以破产债权人身份主张因未履行合同而产生的债权。各国破产法均赋予破产管理人对未履行合同是继续履行还是解除的选择权。日本破产法第 59 条规定：关于双务契约，破产人及契约对方在破产宣告时未履行完毕的，破产管理人得以其选择解除契约、履行破产人的债务或者请求契约对方履行债务。美国联邦破产法典第 365 条规定，受托人有权决定保留或解除任何有效合同。我国企业破产法第十八条第一款规定，人民法院受理破产申请后，管理人对破产申请受理前成立而债务人和对方当事人均未履行完毕的合同有权决定解除或继续履行，并通知对方当事人。合同相对人之所以未被赋予对破产企业尚未履行合同是否继续履行的选择权，主要是基于保护范围的不同，合同相对人保护的是其个人利益，而破产管理人保护的是各方当事人利益，如果赋予合同相对人选择权，其可能会依据个人利益作出选择，而损害其他当事人利益。我国企业破产法虽然将破产企业尚未履行的合同是否履行的选择权赋予管理人，但规定管理人自破产申请受理之日起二个月内未通知对方当事人，或者自收到对方当事人催告之日起三十日内未答复的，视为解除合同。

合同相对人可以请求确定合理期限，催告破产管理人在该期限内答复解除合同或履行债务。破产管理人在该期限内未予答复，视为合同已解除。在公司破产程序中不可避免会产生与破产前已成立合同的解除或履行相关的各种纠纷，处理这些纠纷要适用公司法、民法典合同编及企业破产法的相关规定。

【典型案例】

破产管理人对破产前已经成立但尚未履行完毕的合同，享有是否继续履行的选择权①

上诉人（一审原告）：郑某飞。

被上诉人（一审被告）：嘉某集团。

一审第三人：朱某明、朱某华。

2012年9月20日，嘉某集团与郑某飞签订《车位认购合同》，合同约定了车位购买数量及价格、车位交付及回购、过户相关事宜。后郑某飞依约向嘉某集团支付共计2800万元，作为郑某飞认购嘉某集团位于广州市某项目的372个车位的款项，当日，朱某明、朱某华、郑某飞对认购车位款予以确认。

2012年11月21日，嘉某集团向广东省湛江市中级人民法院（以下简称湛江中院）提出破产重整申请。该院作出裁定宣告嘉某集团进入重整程序。2013年1月6日，郑某飞向嘉某集团管理人提交《关于要求继续履行车位认购合同的请求》，嘉某集团管理人口头答复不同意继续履行。郑某飞担心自己的合同权益得不到保障，于2013年6月17日将合同权利向管理人申报债权。2013年10月9日，管理人制作了《关于嘉某集团等34家公司破产债权复核和新增申请债权审核情况的报告》，确认郑某飞的债权为2800万元且确认该债权为普通债权。郑某飞对管理人确认其债权为普通债权不服，于2013年10月23日向法院提起诉讼，请求法院公正地对其债权进行审查核实，判决上述债权2800万元为嘉某集团的共益债务，郑某飞享有优先受偿权。

另外，郑某飞与嘉某集团所订立的《车位认购合同》只有公司法定代表人朱某明的签名，没有嘉某集团盖章，合同最后一页合同编号与合同首页及每页页眉的合同编号不一致。

---

① 详见广东省高级人民法院（2015）粤高法民二终字第1号民事判决书。

案例中一审法院引用的民法通则第四十三条现为民法典第六十一条、第六十二条。

案例中一审、二审法院引用的企业破产法第十八条第一款、第五十三条未作修改。

案例中二审法院引用的《最高人民法院关于适用〈中华人民共和国企业破产法〉若干问题的规定（二）》（法释〔2013〕22号）第十一条现为《最高人民法院关于适用〈中华人民共和国企业破产法〉若干问题的规定（二）》（2020年修正）第十一条，内容未作修改。

湛江中院经审理认为，郑某飞请求确认其债权为嘉某集团的共益债务，其具有优先受偿权，故本案属别除权纠纷。郑某飞与嘉某集团所订立的《车位认购合同》，虽然只有公司法定代表人朱某明的签名，没有嘉某集团盖章，但朱某明是嘉某集团的法定代表人，郑某飞有理由相信朱某明是代表嘉某集团与其签订合同，根据民法通则第四十三条“企业法人对它的法定代表人和其他工作人员的经营活动，承担民事责任”的规定，《车位认购合同》合法有效。至于合同最后一页合同编号与合同各页页眉的合同编号不一致，郑某飞解释是制作合同时，从另一份合同粘贴过来的笔误，应是合理的解释，该院予以确认。根据《车位认购合同》第三条第一款“考虑到本合同属于预约合同，甲乙双方同意于本合同生效后另行签署车位买卖合同，并以此作为办理标的车位交易过户的依据”的约定，郑某飞与嘉某集团签订的《车位认购合同》是预约合同。郑某飞与嘉某集团双方没有在此后签署车位买卖合同，预约合同所约定的买卖的标的物车位亦尚未交付，因此，《车位认购合同》属双方均未履行完毕的合同。2013年1月6日，郑某飞向嘉某集团管理人提交《关于要求继续履行车位认购合同的请求》，嘉某集团管理人口头答复不同意继续履行，根据企业破产法第十八条第一款的规定，嘉某集团与郑某飞签订的《车位认购合同》应视为已解除。根据企业破产法第五十三条“管理人或者债务人依照本法规定解除合同的，对方当事人以因合同解除所产生的损害赔偿请求权申报债权”的规定，郑某飞应以因《车位认购合同》解除所造成的损害赔偿请求权申报普通债权。故郑某飞关于请求确认其《车位认购合同》2800万元款项为嘉某集团的共益债务、其享有优先受偿权的主张没有事实和法律依据。综上所述，本案经湛江中院审判委员会讨论决定，判决如下：驳回郑某飞的诉讼请求。

郑某飞不服一审判决，提起上诉。

二审法院认为，本案为破产债权确认纠纷。根据双方当事人的上诉、答辩请求及理由，本案二审争议的焦点是郑某飞享有的案涉债权是否属于嘉某集团的共益债务。根据《车位认购合同》第三条第一款的约定，本合同属于预约合同，双方需另行签订买卖合同并作为案涉车位交易过户的依据。郑某飞、嘉某集团并没有按照上述约定签订买卖合同，嘉某集团也没有将案涉车位过户给郑某飞，故该合同属于双方均未履行完毕的合同。嘉某集团管理人接到郑某飞继续履行合同的请求后，口头答复不同意继续履行，根据企业破产法第十八条第一款“人民法院受理破产申请后，管理人对破产申请受理前成立而债务人和对方当事人均未履行完毕的合同有权决定解除或者继续履行”的规定，《车位认购合同》已被嘉某集团管理人解除。《最高人民法院关于适用〈中华人民共和国企业破产法〉若干问题的规定（二）》（法释〔2013〕22号）第十一条规定适用的前提条件是债务人以不合理价格处分财产且管理人依据企业破产法的有关规定行使了撤销权撤销交易，鉴于管理人已经依法解除了《车位认购合同》，并未行使撤销权，故郑某飞关于本案属于撤销明显不合理价格交易的情形进而主张案涉债权为共益债权，没有法律依据，二审法院不予支持。原判决在依法认定合同解除后，适用企业破产法第五十三条的规定，确认郑某飞以因合同解除所产生的损害赔偿请求权申报普通债权，并无不当，二审法院予以维持。判决：驳回上诉，维持原判。

案例评析：本案既涉及破产企业对外签订的合同解除的相关法律问题，又涉及债权确认的相关事宜。原告郑某飞在与破产企业嘉某集团签订《车位认购合同》后，法院受理了嘉某集团的破产申请。郑某飞要求继续履行合同，嘉某集团管理人口头答复不同意继续履行合同。郑某飞要求将其为履行合同已支付的2800万元作为嘉某集团共益债务优先受偿，被告不同意，进而形成诉讼。一审法院审理认为，双方签订的《车位认购合同》属未履行完毕的合同，2013年1月6日，郑某飞提交关于要求继续履行《车位认购合同》的请求，嘉某集团破产管理人口头答复不同意继续履行，根据企业破产法第十八条的规定，此时案涉合同已解除。依据企业破产法第五十三条的规定，合同解除后，对方当事人可以以因合同解除产生的损害赔偿请求申报债权，但该债权只是普通债权，郑某飞认为案涉2800万元款项是嘉某集团的共益债务，没有法律依据，故判决驳回郑某飞的诉讼请求。

【风险防范】

企业破产法赋予管理人解除或继续履行合同权利，实践中，应注意以下问题:（1）关于解除或继续履行合同标准，企业破产法未作规定，实践中主要考虑破产企业债权人利益，同时兼顾合同相对人利益。双方均未实际履行的，通常会解除合同。如果继续履行对债权人有利，也可继续履行。破产企业已履行合同，合同对方当事人尚未履行的，原则上要求对方当事人继续履行。管理人选择解除或继续履行应在法院监督下进行，既要防止管理人怠于行使选择权损害债权人利益，也要防止管理人滥用选择权损害合同相对人利益，管理人决定应经债权人会议通过。（2）关于解除合同的损害救济。企业破产法规定，管理人决定解除合同，对方当事人因合同解除受到损害的，其损失赔偿额作为破产债权；管理人决定继续履行合同的，对方当事人应当继续履行，但是，对方当事人有权要求管理人提供担保。管理人不提供担保的，视为解除合同。依照民法典第五百八十四条的规定，当事人一方不履行合同义务或者履行合同义务不符合约定，造成对方损失的，损失赔偿额应当相当于因违约所造成的损失。破产事由非不可抗力的，破产企业不能免责，应当承担违约责任。（3）管理人选择继续履行合同的，依据民法典第五百二十七条的规定，合同相对人享有不安抗辩权，即享有中止己方履行的权利，除非对方提供担保。

【相关规定】

《中华人民共和国民法典》第五百八十四条

《中华人民共和国公司法》第二百三十六条、第二百三十七条、第二百三十八条、第二百四十二条

《中华人民共和国企业破产法》第十八条、第五十三条

风险点 68

履行合同纠纷

【风险解读】

企业进入破产程序后，如果管理人决定继续履行破产企业尚未履行完毕的合同，应由管理人代表破产企业享有尚未履行合同的权利和承担相应的义务。

在此情况下，民法赋予合同相对人的权利，不应受到破产法的影响或限制。管理人因履行合同而接收的给付，如果事后法院宣告企业破产，则应作为破产财产。管理人履行合同产生的债务负担，是为全体债权人利益而产生的，因此，该债务在破产申请受理后应作为破产费用，先于破产债权而优先偿付。管理人决定继续履行合同的，应当充分考虑合同双方当事人的利益，因为合同双方当事人权利和义务是对等的。

依据民法典第五百二十七条、第五百二十八条的规定，合同相对人在管理人选择继续履行合同时，有权行使不安抗辩权，即中止自己的履行，除非对方同时履行或者提供担保，否则，其有权在合理期限内解除合同，以避免给自己造成损失。此时，管理人要求继续履行合同，则必须对合同相对人的利益予以充分保护，合同相对人按照合同约定取得的债权，区别于一般债权，可以有效地对抗破产债权人。

管理人决定继续履行合同，与合同相对人发生合同纠纷的，因管理人有权处分债务人财产，有权代表债务人参加诉讼，因此，管理人可以作为原告，也可以作为被告，参加诉讼。

【典型案例】

破产管理人对破产前已经成立但尚未履行完毕的合同，如何继续履行[①]

上诉人（一审原告）：印刷公司。

被上诉人（一审被告）：建筑公司。

一审第三人：吴某强、蔡某文。

1999年3月6日，印刷公司与建筑公司签订《建筑工程合同书》，约定：印刷公司将位于其院内的某工程任务承包给建筑公司施工，建筑公司垫资为印

① 详见海南省高级人民法院（2013）琼民二终字第16号民事判决书。

案例中一审、二审法院引用的企业破产法第十八条未作修改。

案例中一审法院引用的合同法第六十条现为民法典第五百零九条。

案例中一审法院引用的《最高人民法院关于审理城镇房屋租赁合同纠纷案件具体应用法律若干问题的解释》（法释〔2009〕11号）第二条现为《最高人民法院关于审理城镇房屋租赁合同纠纷案件具体应用法律若干问题的解释》（2020年修正）第二条，内容未作修改。

刷公司承建房屋，印刷公司在房屋建成后将一定面积的房屋以低于市场租金的价格交付建筑公司使用一定期限，以抵偿所欠工程款。

2010年3月9日，海南省海口市中级人民法院（以下简称海口中院）以裁定书依法宣告印刷公司进行破产清算。海南省政府国有资产监督管理委员会（以下简称国资委）同意在征得债权人和海口中院同意的前提下，华某公司按经国资委备案的评估价格，协议受让印刷公司非经营性土地上的临街铺面。

印刷公司管理人向各债权人发出征求意见函，对华某公司承接印刷公司所欠建筑公司的工程款债务，并履行印刷公司与建筑公司签订的有关无偿使用7号楼第一层、第二层铺面的《铺面使用合同书》义务的情况进行说明。华某公司出具书面承诺函，对上述情况进行承诺。印刷公司管理人要求各债权人在收到上述函件十个工作日内书面提出意见，否则视为同意。

2011年1月12日，海口中院作出答复，同意印刷公司管理人将印刷公司的临街铺面转让给华某公司并依法办理相关手续。

印刷公司起诉，请求建筑公司搬出占用的铺面。

一审法院认为，第一，关于合同效力问题。印刷公司与建筑公司签订的《建筑工程合同书》《铺面使用合同书》约定，建筑公司垫资为印刷公司承建房屋，印刷公司在房屋建成后将一定面积的房屋以低于市场租金的价格交付建筑公司使用一定期限，以抵偿所欠工程款。双方就该房屋使用所形成的法律关系属房屋租赁合同关系。虽然双方在签订合同时，印刷公司擅自改变规划用途，将规划部门批准的住宅用地违规改建商铺，但在一审法庭辩论终结前，印刷公司已经补办了相关手续，并办理了商业用途的房屋所有权证，根据《最高人民法院关于审理城镇房屋租赁合同纠纷案件具体应用法律若干问题的解释》（法释〔2009〕11号）第二条“出租人就未取得建设工程规划许可证或者未按照建设工程规划许可证的规定建设的房屋，与承租人订立的租赁合同无效。但在一审法庭辩论终结前取得建设工程规划许可证或者经主管部门批准建设的，人民法院应当认定有效”的规定，双方订立的上述合同中有关以一定期限的房屋使用权抵偿所欠工程款的约定有效，受法律保护。第二，关于合同是否继续履行的问题。按照企业破产法第十八条的规定，印刷公司提出自海口中院受理其破产清算申请后，双方的上述合同已自动解除。但上述法律条文的立法目的，是在债务人丧失清偿债务能力之后，保护对方当事人的正当权利，避免管理人长期不对合同是否继续履行作出决定，从而使合同处于不确定状态，导致对方当事人权利受损。因此，立法对管理人合同选择履行权限制其行使期限和设定履行条件，是为了约束管理人，而不是要限制合同相对方要求继续履行合同的权利，也不是禁止合同在法定期限后继续履行。双方同意继续履行的，可以继续履行，此乃契约自由的表现，法律不予干预或禁止。而本案中，在海口中院宣告印刷公司进行破产清算后，印刷公司管理人曾向各债权人发出征求意见函，明确提出继续与建筑公司履行《铺面使用合同书》，且房屋受让方也应印刷公司管理人要求出具承诺函，同意承接印刷公司、建筑公司之间的债权债务关系，各债权人对此并无异议，国资委也发函同意，海口中院亦依法批准基于受让人承接印刷公司、建筑公司之间债权债务关系而进行的房屋转让，双方协商一致同意继续履行合同自无疑义。故印刷公司关于双方合同已自行解除的意见，没有事实和法律依据，法院依法不予支持。据此，因印刷公司、建筑公司双方此前已协商一致，同意继续履行合同，现合同履行期限未满，印刷公司要求建筑公司搬出占用租赁铺面的诉讼请求，依法不予支持。综上所述，依照合同法第六十条之规定，判决：驳回印刷公司的诉讼请求。

印刷公司不服，提起上诉。

二审法院认为，本案争议的焦点为《铺面使用合同书》是否已经解除。我国企业破产法第十八条第一款规定："人民法院受理破产申请后，管理人对破产申请受理前成立而债务人和对方当事人均未履行完毕的合同有权决定解除或者继续履行，并通知对方当事人。管理人自破产申请受理之日起二个月内未通知对方当事人，或者自收到对方当事人催告之日起三十日内未答复的，视为解除合同。"依据该款规定，破产管理人在法院受理破产申请后两个月内对双方未履行完毕的合同享有决定继续履行或解除合同的权利。2010 年 3 月 9 日，印刷公司被海口中院宣告破产还债后，印刷公司管理人向其债权人发出征求意见函，载明由华某公司继续履行印刷公司与建筑公司签订的有关建筑公司无偿使用 7 号楼第一层、第二层铺面的合同义务。华某公司也出具承诺函，同意承接并偿还印刷公司在建设临街铺面时所欠建筑公司的各种债务。而建筑公司自印刷公司宣告破产至今仍一直使用着 7 号楼第一层、第二层铺面。由此可见，虽然印刷公司管理人与建筑公司就继续履行《铺面使用合同书》一事未进行书面协商，但本案现有证据表明双方均在继续履行《铺面使用合同书》。因此，印刷公司在法院受理其破产申请后仍继续履行合同的情况下，主张合同已自行解除，缺乏事实与法律依据，二审法院不予支持。一审判决认定事实清楚，适用法律正确，应予维持。判决：驳回上诉，维持原判。

案例评析：本案争议焦点是，当事人双方签订的《铺面使用合同书》是否已解除。依据我国企业破产法第十八条的规定，人民法院受理破产申请后，管理人对破产受理前成立而债务人和对方当事人均未履行完毕的合同有权决定解除或继续履行，并通知对方当事人，但管理人自破产申请受理之日起两个月内未通知对方当事人，或自收到对方当事人催告之日起三十日内未答复的，视为解除合同。本案查明，2010 年 3 月 9 日，印刷公司被海口中院宣告破产还债后，印刷公司管理人向其债权人发出征求意见函，其载明由华某公司继续履行印刷公司与建筑公司签订的《铺面使用合同书》，华某公司也出具承诺函同意承接并偿还所欠建筑公司的各种债务。建筑公司自印刷公司宣告破产之日至诉讼时仍一直使用着 7 号楼第一层、第二层铺面，故虽然印刷公司管理人未与建筑公司就继续履行双方合同一事进行书面协商，但现有证据证明双方均在履行该合同。所以，印刷公司认为合同已自行解除，没有事实和法律依据，故一审、二审法院均驳回了印刷公司诉讼请求。本案的特点是，债务人印刷公司在建设其临街铺面时未向建筑公司支付工程款，而用其铺面的使用权抵其所欠债务，如果印刷公司在破产后不承诺继续履行合同，主张解除与建筑公司的合同，建筑公司就可依据民法典合同编的相关规定，请求对方提供担保，否则，建筑公司就可能承担损失。企业破产法虽然从保护破产企业债权人利益角度出发，赋予破产管理人解除或继续履行合同的选择权，但对该权利的行使也设置了一定限制，同时，合同相对人也可依据民法典合同编的相关规定保护自身合法权益。

【相关规定】

《中华人民共和国企业破产法》第十八条

风险点 69

职工权益清单更正纠纷

【风险解读】

职工权益清单更正纠纷，是指企业职工对于管理人公布的关于破产企业所欠职工工资和社会保险费用、法律法规规定应当支付给职工补偿的清单所记载的内容有异议，通过法定程序要求予以更正而发生的纠纷。

债务人向法院申请破产，应当一并提交职工安置预案，其主要内容是职工安置渠道和安置费用来源。我国企业破产法规定了职工债权确认异议纠纷的解决程序。职工对职工权益清单记载有异议的，可以要求管理人更正；管理人不予更正的，职工可向人民法院提起诉讼。

职工债权异议之诉，其性质属于劳动债权争议之诉，应当按其性质确定管辖法院和诉讼程序。企业破产法是特别法，职工在破产程序中提起劳动债权之诉，不需要以劳动仲裁为前置程序，而且职工或管理人对结果不服的，可以提起上诉，启动二审程序。但依照企业破产法规定，职工向管理人申请更正职工权益清单是提起职工权益清单更正诉讼的前置程序。职工未履行前置程序的，法院应向职工释明，职工坚持起诉，不宜直接驳回的，可将职工请求转交破产管理人，要求其在一定期限内答复，管理人在期限内不予更正的，法院应当直接受理起诉。

【典型案例】

破产企业职工及破产企业管理人如何合法维护自身权益[①]

原告：史某然。

---

① 详见河南省清丰县人民法院（2009）清民初字第689号民事判决书。案例中法院引用的劳动合同法第四十四条、第四十六条未作修改。

被告：第二轧花厂破产清算组。

原告史某然诉称，原告系第二轧花厂职工，2003年9月29日，第二轧花厂经河南省清丰县人民法院（以下简称清丰法院）裁定宣告破产。由于种种原因，直至2008年7月，被告才按照分配方案进行结算，于2009年1月16日进行了第一次分配，其他人员都得到了经济补偿金，而原告没有得到经济补偿金。原告认为其合法权益受到了侵害，故起诉到院，请求法院判令被告给付其济补偿金11096元，并承担诉讼费用。

被告第二轧花厂破产清算组辩称，2003年9月29日，第二轧花厂经清丰法院裁定，宣告破产。2008年7月10日至7月30日，分配方案基本落实完毕。在此期间，被告多次召开职工代表大会，对职工生活费、合同费、解除劳动经济补偿金、退休人员药费及遗属补助费问题展开讨论，形成决议，并获一致通过。原告等18名退休职工代表始终没有异议。2008年12月26日，清丰法院下达民事裁定书，确认第二轧花厂破产分配方案合法有效，予以执行。2008年12月28日，分配方案列榜公布，约定公布期限为七日，此间，原告等18名退休人员无异议。2009年1月16日，在清丰县劳动局主持下，第二轧花厂与职工办理了解除劳动合同手续，并实施了破产财产分配方案，第一顺序债权清偿率为61.04%。原告史某然于2006年12月办理了退休手续，已领取了养老金，按照法律规定是不应该再得到经济补偿金的，故请求法院驳回原告的诉讼请求。

法院经审理查明：原告史某然原系第二轧花厂职工。2003年9月29日，第二轧花厂资不抵债，被清丰法院宣告破产。第二轧花厂破产分配方案于2008年12月26日被清丰法院确认，2008年12月28日分配方案列榜公布，约定公布期限为七日。在分配方案公示期间，原告等18名退休人员无异议。2009年1月16日，在清丰县劳动局主持下，第二轧花厂与职工办理了解除劳动合同手续，并实施了破产财产分配方案，第一顺序债权清偿率为61.04%，尚有38.96%达不到第一顺序清偿要求。原告史某然于2006年12月办理了退休手续，已领取了养老金，破产分配方案中仅给付原告史某然药费7152元。原告称分配方案公示时和分配后，其一直找破产清算组、清丰县劳动局、清丰法院反映，均无结果，遂于2009年7月向法院起诉。本案经开庭审理，调解未果，双方无法达成协议。

法院认为，经济补偿金是用人单位与劳动者解除或终止劳动合同时对劳动者的经济补偿。劳动合同法（2007 年）第四十四条规定：劳动者开始依法享受基本养老保险待遇的，劳动合同终止；第四十六条未规定此种情形应支付经济补偿金。本案中，第二轧花厂的职工与第二轧花厂解除劳动合同是在 2009 年 1 月 16 日，而原告史某然在 2006 年 12 月办理了退休手续，已转为退休人员，并开始领取养老金，其与第二轧花厂劳动关系已自然终止，不符合获得经济补偿金的条件，故其要求第二轧花厂破产清算组支付经济补偿金的请求，法院不予支持。根据劳动合同法第四十四条第二项、第四十六条之规定，判决：驳回原告史某然的诉讼请求。

案例评析：破产企业职工权益保护的前提是职工与企业存在劳动关系。本案原告史某然在企业破产前已办理退休手续，并领取养老金，与原企业劳动合同关系已自然终止，故原告请求破产企业依照企业职工待遇给予经济补偿，法院不予支持。

【相关规定】

《中华人民共和国劳动合同法》的相关规定

风险点 70

破产债权确认与出资瑕疵纠纷

【风险解读】

破产债权确认纠纷，是指在法院受理破产案件后，因当事人申报的债权是否成立，债权能否在破产程序中受偿，债权的数额，债权有无财产担保，担保财产的价款是否足以清偿担保债权，债权不能确定或者存在争议而发生的纠纷。根据我国企业破产法的规定，对于债权有异议的债权人和债务人，都有权向法院提起诉讼。

出资瑕疵纠纷，是指破产企业的投资人因虚假出资、出资不足或者抽逃出资，在破产过程中产生的纠纷。我国企业破产法第三十五条规定：“人民法院受理破产申请后，债务人的出资人尚未完全履行出资义务的，管理人应当要求该出资人缴纳所认缴的出资，而不受出资期限的限制。”依据该条规定，无论公司是否实际成立，违反出资义务或者瑕疵出资的投资人都应在清算程序中补足出资。瑕疵出资人在清算程序中补足出资后，破产企业以补足后的资产作为企业资产清偿债权人的债权。瑕疵出资的出资人补足出资后仍无法全部清偿债务时，对超出部分根据过错与责任相对应的原则，在瑕疵出资人之间进行分配。出资瑕疵纠纷的原告一般应是破产公司债权人，被告则是出资瑕疵的出资人。

【典型案例】

破产企业、债权人及管理人如何确认破产债权及股东出资瑕疵[①]

上诉人（一审原告）：佩某公司。

被上诉人（一审被告）：华某公司。

佩某公司依法注册成立。1998 年 9 月 29 日，佩某公司注册资本增加。其中，华某公司持有佩某公司 50% 股权，但未足额注资到位，欠缴注册资本金 1400 万元。

2000 年 4 月 3 日，湖北省宜昌市中级人民法院生效判决明确佩某公司等向某银行南湖支行偿还本金及利息，并裁定追加华某公司为该案被执行人，其应在 1400 万元出资不实的范围内向申请执行人承担责任。

2008 年 5 月 19 日，法院依法裁定宣告佩某公司破产清算。2009 年 5 月 26 日，法院依法裁定宣告华某公司破产。某银行南湖支行向华某公司管理人申报债权，华某公司管理人依法审核并确认某银行南湖支行债权。后佩某公司管理人向华某公司管理人申报债权，其中，包括华某公司欠付佩某公司注册资本金

① 详见北京市第二中级人民法院（2010）二中民初字第 08915 号民事判决书。

案例中一审法院引用的《最高人民法院关于人民法院执行工作若干问题的规定（试行）》（2008 年修正）第八十一条已被废止。

1400 万元及利息。华某公司管理人出具债权复核意见书，确认佩某公司债权金额为本金 1400 万元及利息，在扣除确认的某银行南湖支行债权数额后，确认佩某公司债权为 7118835.94 元。

佩某公司管理人提起诉讼，请求增加确认被扣除的债权。

一审法院认为，本案系由股东出资纠纷所引起，佩某公司要求增加确认的破产债权实际上是对华某公司欠缴的注册资本金进行追缴，本案的案由应当为股东出资纠纷。根据湖北省宜昌市中级人民法院的民事判决书及追加华某公司为被执行人的裁定书，华某公司应在其出资不足的范围内向某银行南湖支行承担责任。该案在华某公司、佩某公司破产清算前已进入执行阶段，故某银行南湖支行系华某公司的债权人。有限责任公司的股东应以其认缴的出资额为限对公司承担责任，且根据《最高人民法院关于人民法院执行工作若干问题的规定（试行）》第八十一条的规定，被执行人的开办单位已经在注册资金范围内或接受财产的范围内向其他债权人承担了全部责任的，人民法院不得裁定开办单位重复承担责任。华某公司在其出资不足的范围内已对某银行南湖支行承担了债务责任，故佩某公司主张华某公司应增加确认佩某公司破产债权的诉讼主张不能成立，法院不予支持，遂判决：驳回原告佩某公司的诉讼请求。

佩某公司管理人代表佩某公司对判决不服，提起上诉。

二审法院认为，案由是案件法律关系的综合归纳，人民法院有权根据案件法律关系的性质确定案由。本案系华某公司破产清算过程中债权人与管理人因破产债权金额确认引起的纠纷，案件争议的焦点及法律关系的实质均在于破产债权确认，故本案的案由应为破产债权确认纠纷。对于华某公司管理人在欠缴出资 1400 万元范围内扣除某银行南湖支行破产债权数额的余额认定为佩某公司破产债权的意见，二审法院认为，生效裁定将佩某公司的债务人华某公司追加为被执行人，并未改变华某公司因向佩某公司出资形成的法律责任关系。现佩某公司已经进入破产清算程序，故包括未足额缴纳的公司注册资本在内的所有公司财产均应归入佩某公司破产财产，向佩某公司所有债权人进行公平清偿，不应以公司资产对公司个别债权人进行清偿。一审法院判决关于支持华某公司管理人在扣除某银行南湖支行债权额后，确认佩某公司享有欠缴出资债权的认定，不符合企业破产法的相关规定，二审法院予以纠正。该 1400 万元欠缴出资所产生的破产债权应当由佩某公司享有，归入佩某公司破产财产后，公平分配给包括某银行南湖支行在内的所有佩某公司的债权人。因此，一审法院判决认定事实有误，适用法律不当，二审法院依法予以改判。判决：撤销一审民事判决，并确认佩某公司对华某公司享有欠缴出资1400万元及相应的利息债权。

案例评析：根据公司法规定，注册资本是股东应当缴付给公司、专门用于对公司承担责任的财产，而公司则以股东出资为基础形成的全部财产对公司债务承担责任，故股东欠缴的注册资本，属于必须缴付公司、用于清偿公司全体债权人而不是个别债权人的特定目的财产。而公司债权人的债权，属于个别非特定债权，其清偿对象应为公司的非特定目的财产。在公司有清偿能力的情况下，因所有债务均能够偿还，对个别非特定债权的清偿与对全体债权人的清偿不发生矛盾，公司特定目的财产与非特定目的财产在清偿时的混合使用不会实际损害公司其他债权人的利益，故某银行南湖支行依据法院裁定可直接要求华某公司以其应补足佩某公司的出资（属于公司特定目的财产）偿还佩某公司的债务。但在佩某公司丧失清偿能力而进入破产程序时，因其所有财产已不可能还清所有债务，故股东欠缴的出资应当收回公司作为破产财产，用于对公司所有债权人的公平清偿，不能再用于对公司债权人进行个别清偿。这也正是破产程序的价值所在。破产程序是在债务人财产不足以清偿全部债务的情况下，对债务人全部财产进行概括性执行，目的是在特定情况下为所有债权人创造获得公平受偿的条件和机会。破产程序启动的特殊性，必然产生其对于执行程序的优先性和对一般债务清偿程序的排斥，因此，该1400万元的欠缴出资所产生的破产债权应当由佩某公司足额申报并享有，归入佩某公司破产财产后，公平分配给包括某银行南湖支行在内的所有佩某公司的债权人。

【风险防范】

本案在主债务人和次债务人均破产情况下，又涉及债权确认及出资瑕疵企业应承担的清偿责任竞合问题。企业进入破产程序后，对于瑕疵出资人应承担的对第三人债权的清偿责任，应在不损害破产企业全体债权人利益的前提下进行。企业破产财产应依据企业破产法对全体债权人公平清偿。

【相关规定】

《中华人民共和国企业破产法》第三十五条

《中华人民共和国公司法》第五十条、第五十三条、第二百五十二条、第二百五十三条

风险点 71

取回权纠纷

【风险解读】

取回权，是指在破产程序中，债务人占有并不属于债务人的财产的，该财产的权利人可以请求不依破产程序而直接取回其财产的权利。我国企业破产法第三十八条规定："人民法院受理破产申请后，债务人占有的不属于债务人的财产，该财产的权利人可以通过管理人取回。但是，本法另有规定的除外。"因权利人提起取回权之诉而引发的纠纷，即取回权纠纷。

取回权具有以下特征：一是针对特定物的返还请求权；二是在破产程序中行使的特别请求权；三是取回物不属于破产财产；四是取回权行使不受破产程序限制。取回权一般基于仓储、保管、加工、代销、寄存等法律关系产生。如果因管理人过错导致取回权标的物灭失的，取回权人可在破产财产中获得赔偿。

【典型案例】

权利人如何行使取回权

上诉人（一审原告）：爱某斯公司。

被上诉人（一审被告）：松某公司管理人。

爱某斯公司与某工厂之间长期存在业务关系，由爱某斯公司向某工厂供应各种规格的气缸套，并开具发票给某工厂进行结算。

某工厂与松某公司之间亦存在长期业务关系，某工厂将爱某斯公司供应的气缸套交付给松某公司进行配套生产。后因松某公司生产急需气缸套，经三方协调，由爱某斯公司直接将气缸套送到松某公司，并由松某公司业务经理通知某工厂相关部门，然后将爱某斯公司送到松某公司的气缸套直接计入松某公司与某工厂的往来账，爱某斯公司再给某工厂开具发票，由某工厂负责与爱某斯公司结算。

一审法院于2013年1月18日作出裁定：受理松某公司的破产清算申请，松某公司往来账按规定予以冻结。

2013年6月，爱某斯公司在收到松某公司管理人寄送的债权申报表后发现，在以往的交易中尚有其直接送至松某公司的部分气缸套未能计入松某公司与某工厂往来账目（A71气缸套4596只、A01气缸套4697只），遂向松某公司管理人提交申请，主张其对该部分气缸套享有取回权。同年7月，松某公司管理人书面通知爱某斯公司，提出其取回权主张依法不能成立。

一审案件审理过程中，一审法院组织双方进行现场勘验，经过清点，现存气缸套中由爱某斯公司生产供应的气缸套为33箱计264只，其余气缸套为扬州、烟台厂商生产供应。

一审法院认为，根据相关法律规定，取回权是指在破产财产中，债务人占有的并不属于债务人的财产，该财产的权利人可以请求不依破产程序而直接取回其财产的权利。取回权具有如下主要特征：一是取回权是针对特定物的返还请求权；二是取回权是以物权为基础的请求权；三是取回权是在破产清算程序中行使的特别的请求权，并且行使受到时间限制，仅在破产受理后至破产财产分配前发生法律效力；四是取回权标的物不属于破产财产，但在被取回前由破产管理人管理支配。根据本案查明的事实，爱某斯公司与某工厂之间存在气缸套买卖合同关系，而某工厂与松某公司之间亦存在长期业务关系，在长期合作过程中，根据三方的交易习惯，爱某斯公司将部分气缸套直接交付给松某公司，松某公司与某工厂联系确认后，由某工厂与爱某斯公司结算相应货款。由此可见，爱某斯公司与松某公司之间并不存在直接的债权债务关系。爱某斯公司将相关气缸套实际交付后，即丧失了对该部分动产的所有权，但这并不属于法律规定的取回权范畴，且爱某斯公司主张的气缸套仅剩264只（爱某斯公司不愿取回），故对爱某斯公司的主张依法不予采纳。判决：驳回爱某斯公司的诉讼请求。

爱某斯公司不服，提起上诉。

二审中，上诉人爱某斯公司提交2012年度爱某斯公司（乙方）与某工厂（甲方）的购销合同一份，该合同第六条约定“乙方的货物送至甲方指定的部门或者其他单位，由甲方指定的部门或者其他单位接收、保管，货物的所有权仍然属于乙方，双方尚未发生货物买卖关系，待甲方或者甲方指定的单位实际领用该货物，货物所有权转移给甲方，双方发生实际买卖关系”。该证据拟证明上诉人对送到松某公司的汽缸套享有所有权。经质证，被上诉人对该证据的真实性无异议。因被上诉人无异议，同时，该证据证明指向的是爱某斯公司、某工厂、松某公司之间的法律关系，因被上诉人对此亦无异议，故该证据应作为本案认定事实的依据。

经审理，一审法院查明的事实，二审法院予以确认。另查明，松某公司破产前，上诉人爱某斯公司送货至松某公司的汽缸套为9293只，松某公司破产后至案件审理过程中，仅存264只汽缸套。又查明，松某公司宣告破产后，松某公司管理人没有向某工厂发送申报债权通知书，某工厂也没有就案涉标的物申报债权。

法院认为，本案争议焦点为：一是上诉人爱某斯公司送货至松某公司的汽缸套是否属于破产财产，上诉人主张取回9293只汽缸套是否符合法律规定；二是现场勘验仅剩余264只汽缸套，财产灭失的法律后果由谁承担，如何承担。依照已经查明的事实和爱某斯公司、某工厂、松某公司三方长期合作所形成的交易习惯看，爱某斯公司与松某公司之间并无直接的买卖合同关系，爱某斯公司在特定情况下送货至松某公司，双方之间并未建立往来关系，而均是与某工厂直接结算。松某公司破产前，爱某斯公司送货9293只汽缸套至松某公司，该公司收货后既未入库亦未入与某工厂的往来账，依双方的交易习惯以及爱某斯公司与某工厂签订的买卖合同看，该批汽缸套的所有权人是爱某斯公司，松某公司管理人将其列为破产财产没有法律依据。爱某斯公司可以基于所有权的基础法律关系依法行使取回权。但是，取回权能否实现的一个重要前提是财产仍然存在，如果财产不存在，将无从取回。松某公司破产后，上诉人向管理人主张取回权时，管理人对案涉汽缸套的数量9293只予以认可，而案件审理过程中经现场勘验仅剩余264只，上诉人对仅剩余的264只汽缸套又不愿取回，故一审法院所作实体判决并无不当，应予以维持。案涉汽缸套是在松某公司管理人管理期间发生了灭失，导致爱某斯公司无法行使取回权，其可依法向管理人主张权利。判决：驳回上诉，维持原判决。

案例评析：依企业破产法的规定，取回权是针对特定物的返还请求权，且应在破产程序规定的期间内行使，该特定财产所有权归属于取回权人，但财产由破产企业管理人代管。依据本案查明事实，爱某斯公司主张的汽缸套9293只，依据爱某斯公司与某工厂签订的购销合同，应由某工厂交付松某公司使用，但依据三方交易习惯，爱某斯公司直接交付松某公司。一审法院认为，依据三方合同，原告爱某斯公司将标的物交付松某公司后，所有权已转移，故爱某斯公司主张取回标的物不符合法律规定，遂驳回其行使取回权的请求。二审法院认为，爱某斯公司与松某公司之间虽无直接合同关系，但依交易习惯爱某斯公司将标的物交付松某公司，而松某公司未将标的物入库亦未入与某工厂的往来账，标的物所有权未转移，原告有权取回。但在审理期间查明，汽缸套大部已灭失，仅余264只，对于已灭失的标的物已不能行使取回权，爱某斯公司可依法向松某公司管理人主张赔偿责任。

【风险防范】

为避免损失，对于破产企业或行将破产企业在交易中代管、代销的财产，应及时行使取回权或及时采取措施防止该财产灭失。同时，企业之间进行代销、代管财物交易，应订立书面协议，交接财物等手续要齐全，以便在产生纠纷时，有效行使取回权。

【相关规定】

《中华人民共和国企业破产法》第三十八条

风险点 72

别除权纠纷

【风险解读】

别除权，是指担保债权人不依破产程序，直接以破产债务人设定的担保物权的特定财产的价值优先受偿的权利。破产法上别除权的标的物必须是特定财产，即特定物或特定种类物。别除权的标的物不计入破产财产。因破产债权人提起别除权之诉而引发的纠纷，为别除权纠纷。

依照我国民法典物权编和企业破产法的规定，别除权的基础权利为担保物权，债务人或者第三人将某一特定财产作为债权担保，债务人不履行债务时，债权人有权依照法律规定以该特定财产折价或变卖的价款优先受偿。当债务人或第三人申请破产时，享有担保物权的债权人可以行使别除权以实现自己的债权。别除权行使不受破产程序的限制，但债权人应申报债权，否则视为放弃债权。同时，还要经债权人会议确认，确认担保债权的合法性。担保债权人可根据破产企业账目记录和债权人申报材料，结合担保证据，向管理人提出别除权请求。

关于别除权行权的期间，依照企业破产法第七十五条的规定，在重整期间，对债务人的特定财产享有的担保物权暂停行使。但是，担保物有损坏或者价值明显减少可能，足以危害担保权人权利的，担保权人可以向人民法院请求恢复行使担保权。别除权人必须在破产期间行使权利，如在此期间未行使别除权，至破产程序终结后因主债权消灭、担保物权消灭，别除权人再行使权利便没有法律依据。别除权既可以采取拍卖方式行使，亦可经债权人会议通过协议折价行使。

【典型案例】

破产企业的担保债权人如何行使别除权①

上诉人（一审原告）：曲某路。

被上诉人（一审被告）：某汽配公司。

双方当事人对下列事实无争议：曲某路与某汽配公司之间存在借贷关系，某汽配公司向曲某路借款400万元。上述事实，有曲某路陈述、某汽配公司答辩证实，予以确认。

双方当事人对下列问题有争议：第一，关于曲某路起诉某汽配公司的主体资格问题。某汽配公司主张曲某路起诉的主体错误，认为2012年6月19日山东省章丘市人民法院受理某汽配公司的破产申请，根据法律规定，进入破产程序后，应当以破产管理人为被告，而不应当起诉某汽配公司。一审法院认为，借贷关系发生在曲某路和某汽配公司之间，质押合同和抵押合同的双方当事人是曲某路和某汽配公司。虽然某汽配公司的破产申请已经被法院受理，但是在破产程序未终结前，某汽配公司作为独立的法人是存在的，因此，曲某路作为原告起诉某汽配公司，要求确认债权数额以及优先受偿权，符合法律规定。某汽配公司的该抗辩，不予认定。第二，关于某汽配公司抗辩的尚未偿还曲某路273万元的问题。曲某路主张某汽配公司尚未偿还其400万元本金，并提供了济南市历下区人民法院民事调解书，该调解书确认了某汽配公司尚未偿还曲某路人民币400万元，并自2010年10月26日起至2012年10月31日止，以月息2%计算利息。该调解书是生效的法律文书，因此，应当认定某汽配公司尚未偿还曲某路本金400万元。第三，关于曲某路主张的对该民事调解书认定的质押物是否享有优先受偿权的问题。曲某路主张对该民事调解书认定的质押

---

① 详见山东省济南市中级人民法院（2014）济商终字第663号民事判决书。

案例中一审法院引用的担保法第六十三条、第六十四条第二款现为民法典第四百二十五条、第四百二十九条。

案例中一审法院引用的民事诉讼法（2012年修正）第六十四条第一款现为民事诉讼法（2023年修正）第六十七条第一款。

案例中二审法院引用的物权法第二百零八条、第二百一十二条现为民法典第四百二十五条、第四百二十九条。

物享有优先受偿权，并要求法院予以确认。某汽配公司认为，根据物权法的规定，出质人应当将动产交给质权人占有，质权自出质人交付质押的动产时成立，某汽配公司并未将动产交给曲某路占有，质权并未成立。为此，曲某路提供了该民事调解书，该调解书第二条约定，作为借款合同附属合同的质押合同以及两份抵押合同中约定的抵押、质押、担保的条件不变，对某汽配公司占有使用的抵押物，某汽配公司应负责妥善保管和正常使用，不得故意损毁或以不适宜使用的方法使用；质押的货物没有甲方（某汽配公司）的书面同意，不得转赠、变卖或使用。曲某路还提供了质押合同，约定该合同所担保的债权为曲某路向某汽配公司出借的400万元借款，某汽配公司自愿以所拥有的代表价值444万元整的库存成品和半成品作为对该贷款提供担保的质押物。第四条约定，甲方应在该合同生效后将符合双方约定价值总额的成品和半成品交付给乙方指定的于某增代为保管。曲某路还提供了库存明细表4页，该4页明细表列明了某汽配公司的库存产品的名称和数量，于某增在4页表上均注明“表内保管产品已清点收到。章丘市某仓储服务部于某增”，并加盖了章丘市某仓储服务部的印章。章丘市某仓储服务部是由于某增申请注册的个体工商户。在第二次开庭时，于某增出庭作证称，自己是受某汽配公司原法定代表人李某禄的委托，在库存明细表上签名，自己不认识曲某路，也没有见到库存明细表上的物资。

一审法院认为，曲某路与某汽配公司双方签订的质押合同约定了质押动产交付给指定的于某增代为保管，于某增否认收到曲某路提供的库存明细表中所载明的货物。根据担保法第六十三条的规定，动产质押是债务人或第三人将其动产移交债权人占有，将该动产作为债权担保。第六十四条第二款规定，质押合同自质物移交于质权人占有时生效。本案中，首先，曲某路提供的库存明细表没有某汽配公司的盖章，不能证明该证据中列明的产品是某汽配公司的，也不能说明某汽配公司有库存明细表所列明的这些产品。其次，库存明细表中列明的产品，也没有交付曲某路或者曲某路指定的于某增占有。因此，双方签订的质押合同未生效。曲某路的诉讼请求，不予支持。经一审法院审判委员会决定，依照民事诉讼法（2012年修正）第六十四条第一款“当事人对自己提出的主张，有责任提供证据”和《最高人民法院关于民事诉讼证据的若干规定》

（法释〔2001〕33号）第二条“当事人对自己提出的诉讼请求所依据的事实或者反驳对方诉讼请求所依据的事实有责任提供证据加以证明。没有证据或者证据不足以证明当事人的事实主张的，由负有举证责任的当事人承担不利后果”之规定，一审法院判决：驳回曲某路的诉讼请求。

曲某路不服一审判决提起上诉。

法院经审理认定，一审判决认定事实属实，予以确认。法院另查明，作为质押物清单的库存明细表，某汽配公司均加盖了骑缝章。

二审法院认为，依据曲某路与某汽配公司签订的质押合同第四条的约定，质押物系交付于某增保管。某汽配公司在质押物清单之库存明细表上加盖的骑缝章，于某增在库存明细表上签署的“表内保管产品已清点收到”以及加盖的其为业主的章丘市某仓储服务部的印章，可以证实某汽配公司已向保管人于某增交付质物。故依照物权法第二百零八条、第二百一十二条之规定，质权已经设立，债权人曲某路依法享有质权，并有权就质押物优先受偿。于某增在一审庭审时作出的关于自己不认识曲某路，也没有见到库存明细表上的物资的陈述，未提交证据证实，仅凭其陈述，不能推翻其在先的签署意见。综上所述，一审判决认定事实及适用法律均有误，应予纠正，上诉人曲某路的上诉请求应予支持。判决：撤销一审民事判决；上诉人曲某路对民事调解书认定的质押合同项下的库存明细表所载明的质押物享有优先受偿权。

案例评析：本案争议焦点是，原告曲某路与被告某汽配公司签订的质押合同约定的质押动产是否已按法律规定交付于某增，质押是否设立。依照企业破产法的规定，债权人对破产人的特定财产享有担保权的，可不依破产程序而优先受偿。本案涉及动产担保物，依照物权法相关规定，担保物是不动产的，担保物权自交付时设立。一审法院认为，原告提供的库存明细表没有某汽配公司的公章，质押未设立。二审法院认为，某汽配公司在库存明细表上盖有骑缝章，且代为保管人于某增在库存明细表上载明“表内保管产品已清点收到”，质押已经设立，原告依法享有对担保物的优先受偿权。

【相关规定】

《中华人民共和国企业破产法》第四十八条、第四十九条、第五十六条、第七十五条、第一百零九条、第一百一十条

风险点 73

抵销权纠纷

【风险解读】

抵销权，是指债权人在破产程序开始时，对破产债务人负有债务，该债权人享有不依破产程序直接以自己所享有的债权抵销所负债务的权利。因债权人提起抵销权之诉而引发的纠纷，即抵销权纠纷。抵销权与民法中的抵销制度有所不同，从范围上看，破产程序中的抵销权不能包括破产关系中所有的抵销行为，有些抵销不能适用破产法的规定。从行使期限上看，应当在破产案件受理后至破产程序终结前行使；从主张的主体上看，破产程序的抵销权主体以债权人为限，债务人或破产管理人均不得主张抵销，破产管理人不能主动向债权人主张抵销。企业破产法第四十条规定，有下列情形不得抵销：（1）债务人的债务人在破产申请受理后取得他人对债务人的债权。（2）债权人已知债务人有不能清偿到期债务或者破产申请事实，对债务人负担债务的；但是，债权人因为法律规定或者破产申请一年前所发生的原因而负担债务的除外。（3）债务人的债务人已知债务人有不能清偿到期债务或者破产申请的事实，对债务人取得债权的；但是，债务人的债务人因为法律规定或者有破产申请一年前所发生的原因而取得债权的除外。

抵销权主要有以下几种类型：一是附期限的抵销权。债权人的债权附有期限时，在扣除未到期的利息后可以与破产人的未附期限的债权抵销。反之，债权人未附期限的债权也可以与破产人的附期限的债权抵销。二是附条件债权的抵销。附条件的债权因其所附条件不同，其主张抵销的方式和限制有所不同，附解除条件的债权在解除条件未成就前处于生效状态。因此，可以抵销，但由于其债权可能因解除条件成就而消灭，所以，应当就债权抵销数额提供担保，

或者按抵销数额提交货币提存，以确保债权因所附的条件成就而消灭时，破产管理人能及时收回这部分财产。附停止条件的债权，原则上不得抵销。但也有主张破产债权人可以请求提存，停止条件成就时，破产债权人可就提存受偿。三是将来请求权的抵销权。将来请求权是指债务人破产时，因可能履行与其相关的不可分债务、保证债务、连带债务而产生的代偿责任的当事人，在将来可以行使的代位求偿权。关于将来请求权的抵销，在债权人已经向破产的债务人申报债权的情况下，破产人的保证人或者连带债务人因不再享有代位求偿权，当然不得行使抵销权。如果债权人未申报债权，破产人的不可分债务人、保证人或者连带债务人可以申报债权预先行使代位求偿权，破产管理人必须向其进行财产分配。这时破产人的不可分债务人、保证人、连带债务人的债权因处于发生法律效力阶段，就不再是附停止条件的债权，而是附解除条件的债权，即以将来不向破产人的不可分债务人、保证人、连带债务人追偿为解除条件的债权。故应按附解除条件的债权解决其抵销权问题。依据抵销权种类不同，其纠纷可分为附期限抵销权纠纷、附条件抵销权纠纷、将来请求权抵销纠纷以及一般抵销权纠纷四大类。

【典型案例】

破产企业债权人如何以自己享有的对破产企业的债权抵销在破产企业的债务[①]

上诉人（一审原告）：张某成。

被上诉人（一审被告）：益某公司。

张某成诉称，2013 年 12 月 12 日，益某公司的破产管理人就张某成提出的债权申报作出债权确认通知书，确认了张某成对益某公司的 465182.74 元债权。但对于是否可以抵销张某成对益某公司的债务（如果此类债务确实存在）并未给予明确答复，为此，请求判令张某成对益某公司享有的债权可以抵销张某成对益某公司的债务（如果此类债务确实存在）。

益某公司辩称，张某成对益某公司的债权经人民法院生效法律文书确认成

① 案例中二审法院引用的企业破产法第四十条未作修改。

立且已经向张某成发出了债权确认通知书。张某成对益某公司的债务也是经人民法院生效法律文书确认成立，但成立的时间为 2013 年 8 月 14 日，而益某公司的破产申请已于 2009 年 12 月 30 日被人民法院裁定受理，故张某成提出的破产抵销申请不符合企业破产法的相关规定，不同意张某成的诉讼请求。

通过审查双方当事人所提交的证据，结合当事人在本案审理过程中的陈述，一审法院对本案认定以下事实：经益某公司申请，北京市丰台区人民法院分别作出两份裁定书，裁定立案受理益某公司破产申请并宣告益某公司破产。2013 年 12 月 12 日，益某公司破产管理人向张某成发出债权确认通知书，确认张某成享有对益某公司破产债权 465182.74 元。2012 年 2 月 21 日，北京市丰台区人民法院立案受理了益某公司起诉张某成追偿权纠纷一案并于 2012 年 12 月 20 日作出（2012）丰民初字第 6492 号判决书，判决张某成偿付益某公司垫付款 4857807.48 元以及相应利息，并承担案件受理费 22831 元。张某成不服上诉，北京市第二中级人民法院于 2013 年 8 月 14 日作出（2013）二中民终字第 08565 号判决书，判决维持原判，并由张某成承担二审案件受理费 45662 元。

因张某成对益某公司就其负有的上述判决书所确认的债务要求抵销其对益某公司享有的 465182.74 元破产债权，与益某公司破产管理人协商未果，张某成诉至一审法院。

一审法院判决认定，破产抵销权是指破产债权人在破产程序开始前对破产人负有债务的，不论债的标的、种类、品质是否相同和债务是否到期，均得于清算分配完成前以破产债权抵销其所负债务的权利。根据法律规定，债权人在破产申请受理前对债务人负有债务的，可以向管理人主张抵销。因此，债权人主张抵销的前提条件是对债务人所负债务应当在破产申请受理之前已经成立，否则不得抵销。本案中，张某成对益某公司所负债务经北京市第二中级人民法院于 2013 年 8 月 14 日作出的（2013）二中民终字第 08565 号民事判决书确认成立，而 2009 年 12 月 30 日法院已立案受理益某公司破产申请并宣告破产，故张某成主张抵销债务的请求，缺乏法律依据，法院不予支持。据此判决：驳回张某成的诉讼请求。

张某成不服一审法院判决，向法院提起上诉。

二审法院经审理查明的事实与一审法院查明的事实一致。

二审法院认为，根据企业破产法第四十条规定，债权人在破产申请受理前对债务人负有债务的，可以向管理人主张抵销。张某成上诉称益某公司于2009年5月12日被法院扣划了执行案款，该款系益某公司代张某成清偿，因此张某成对益某公司的债务形成时间为2009年5月12日，早于益某公司的破产受理时间2009年12月30日，张某成对益某公司的债务属于破产受理前的债务，应予以抵销其对益某公司的债权。从本案现有证据来看，益某公司于2009年5月12日被法院扣划了执行案款，但当时张某成并不认可此笔执行案款应由其负担，否认益某公司享有追偿权，双方为此产生纠纷诉至法院，法院最终于2013年8月14日形成终审判决，认定益某公司享有追偿权，确认双方存在债权债务关系。张某成现主张应将该笔债务形成时间追溯至2009年5月12日，缺乏法律依据，二审法院不予支持，张某成所称该笔债务应予以抵销其对益某公司的债权，不符合破产抵销权的法律要件，二审法院亦不予支持。

综上所述，一审法院认定事实清楚，适用法律正确，处理结果并无不当，二审法院予以维持。判决：驳回上诉，维持原判。

案例评析：根据企业破产法的规定，债权人对破产企业负有债务，债权人可不依照破产程序直接以债权抵销债务，但行使抵销权须满足前提条件，其中之一是对破产人的债务必须成立于破产申请受理之前。本案争议焦点是，原告与被告双方债务是否成立于破产申请受理之前。依法院查明的事实，被告益某公司于2009年5月12日被法院扣划执行款，但原告并不认可且形成纠纷。之后经法院审理最终于2013年8月14日认定益某公司享有追偿权，确认双方存在债权债务关系。由此看来，债权债务是经双方确认或经法院判决予以明确。本案法院认定双方债务形成于破产申请受理之后（益某公司破产受理日是2009年12月30日），不符合企业破产法关于行使抵销权的规定，故判决驳回了原告抵销的请求。

【风险防范】

关于破产程序中的抵销权，企业破产法对其抵销范围、行使期限、主张主体、抵销情形都有相应规定。首先，用以抵销的债务须形成于破产申请受理之前，债务形成于破产申请受理之后的，不得抵销。同时，在抵销前非货币债权须经过评估，折算成货币债权。其次，依抵销债权种类不同，应采取不同的抵销方式。附期限债权的抵销，在扣除未到期的利息后抵销。附条件债权的抵销，债权人应就其提供担保。将来请求权的抵销，只有在债权人未申报债权的情况下，才能代位行使求偿权，且只能按附解除条件的债权来行使抵销权。

【相关规定】

《中华人民共和国企业破产法》第四十条

风险点 74

撤销权纠纷

【风险解读】

撤销权，是指破产管理人对破产债务人在破产程序开始前法律规定的期间内所为的侵害或者其他有损债权人的有关财产的行为，请求法院予以撤销的权利。撤销权源于民法上的债权人撤销制度，目的在于保护债权人合法权益。破产程序中，撤销权的行使主体是破产管理人，而且必须以诉讼方式行使。因破产管理人提起撤销之诉形成的纠纷为撤销权纠纷。

撤销权具有以下特征：一是可撤销的行为均应是以财产为标的或涉及财产的行为，如无偿转让财产，以不合理价格进行交易，对未到期债权提前清偿等。对不涉及财产的违法行为可依照相关民事法律规定处理。二是债务人的行为明显侵害了债权人利益。我国企业破产法第三十一条、第三十二条列举了几种可撤销行为：法院受理破产申请前一年内涉及债务人财产的无偿转让、以明显不合理的价格进行交易、对没有财产担保的债务提供财产担保、对未到期债务提前清偿、放弃债权行为，以及法院受理破产申请前六个月内，债务人不能清偿到期债务，且资产不足以清偿全部债务或者明显缺乏清偿能力，仍对个别债权人清偿债务。

【典型案例】

破产企业管理人为保护债权人利益如何行使撤销权[①]

上诉人（一审原告）：瓯某公司管理人。

被上诉人（一审被告）：某房地产开发公司。

2008 年 5 月 14 日，瓯某公司与某房地产开发公司签订《购房合同》，合同约定的出卖人为某房地产开发公司，买受人为瓯某公司。约定出卖人以出让方式取得某园区某地块的土地使用权，总金额为 18800018 元。2008 年 5 月 14 日，某房地产开发公司开出两份收款收据，确认收到瓯某公司支付的购房款合计 14660013 元。

2012 年 12 月 21 日，瓯某公司因国际经济影响，资金困难，无力支付剩余房款。经某开发区管委会同意，2013 年 1 月 8 日，瓯某公司与某房地产开发公司签订一份《协议书》，约定解除《购房合同》，某房地产开发公司退还瓯某公司已支付的预付款 14660013 元。

某对外经济技术贸易有限公司以瓯某公司不能清偿到期债务，并且资产不足以清偿全部债务为由，向法院申请对瓯某公司进行破产清算。该院于 2013 年 9 月 17 日作出民事裁定书对其破产清算申请予以受理，并指定了管理人。2014 年 1 月 27 日，该院宣告瓯某公司破产。

2014 年 3 月 31 日，瓯某公司管理人向一审法院起诉认为，瓯某公司与某房地产开发公司签订的《购房合同》是双方的真实意思表示，应属合法有效，双方均已经大部分履行了合同义务，交易的房屋已属于瓯某公司的财产，而且 2008 年 5 月至 2013 年 1 月当地房价有大幅度上升。因此，2013 年 1 月 8 日双方按原价退还房屋的行为属于以明显不合理的价格进行交易。诉请依法判令：撤销瓯某公司与某房地产开发公司于 2013 年 1 月 8 日签订的《协议书》，案件诉讼费用由某房地产开发公司负担。

---

① 详见浙江省温州市中级人民法院（2014）浙温商终字第 894 号民事判决书。

案例中一审法院引用的合同法第五十四条现为民法典第一百四十七条、第一百四十八条、第一百五十一条。

案例中二审法院引用的企业破产法第三十一条第二项未作修改。

一审法院认为，瓯某公司与某房地产开发公司于2008年5月14日签订的《购房合同》是双方的真实意思表示，且内容不违反法律强制性规定，依法成立、合法生效。合同签订后，瓯某公司支付了部分购房款，合同已经部分履行。在履行过程中，由于瓯某公司自身资金出现困难，无力继续支付购房款，为此，与某房地产开发公司另行于2013年1月8日达成《协议书》，解除合同并退房退款。该份《协议书》也是双方的真实意思表示，且内容不违反法律强制性规定，依法成立、合法生效。与《购房合同》第七条买受人逾期付款的违约责任相比，2013年1月8日的《协议书》大大减轻了瓯某公司的负担，不存在显失公平的情形。而瓯某公司在与某房地产开发公司签订这份《协议书》之前，经过向某开发区管理委员会报告等过程，说明撤销合同的决定系其自主作出，不存在受到欺诈、胁迫的情形。该《协议书》内容明确，瓯某公司收取退回的购房款，没有提出任何异议，说明对该《协议书》的内容和后果足够了解，不存在重大误解的情形。因此，瓯某公司要求撤销《协议书》不符合我国合同法第五十四条的规定，不予支持。至于瓯某公司主张的从合同签订到解除期间当地房价大幅上扬、双方系以不合理价格进行交易的理由并不成立。双方于2013年1月8日签订的《协议书》并非一个新的房产交易，而是对之前的交易无法继续履行的不良后果的处理。不论房价上涨或下跌，如果依照双方签订的《购房合同》第七条的约定，瓯某公司逾期支付购房款，某房地产开发公司不仅有权解除合同，瓯某公司还要为此支付违约金。而该《协议书》免除了瓯某公司依照《购房合同》第七条约定应当支付的违约金，已经为瓯某公司挽回了损失、减轻了负担，是对瓯某公司有利的协议，而不是以不合理价格进行交易，故该主张不予采信。瓯某公司主张某房地产开发公司在合同履行过程中也存在迟延交付的违约行为，未承担相应责任。但合同尚未解除之前瓯某公司并未就此向某房地产开发公司提出主张，且在双方2013年1月8日达成的《协议书》中明确约定“本协议履约后，双方不再追究各自此前的违约责任”。因此该理由同样不成为撤销协议的理由。瓯某公司主张合同备案登记后该房产已经属于瓯某公司所有的理由不成立。据此，所有权发生转移，要求不动产物权记载于不动产登记簿时才发生效力，而双方签订的《购房合同》尚未履行到这一步骤，故所有权并未转移。判决：驳回瓯某公司的诉讼请求。

瓯某公司不服，提起上诉。

二审法院认为，本案属于人民法院在审理企业破产清算案件中，因破产企业管理人认为债务人与受益人以明显不合理的价格进行交易，损害其他债权人利益，要求人民法院撤销该交易行为而产生的破产衍生诉讼案件，其性质属于破产撤销权纠纷。本案双方当事人争议的是：瓯某公司与某房地产开发公司于2013年1月8日签订《协议书》解除《购房合同》的行为，是否属于企业破产法规定的可撤销行为。法院认为，破产撤销权制度是企业破产法为防止债务人在丧失清偿能力的情况下，通过无偿转让、非正常交易或者偏袒性清偿债务等方法损害全体或者多数债权人利益，破坏公平清偿原则而设立的特殊制度。有关行为是否为债务人真实意思表示，并不影响管理人行使破产撤销权。本案中，瓯某公司与某房地产开发公司于2008年5月14日签订《购房合同》，不论《购房合同》是否已经办理预登记，由于《购房合同》并不具有无效情形，为有效合同，且瓯某公司已支付了大部分购房款，某房地产开发公司也实际交付了房屋，合同已经部分履行，因此与案涉房产有关的财产权利属瓯某公司所有。瓯某公司未足额支付全部房款，属于瓯某公司对某房地产开发公司负有债务，应承担清偿责任。合同履行中是否存在违约以及违约责任认定，也不影响案涉房产所有人的认定。因此，在2013年1月8日双方签订《协议书》之前，有关案涉房产的财产权利属瓯某公司所有。2013年1月8日双方签订《协议书》，解除《购房合同》并约定各自退还已付房款、房产，不再追究违约责任，其实质是瓯某公司以自己的财产对某房地产开发公司的所欠购房款进行清偿。该行为不仅涉及债务清偿问题，而且涉及用以清偿债务的财产价格是否合理问题。2008年5月至2013年1月当地房价大幅度上升，《协议书》约定以《购房合同》约定的价格退还房屋，价格明显不合理。现该行为发生在法院受理瓯某公司破产申请前一年内，符合企业破产法第三十一条第二项规定的情形，因此，管理人起诉请求予以撤销，应予以支持。因此，《协议书》撤销后，某房地产开发公司应将案涉房产返还给瓯某公司，案涉房产应作为债务人财产由管理人依法处理。瓯某公司应将某房地产开发公司退还的14152683元房款予以返还；如果不能返还，管理人应当将该债务作为共益债务在破产财产分配中予以支付。判决：撤销一审民事判决；撤销瓯某公司与某房地产开发公司于

2013年1月8日签订的《协议书》。

案例评析： 本案争议焦点为债务人瓯某公司与某房地产开发公司订立解除双方的《购房合同》的《协议书》是否属于企业破产法第三十一条规定的可撤销行为。一审法院认为，双方订立《购房合同》合法有效，且已部分履行，之后由于瓯某公司资金困难无力继续履行，双方协议解除，相互返还。《协议书》不存在显失公平的情形，应认定有效，驳回管理人的撤销请求。二审法院审理认为，破产撤销权制度设立的本意是为防止债务人不当行为减少清偿能力损害债权人利益。本案所涉房产已交付，购房款已支付一部分，且该房产又大幅升值，如果按照《协议书》解除《购房合同》，相互返还，债务人就会损失房产升值利益，减弱债务人的清偿能力，明显损害了债权人利益。故二审法院判决撤销一审判决，撤销瓯某公司与某房地产开发公司解除《购房合同》的《协议书》，瓯某公司返还已付购房款，某房地产开发公司返还已交付房屋。不能返还的某房地产开发公司的剩余房款应作为破产债权申报受偿。

【风险防范】

撤销权是破产法为保护债权人利益而设计的一种制度。撤销权行使的主体只能是债务人的管理人。破产企业在人民法院受理破产申请前一年内不得实施损害债权人利益的交易行为，不得无偿转让财产，在破产申请前六个月内不能对个别债权人清偿债务，不能对无财产担保债务提供财产担保，否则，管理人有权对上述行为行使撤销权。

【相关规定】

《中华人民共和国企业破产法》第三十一条、第三十二条

风险点 75

追回权纠纷

【风险解读】

追回权，是指破产管理人对行使撤销权、处分财产确认无效、出资瑕疵或者高级管理人员侵占公司财产等行为，请求法院追回企业财产的权利。追回权有以下几种：一是行使撤销权后的追回权。企业破产法第三十一条、第三十二条共列举了六种予以撤销情形。二是企业破产法第三十三条列举的两种涉及债务人财产的无效行为，即为逃避债务而隐匿财产、转移财产，以及虚构债务或承认不实债务的行为。上述行为经确认无效后，管理人有权追回相关企业财产。三是出资人出资的追回权。企业破产法第三十五条规定，人民法院受理破产申请后，债务人的出资人尚未完全履行出资义务的，管理人应当要求该出资人缴纳所认缴的出资，而不受出资期限的限制。四是公司高级管理人员侵占公司财产的追回权。企业破产法第三十六条规定，债务人的董事、监事和高级管理人员利用职权从企业获取的非正常收入和侵占的企业财产，管理人应当追回。

【典型案例】

破产企业管理人如何行使追回权保护破产企业财产①

上诉人（一审原告）：永某公司管理人。

被上诉人（一审被告）：汤某光。

2007 年 8 月 18 日，某拍卖公司受湖南省益阳市中级人民法院委托，依法对永某公司所有的某门面进行公开拍卖，汤某光在拍卖会上通过竞价买受永某公司该门面，成交价格为 124 万元。同日，汤某光与某拍卖公司签订《拍卖成交确认书》。经法院裁定并办理相关手续，2012 年 12 月 28 日，汤某光取得了该房屋所有权证。

① 详见湖南省益阳市中级人民法院（2013）益法民一终字第 219 号民事判决书。

湖南省益阳市赫山区人民法院于2008年6月18日作出民事裁定书，裁定宣告申请人永某公司破产还债。2010年8月16日，益阳市中心城区“有房无证”历史遗留问题处理领导小组办公室对永某公司综合楼发出缴费单，应缴费明细：规划费为174523元，建设费为403057元，共计577580元。2011年9月21日，永某公司管理人按照益阳市物业维修资金缴款通知单将永某商住楼非住宅部分应缴维修资金285784元通过银行转账予以缴纳。2012年1月8日，永某公司管理人在永某商住楼一层、二层门面和负一层维修资金业主缴存明细表加盖了公章，益阳市住宅共用部位共用设施设备维修资金管理中心予以盖章确认，共计缴存金额为285784元，其中汤某光购买的永某商住楼某门面缴存金额为47119元。2012年3月1日，益阳市住宅共用部位共用设施设备维修资金管理中心作出同意办理永某商住楼非住宅部分的转移登记手续的工作联系单。

一审法院认为，汤某光通过拍卖依法买受案涉门面，湖南省益阳市中级人民法院作出生效民事裁定书，该生效法律文书裁定汤某光对该门面享有所有权及对土地分摊面积享有使用权，由汤某光持该裁定书到房地产管理部门办理产权过户手续。汤某光持该生效法律文书，向益阳市房屋管理部门缴纳房屋所有权证过户的相关费用，但其未缴纳房屋维修基金，汤某光已取得益阳市房屋管理部门颁发的房屋所有权证。永某公司管理人在缴纳永某商住楼一层、二层门面房屋维修基金时，已缴纳汤某光所购买的该门面房屋维修基金47119元。汤某光系该门面的产权人，房屋维修基金依法应由汤某光缴纳，汤某光应向永某公司管理人支付房屋维修基金47119元。永某公司管理人办理永某商住楼房屋所有权证所支付的各项费用，依法应由永某公司管理人自行承担。对永某公司管理人要求汤某光给付房屋维修基金47119元以外的其他费用的诉讼请求，应不予支持。据此，判决：汤某光于判决生效后七日内给付永某公司管理人垫付的房屋维修基金47119元，驳回永某公司管理人的其他诉讼请求。

永某公司管理人不服，向法院提起上诉。

二审法院经审理查明的事实与一审认定的事实一致。

二审法院认为，本案系对外追收债权纠纷之诉，本案争议的焦点为：永某公司管理人在办理永某商住楼房屋所有权证的过程中，为使永某商住楼符合办证条件而支付的相关费用是否应当由汤某光承担。

关于永某公司管理人提出，其向益阳市房管局缴纳了永某商住楼一层、二层分户定线费、非住宅房屋登记费、非住宅房屋的存量房屋转让手续费、住房登记费、存量住房转让手续费，上述费用中有61184元系代汤某光缴纳，应由汤某光承担的问题，经查，关于一层、二层分户定线费，永某公司管理人提供了由益阳市房管局出具的、收款项目为“其他房产查询、验证产权档案费、私产房屋所有权建档费”、收款金额为1200元的缴款书，证明其向益阳市房管局缴纳了一层、二层分户定线费1200元；就该缴款项目，汤某光同样提交缴款书证实其向益阳市房管局缴纳了相关费用90元；汤某光在办证过程中另外还以自己的名义向益阳市房管局缴纳了非住宅房屋登记费550元、非住宅房屋的存量房屋转让手续费16120元；汤某光所有的该门面并非住房，汤某光无须缴纳存量住房转让手续费和住房登记费。综上所述，永某公司管理人并未代汤某光缴纳一层、二层分户定线费、非住宅房屋登记费、非住宅房屋的存量房屋转让手续费、住房登记费以及存量住房转让手续费，永某公司管理人提出应由汤某光向其支付上述费用的上诉理由法院不予支持。

关于永某公司管理人提出，汤某光以低于建筑物成本的价格拍得的永某商住楼某门面系有房无证、手续不全的违章建筑，永某公司管理人办理了有房无证遗留缴费，缴纳了永某商住楼一层、二层分户图纸设计费，初审、分户、变更设计及登记费，还缴纳了房屋安全鉴定费、审计费及规划设计费等相关费用之后，汤某光才能顺利办理房屋产权证，汤某光作为实际受益人，应承担相应费用的问题，经查，汤某光与某拍卖公司签订的《拍卖成交确认书》确认，买受人竞得房屋，在按约付清全部应付款项后，持湖南省益阳市中级人民法院裁定书对该房产享有所有权和土地使用权；该房产暂无土地使用证和房屋所有权证，等办证条件具备后，由买受人自行办理，拍卖人和法院尽量协助。上述内容与某拍卖公司于拍卖前公布的竞买须知内容一致。上述《拍卖成交确认书》系汤某光通过竞买购得该门面的书面约定，关于办理土地使用证和房屋所有权证，上述确认书仅确认由汤某光在房产办证条件具备之后自行办理，并未确认汤某光仍需要为房屋符合办证条件另行支付任何费用，故永某公司管理人关于汤某光需要承担上述费用的上诉理由无事实与法律依据，法院不予支持。

综上所述，一审认定事实清楚，适用法律正确，审理程序合法，二审法院依法予以维持。判决：驳回上诉，维持原判。

案例评析：追回权是指破产管理人对行使撤销权、处分财产无效、出资瑕疵或高级管理人员侵占公司财产等行为，请求法院追回破产财产的权利。本案争议焦点是，永某公司管理人在办理永某公司商住楼房产证过程中，缴纳的房屋维修基金等各项费用是否应由汤某光承担。法院经审理认为，汤某光依据法院裁定，经拍卖取得永某公司某门面房，并依裁定书办理了房屋产权证，是房产的所有人。永某公司管理人代其缴纳的房产维修金4万余元应由汤某光承担，其他费用应由管理人自行承担。二审法院维持一审判决。由此可见，破产企业代他人缴纳的费用也是破产企业的财产，破产管理人应予追回。

【相关规定】

《中华人民共和国企业破产法》第三十一条、第三十二条、第三十三条、第三十五条、第三十六条

【诉讼指导】

本章所涉纠纷均发生在破产程序中，其诉讼时效、管辖法院、诉讼主体、举证责任与一般公司诉讼有所不同。结合司法实务，提出以下指导意见。

1. 诉讼时效。本章所述合同解除及履行纠纷、侵权纠纷、财产请求权纠纷等各类诉讼只有在破产申请受理之后才能提起，而破产企业财产至破产程序终结即已清理完毕，诉讼标的已不存在，故公司破产纠纷诉讼时效应为公司破产申请受理后至破产程序终结前，这正是我国破产法制度既具有程序性又具有实体性的体现。

2. 法院管辖。依据企业破产法第三条的规定，“破产案件由债务人所在地人民法院管辖”。民事诉讼法第二十二条第二款规定，“对法人或者其他组织提起的民事诉讼，由被告住所地人民法院管辖”。《最高人民法院关于审理企业破产案件若干问题的规定》（法释〔2002〕23号）明确：“债务人住所地指债

务人的主要办事机构所在地。债务人无办事机构的，由其注册地人民法院管辖。”同时规定：“省、自治区、直辖市范围内因特殊情况需对个别企业破产案件的地域管辖作调整的，须经共同上级人民法院批准。”所以，一般来讲，由于企业破产引发的诉讼，包括自受理破产申请至破产程序中发生的各类纠纷应由受理破产案件法院管辖。

3. 诉讼主体。在公司破产纠纷中，破产企业的管理人负责管理企业财产，故而其是诉讼主体。如在权利人主张取回权、抵销权、别除权、撤销权、追回权、破产费用和共益债务请求权诉讼中，只有破产管理人才享有承认或否认的权利。在破产企业与合同相对人关于合同的解除或继续履行的诉讼中，只有破产管理人才有选择权，而其他债权人、债务人、企业职工或高级管理人员等则是诉讼相对方。

4. 举证责任。在企业破产诉讼中，举证责任除适用民事诉讼法关于“谁主张，谁举证”的一般规定外，还适用企业破产法的特别规定。在破产债权确认诉讼中，权利人就其财产权、求偿权、票据追索权负举证责任。在别除权诉讼中，权利人应就其设立担保物权，即抵押权、质权、留置权提供证据。在抵销权诉讼中，债权人应就其对破产企业负有债务，且不属于企业破产法第四十条规定的三种不得抵销的情形举证，否则，不享有抵销权。在追回权诉讼中，破产管理人应就存在企业破产法第三十一条、第三十二条规定的六种情形举证，从而行使对违法处置的企业财产的追回权。